禪語事典

禪語事典

선어사전

慧諰 編著

운주사

머리말

선은 요가yoga에서 파생한 수행법이다. 요가라는 말은 인도 최고最古의 종교문헌 『리그·베다』에서 볼 수 있으며, 이를 통해 요가가 기원전 1500년경 베다시대부터 행해졌음을 알 수 있다. 이렇게 베다의 수행자들이 실천한 수행법이 불교에 도입·발전되어 선(dhyāna), 삼매(samādhi)라는 수행으로 비구들에 의해 실천되었다. 이후 불교가 중국에 도래하면서 중국 승려들은 가장 먼저 선경禪經을 번역했으며, 좌선수행으로 깨달음을 체득하는 것을 목적으로 한 '선종'이 성립되었다. 이 종파는 한국, 일본으로 전래되었으며, 특히 한국불교는 1,700년의 역사를 계승하면서 선불교의 사상과 수행이 그 중심에 있었다.

한국에 불교가 전래된 후 불교가 가장 번성한 시대는 고려인데, 이 시기에는 교학과 선이 병립되면서 수많은 고승들이 배출되었다. 조선시대에는 유교가 국가적 비호를 받은 반면 불교는 배척되어 난항하였지만, 한편으로는 승가의 불교전문교육 도량이 생기고 이는 근·현대까지 이어져, 출가 수행자들은 대승불교를 중심으로 한 교학과 선어록 등을 배우고, 이후에는 사교입선捨教入禪하여 선방에서 철저대오를 위해 참선수행에 임하는 전통을 가지게 되었다. 이는 석존을 비롯한 역대 조사들의 '정법안장(=깨달음)'을, 선을 통해 수행자 자신이 직접 체득하는 것이다. 이 과정에서 선어록에 대한 이해는 실참 수행하는 데 있어서 선자禪者에게 선지禪旨를 제시해 주며 나아가 개오開悟를 위한 기연機緣이 되기도 한다.

선의 종지는 본래 '불립문자不立文字 직지인심直指人心'이지만 아이러니컬하게도 선종은 방대한 문헌을 남겼다. 그리고 그 상당수는 선승의 말을 기록하고 선의 법등을 정리한 것이다. 어록語錄은 이전에는 어본語本·어요語要라고도 하였으며, 그 중 어집語集이라고도 하여 위대한 선사가 입적했을 때 그의 유덕遺德을 찬미하기 위해 생전의 설법을 중심으로 모아 엮은 것도 있다. 그러나 선어록은 그것만으로 그치지 않고 천칠백 인 이상의 선승들의 어록을 가풍별로 모아 채집한 『경덕전등록』 같은 등사燈史, 또는 백 가지의 고칙古則에 송頌을 붙인 『설두송고』 또는 그것에 해설을 붙인 『벽암록』 같은 공안집도 있다.

그리고 이러한 수많은 문헌 속에 묻혀진 선을 직접 실참 추구해 가는 전문 수행자는 별도로 치고, 대개 일반 사람들은 선의 언구를 맛보거나 혹은 옛 선승에게 사숙私淑하여 자신의 인생을 투명하게 관찰·관조해 보려는 생각을 하기도 한다.

선어록을 읽어 보면 읽을 때마다 맛이 달라진다. 달라진 맛을 달갑게 받아들이고 다시 선 특유의 어휘에 익숙해지면, 마치 산안개에 덮여 있던 오솔길이 날이 밝아 차츰 걷히는 것처럼, 선문답이나 어록이 바로 그 현장에서 직접 듣는 것과 같은 느낌으로 다가오게 된다. 약산유엄(745~828) 화상은 "언어를 단절해서는 안 된다. 나는 지금 그대들을 위해 말을 사용하여 말이 없는 곳을 드러내 보이려고 한다"라고 하였다. 또한 경청도부(868~937) 선사는 "깨치기는 그런대로 쉽다. 그러나 깨달은 후 이를 적절하게 딱 맞게 말하는 것은 더욱 어렵다"고 하였다. 이 말들은 선어가 깨달음의 증험證驗을 내 보이고 또한 그것을 보도록 한다는 것을 시사하고 있다.

선어禪語에는 불교사상의 핵심인 무아·공·연기사상이 내재되어 있고, 일즉다一卽多·사사무애事事無碍의 화엄사상과 노장老莊의 자연주의 사상이 용해되어 있다. 이러한 선어를 통해 그 내면에 청풍명월清風明月이 깃든 선문화를 이해할 수 있고, 선어로서 자신의 종교를 확립할 수 있으며, 또한 선어로서 자신의 수행을 관조하는 거울로 삼을 수 있다. 선어는 실상반야, 관조반야, 문자반야를 두루 나투고 있기 때문이다.

필자가 선어를 모아 사전事典을 만들어 보겠다는 생각을 한 것은, 선학을 강의하기 위해 각 선사들의 사상과 그 시대의 역사, 문화에 천착하는 과정에서 비롯되었다. 선학의 기본은 우선 한

문으로 된 선문헌을 해석할 수 있어야 하며, 특히 선용어에 대한 명료한 이해 없이는 선사상과 선종사를 가늠할 수 없다. 중국 당대에서 송대에 걸쳐 중국선은 선문답에서 그 사상과 문화가 묻어나온다. 그런데 문답에는 일반 언어부터 속어, 은어, 방언 등이 섞여 있으며, 또한 당시 승당에서 회자되던 은유적 용어도 있다. 따라서 고도의 한문지식과 더불어 시대별 언어의 변화·변용에 대한 지식이 없으면 의미를 제대로 이해하기 어렵다. 때문에 선어 이해에 대한 학습은 해석 연습의 반복만이 최상책이다.

벌써 15년 전의 일이지만, 선어록을 제대로 읽을 수 있는 방법을 고심하면서, 지금은 고인이 된 일본 선학자 아키즈키 료민(秋月龍珉)의 저술인 『선종어록 읽는 방법』에 어록의 한문 읽기에 대한 구조와 어록 한문의 특색을 꼼꼼히 설명해 놓았음을 보고, 필자가 이 책을 번역한 바가 있었다. 이후 선어에 대한 기본적인 이해 방법을 공유할 필요가 있을 것 같아 나름대로 선문헌에서 선어를 발췌하고 그 언어가 내포하는 사상과 문화를 궁구하면서 하나씩 모아 나간 것이 벌써 3년째가 되었다. 선어는 적정寂靜의 경애境涯, 초격超格의 참된 자유로움, 깊은 엘레강스한 분위기, 마음 저변을 뒤흔들면서 고요히 밀려드는 맑고 푸른 선사들의 깨달음의 향기 등 참으로 절묘하고 교결皎潔하다. 이런 감미로운 선어가 주는 감흥을 다른 사람에게도 전하고 싶은 충정에서 여러 해 동안 수집하고 채집한 결과물이 이 책이다.

그리고 본 『선어사전』은 전문 학자들보다는 일반적으로 삶의 현장에서 선어를 통해 신심身心을 맑게 정화하고 혼탁한 생각을 쉬며, 간소簡素·간명簡明하게 살아가기를 원하는 이들을 위해, 또한 불교사상의 이해와 신심信心을 증장시키기를 원하는 이들을 위해 만들어졌음을 밝혀둔다.

지난 한 해 연구년 동안 일본 동양대학에서 지내며 사전의 본격적인 집필이 이루어졌는데, 필자의 연구에 세심한 배려와 도움을 주신 동양대학 학장 타케무라 마키오(竹村牧男) 교수께 지면을 통해 깊이 감사드린다. 그는 아키즈키 노사老師의 『선종어록 읽는 방법』을 필자에게 적극 추천한 인연이 있는 분이기도 하다. 또한 사전을 집필하는 과정에서 부록편의 작성에 동국대 불교문화연구원 정영식 선생의 도움이 있었음을 밝혀둔다. 마지막으로, 불서출판에 열정을 가진 운주사 김시열 사장님의 독려가 없었으면 세상에 이 책이 나오기 어려웠던 점을 회고하면서 출판 관계자 여러분에게 진심으로 감사드린다.

2011년 7월
연구실에서 혜원慧諼

차례

머리말 5

가 ——— 13
나 ——— 54
다 ——— 64
마 ——— 84
바 ——— 124
사 ——— 163
아 ——— 212
자 ——— 296
차 ——— 340
카 ——— 366
타 ——— 368
파 ——— 376
하 ——— 387

부록

부록 1. 선 관련 등사·어록 427
부록 2. 선사상 관련 연표 468
부록 3. 중·한·일 선 관계 지도 482
부록 4. 선종 법계도 488

찾아보기 490

가풍 家風

'풍'은 예의·풍습·문화 등을 말한다. 한 집안의 전통적인 풍습을 가풍이라고 하는 것처럼, 선가에서의 지도방법도 가풍이라고 한다. 종풍宗風·문풍門風과 같은 의미이다. 중국선에는 육조 혜능 이후 오가칠종五家七宗의 분파가 있는데, 그것은 가풍의 차이에서 생겨난 것이다. 동산양개洞山良价의 가풍을 계승하는 문파를 조동종, 임제의현臨濟義玄의 가풍을 고취하는 문파를 임제종이라고 칭한다.

가행 加行

일상적인 수행을 정행正行이라고 하고, 정행보다 더욱 치열하게 수행 정진하는 것을 '가행'이라고 한다. 한국의 선방에서의 정행정진은 하루에 보통 8~10시간이지만, 가행정진은 14시간이다.

각근착지 脚跟着地

'발이 완전히 땅에 닿는 것'을 뜻한다. '각근'은 발뒤꿈치를 말한다. 사려분별로 인한 혼란한 마음을 완전히 내려놓는다는 의미이다. 선어록에서는 '각하脚下', '각근脚跟'이라는 말을 자주 볼 수 있다. '진리를 자신 밖에서 찾으려고 해서는 안 된다'는 의미로 '조고각하照顧脚下'라는 말이 있다.

각근하방대광명 脚跟下放大光明

'발끝 아래에서 대광명이 발하다'라는 것은, 자신의 발끝을 잘 살펴보면 언제나 빛이 크게 빛나고 있다는 말이다.(『벽암록』) 열심히 구도求道하는 마음은 항상 빛난다는 의미이다.

간심 看心

'마음은 본래 공하고 청정한 것임을 관하는 것'을 의미하는 용어다. 근본경전을 한역漢譯할 때 스스로의 마음을 관하는 것을 '관심觀心'이라고 표현하였다. 간심은 수隨에서 당唐에 걸쳐 수행자들 사이에서 많이 행해졌다. 특히 중국 선종의 4조 도신·5조 홍인·북종선 등에서 크게 행해졌는데, 이는 천태종의 영향이 있었던 것 같다. 북종선에서는 관심을 간심으로도 나타내어 두 용어에 대해서는 차이를 두지 않았다.

간운락지재기중 看雲樂只在其中

'구름을 바라보니 평화로움이 바로 그 안에 있구나.' 간看은 본래 손을 이마 위에 대고 바라보는 자세로서, '멀리 바라보는 것', '지켜보는 것'을 뜻한다. 여기서는 다만 구름을 보는 것이 아니라, 암자를 짓고 구름을 벗하며 살아가는 생활을 말한다. 진정한 안락은 바로 그 안에 있음을 노래하였다.

간저즉할 看著則瞎

'보았다고 하면 바로 눈이 먼다'는 뜻이다. 다시 말해서, '이렇다'고 특정짓거나 한정지었을 때 그것은 이미 진실이 아니라고 하는 것이다. '저著'가 동사 뒤에 붙여질 때는 '동작의 실현·달성'을 나타내는 조사가 된다.

간화선 看話禪

'간화'는 수행자가 깨달음을 체득하기 위해 화두를 참구하는 것을 말한다. 화두는 선사들이 깨닫게 된 선문답이나 공안公案·고칙古則 중 수행자가 자신의 문제로 삼은 것을 말한다. 선 수행자가 화두에 대해 끊임없는 의심을 가지고 정진하는 것을 간화선이라고 한다. 간화선을 크게 일으킨 대혜는 "의정疑情이 아직 깨지지 않았다면 다만 고인古人의 입도入道의 화두만을 보라"고 하였다.(『대혜어록』권22)

갈등 葛藤

'진리, 진실을 미혹하게 하는 문자 연구'를 말한다. 선에서는 진리·진실은 문자 언설에 의해 나타날 수 없다고 하여, 언구갈등(言句葛藤; 언구로 해설.『선림승보전』), 한갈등(閑葛藤; 쓸데없는 이야기.『경덕전등록』) 등을 쓰고 있다.『전심법요』에, "어떤 것이 세간의 진리입니까?" 하니, 황벽이 말하길 "이미 갈등을 말해 놓고〔번잡한 문구로 설명해 놓고〕뭐라고 하는 것인가"라고 하였다.

갈등선 葛藤禪

'문자선文字禪'을 말한다.『임제록』에 "보았는가. 석존은 '법은 문자를 떠나 있다. 인因에도 속하지 않고 연緣에도 있지 않기 때문이다'고 말씀하셨다. 진리를 믿지 않기 때문에 금일 (문자 속에서) 갈등한다"라고 하였다. 칡넝쿨과 등나무넝쿨이 엉키듯이 문자언설로만 이해하려는 것은 끝내 진리를 외면하는 것이라고 비난하였다.

감대모운귀말합 원산무한벽층층 堪對暮雲歸末合 遠山無限碧層層

'저녁노을 구름은 산중턱에 떠 있거나 감추어져 있는데, 구름 사이 먼 산은 굽이굽이 한없이 푸르기만 하다.'(『벽암록』 20칙) 아름다운 정경을 통해, 무한한 원력을 세워 정진하는 선자禪者의 모습을 표현하였다.

강국춘풍취불기 자고제재심화리 强國春風吹不起 鷓鴣啼在深花裏

'강국의 춘풍은 불어도 일지 않고, 자고의 울음은 꽃 속 깊이 있다.'(『벽암록』 7칙) 강국에 봄바람이 불어도 부는지 어떤지 잘 알지 못할 정도이고, 자고의 울음소리는 만발하게 핀 꽃 속에서 들리지만 그 모습은 보이지도 않는다는 것이다. 진리는 천지에 있지만 모습도 없고 눈에도 보이지 않는다. 따라서 그것을 느낀다는 것은 진리를 체험했다고 할 수 있을 것이다. 이 구절은 바로 진리의 깨달음을 비유한 것이다.

강벽조유백 산청화욕연 江碧鳥逾白 山靑花欲然

'푸른 강 위에 하얀 새가 날고, 푸른 산중은 꽃으로 불타고 있네.' 당대 두보杜甫의 시로서 자연을 찬미한 구절이다. 불교에서는 현상을 '본래일체공本來一切空', '필경공畢竟空'이라고 한다. 어떠한 것도 실체가 없다고 설하지만 일체공의 입장에서 다시 세상을 보면 강은 푸르고 새는 날아가며, 산은 푸른데 꽃은 불타는 것처럼 보이는 것이다. 모든 상념이 사라진 공空한 의식으로 바라보면 세상이 아름답게 눈앞에 전개되어 있음을 의미한다.

강월조송풍취 江月照松風吹

'강 위에 달빛이 비추고 노송에는 바람이 분다.'(『증도가』) 이 구의 뒤에는 '영야청소하소위(永夜淸宵何所爲; 긴 밤, 맑고도 상큼한 밤, 무엇을 할까)'가 계속된다. 강에는 달빛이 은빛처럼 반짝이고 바람은 노송 사이로 청량하게 분다. 가을 날 긴 밤의 정경이다. 선자禪者들의 경지는 보는 것, 듣는 것 모두가 상쾌함이다.

강호회 江湖會

중국 당대唐代, 강서江西에는 마조도일馬祖道一, 호남湖南에는 석두희천石頭希遷의 문하에 많은 수행승들이 운집하였다. 강서와 호남에서 각각 한 글자를 따서 '강호江湖'라고 하고, 문하생들의 법회를 '강호회'라고 하였다.

개경대가빈 開徑待佳賓

'길을 내어 귀한 손님을 기다리다.' 개경은 '길을 만들다'는 말이지만, 여기서는 반가운 손님을 맞이하기 위해 길을 정리한다는 뜻이다. 빈객賓客을 맞이하기 위해 세심한 배려를 하는 것이다. 역으로 '마음을 열지 않으면 좋은 일이 찾아들지 않는다'는 뜻도 된다.

개구견단 開口見胆

'입을 벌려 쓸개를 보이다.' 『무문관』에 "조주, 입을 벌려 쓸개를 보이고 간을 드러낸다. 납자는 말을 들어도 참됨을 모르고 종을 불러 가마를 만든다"라는 말이 있다. 조주趙州는 마음의 깊은 뜻을 나타내 보이지만 납자가 알지 못하고 자신의 익숙한 일에만 열중한다는 의미이다.

개납수미 芥納須彌

'한 알의 겨자 속으로 수미산이 거두어진다'는 말이다. 극미極微 속에 삼천대천세계의 존재를 머금고 있음을 의미한다. 극소한 것이라도 한없이 심원광대深遠廣大하다는 것을 비유하였다. 『초석어록楚石語錄』 권8 「대별장代別章」에, 초석범기楚石梵琦가 어느 날 말하기를 "미세한 털이 큰 바다를 삼키고 겨자는 수미를 거두어들인다. 이것은 무슨 뜻인가?" 하고는, 대신해서 말하기를 "혀끝은 입 밖에 나오지 않는다"라고 하였다. 극대와 극미는 분별에 의한 차이로, 각각 절대적인 존재로 볼 때 대大와 소小는 없으며 도리어 그 자체는 무량한 세계를 구족하고 있다는 의미이다.

개문다낙엽 開門多落葉

'문을 여니 낙엽이 수북이 쌓여 있다'라는 말이다. 『괴안국어』의 '청우갱진(聽雨更盡; 빗소리를 들으며 밤을 새다)'이라는 구句를 이은 것이다. 당대唐代의 시승詩僧인 무가상인無可上人의 「추종형가도秋從兄賈島에 기대다」는 제목의 시에 있다. '빗소리를 듣고 있는 사이에 차디찬 밤이 지나가 버렸다. 날이 밝아 문을 열어 보니 한 쪽에 잎새가 우수수 떨어져 있었다.' 완전히 모든 것을 버린 경지를 보인다.

개사구명 箇事究明

'이 일을 끝내 밝혀야 한다'는 말이다. 선은 단적으로 개사箇事, 즉 '이것', '이 일'을 밝히는 수행이다. 남악회양南嶽懷讓의 "설사일물즉부중(說似一物卽不中; 설사 어떤 것〔이것〕이라고 말해도 맞지 않다)"이라는 말이 있다. '이것'을 말로 설명했을 때 벌써 진실에서 빗나가 버린다는 뜻이다. 한편 '이것'은 말로 설명할 수 없지만, 말로 설명이 안 된다면 밝힌 것이 아니라고도 한다.(『경청어록鏡清語錄』) '이것'은 존재의 실상實相이다.

개중소식 箇中消息

개중은 '여기'라는 뜻이다. 선종에서 말하는 소식이란, 안부나 동정動靜 외에 '깨달음의 실마리나 계기'를 가리킨다. 『굉지광록』에 "여기 소식은 묘하게 전해지지 않고, 백운은 무심히 청산을 가리킨다"라고 하였다. '여기'라는 말은 때와 장소가 아닌 마음자리를 뜻한다. 본래 깨어 있는 본성이 아직 드러나지 않고 몸과 마음이 무심함을 뜻한다.

개천개지 蓋天蓋地

'천지를 다 덮어버리는 것'으로, 진리가 이 세계에 가득함을 의미한다. 암두전활巖頭全豁이 설봉의존雪峰義存에게 말하기를 "훗날에 큰 가르침을 펴고자 할 때는 모든 것이 자신의 흉금에서 흘러나와서, 나를 위해 천지를 덮어주어야 하네"라고 하자 설봉이 말끝에 대오하였다고 한다.(『오등회원五燈會元』권7) 자신을 속이는 말이 아닌 직심直心으로서의 말은 스승의 법을 잇는 것이 되고 천지의 진리를 일깨우는 것이 된다는 의미이다.

개화낙지문무성 開花落地聞無聲

'꽃잎이 땅에 떨어져도 들리는 소리가 없다.' 꽃이 질 때 꽃잎이 땅에 떨어지지만 그 어떤 소리도 나지 않는다. 제법적멸諸法寂滅의 고요한 모습이다. 화려한 풍경 가운데 일어나는 일말의 고요함을 나타낸다.

거각상량 擧覺商量

스승과 제자, 혹은 수행승 간에 불법에 관한 이해나 정도를 서로 보이고 아는 것을 말한다. 거각은 본래 '자신의 깨달음을 보이는 것'이고, 상량은 본래 '상인이 물건을 저울에 달아 가격을 흥정하는 것'이지만 여기서는 서로 공부를 알아보는 것을 뜻한다. 제자는 스승에게 자신의 공부를 보이고 스승은 제자의 공부를 시험해 보는 것을 의미한다. 또한 사제지간만이 아니라 수행자들 사이에서도 행한다.『벽암록』95칙에 "장경章敬·보복保福은 설봉雪峰의 회하에서 언제나 서로 거각상량하였다"라고 하였다.

거일전수 擧一全收

'하나를 드니 전체가 들려진다.' 화엄사상을 나타낸 말이지만 선가에서도 쓰였으며, 특히『종경록』에는 이 용어가 많이 나온다. 하나의 공안을 명백히 알면 수많은 공안이 모두 회통된다는 의미이다.

거체전진 擧体全眞

'몸 전체가 진리 아님이 없다'는 뜻이다. 바꾸어 말해서, 사물은 그대로가 진실이며 불성의 드러남이라고 하는 의미이다. 운문문언雲門文偃이 이 말을 자주 썼다.

건(간)시궐 乾屎橛

'막대기에 말라붙은 변.' 선종어록에는 하찮고 시시한 일이나 생각, 또는 망상이 가득한 사람을 빗대어 '건시궐'이라고 하는 말이 자주 나온다. 『임제록』에 "임제선사가 법상에 올라, '거짓이 없는 순수한 몸뚱어리를 가진(赤肉團上), 어떠한 틀에도 속박되어 있지 않는 사람(無位眞人)이 있다'라고 설하자, 어느 납자가 '어떤 자가 무위진인입니까?'라고 되물었다. 그러자 임제는 납자의 멱살을 움켜잡고 '말해 봐, 말해 봐!'라고 윽박지르고는, 막 입을 열려고 하는 납자를 내던지면서 "무위진인! 이 말라비틀어진 똥같은 놈이라고(건시궐)!' 하고 소리를 질렀다"고 한다. 지해(知解, 지적 이해)에 떨어진 납자를 가리켜 건시궐이라고 하였다.

검거각주 劍去刻舟

'칼이 떨어진 곳을 배에 표시해 두다.' 뱃전에서 물속으로 칼을 떨어뜨린 사람이 이를 찾기 위해 떨어진 곳을 배에 표시해 두고, 배가 멈추었을 때 표시한 부분에서 뛰어내려 칼을 찾으려고 했다는 고사이다.(『여씨춘추呂氏春秋』「찰금편察今編」) 『경덕전등록』 권7 「동사여회장東寺如會章」에, "칼은 떨어져 깊이 잠겼는데 이쪽 뱃전에 표시한다"라고 하였다. 수행자가 특정한 가르침이나 기관機關, 또는 어느 경지를 고집하여 활달자재한 마음이 결여된 것을 질책하는 말이다. 『구쌍지句双紙』에는 "칼을 떨어뜨려 찾기 위해 떨어진 곳을 배에 표시하고, 나무를 지켜 토끼를 얻으려 한다"라는 구절이 있다. 이는 자신의 사려분별에 집착하여 분별을 넘어선 세계를 알지 못하는 무지를 말한 것이다.

검도상행 빙능상주 劍刀上行 氷稜上走

'칼날 위를 걷고 얼음 언저리를 달린다.' 자칫 잘못하면 목숨을 잃는 위험한 상황을 말한다.(『무문관』32칙)

격죽오도 擊竹悟道

당唐의 향엄지한香嚴智閑이 마당을 쓸고 있을 때, 돌멩이 하나가 대나무에 부딪치는 소리를 듣고 바로 깨달았다고 하는 고사이다. 본래 교학승이었던 향엄은 위산영우潙山靈祐 문하에서 공부하였다. 위산이 내린 '부모미생 이전의 모습〔父母未生以前面目〕'에 대한 공안으로 번민하다가 자신이 그동안 공부한 장서藏書가 전혀 도움이 되지 않음을 알고 모두 태워버린 후, 무당산武當山에 초암을 짓고 참구하다가 이와 같이 깨달았다.

견문각지 見聞覺知

신회神會의 『단어壇語』에 "무념無念으로 종宗으로 삼는다. 무념을 체득하면 보고 듣고 깨닫고 알았다〔見聞覺知〕고 해도 마음은 언제나 공적하다. 바로 계·정·혜의 배움이 일시에 몸에 붙여진다"라고 하였다. 견문각지는 인간의 감각·지각작용을 말하는데, 이를 넘어선 적정한 무념의 상태가 되면 자연히 계·정·혜가 이루어짐을 강조하는 것이 신회의 선이다.

견성 見性

성性은 용(用, 작용)이나 상(相, 나타남)에 대한 개념이며, 본질·본래성本來性을 의미한다. 선에서는 본질을 꿰뚫어 보는 것, 혹은 깨달음을 실현하는 것을 의미한다. 선종의 종지는 "교외별전敎外別傳·불립문자不立文字·직지인심直指人心·견성성불見性成佛〔경론에 의지하지 않고, 언설에 의존하지 않고, 본래심이 현현하여, 깨달음을 얻는 것〕"의 네 구절에 나타나며, 견성을 최고의 목적으로 삼는다.

견성선 見性禪

송대宋代의 간화선看話禪을 말한다. 견성은 자기 본래의 불성이 드러나는 것을 말한다. 묵조선默照禪과 대조되는 선으로서 돈오(頓悟; 깨달음)를 중요시한다.

견성성불 見性成佛

견성의 성性은 본심·본성을 말하며, 마음의 본질·마음속의 마음이라고도 할 수 있다. 견성은 '성을 보는 것'이 아니라, 마음의 본질·본체로서의 자기의 본성·불성을 체득, 즉 깨닫는 것이다. 성불은 중생이 수행에 의해 망상을 끊고 진리를 깨달아 부처가 된다는 의미이다. 부처란 결국 깨달은 자를 말한다. 선문禪門에서는 불립문자(不立文字; 문자로 설명하지 않음)·교외별전(敎外別傳; 경전에 매이지 않고 경전 밖의, 스스로를 깨달은 것을 전하는 것)·직지인심(直指人心; 곧바로 사람의 마음을 가리킴)의 삼구三句를 무시해서는 선의 근본 뜻을 이해할 수 없다고 한다. 선에서는 세간의 진실이란 무엇인가, 참된 자신은 어디에 있는가 등을 깨우치면 누구라도 부처가 될 수 있다고 한다.

경분금전촉 鏡分金殿燭

'거울은 금전의 촛불을 안다.'(『선림승보전』「동산총선사장洞山聰禪師章」) 아주 으리으리한 궁전에 밝혀진 촛불은 서로 비추고 빛나 눈마저 어지럽다. 그러나 거울은 무심히 초가 비쳐지는 대로 놓아둘 뿐이다. 현상에 현혹되지 않는 작용을 나타낸다. 비추는 것과 비쳐진 것이 둘이지만 하나이며, 하나이지만 둘인 관계이다. '산답월루종(山答月樓鐘; 산은 달이 비치는 누각의 종소리에 답한다)과 대구對句를 이룬다.

경운종월 耕雲種月

'구름을 경작하여 달을 심는다.' 구름이라는 미혹한 세계를 일구어 거기에 보일 듯 말 듯한 불성佛性의 달을 종자로 하여 심는다는 의미이다. 중국 당대 선원에서는 자급자족의 생활을 위해 농사를 지었는데, 이 말에는 농경을 통해 수행하는 선자禪者의 마음이 나타나 있다. 대자연 속에서 땅을 갈아 거기에 종자를 심고 경작하여 작물을 수확하는 것이 선자들의 일상생활이며 바로 불도수행이었다. 특히 이러한 농경생활을 중요시하고 선당禪堂의 청규淸規로 정한 선사가 백장회해百丈懷海이다.

경중상 鏡中像

'거울 속의 상.' 이 구는 '현상은 실체가 없기 때문에 비추어진 대상도 흔적을 남기지 않는다'는 의미이다. 거울 속에 비쳐진 상은 비쳐질 때뿐이지 거울에 남아 있지 않다는 것이다. 거울은 '마음의 본래적인 모습'을 의미한다. 『비화경悲華經』에 "일체 법을 관하는 것, 거울 속의 상과 같다"라 하고, 『대승기신론』에도 "일체 법은 거울 속의 상과 같다"라고 한다. 중국 선종에서는 "마음은 명경대와 같다. 때때로 부지런히 닦고 닦아야 한다"(神秀)라는 여래장 수증修證주의에서, "명경도 대도 없다. 본래 무일물無一物인데 어느 곳에 티끌이 붙는가?"(慧能)라고 하는 일체개공(一切皆空; 모든 것은 공)의 입장으로 발전한다. 전자는 거울 속의 상에 중심을 두었고, 후자는 상이 비쳐진 거울마저 부정한 것이다. 그러나 양자는 모두 무無라는 거울을 인정한 것이다.

경책 警策

본래는 말에게 채찍을 가하는 것을 말한다. 선가에서는 좌선 중 졸고 있는 수행자를 깨우기 위해 죽비로 오른쪽 어깨를 내리치는 것을 말한다.

경행 經行

수행자가 좌선할 때 졸음이나 나태함·게으름 등을 방지하기 위해, 혹은 굳어진 몸을 풀어주기 위해 선방 혹은 앞마당을 도는 등, 천천히 걷는 것을 말한다.

계교복도 計較卜度

계교는 '이것저것 견주어 궁리하는 것'이며, 복은 '점치는 것', 또는 '저울로 재는 것'을 뜻한다. 사려분별이 많은 미혹한 마음이 끝없이 이어지는 것을 의미한다. 『벽암록』에 많이 나오는 용어이다.

계성변시광장설 산색기비청정신 溪聲便是廣長舌 山色豈非淸淨身

'계곡의 소리 바로 이것이 광장설, 산색 또한 어찌 청정신이 아니겠는가.' 소동파蘇東坡의 시구 중 하나이다. 광장설은 부처님의 32상相 중 하나로서 부처님의 설법을 말한 것이고, 청정신은 청정법신, 즉 부처님의 모습을 말한다. 계곡에 흐르는 물소리를 부처님의 법문으로 느끼고, 산을 부처님의 모습으로 본다는 것이다. 향엄지한香嚴智閑의 격죽대오(擊竹大悟; 대나무에 부딪치는 소리에 깨침)의 이야기, 영운지근靈雲志勤의 견도화오도(見桃花悟道; 복숭아 꽃을 보고 깨침)의 이야기, 장사경잠長沙景岑의 "산하대지를 바꾸어 자기로 돌아가게 하는 것은 어떠한가?", 낭야혜각瑯琊慧覺의 "청정본연淸淨本然, 어떤 것이 홀연히 산하대지를 생기게 하는가?" 등은, 자신과 대자연이 한 몸임을 보인 것이다.

계심작병장 溪深杓柄長

어느 산중에 선인처럼 생활을 하는 노스님이 있었는데, 초암에 있는 자루가 긴 국자로 계곡의 물을 떠 마셨다. 어느 날 그곳에 한 납자가 방문하여 묻기를, "달마조사께서 서쪽에서 오신 뜻은 무엇입니까?" 하니, 노스님은 자루가 긴 국자를 꺼내어 계곡의 물을 떠 올리며 말하기를, "계곡이 깊으면 국자 자루가 길어야 한다"라고 말하였다. 노스님의 말은 계곡이 깊으면 자루가 긴 국자를 사용해야 하고, 계곡이 얕으면 자루가 짧은 국자를 사용해야 한다고 하는, 아주 평범한 가운데 불법이 있음을 나타내 보인 것이다. 달마조사가 서쪽에서 온 뜻은 아주 대단한 데 있는 것이 아니라 이런 평범 속에 불법을 보이려고 한 것임을 말한다.

계한상수 압한하수 鷄寒上樹 鴨寒下水

'닭은 추우면 나무 위로 오르고, 오리는 추우면 물속으로 들어간다.' 어느 스님이 파릉巴陵선사에게 '조의(祖意; 달마조사가 서쪽에서 온 뜻)와 교의(敎意; 부처님이 설하신 가르침의 본뜻)가 같은지 다른지'를 물었다. 교의보다 조의를 중히 여기는 경향이 강했으므로 물은 것이다. 이에 대해 선사는 "닭은 추우면 나무 위로, 오리는 물속으로"라고 대답하였다.(『경덕전등록』) 본래 진리는 하나이므로, 조의로 나타나든 교의로 나타나든 동일하다는 것을 의미한다.

고경 古鏡

'옛 거울.' 거울은 모든 것을 차별 없이 비추기 때문에 선종에서는 불성, 본래 갖추고 있는 본성에 비유한다. 『정법안장正法眼藏』제19권에서는 "본래 자신이 고경이고, 불조佛祖와 같은 고경을 탁마하고, 불조와 같이 수행하고, 자기가 불조임을 실증實證해야 한다"고 설한다.

고교조심 古敎照心

고교는 불전·어록을 말하고, 조심은 그 가르침을 스스로의 마음에 비추는 것을 말한다. 반조返照라고도 한다.『보장론寶藏論』,『선관책진禪關策進』등에 나온다. 좌선과 고교조심은 수레의 양 바퀴와 같아서, 양쪽을 구비해야 비로소 조사祖師의 뜻에 들어맞는다고 한다.

고명력력 孤明歷歷

'고명력력지孤明歷歷地'라고도 한다. '스스로 빛난다'는 뜻이다.『임제록』에는 "이게 무엇인가? 눈앞에 역력한 것, 형체는 없지만 홀로 빛난다"라고 하였고,『벽암록』에는 설두중현雪竇重顯이 "저절로 비추고 계속 홀로 빛난다"고 말한다. 불성이 그대로 드러나 있음을 의미한다.

고목리용음 촉루리안정 枯木裏龍吟 髑髏裏眼睛

어느 납자가 "어떤 것이 도입니까?"라고 물으니, 향엄지한선사는 "고목 속에 용의 울음"이라고 하였다. 다시 납자가 "어떤 사람을 도를 얻었다고 하겠습니까?"라고 물으니, 선사는 "해골바가지 속의 눈"이라고 하였다.(『벽암록』) 상식으로는 용납되지 않는 말이다. 그러나 죽음도 태어남도 모두 하나이므로 죽었다고 하지만 살아 있음이고, 고요하지만 움직임이 있으며, 평등하지만 차별이 있음을 나타낸 것이다. 선은 곳곳에 있고 사람들은 이미 부처의 행을 하고 있는데 사람들이 모르고 있을 뿐이라는 의미이다.

고목사회선 枯木死灰禪

'번뇌나 망상이 더 이상 일어나지 않지만 공空이나 무無의 일변一邊에 치우친 선'을 말한다. 마른 나뭇가지나 불씨가 완전히 없어진 재 같은 상태를 비유해서 '고목사회선'이라고 한다. 대혜종고大慧宗杲는 이를 묵조선에 비유하여 비판하였다.

고불 古佛

문자 그대로 '과거세(古)의 부처님'을 의미하지만, 선어에서는 옛 고승이나 생존하는 고승을 존칭하여 이렇게 불렀다. '고인古人의 행리行履·행적'에서의 '고인'도 같은 뜻이다. 또한 불전에서의 고사古師도 같은 뜻이다.

고송담반야 유조농진여 古松談般若 幽鳥弄眞如

'오래된 소나무는 반야를 이야기하고, 고요한 새는 진여를 희롱하네.'(『인천안목人天眼目』) 이는 천지만물이 모두 부처의 모습이라는 것을 의미한다. 반야는 진리의 체득에서 나타난 지혜이다. 진여(空)는 진리이며 영원히 변하지 않는 것이다. 고송의 자태는 반야를 드러내고 숲속 깊이 나는 새의 지저귐은 그대로 진리를 노래한다는 뜻이다. 솔바람 소리, 새들이 지저귀는 소리가 진리의 구현으로 들리는 것이다. 이와 비슷한 소동파蘇東坡의 시가 있다. "계곡의 물소리는 부처님의 설법으로 들리고 산의 자태는 부처님 모습이로구나. 어젯밤 불었던 바람소리는 부처님의 팔만사천 법문과 같다. 부처님의 설법을 들은 나의 마음은 말로 다할 수가 없다"라고 하였다. 크게 깨친 자만이 말할 수 있는 경지이다.

고인각고 광명필성대야 古人刻苦 光明必盛大也

'옛사람의 각고, 광명(깨달음)은 반드시 성대하다.' 분양선소汾陽善昭는 가풍이 준엄하여 입문을 쉽게 허락하지 않고, 입문해서도 수행 태도가 나쁘면 겨울철에도 물을 끼얹을 정도로 엄하였다. 문하생 중에 자명초원慈明楚圓은 밤에도 자지 않고 수행에 힘썼다. 그는 스스로 '고인은 각고 끝에 광명, 즉 깨달음을 이루었는데, 나는 어떤 사람인가? 살아서 세상에 이익됨이 없고 죽어서 사람들이 알지 못하면 진리가 무슨 소용이 있겠는가?'라고 하면서, 잠이 오면 발목뼈를 송곳으로 찌르면서 수행을 계속하였다. 이렇게 해서 분양의 법을 계승하고, '서하西夏의 사자獅子'라고 불릴 정도로 대선지식이 되었다.(『선관책진禪關策進』)

고칙공안 古則公案

고칙은 공안이라고도 하며, 묶어서 고칙공안이라고 한다. 선승의 깨달음의 규범이 되는 문답어구를 공안으로 사용하여 사승師僧이 수행자를 깨닫게 하거나, 또는 수행자 자신이 깨달음을 위해 공안을 사용하여 참선한다. 이러한 공안선은 송대 이후 임제종계에서 크게 성행하였다.

곡종인불견 강상수봉청 曲終人不見 江上數峰靑

'곡이 끝났지만 사람은 보이지 않고, 강 위에 수많은 푸른 봉우리만이'라는 말이다.(『전고공집錢考功集·오배五排』) 당 중기의 시인인 전기錢起의 「상영고슬湘靈鼓瑟」이라는 시의 끝 구절이다. 훌륭한 연주는 끝났지만 연주하는 사람의 모습은 어디에도 눈에 띄지 않고, 다만 푸른 산봉우리가 강가에 연이어져 있을 뿐이라는 의미이다. 앞구절은 깨달음의 정적한 경지를 나타낸 것이고, 뒷구절은 일상의 그림자도 남아 있지 않은 깨달음의 묘경妙景을 나타낸 것이다.

공겁이전지면목 空劫以前之面目

'공겁 이전의 면목'이라는 말은 선가에서 본래면목을 표현하는 말로 자주 사용되는 화두이다. 공겁 이전이라는 것은, 세계의 변천을 말한 사겁(四劫; 성겁成劫·주겁住劫·괴겁壞劫·공겁空劫) 중 공겁보다 이전으로, 천지가 성립하기 전을 말한다. 바꾸어 말하면 미오迷悟·범성凡聖·선악善惡 등 상대적 차별이 생기기

이전의 근원을 말한다. 면목은 '본래의 자기'를 의미한다. 『원오어록』에 "미혹함에서 벗어나려면, 본지풍광本地風光으로 청정히 하여 공겁 이전의 면목을 드러내야 한다"라고 하였다. '부모미생이전면목父母未生以前面目'과 같은 말이다.

공리일편석 空裏一片石

『경덕전등록』「석상경제장石霜慶諸章」에, 어느 승이 묻기를 "어떤 것이 서쪽에서 온 뜻입니까(祖師西來意)" 하니, 경제가 말하기를 "공중에 뜬 돌멩이"라고 하였다. 공중에 돌이 뜨거나 매달릴 수는 없다. 말이 되지 않는다. 조사가 서쪽에서 온 뜻이 무엇이냐고 묻는 것은 바로 이와 같은 양상임을 비유하였다. 그러나 서쪽에서 온 뜻을 안다면 공중에 돌이 떠 있는 것을 보는 것이다. 이는 바로 불법의 진리는 상식적인 언어로는 한계가 있으며, 스스로 깨치는 수밖에 없음을 의미한다.

공안 公案

공안이란 본래 '공부公府의 안독案牘'이라고 하는 관공서의 공문에 비교된다. 불조의 언행기연言行機緣에 나타나 있는 선체험의 이법을 나타내는 언구로서, 선장禪匠이 제자를 깨치도록 하기 위한 공부의 기관(機關; 도구, 방편), 즉 수단으로서의 언구·교설을 말한다. 중봉명본中峰明本의 『산방야화山房夜話』에 공안에 대한 설명을 자세히 해 놓았다. 『경덕전등록』 권27 「제방잡거징염대별어諸方雜擧徵拈代別語」에 공안의 성립에 대한 이야기가 있다. '거·징·염·대·별어'라는 것은 선인의 문답이나 말을 다시 들어 보이거나(擧), 선장이 수행자의 견해를 묻거나(徵), 들어 비평하거나(拈), 문답에 답할 수 없는 사람을 위해 대신 말해주거나(代), 다른 사람이 내린 말에 따로 다시 평어를 내리거나(評語, 別語) 하는 것이다. 제일 처음에는 많은 화제가 들어졌으며 이를 화두話頭·고칙古則·화칙話則·본칙本則이라고 하고, 또는 공안이라고도 하였다. 이처럼 중봉의 공안 이해는 『경덕전등록』의 영향이 크다. 『경덕전등록』은 1,701인의 수행자를 수록하고 있기 때문에, '1,700공안'이라고 한다. 결국 '거·징·념·대·별어'라는 화제를 취사선택하였다. 특히 대화(話)에 대해 송頌으로 정리한 '송고頌古'나 산문으로 정리한 '염고拈古'의 형식이 나타나고, 그 말을 뽑은 것이 하나의 경향이 되어 백칙이 되었다. 대표적인 것이 운문종 설두중현의 『송고백칙頌古百則』·『염고백칙拈古百則』과 조동종 굉지정각의 『송고백칙』·『염고백칙』이다. 후대에 여기에 고칙(話)과 송頌의 말에 촌평(着語라고도 함)과 함께 평창評唱 등을 덧붙여 '공안집'이라고 하였다. 전자는 임제종의 원오극근이 평창을 붙여 임제종의 근본 성전인 『벽암록』이 되고, 후자는 만송행수가 평창을 붙여 조동종의 근본 성전인 『종용록』이 되었다. 공안을 사용하여 수행자를 지도하는 방법이 북송대부터 점차 넓혀져 갔고, 특히 대혜종고에 의해 묵조사선默照邪禪의 비판과 극복으로 집대성이 되며, 그 방법이 효과적이라고 하여 유행하게 되었다. 화두(공안)를 들기 때문에 간화선·공안선이라고 부르며, 이후 선종의 대세를 차지하기에 이른다. 그중 조주종심의 '구자무불성(狗子無佛性; 개에게는 불성이 없다)의 공안(無字公案)'은 큰 영향을 미쳤고, 『무문관』의 제1칙에 수록되어 널리 알려졌다.

공화 空華

공화空花·허공화虛空華라고도 한다. 원뜻은 '허공 속에 핀 꽃'이라는 말이다. 실재하지 않는 것을 실재한다고 여기는 것을 비유한 것이다. '토끼의 뿔', '거북이 털'과 같은 의미이다. 『원각경』에 '눈병이 난 자는 본래 눈병 때문에 아무것도 못 보지만 오히려 공중의 꽃을 보는 것'을 비유로 설명한다.

관 關

당대唐代의 취암영참翠巖令參선사가 "내가 오랜 세월 모두를 위해 가지가지 설법을 해 왔는데 내 눈썹과 수염이 아직도 남아 있느냐?"라고 묻자, 보복종전保福從展선사는 "도둑놈은 양심에 가책된다고 해서 그만 두지 않지"라고 하고, 장경혜릉長慶慧稜선사는 "눈썹과 수염이 길게 자라고 있다"라고 말하였다. 마지막 운문문언雲門文偃선사는 '관'이라고 한 마디 하였다.(『벽암록』 8칙) 보복, 장경, 운문은 모두 설봉의 제자들이다. 이들은 언제나 선문답으로 자신의 견지見地를 보였다. 예부터 도둑은 눈썹도 수염도 남아나지 않는다는 말이 전해진다. 취암은 자신의 설법으로 큰 도둑이 되었음을 말했고, 자신의 모습을 사제들에게 물었던 것이다. 말과 진실의 문제는 그렇게 단순하지 않다. 가장 큰 난관이다. 이 난관을 통과해야만 깨달은 것이다. 그래서 운문은 '관'이라고 하였다.

관목리당안 棺木裏瞠眼

'관 속에 들어가서야 놀라 눈을 휘둥그레 뜨는 것'을 뜻한다. 이미 일을 그르친 뒤에야 손을 써 보려고 하는 것을 말한다. 스스로 깨달았다고 자부한 선자禪者가 선문답에 임하여 선사의 의도를 충분히 이해하지 못해 선기禪機를 보이지 못하다가 나중에 비로소 알아챌 때를 의미한다. 공안에 대한 착어著語에 자주 쓰는 구이다.

관심 觀心

관법 중에 마음을 대상으로 공空・무아無我를 관하는 것을 말한다. 원시불교의 사념주四念住의 하나인 심념주心念住는 '마음이 상주하지 않음'을 관하는 것이다(觀心無住). 대승불교의 유식설에서는, 세계는 다만 마음에서 일어남에 지나지 않음을 관하는 것을 말한다〔唯識〕. 천태종에서는 이론적 측면을 교상문教相門, 수행적 측면을 관심문觀心門이라고 한다. 지의智顗는 자신의 일념의 마음 가운데 공空·가假·중中의 삼제三諦를 관하는 것〔一心三觀〕을 설하고, 『관심론』에서 관심을 중심으로 한 사종삼매四種三昧를 권하고 있다. 선종에서는 신수神秀의 『관심론』에서 관심의 법을 설하는데, 여래장사상을 바탕으로 마음을 관찰하는 관심〔간심〕의 수행에 의해, 망상 없이 모든 것이 진여로 된 경지에 이름을 목적으로 한다. 또한 영명연수永明延壽의 『관심현추觀心玄樞』는 관심을 선의 입장에서 설명한 것이다.

괄골지언 刮骨之言

'뼈를 깎는 말'이라는 뜻으로, 동산양개洞山良价의 말이다. 어느 날 동산이 제자들에게 말하기를 "사방에서 사람을 놀라게만 하는 말을 하지만, 나는 뼈를 깎는 말을 할 뿐이다"라고 하였다. 이 말에 제자 운거도응雲居道膺이 "몸도 골수도 텅 빈 것인데 무엇을 깎는다고 하십니까?"라고 물었다. 그러자 동산은 "그것조차 깎아야 확실히 깎는 것이다"라고 대답하였다.(『조당집』 권6) 동산의 가풍은 이처럼 번뇌 집착마저 붙을 곳이 없는 철저한 수행을 강조하였다.

광경민절 光境泯絶

'빛과 경계가 끊어졌다'는 말이다. 빛은 마음, 즉 주체이며, 경계는 대상, 즉 객체이다. 주객主客·능소能所가 끊어진 것, 즉 초월됨을 뜻한다. 분별과 차별의 세계에서는 주와 객이 분명히 둘로서 이원적이고 상대적이지만 절대와 평등의 세계에서는 주객은 둘이 아니며 도리어 주객 모두 없어진다. '광경구망(光境俱亡; 빛과 경계가 모두 사라졌다)', '심경일여(心境一如; 마음과 경계가 하나다)'와 동의어다.

광음여시 光陰如矢

'광음이 화살과 같다.' 『오등회원』에는 "광음여전光陰如箭", 『임제록』에는 "광음가석光陰可惜 염염무정念念無情"이라는 표현이 나온다. 광光은 해, 음陰은 달로서, 광음은 년월이 지나간다는 뜻이다. 광음여시란 세월이 화살처럼 빨리 지나가 두 번 다시 돌아오지 않는다는 것을 의미한다. 어록에 많이 나오는 술어이다.

교류수불류 橋流水不流

선가에서 사제師弟 간의 문답은, 분별심이나 망상에 의한 상대적 인식에서 탈피하여 절대적 인식을 중시한다. 그래서 "다리는 흐르고 물은 흐르지 않는다"라고 하는, 상식의 세계를 벗어난 모순의 표현을 곧잘 사용한다. 통속의 대립적인 생각을 버리고 무아·무심이 되는 것이 깨달음의 절대적 경지에 도달하는 것이다.

교선일치 敎禪一致

'경론의 가르침이나 선종에서 설하는 가르침이나 근본은 같다'고 하는 설을 '교선일치'라고 한다. 당의 규봉종밀圭峰宗密은 당시 교가와 선가가 서로 다투는 것을 보고, 선과 교가 궁극적으로 일치함을 주장하였다. 그의 저술인 『선원제전집도서禪源諸全集都序』는 이를 설명하기 위해 찬술되었다.

교외별전 敎外別傳

'교설로서가 아닌 다른 것으로 전승되는 것'을 의미한다. 선종에서는 언어·문자로 된 것은 이미 개념화된 것이므로 참된 불법(공, 무상, 무아 등)을 확연히 나타낸 것이 아니라고 한다. 불교의 진수는 말이나 문자로서가 아니라 체험과 실천을 통해서만 전해진다고 하는 의미이다. '이심전심'과 같은 의미이다.

구두선 口頭禪

입(말)으로만 하는 선, 즉 온몸으로 체득한 깨달음이 아니라 지식만으로 취하는 선을 말한다.

구모토각 龜毛兎角

'거북이 털, 토끼의 뿔'이란 '본래 실재하지 않는 것'을 비유한다. 또한 실재하지 않는데 존재하는 것처럼 집착하는 것을 비유하는 말이기도 하다. 비슷한 말로 '공화(空華; 눈병 때문에 보이는 환영)', '석녀(石女; 돌로 만든 여인)' 등이 있다. 『대지도론大智度論』에, "모든 현상의 진리는 생과 멸이 본래 없으며[不生不滅], 텅 비어 언제나 존재하는 것은 없다[空無所有]. 비유하면 토각구모兎角龜毛와 같다"라고 한다.

구지수지 俱胝堅指

구지화상은 불법佛法에 관해 물으면, 언제나 손가락 하나를 세워 보였다. 어느 날 절을 참례한 방문객이 동자에게 "그대 스승의 가르침은 무엇인가?"라고 물으니, 동자가 구지화상을 흉내 내어 손가락 하나를 세워 보였다. 동자는 방문객마다 그렇게 해 보였다. 이를 들은 구지화상은 동자를 불렀다. 동자는 곧 손가락을 세워 보였다. 화상은 바로 그 손가락을 잘라 버렸다. 동자가 아파서 울며 방을 나갈 때, 구지화상은 다시 "동자야!"라고 큰 소리로 불렀고, 동자가 되돌아보자 손가락을 하나 세웠다. 홀연히 동자는 깨달았다고 한다.(『무문관』 3칙) 구지화상이 손가락 하나를 세워 보인 것은 그 손가락에 의미가 있는 것이 아니라, 선의 진리, 즉 대립분별을 끊어버린 절대의 세계를 표현한 것이다. 스승은 손가락에 집착하는 것을 단절시키고 본래의 인간성, 즉 불성을 보도록 하였다.

구참 久參

구참舊參 또는 고참古參이라고도 한다. 오랫동안 참선수행을 한 사람을 말한다.

국수월재수 농화향만의 掬水月在手 弄花香滿衣

'물을 뜨니 달이 손에 있고, 꽃을 가지고 노니 꽃향기 옷에 스민다.'(『허당록虛堂錄』) 남송南宋의 허당지우虛堂智愚선사의 게송이다. 양손으로 물을 가득 떠올리니 물속에 달이 잠겨 있고, 꽃을 만지고 노니 꽃향기가 옷에 가득하다는 것을 말한다. 말하자면 자신이 물이 되고 꽃이 되었음을 의미한 구절이다. 주관과 객관, 마음과 몸이 하나가 되니 진실이 그곳에 있음을 알았다는 것이다. 일심불란이 되고 몰두하여 하나가 되면 대립관념이 없어지고, 거기에서 새로운 경지가 열린다. 이것이 삼매의 경계이다. 여기에 이르지 않으면 불심·불성을 체득할 수 없고, 참된 자기도 발견할 수 없다. 천지만상에 불심·불성이 나타나지 않는 것이 없고 언제 어디서나 존재하고 있음을, '물을 뜨면 물에, 꽃을 가지고 있으면 꽃에'라고 표현하였다.

군간백상이삼월 나수지두불대춘 君看陌上二三月 那樹枝頭不帶春

'그대는 2, 3월의 논두렁길을 보았는가. 봄기운을 띠지 않은 나뭇가지가 어디에 있는가?'(『선림유취』 권2) 이 구절은 이른 봄의 풍경을 노래한 것이지만, 부처가 될 성품을 가지고 있지 않는 중생은 어디에도 없다고 하는 의미를 지닌다. 추위가 가신 2,3월, 본래 따뜻한 생명의 기운을 품고 있는 나무가 시절인연이 되어 푸릇푸릇해져감을 중생의 불성에 비유하였다.

군자천리동풍 君子千里同風

'군자는 천 리를 가도 같은 풍격이다.'(『선의외교禪儀外交』 상권) '덕행을 갖춘 사람은 어디에 있어도 그 풍격이 변하지 않는다'는 말이다. 표면적으로는 다르게 보여도 근본은 변하지 않는다고 하는 의미이다. 선에서는, 특히 많은 선자禪者가 여러 가지 방편으로 달리 표현을 해도 원래는 동일한 뜻임을 가리킨다.

귀가담자양두탈 시자청혜화자홍 歸家擔子兩頭脫 柴自靑兮火自紅

'집에 돌아가 양쪽에 짊어진 짐을 내려놓고 보니, 잡목은 푸르고 불은 빨갛게 타 오른다.' 월주법승선사의 「설초雪樵」(『강호풍월집江湖風月集』 상)에 있는 말이다. 긴 여행 끝에 집으로 돌아와 짐을 풀어놓고 주변을 둘러보니, 예전 그대로 잡목은 푸르고 차를 달이는 화로 속에 빨갛게 타오르는 불꽃이 정겹게 보인다. 즉 오랜 수행 끝에 깨달음을 얻고 나니 모든 것이 예전과 그대로임을 표현하였다.

귀가온좌 歸家穩坐

'집으로 돌아가 평온히 앉다.'(『대혜서』) 쓸데없이 바깥에서 깨달음을 좇아 돌아다니는 것을 그만두고 본래의 자기를 되찾아 부동不動의 안주처를 발견한 경지이다. 곽암廓庵의 『십우도十牛圖』에서 말하는 제7「망우존인忘牛存人」의 단계에 상응하는 말이다.

귀굴리활계 鬼窟裏活計

귀굴은 '악귀·유령이 거처하는 집'으로, 귀굴리활계는 '귀신이 사는 집에서 지낸다'는 뜻이다. 범부가 망집妄執에 휩싸여 있는 것뿐만이 아니라, 선자禪者가 깨달음의 경계로 잘못 알고 안주하는 것에 비유한 구절이다. '흑산귀굴 속에서 활계를 친다'는 말로도 사용한다. 『벽암록』에 "계교計較를 부리는 것, 바로 이것이 흑산귀굴 속에서 활계를 치는 꼴"이라고 하는 것처럼, 사량분별을 따라다니는 것을 마치 유령의 집에서 사는 것과 같다고 한다.

근진적이 根塵寂爾

근은 육근(六根; 안·이·비·설·신·의, 인식능력), 진은 육진(六塵; 색·성·향·미·촉·법, 인식대상)을 말한다. 즉 인식기관이 대상과 마주하여 주객상대의 세계를 넘어선 인경일미人境一昧의 경지를 말한다. 『조산원증선사어록曹山元證禪師語錄』에 "정중편(正中偏; 무차별과 차별이 상즉相卽한 깨달음의 세계)은 평등함이다. 어떠한 곳에나 두루 통하며(處處圓通) 근진적이根塵寂爾하다"라고 하였다.

금강안정 金剛眼睛

'금강의 눈'을 의미하는데, 금강의 눈빛으로 불법의 진의를 알아차린다는 것이다. 깨달음의 경지에 이른 자의 눈을 의미한다. 『경덕전등록』에는 현사사비玄沙師備의 말로 "오직 그대는 금강안정을 얻어야 한다"라고 하였다. 임제종에서는, 뛰어난 선 지도자의 네 가지 조건 중 두 번째를 금강안정이라고 한다. 이 경우에는 수행자의 소질을 알아채는 힘을 가리킨다.

금구목설한 金口木舌漢

'훌륭한 가르침으로 세상 사람들을 각성시키고 지도하는 사람'을 말한다. '금구'는 본래 부처님의 입에서 설해진 언설을 말하는데, 여기서는 금언이나 금과옥조라는 뜻이다. '목설'은 목탁을 말하는데, 목탁의 한 가운데를 파서 금속으로 된 방울을 붙인 것이다. 중국에서는 법령 등을 선포할 때, 이것을 흔들어 소리로 알렸다. '한'은 사람을 뜻한다.

금모사자변성구 金毛獅子變成狗

'금빛 나는 털을 가진 사자가 개로 변하다'(『허당록虛堂錄』)라는 이 구는, 부처님이 부처의 세계에 머물지 않고 범부의 모습으로 변하여 중생을 제도한다는 의미이다. 대승불교에서는 부처보다 보살을 훌륭한 존재로 생각하였는데, 그러한 보살을 표현하여 '금모의 사자, 개로 변하다'라고 하였다.

금상갱첨화 錦上更添花

'아름다운 비단 위에 다시 꽃을 드리운다'는 의미로, 한층 아름답게 된 것을 말한다. 『종용록從容錄』 53칙에서 만송萬松이 말하기를, "과연 정법안장을 단단히 붙들더니 황벽종사가 되었네"라고 하고, 다시 말하기를 "고운 비단 위에 다시 꽃으로 장엄했군"이라고 덧붙인다. 본래 면목을 깨쳐 황벽산의 조사祖師가 되더니만 더구나 교화로 한 걸음 나아갔다는 의미이다.

금설수귀 낙안성예 金屑雖貴 落眼成翳

'금 부스러기가 귀하다 해도 눈에 들어가면 침침해진다.' 존귀하거나 성스러운 존재를 절대시하거나 여기에 집착하는 것을 경계한 말이다.『벽암록』 61칙에 "금 부스러기라도 눈에 들어가면 침침하며, 입는 옷이나 장식은 청정한 진리의 세계에서는 티끌이 된다. 자신의 영靈조차 중요시하지 않는데 부처와 조사라니, 이는 어떤 자들인고?"라는 말이 있다.

금오급옥토속 金烏急玉兔速

금오는 태양, 옥토는 달을 뜻한다. 이 구는 '달과 해의 빠름'을 의미한다. 동의어로 '광음여전(光陰如箭; 세월이 화살같다)'이라는 말이 있다. 시간이 너무 빨라 그 사이에 망상분별이 끼어들 여지가 없다는 것이다.(『벽암록』)『경덕전등록』 권5「영가현각장」에 "인간에게 있어서 살고 죽는 것은 극히 중대하며, 세월은 덧없이 흘러가므로 단 하루도 지체할 수 없다"라고 한다. 이 구절은 스승인 육조 혜능이 현각에게 하루쯤 쉬었다 가면 어떠냐고 물었을 때 대답한 내용이다. 일각一刻도 지체할 수 없을 정도로 세월이 빠름을 의미한다.

금침옥선 金針玉線

금침은 바늘, 옥선은 실을 뜻한다. 여기서 침針은 '보편적이고 상식적인 것을 넘어선 것(理, 형이상학, 초자아)', 선線은 '보편적이고 상식적인 것(事, 형이하학, 사아)'을 비유한 것이다. 바늘과

실이 갖추어져야 바느질을 할 수 있는 것처럼, 이理와 사事가 원융무애해야 함을 말한 것이다. 바늘과 실의 관계는 '이사원융理事圓融', '정변회호正偏回互', '해행상응解行相應', '사자도교師資道交' 등의 의미에도 비유한다.

금풍취옥관 金風吹玉管

'금풍으로 옥관을 불다.' 금풍은 '가을바람'이다. 추풍으로 옥피리를 불고 있다는 것은 묘한 자연의 음악을 나타낸 말이다. 임제의현臨濟義玄이 삼봉三峯에 도착하자 평平화상이 묻기를 "어디에서 왔는가?" 임제가 답하기를 "황벽에서 왔습니다" 평화상이 다시 "황벽이 무슨 말을 하던가?"라고 묻자, 임제가 "금우金牛가 어젯밤에 도탄에 빠졌는데, 지금은 흔적도 보이지 않습니다"라고 답하였다. 그러자 평화상이 말하기를 "금풍으로 옥관을 부는구나"라고 하였다.(『임제록』 「행록」) 임제를 칭찬한 말이다.

기도 祈禱

기도는 기청祈請·기념祈念이라고도 한다. 말 그대로 불·보살의 가피력을 바라는 것이다. 본래 불교에서는 이를 행하지 않았지만, 대승불교 이래 정토사상이 전파되면서 부처님의 위신력에 의한 가호를 바라게 되고 기도가 권해지게 되었다. 선종에서는 기도를 할 때, 기도의 목적을 알리고 기도패祈禱牌를 건 후에 송경誦經이나 간경看經을 한다. 기도라는 말보다 '정근精勤'이라는 말을 썼다.

기봉 機鋒

기機는 수행으로 인해 획득한 마음의 작용, 즉 선기禪機를 뜻하며, 봉鋒은 선기를 활용시키는 도구로서 선승이 사용하는 활작략(活作略; 적절한 교화수단) 중의 하나이다.

기불리위 타재독해 機不離位 墮在毒海

'기가 위(位; 고정된 틀)를 여의지 않으면 독해에 떨어진다.'(『벽암록』) '기機'는 마음의 작용, '위位'는 깨달음의 경지이다. '수행의 결과 얻은 깨달음도 여기에만 머물러 고집한다면 도리어 자신을 해치고 세간을 해치게 되는 것'을 의미한다. 수행으로 근본 진리를 깨닫고 나서는 다시 세간으로 돌아가 이를 활용하라는 뜻이다.

기사구명 己事究明

'기사'는 자기 자신의 일로, 이 일을 밝히는 것이 선이다. 보통 알고 있는 자신은 거울에 비친 대상화된 자신으로서, 참된 자신에서 벗어나 있다. 선 수행은 좌선이라는 신체적 방법에 의해 진실한 자신을 탐구하는 것이다.

기심동념 起心動念

'순간순간의 마음의 움직임, 의식의 작용'을 뜻한다. 당대의 선종에서는 기심동념을 그대로 불성의 나타남이라고 하였다. 예를 들어 홍주종에서는 "기심동념·탄지동목(彈指動目; 손가락을 튀기거나 눈동자를 굴리는 것)·소작소위(所作所爲; 스스로나 남이 시켜서 하는 행동)가 모두 불성 전체의 작용이지 다른 것이 아니다"라고 주장하였다. 황벽희운黃蘗希運의 『완릉록宛陵錄』에도 "기심동념하는 이 모든 것이 그대의 견처(見處; 입장)이다. 만약 그렇지 않다면, 부처의 어느 곳을 말하는가?"라고 하였다. 이것을 '작용즉성설作用卽性說'이라고 한다. 그러나 이에 대해 규봉종밀 등은 비판하였다.

기연 機緣

'기'는 의식·기회, '연'은 인연을 뜻한다. 수행자가 스승의 가르침이나 또는 그 외의 어떤 인연으로 홀연히 깨달았을 때, 기연이 계합되었다고 한다. 시기나 조건 등 모든 정황이 서로 맞아 떨어지는 것을 뜻한다. 주·객, 피·차가 대립하지 않고 하나가 된 것을 기연감회機緣感會라고 한다. 『갈등어잔葛藤語箋』권4에서 무착도충無著道忠화상은 "기는 수행자에 속하고, 연은 사가師家에 속한다"라고 하였다.

기연감회 機緣感會

'기연'은 적절한 시기와 인연을 뜻한다. '감회'는 감득感得하고 회취會取하는 것, 즉 느낌으로 이해하는 것을 말한다. 말하자면 시기와 인연을 알아차려 깨달음을 얻었다는 의미이다.

기우구우 騎牛求牛

'소를 타고 소를 찾는다'는 말이다.(『벽암록』 7칙) 소는 불성(佛性; 空性, 眞性)을 뜻하며, '불성은 본래 자신에게 있는 것인데 이를 알지 못하고 바깥에서 구하는 것'을 말한다. 불성은 일반적으로 말한다면 청정하고 평등하고 자유로우며, 자비스럽고 성스러운 성품을 말한다. 선가에서의 수행은 철저히 불성으로 돌아가기 위한 것이다. 흔히 우둔한 중생은 자신의 불성을 등지고 불성을 찾아 헤매며 불성은 특별한 자에게만 있는 것으로 여긴다.

끽다거 喫茶去

'차를 마시게'라는 말이다. 문맥으로 보면 '차를 마시고 눈을 떠 보게'라는 뜻인데, 납자를 가상히 여겨 머물기를 허락하는 뜻이기도 하다. 『조주록』 하에 의하면, 막 도착한 납자衲子가 조주종심趙州從諗의 처소에 왔다. 조주가 "여기 와본 적이 있는가?"라고 물으니, 납자는 "없습니다"라고 대답하였다. 그러자 조주는 "차를 마시게"라고 하였다. 또 다른 납자에게도 똑같은 말로 물었고, 그는 "있습니다"라고 대답하였다. 그러자 조주는 또 "차를 마시게"라고 말하였다. 이를 보고 있던 원주가 의심이 나서 물었다. "스님께서는 매번 같은 말씀을 하십니다. 납자가 왔었다고 해도, 와본 적이 없었다고 해도 언제나 '차를 마시게'라고 하십니다. 왜 그렇습니까?" 그러자 조주는 역시 "원주, 차를 마시게"라고 말하였다.(『오등회원』 권4 「조주장」) 당시 이 말이 여러 처소에 알려져 '차를 마시게'라는 말이 유행하여 공안이 되었다. 선사는 불법을 구하겠다는 이런저런 생각을 거둘 것을 단도직입으로 "차를 마시게"라는 말로 나타냈다.

끽일립미 첨일립미 喫一粒米 添一粒米

'한 알의 쌀을 먹으면 한 알의 쌀을 보탠다'는 뜻이다. 도원道元의 『전좌교훈典座教訓』에 나오는 말이다. 『전좌교훈』은 수행승의 식사 전반을 지휘하는 전좌의 마음가짐을 설한 책이다. 이 구는 절에 사는 사람 수와 식사의 분량을 잘 판단해야 한다는 의미이다. '전좌는 먹는 자와 식재食材의 양을 정확히 계산하고 여분까지 알지 못하면 안 된다'고 한다. 선원의 살림살이가 헤퍼서는 안 되며 신중하게 계획되고 다스려져야 함을 강조하였다.

나

나개시부정저 那箇是不精底

'나개'는 '어느 것', '정저'는 '가장 좋은 것'을 뜻한다. '어디 좋지 않은 것이 있는가', 즉 모두 최고라는 말이다. 혜능이 어려서 어느 마을을 걸어가고 있을 때, 어떤 사람이 정육점에 들어가는 것을 보았다. 그는 제일 좋은 고기를 달라고 하였다. 정육점 주인은 "우리 가게의 고기는 나쁜 고기가 어디에도 없소"라고 말하였다. 이를 들은 어린 혜능은 홀연히 깨쳤다고 한다.(『육조단경』) 이 말은 어느 것이든 모두 좋다는 것을 뜻한다. 어린 혜능이 지만 강한 부정의 이면에 대긍정을 보았던 것이다. 정육점 주인은 모든 고기는 각각 좋은 맛을 낸다고 본 것이다. 깨달음의 경지에서 보면 솔바람 소리도, 물 흐르는 소리도, 산골짜기에서 부는 바람 소리도, 모두 부처의 소리로 들린다. 모두가 훌륭하고 좋다는 것을 강조하기 위해서 부정어법을 쓴 것이다.

나일물 那一物

나那는 저것·그것·저·그 등의 뜻으로, 저(這; 이것·이)에 상대적인 말이다. '저것'이라고 하면 막연한 말인 것 같지만, 선가에서는 사물의 핵심을 가리키는 말로 본래면목을 나타낼 때 쓴다.

낙초담 落草談

낙초는 '보잘것없는 풀이 됨'을 뜻한다. 낮은 자리로 떨어지는 것에 비유할 때도 이렇게 말한다. 『연등회요聯燈會要』에 "설사 일언반구一言半句라도 말하면 이것은 뱀에 다리를 그리는 격이고, 낙초의 담(말할 가치도 없는 이야기)이 된다"고 하는 것처럼, '쓸데없는 이야기'를 의미한다. 반면 『벽암록』 34칙에 "운문이 말하기를, 이 말은 모두 자비로운 뜻에서 낙초의 담을 하는 것이다"라고 한 것은, '교화의 방편상 부득이하게 하는 말'을 의미하기도 한다.

낙화유수태망망 落花流水太茫茫

'낙화는 물 따라 끝없이 흘러간다'는 뜻이다. 꽃은 뜻이 있는 것처럼 물 따라 흐르고, 물은 무정無情인 것 같으면서도 꽃을 흘러보낸다는 의미이다. 꽃도 물도 서로 무심히 보내고 보내지는 것처럼 참된 무심無心을 의미한다. 낙화나 유수와 같이 무심히 정진 수행하는 것을 뜻한다.

낙화수류수 落花隨流水

'낙화가 물 따라 흘러가다.' 공중에 흩날리던 꽃잎이 흐르는 물 위에 떨어져 흘러가는 것을 말한다. 『종용록』에는 "낙화는 뜻이 있어서 유수流水에 따르고, 유수는 정이 없이 낙화를 보낸다"라고 하였다. 낙화의 내맡겨진 임운무작任運無作한 모습을 나타낸 말이다.

난풍화화홍 暖風和花紅

'봄바람이 불기 시작하니 꽃이 거기에 맞추어 붉게 피었다.' 꽃이 붉은가, 바람이 붉은가? 『고시古詩』에 있는 구이다. 모든 분별을 내려놓은 선자禪者는 자연을 볼 때 어우러져 있는 모습 그대로 받아들인다.

남산기운 북산하우 南山起雲 北山下雨

'남쪽 산에 구름이 이니, 북쪽 산에 비가 내린다.' 이는 '서로 마음이 맞다'는 의미로, 아주 좋은 인간관계를 뜻한다.

남지죽북지목 南地竹北地木

'남쪽에는 대, 북쪽에는 나무.'(『벽암록』) '장소에 따라 다양한 차이가 있다'는 의미이다. 남방에는 대나무가 잘 자라서 그것을 이용하지만, 북방에서는 좋은 목재가 많아 그것을 사용하기 때문이다.

납설연천백 臘雪連天白

'섣달, 굽이굽이 뻗어 있는 산마루 위에 하얗게 눈이 내리는 모습'을 표현한 것이다. 섣달은 한겨울을 의미한다. 눈 내리는 깊은 산중, 칠흑 같은 한밤에 절간에서 바라보는 산봉우리의 하얗게 쌓이는 설경은 마치 하늘에 떠 있는 듯한 절묘한 경치라는 말이다. 시비 분별의 티끌마저도 없는 한적한 마음으로 바라본 산중의 세계가 있는 그대로 선명하게 드러나 보인다.

납월화이련 臘月花裏蓮

'납월에 핀 연꽃', 즉 '희유한 일'을 뜻하는 말이다. 『유마경維摩經』 「불도품」에 있다. 납월은 음력 12월이다. 12월은 겨울이므로 당연히 연꽃이 피지 않는다. 엄동설한에 연꽃이 피었다는 것은 결국 희유한 일이 일어났음을 비유하는 말이다.

냉난자지 冷暖自知

'물이 차고 따뜻하고는 자신만이 잘 안다'는 말이다.(『선림유취 禪林類聚』16) 선어록에 자주 등장하는 표현이다. 깨달음의 경지는 스스로 자신의 체험에 의해 아는 것이지, 그 체험을 들어서 알지 못하며, 혹은 체험이 없는 자에게는 어떤 말을 해도 이해하지 못한다는 것이다.

노능미작마가 廬陵米作麽價

어느 학인이 '불법의 대의가 무엇인가'를 묻자 이에 대한 청원행사淸源行思의 대답이다. 노능은 현재 중국 강서성江西省 길안현吉安縣의 지명이며, 청원의 출신지이다. 불법을 구하는 학인에게 청원은 "지금 노능의 쌀값은 어느 정도지?"라고 하여, 불법은 현재 살아가는 자신과 직결되고 일상생활 속에 있음을 가르친 것이다.

노서입우각 老鼠入牛角

'늙은 쥐가 소뿔 가운데 끼었다'는 말이다. 진퇴양난이 되어 점점 기력이 쇠잔해 가는 모양을 말한다. 선어로서는 언어의 갈등에 떨어져 출구가 보이지 않는 어리석은 상태의 모습을 의미한다. 『대혜서』에 "공안을 이해하려 해서는 안 된다. 또한 추측해서도 안 된다. 단지 공안을 머리로서는 도저히 사량할 수 없는 곳으로 곧장 나아가 막다른 데까지 가면 마음 갈 바가 없어진다. 그것은 마치 늙은 쥐가 소뿔에 걸려 꼼짝 못하게 된 것을 아는 것과 같다"고 한다. '노서입우각'에 내포된 의미는, 갈등에 완전히 떨어져 마지막까지 어떻게 할 도리가 없을 때 출구가 보인다는 것이다.

노송서설피 老松瑞雪披

'해묵은 큰 소나무 위에 눈이 소복이 덮여 있다.' 적막한 산중에 우뚝 선 소나무 위에 눈이 하얗게 덮여 있는 모습이 극히 안정되고 평화스러움을 보인다. 주객이 일여하게 조화를 이루는 선의 세계를 의미한다.

노의풍심 露衣風心

'이슬로 옷을 삼고 바람을 마음으로 한다.' 어떠한 것에도 집착하지 않는, 자연과 일체가 된 경지를 뜻한다.

노파심 老婆心

황벽희운黃檗希運 아래에서 깨달음을 얻지 못한 임제의현臨濟義玄이 대우大愚의 처소로 와서 자신의 공부 과정을 말하자, 대우는 "황벽은 그대 때문에 노파심으로 녹초가 되어 버렸어"라고 하였다. '자비심에서 흘러나오는 우려의 마음'을 이렇게 말하였다.

논겁불론선 論劫不論禪

논겁은 '영구히'라는 부사이며, '영구히 선을 논하지 않는다'라는 말이다. 『벽암록』 78칙의 송頌인 '장연상상전각와(長連床上展脚臥; 선당의 평상 위에서 다리를 뻗고 누워 있음)'에 붙인 원오의 착어着語가 "역시 잠꾸러기이구나. 영구히 선을 논할 일이 없군"이다. 평상 위에서 자유로이 있는 모습이 깨침과 깨치지 못함, 참과 거짓을 초월한 대자유인임을 나타내며, 이러한 선자禪者는 선을 논하는 것조차 쓸데없는 일로 여기므로 영원히 논하지 않을 것이라는 의미이다.

농교성졸 弄巧成拙

'잘해 보려고 했는데 도리어 실패해 버렸다'는 뜻이다. 어느 날 방거사가 마조에게 "감출 것이 없는 본래인이니 높이 쳐다봐 주십시오" 하니, 마조는 도리어 내려다보았다. 그러자 방거사가 말하기를 "모두 줄이 없는 비파인데, 스님만이 훌륭히 연주하시는군요" 하니, 마조가 다시 올려다보았다. 그러자 방거사가 예배하였고 마조는 방장으로 돌아갔다. 방거사가 뒤를 따르며 말하기를 "좀 전에 잘해보려고 했는데 망쳐버렸습니다"라고 하였다.(『방거사어록龐居士語錄』) 본래인이라고 하면 눈길을 높게 할 필요가 없는데, 그것을 요구하므로 마조는 그의 코를 납작하게 만들었고, 또 방거사도 그것을 금방 알아차린 것이다.

농동진여 儱侗眞如

'농동'은 애매모호하다는 뜻이다. 『벽암록』 21칙 「본칙평창」에 "만약 연꽃이 수면 위로 얼굴을 내민 것과 내밀지 않는 것을 하나라고 본다면 불성과 진여를 '애매모호'하게 보는 것이고, 둘이라고 한다면 주관적인 분별 작용과 객관적인 대상이 아직 사라지지 않은 상태로서 분별심에 떨어져 갈팡질팡할 것이니, 어느 세월에 이 분별심이 멈추겠는가?"라고 하였다. 또한 『현사광록』에 "단지 농동의 진여라면 길흉을 분별할 수 없다"라고 하였다.

뇌후발전 腦後拔箭

'머리 뒤 화살을 빼다.'(『벽암록』 6칙) 이 말은, 급소에 박힌 화살을 빼는 것 같이 스승이 학인에게 목숨을 잃을 만큼 충격을 주면서 바로 깨달음으로 회생시키는 것을 의미한다.

뇌후일추 腦後一搥

'머리 뒤통수를 한 대 치다', 즉 급소를 일격한다는 뜻이다. 뇌후일추腦後一錐라고도 한다. '지금까지의 모든 상相이 사라지고 다른 차원의 마음이 열려지도록 하는' 지도의 수완이다. 『원오어록』권7에 의하면, 원오극근圓悟克勤은 '조사서래의(祖師西來意; 조사가 서쪽에서 온 뜻)'에 의심을 가지고 수십 년 공부에 몰두했지만, 오조법연五祖法演을 만나고서는 "그에게 뒤통수를 한 대 얻어맞고부터 목전目前의 기(機; 실마리)를 잃어버리고, 가슴속 체했던 것마저 없어져버렸다"라고 한다.

능소일여 能所一如

작용하는 것을 능能, 작용되어지는 것을 소所라 한다. 능소는 본래 대립이 없는 것이며, 도리어 일여一如하다는 의미이다. 『경덕전등록』권30에 "시비가 모두 없어지고 능·소가 다 끊어졌다. 이 끊어진 곳이 고요하면 바로 반야(般若; 지혜, 지견)가 눈앞에 나타난다"라고 하였다. 주객일여·심경불이心境不二·물아일여 物我一如·인법불이人法不二 등과 같은 말이다.

니다불대 泥多佛大

'진흙이 많으면 부처가 크다'는 뜻이다. 오조법연五祖法演의 『오조법연어록』상에 "진흙이 많으면 부처가 크고 물이 높으면 배가 높이 뜬다"고 하였고, 또한 『벽암록』29칙에 "물이 많으면 배가 높이 뜨고, 진흙이 많으면 불상이 크다[水長船高泥多佛大]"라고 하였다. '번뇌가 많으면 많을수록 얻어지는 깨달음이 크다'는 것을 의미한다.

니불불도수 泥佛不渡水

'진흙으로 만든 소상塑像의 부처는 물속에 들어가면 허물어져 버린다'는 말이다. 그런 부처에 예배하는 것은 바보스런 것이며, 스스로 깨달아 부처가 되는 것이 중요하다는 의미이다. 그러나 깨달음의 경지에 있어서는 모두가 진여, 즉 법신불이기 때문에 물에 녹아버린 진흙 그대로가 부처라고 하는 뜻도 포함되어 있다. 『조주록』에, 선사가 상당하여 대중에게 말하였다. "금불金佛은 화로를 건너지 못하고, 목불木佛은 불을 건너지 못하고, 니불泥佛은 물을 건너지 못하네. 진불眞佛, 이 속에 앉아 있네." 설두중현雪竇重顯은 『설두송고』에서 이 네 구 중 앞의 삼구를 특히 삼전어三轉語라고 하였다.

니우입해 泥牛入海

『경덕전등록』「용산龍山화상장」에, 용산이 동산양개의 물음에 "나는 몇 마리의 소가 싸우고 모두 바다에 들어가는 것을 보았는데, 지금까지 소식이 없습니다"라고 대답했다고 한다. 니우는 분별 덩어리, 즉 번뇌에 비유하며, 오위설五位說에서는 편위偏位라고 하는데, 결국 현상분별의 세계를 뜻한다. 해海는 정위正位, 즉 평등일여의 진리의 세계를 말한다. 니우입해는 차별과 평등이 혼합·용해되어 형체가 없어진 것이기 때문에 몰종적沒蹤迹·단소식斷消息에 비유한다.

다례 茶禮

선종에서 차를 다루는 예법을 말한다. 행사의 전후에 행하는 선원다례의 예법은 『선원청규』에 나타나 있다. 이 예법이 다도의 확립에 커다란 영향을 미쳤다.

다선일미 茶禪一味

'차와 선은 같은 맛'이라는 뜻이다. 무심의 경지가 되어 자기의 본심·본성을 따르는 것이 다도의 근본정신이다. '무빈주無賓主의 차', '체용로지體用露地', '차(侘; 간소하고 차분한 정취를 뜻함)'라고 하는 차 용어가 선어에서 나온 것도 선이 다도의 본질과 깊은 관련이 있기 때문이다.

단좌 端坐

자세를 바르게 하여 앉는 것을 말한다. 범어 paryaṅka(다리를 꼬아 앉는 것)의 역어인데, 주로 결가부좌結跏趺坐로 한역한다. 단좌, 즉 단정하게 앉아서 부동不動하게 되면 몸과 마음이 즐겁게 된다.

단하소목불 丹霞燒木佛

'단하, 목불을 태우다.' 단하천연丹霞天然선사가 어느 날 도반을 찾아서 혜림사慧林寺를 방문하였다. 마침 도반은 출타 중이었다. 천연은 혼자서 기다리고 있자니 너무 추워서, 불단에 모셔진 목불을 내려 아궁이에 넣었다. 그러자 방이 따뜻해졌다. 그 때 도반이 돌아와서는 그 광경을 보고 "어떻게 부처님을 태울 수 있는가?" 하고 노여워하였다. 그러자 천연이 말하기를 "사리가 나오는가 보려고" 하였다. 도반이 "목불에 무슨 사리가 있겠는가?" 하고 질타하니, 천연이 말하기를 "물론 그렇지. 그렇다면 몸 좀 녹이게. 나머지 협시불도 태우겠네" 하고는 협시불도 아궁이에 넣어버렸다. 모든 집착과 분별·시비를 소각시켜 버린 공안이다.

달마선 達磨禪

보리달마 계통의 선을 말한다. 불교가 전래된 이래, 중국에서는 승주僧稠가 주장한 사념처관四念處觀을 비롯하여 천태계의 법화삼매法華三昧, 삼론계의 공관空觀, 정토계의 염불삼매念佛三昧 등 여러 가지 선관이 행해져 왔는데, 이들과 선종을 구별하기 위해 사용된 말이다. 그 사상이나 설명 방법·수행법·생활규범 등에 있어서의 독자성을 전제로 한 용어이고, 조사선과 거의 같은 뜻으로 사용된다.

담판한 擔板漢

'판을 어깨에 둘러멘 자.' 판을 어깨에 메고 있으면 한쪽 면만을 보고 전체를 보지 못하는 것처럼, 사물의 한 면만을 보고 전부를 보지 못하는 사람을 가리킨다. 바꾸어 말하면, 개념이나 관념·행위에 고집하여 융통성이 없는 자를 말한다. 『선림승보전』권19 「서여단장西余端章」에 "장공章公은 선仙을 배우기를 좋아하고, 여공呂公은 좌선을 좋아하고, 서육徐六은 판을 멘 것에 비유할 수 있다. 각자 한 쪽만을 볼 뿐"이라는 구절이 있다.

당위즉묘 當位卽妙

'있는 그대로, 나타난 그대로가 아름다운 모습'임을 말한다. 인공적인 힘을 배제하고 자연 그대로의 모습을 찬탄하였다.

당체분명 當體分明

당체는 '그 자체'·'본성'·'본체'라는 뜻이고, 본성은 '본래 뚜렷이 밝은 것'을 의미한다. 『대승오방편북종大乘五方便北宗』에 "앞을 향하여 멀리 보고, 만 가지 경계에 머물지 말아야 한다. 몸을 기틀로 하여 (자신을) 곧바로 비추니 당체가 분명하다"는 구절이 있다.

대기대용 大機大用

'뛰어난 선자禪者의 훌륭한 행동'을 뜻한다. 이 말은 경전에서 자주 쓰이는데, 『벽암록』 11칙에 "마馬대사의 대기대용을 보았다"라고 하여, 선록禪錄에서는 선자의 독특한 선풍을 나타낼 때 사용한다. 마조도일馬祖道一에 의해 대기대용의 선이 크게 성하였고, 이 계통에서 중국 선종 법맥으로 오가칠종五家七宗의 하나인 임제종臨濟宗이 확립되었다.

대당타고신라무 大唐打鼓新羅舞

'당나라에서 북을 두드리니 멀리 떨어진 신라에서는 그 소리에 맞추어 춤을 춘다'는 말이다.(『벽암록』) 깨달음의 경지는 시간과 공간을 초월한다는 의미이다. 이와 같은 의미로 '지음동사知音同士'라는 말이 있다. 『열자列子』에 나오는 고사이다. 종자기鐘子期와 백아伯雅는 아주 절친한 사이였다. 백아가 금琴으로 '월

광의 정감'을 연주하면, 종자기는 피리를 불어 화답했다고 한다. 이처럼 서로의 음을 알고 있는 사람을 '동사同士'라고 한다. 말하자면 뱃속까지 잘 아는 친구를 말한다. 이러한 사람을 만날 때 바로 '서쪽 끝 당唐에서 북을 치니, 동쪽 끝 신라에서 춤을 춘다'라고 한다.

대도무문 大道無門

『무문관』서序의 송頌에 "대도무문, 천 가지 차별된 길이 있는데, 이 관(關; 관문)을 투득(透得; 꿰뚫다)하면 건곤(乾坤; 하늘과 땅)에서 홀로 걷는다"라고 하였다. 대도무문은 '도에 들어감에는 문이 없다'는 것은 역으로 '어느 문이건 간에 도에 들지 않는 문은 없다'는 것이다. 그 문으로 들어가면 천지사방 가운데 홀로 우뚝 선다는 의미이다. 깨달음에 도달하는 길은 헤아릴 수 없을 정도로 많다. 불도佛道의 입구는 이것이라고 결정된 것이 없으며, 각자 자신이 어느 관문에서든지 훌륭히 수행하여 깨달음을 이루면 세상의 분별과 차별의 이원적 사고를 뛰어 넘어 자재무애하게 됨을 의미한다.

대도본무생 大道本無生

'대도는 본래 무생이다.'(『선월집禪月集』) 도는 '깨달음', 본은 '본래'의 뜻이다. 무생이란 문자 그대로 생生하는 것이 없다는 것으로 공空과 같은 뜻이다. 생멸변화하지 않는 절대의 진리, 자유자재한 절대적 주체성을 의미한다. 불생不生과 같은 말이다.

대도투장안 大道透長安

어느 납자가 조주선사에게 "어떤 것이 도입니까?"라고 물으니, 선사는 "저 담장 밖에"라고 답하였다. 납자가 다시 "담장 밖에 있는 소도小道 같은 것을 여쭙는 것이 아니라, 무엇이 대도大道 인가를 여쭙는 것입니다"라고 하니, 선사는 "대도는 장안으로 통한다"라고 대답했다고 한다.(『조주록趙州錄』) 선사가 말하는 장안은 깨달음의 세계, 대안심大安心의 경지이다. 길에는 여러 가지가 있겠지만 궁극에 도달하는 것은 '하나의 진리의 세계'라고 하는 의미이다. 선사는 담장 밖에 있는 길, 그 길로 쭉 가면 바로 부처의 세계로 통한다고 대답하였다.

대야정금무변색 大冶精金無變色

대야는 쇠를 다루는 곳, 즉 대장간이고, '정금'은 '단련되지 않은 금'을 말한다. 철은 뜨거운 불길 속에서 단련하면 할수록 강하게 변하지만, 단련되지 않은 금은 뜨거운 불길 속에 들어가도 그 빛은 찬연하고 색도 변하지 않는다. 만약 금에 조금이라도 무엇이 섞여 있으면 불 속에 넣자마자 당장 변색되지만, 어떠한 것도 섞이지 않은 순수한 금은 어디에서도 변색되지 않는다. 본래 진성

(불성, 자성)은 금과 같이 불변하며 항상 빛난다는 의미이다.

대오 大悟

'대오철저'라고 한다. 대오는 미혹함과 깨달음의 대립을 넘어선 깨달음이며, 이를 '백척간두진일보(百尺竿頭進一步; 백 척이나 되는 장대 끝머리에서 한 발자국 내딛는 것)'라고 하여 철저하고 진정한 깨달음을 나타낸다. 또한 옛 선장禪匠들은 "사자향상의 일로(些子向上一路; 깨달은 이후 조금 더 한 발자국)"라고 하여 철저한 대오를 중요시하였다.

대용현전 부존궤칙 大用現前 不存軌則

대용은 '자유자재한 활동·작용'을 뜻한다. 선사가 제자를 지도할 때, 어떤 규칙을 정해 놓지 않고 제자의 역량에 따라 임기응변·종횡무진으로 지도하는 것을 뜻한다.(『벽암록』3칙)

대원적 大圓寂

열반을 원적이라고 한다. 멸도滅度·적멸寂滅과 동의어이다. 대원적은 대반열반大般涅槃, 즉 부처의 완전한 깨달음의 경지를 의미한다. 생사의 괴로움을 벗어나 정적(靜寂; 고요)의 낙을 얻은 궁극의 경지를 뜻한다. 고승이 서거하는 것도 원적, 또는 시적(示寂; 고요함을 보임, 생사의 고에서 벗어남)이라고 한다.

대해불숙사시 大海不宿死屍

'큰 바다는 시신을 잠기게 하지 않는다.' 바다에 떠 있는 시신은 자연히 바닷가로 밀려가기 때문에 이처럼 말한다. 『임제록』 「시중示衆」에 "큰 바다에 시신이 잠기지 않는 것과 같이 하라"고 하였다. 떠오르는 사량분별과 망상에 집착하지 말고 그대로 집중하여 관觀하면 그것은 자연히 사라지게 된다는 의미이다.

도기불전입등롱 倒騎佛殿入燈籠

'거꾸로 불전을 타고 등롱에 들어가다.' 등롱은 정원을 장식하는 석등이다. 보통 절에 들어갈 때 등롱을 지나 불전을 향하게 된다. 그러나 이 용어에서는 거꾸로 불전을 타고 등롱에 들어간다고 하여 상식 밖의 말을 한다. 말하자면 상식을 몰상식하게 만든다. 운문문언雲門文偃이 대중에게 말하기를 "여기에 하나의 보물이 있는데 형산形山에 감추어져 있다. 등롱을 들고 불전을 향하고, 삼문三門을 가지고 등롱 위로 온다. 어떠한가?" 하고는, 대신 대답하기를 "사물을 쫓아서 뜻이 움직인다", 또 말하기를 "번개가 치니 구름이 인다"라고 하였다. 일어난 사물과 현상에 따라 생각을 일으키는 것을 비판한 것이다. 즉 개념이나 관념에 젖어 현상세계에 존재하는 참된 진리를 못보고 있다는 의미이다.

도두상야월 임운락전계 到頭霜夜月 任運落前溪

'머리 위에 있던 차가운 달이 언제인지 바로 앞 계곡에 떨어져 있네'라는 말이다.(『벽암록』 34칙) 어떠한 것에도 걸림이 없는 무심의 경지를 의미한다.

도득 道得

'도'는 말·이야기를 뜻한다. 따라서 도득이란 '말을 얻다'는 것인데, 불법의 도리 혹은 깨달음의 경지에 딱 들어맞는 말을 할 수 있다는 의미이다. 흥화존장興化存奬이 삼봉암에 머물 때, 어느 노승이 한 마디 말해 보라고 하자 존장은, "천만에 지금 말할 수 있기에는 아직"이라고 하였다.(『오등회원』 권11 「흥화존장장」) 불법 혹은 깨달음의 경지를 말로 할 수 있어야 하는데 아직은 그렇지 못하다는 뜻이다.

도득야삼십방 도부득야삼십방 道得也三十棒 道不得也三十棒

덕산선감德山宣鑑선사의 말로, '말할 수 있어도 30방, 말하지 못해도 30방'이라는 의미이다. 부정도 긍정도 모두 안 된다는 것이다. 임제는 덕산이 "말할 수 있어도 30방, 말하지 못해도 30방"이라고 한다는 것을 듣고는, 낙보樂普를 보내면서 다음과 같이 지시하였다. "가서 '말할 수 있는데도 왜 30방을 맞아야 합니까?' 하고 묻고는, 그가 또 때리거든 몽둥이를 빼앗아 때려주고는 그가 어떻게 하는지 보고 오너라"고 하였다. 낙보가 가서 가르침대로 물으니, 덕산이 바로 때렸다. 그러자 낙보는 몽둥이를 빼앗아 되받아쳤다. 덕산은 곧 방장으로 돌아갔다.(『임제록』)

도량 道場

보리도량이라고도 한다. 원래는 부처님이 성도한 장소, 즉 부다가야 보리수 아래의 금강좌를 가리킨다. 대승불교 이후 의미가 확대되어 『법화경』에서는 상징적·추상적인 깨달음의 장소라는 의미로 사용한다. 『유마경』에서는 깨달음을 성취한다고 하는 관점에서 보리심이나 다양한 실천이 이루어지는 곳을 도량이라고 한다. 또한 부처님이 설법한 장소·수행의 장소·공양하는 장소를 뜻하지만, 이러한 것이 점차 바뀌어 본존을 모신 수행장소로서의 사찰 및 그것에 준하는 시설을 도량이라고 한다.

도려도마 渡驢渡馬

한 납자가 조주화상에게 "오랫동안 조주의 석교石橋를 생각해왔는데, 보니까 단지 둥근 목교木橋이네요"라고 하니, 조주가 "둥근 목교만 보고 조주의 석교를 보지 못했군" 하였다. 납자는 "조주의 석교라는 것은 어떤 것입니까?"라고 물으니, 조주는 "당나귀도 건너고 말도 건너지"라고 답하였다.(『벽암록』 52칙)
조주趙州는 지명도 되지만 화상의 이름이기도 하다. 조주는 '당나귀도 말도 모두 단단한 다리, 즉 석교를 밟고 지나가게 하는 것처럼, 묵묵히 자비로서 중생을 제도하고 있음'을 빗댄 것이다. 이를 알지 못하는 납자는 다만 조주의 몸만을 보고, 또한 둥근 목교만이 있음을 보고 빈정댄 것이다.

도리불언 하자성혜 桃李不言 下自成蹊

'도리(桃李; 복숭아와 자두)는 말이 없는데 그 아래로 저절로 길이 난다.' 복숭아와 자두는 그 꽃이 아름답고 열매가 맛있기 때문에 사람들이 모여들어 자연히 길이 생긴다는 의미이다. 「이광전찬李廣傳贊」에 있는 고사이다. 덕망이 있는 선사는 좋은 언변으로 말하지 않아도 사방에서 수행자들이 모여듦을 비유하였다.

도봉타월 掉棒打月

'막대기를 휘둘러 달을 치다.' '말이 안 되는 것'을 비유한 말이다. 『무문관』의 무문혜개 자서自序에서는, 격화파양(隔靴爬痒; 신발 위로 가려운 곳을 긁는다)과 함께 쓰이고 있다. 또 『벽암록』 82칙에 "이 일을 언어로 보려고 하면, 막대기를 휘둘러 달을 치려는 것과 같다"라고 하는 것처럼, 문자어구로서 선지禪旨를 알려고 하는 태도를 비판하였다.

도착 到着

'어느 장소에 이르는 것'을 말한다. 깨달음에 이르렀을 경우에 쓴다. 『벽암록』 57칙에 "만약 진실의 자리에 도착하면 모름지기 조주의 적심편편(赤心片片; 깨달음의 경지)한 곳을 본다"고 하였다.

도화사금류여연 桃花似錦柳如烟

'복숭아꽃은 비단 같고 버들은 연기 같다.'(『선림유취禪林類聚』) 복숭아꽃은 뽐내듯 비단처럼 붉게 피어 있고, 버들가지의 싹은 연기가 피어오르는 것처럼 그것에 조화하고 있다. 봄의 아름다운 풍경을 말한다. 자연의 풍광이 그대로 선禪임을 의미한다.

도화소춘풍 桃花笑春風

'복사꽃이 봄바람에게 미소짓다.'(『괴안국어槐安國語』) 언제나 그런 것처럼 다가오는 변화를 아무렇지도 않게 흔연히 맞이하는 아름다운 광경을 노래하였다. 봄바람으로 인해 핀 복사꽃, 복사꽃이 필 시절인연에 봄바람, 각 개체마다 자성과 작용이 드러나고 서로 어우러짐을 나타낸다.

도화홍리화백 桃花紅李花白

'복숭아꽃은 붉고 배꽃은 희다.'(『오가정종찬五家正宗贊』) 각각 천차만별의 모습으로 봄을 노래하며 이러한 조화 속에 나타난 진여법계眞如法界의 모습을 나타낸 말이다.

독루생 禿屢生

'우둔한 승'을 꾸짖는 말로, 누생은 '바보'의 뜻이다. 승려의 모습을 하고 있으면서 전혀 불법의 이치를 모르는 자를 야단칠 때 하는 말이다. 임제의현臨濟義玄이 말하기를 "스스로를 경시하여 자신감을 잃고 '나는 범부이고, 그는 성인이다'고 말한다. 바보 같은 놈. 무슨 급한 일이 있길래 사자의 가죽을 쓰고 여우의 울음소리를 내는가"라고 하였다.(『임제록』「시중示衆」)

독좌대웅봉 獨坐大雄峰

어느 납자가 백장百丈선사에게 "어떤 것이 기특奇特한 일입니까?"라고 물으니, "홀로 대웅봉大雄峰에 앉는 것"이라고 답하였다. '기특'이라는 것은 '훌륭한 것', '감사해야 하는 것', '불가사의한 영험', '존귀한 것' 등의 의미가 내포되어 있다. 다시 말해서, 납자가 "선에는 어떤 영험이나 이익이 있습니까?"라고 물으니, 선사는 "내가 지금 홀로 대웅봉에 앉아 있다는 것뿐이야"라고 답하였다. 여기서 '독좌'는 그냥 혼자 앉아 있는 것을 의미하는 것이 아니라, 무한의 시간·무한의 공간 가운데 지금 이 한 점[一點]으로 여기에 있음을 말하는 것이다.

동도창화 同道唱和

'동도'는 불교어로서는 '같은 길'을 의미하지만, 선어에서는 '함께 말하다'라는 의미도 갖는다. 선어에서도 도는 길을 뜻하는 예가 일반적이지만, '도득(道得; 딱 맞는 말)'처럼 말을 뜻하기도 한다. 창화는 함께 노래 부르는 것이다. 불타의 가르침을 함께 말하고 함께 노래하는 것을 동도창화라고 한다.(『벽암록』 16칙) 불전에 문법(聞法; 진리의 말씀을 들음)·수지(受持; 이를 진실로 받들어 실천함)하여, 독송(讀誦; 반복해서 외움)·설법(說法; 진리를 말해줌)·서사(書寫; 진리의 말씀을 베껴 씀)하는 것을 맹세하는 정형구가 있는데, 이것이 동도창화의 원형이다.

동령고송수 冬嶺孤松秀

'겨울 산봉우리 고고한 소나무가 빼어나다.'(도연명,「사시四時의 시」) 겨울 산봉우리 위, 다른 초목은 모두 말라버렸는데 소나무만이 홀로 푸름을 자랑하고 있음을 나타낸다. 번뇌는 물론, 깨달음조차 완전히 털어버린 고고한 선자禪者를 상기시킨다. 무일물無一物 그대로 차디참을 즐기고 있다.

동사동생 同死同生

'생사를 같이 하는 것.' 『벽암록』 61칙 「평창」에, 설두雪竇가 주장자를 잡고 말하기를 "동사동생할 납승이 어디 있는가?"라고 하였다. '자신과 대등하게 겨눌 만한 역량 있는 자가 있는가?'라고 묻는 것이다.

동산수상행 東山水上行

한 납자가 운문雲門선사에게 "어떠한 곳이 많은 부처가 나온 곳입니까(수많은 부처가 체득한 깨달음의 경지는 어떤 것입니까)?"라고 물으니, 선사는 "동산수상행(東山水上行; 동산이 물위에 떠간다)"이라고 답하였다.(『운문광록雲門廣錄』) 동산은 중국 호북성湖北省에 있는 빙무산憑茂山의 다른 이름이지만, 여기에서는 '보통 산'을 의미한다. 상식적으로, 산이 움직인다는 것은 모순된 말이다. 그러나 모순된 표현 가운데 동動·부동不動이라는 대립적인 생각을 끊어버리는 것이다. 이원대립의 관념은 분별망상의 근원이 되고, 선이 구하는 절대적 인식의 방해가 되기 때문이다. 선에는 이와 비슷한 말이 많이 있다. 예로, '등롱도입로주(燈籠跳入露柱; 가로등이 전봇대 속으로 들어간다), '산문주출불전(山門走出佛殿; 산문이 급히 달려 대웅전을 빠져 나가다) 등이다. 상식으로는 도저히 생각할 수 없는 표현이다. 그러나 그러한 상식을 바닥까지 뒤흔들어 상식을 벗어난 본래의 자리로 돌아오는 것을 의미한다. 본래의 세계에서 보면 산도, 강도, 남자도, 여자도 모두 하나이다. 그러한 하나의 세계에서 보면 자신이 남산南山이 되고 한강漢江이 되는 것이다. 이러한 세계를 체득한 심경에서 이 세상은 바로 '동산수상행'이라고 하는 것이다.

동중춘색인난견 洞中春色人難見

'동네 속의 봄의 색깔, 사람들은 보기 어렵다.'(『오등회원』) 복사꽃이 피는 동네의 사람들은 무심하여 봄의 풍경을 보거나 느끼지 못한다. 즉 꽃만을 볼 뿐이다. 부처님이 연꽃을 들자 가섭이 미소로 화답한 '염화미소'의 공안은 중생들이 좀처럼 터득하기 어렵다는 의미이다.

동토육조 東土六祖

동토란 서천(西天; 인도)에서 보아 동쪽인 중국을 가리킨다. 육조는 초조 보리달마·2조 혜가·3조 승찬·4조 도신·5조 홍인·6조 혜능이다. 서천이십팔조西天二十八祖와 동토 육조를 『벽암록』 93칙 「본칙평창」에는 '서천사십칠西天四十七 당토이십삼唐土二十三'이라 하고, 『무문관』 무문혜개 자서自序에는 '서천사십칠西天四十七 동토이십삼東土二十三'이라고 하였다.

동풍취산매초설 일야만회천하춘 東風吹散梅梢雪 一夜挽回天下春

'동풍이 불어 매화가지에 있는 눈이 흩어지고, 하룻밤 새 천하에는 봄이 왔다.'(「원기활법圓機活法」) 동풍은 춘풍이니, 봄바람에 매화가지에 쌓인 눈이 사라져 하룻밤 사이에 봄이 왔다는 의미이다. 오랜 수행 끝에 번뇌 망상이 끊어지고 홀연히 깨달음의 세계가 열렸다는 의미이다.

동할서방 東喝西棒

'동에서는 고함치고 서에서는 방망이로 내리치는 것'을 말한다. 이는, 수행자가 자칫 번뇌 망상의 끝머리에 얽어매여 분별에 집착하거나 고착할 때 선장禪匠이 고함과 몽둥이로 기봉機鋒을 휘둘러 이를 벗어나게 한다는 의미이다. 선종에서 할과 방은 수행자를 지도하는 중요한 수완手腕이지만, 그러한 방법도 형태에 얽매이게 되면 죽은 것이 되어 버린다는 비판적 의미로 이 말을 쓴다.

두두시도 頭頭是道

'진리는 특별한 것이 아니라 하나하나의 사물(頭頭)에 이미 존재하고 있음'을 말한다. 두두는 살아 있는 물체, 혹은 현상인 개체를 뜻한다. 하나하나를 귀중하게 취급하는 것이므로 인체에서 가장 높은 위치에 있는 '머리 두'자를 사용하였다.『원오어록圜悟語錄』권5에 "상당하여 말하기를, 한 구를 전제全提하면 천 가지 차별이 아울러 만나고, 꽃 한 송이 피면 만복이 모여든다. 오고감에 사이가 없어도 근본이 있고, 동정動靜이 옮겨지지 않아도 언제나 고요하다. 곳곳이 부처이며 두두가 모두 도이다"

라고 하였다.

두두현로 물물전진 頭頭顯露 物物全眞

두두·물물은 '모든 사물'을 말한다. 따라서 만물의 현상은 하나하나 부처의 모습이며, 진리·불성을 나타낸다는 의미이다.

두리생형극 肚裏生荊棘

'뱃속에 가시가 돋다'는 뜻으로, 마음속에 악의를 품은 것을 말한다. 『금강경천노주金剛經川老注』에 "얼굴은 협죽도夾竹桃의 꽃이지만 뱃속은 가시가 돋아 있다"라는 구절이 있다. 얼굴은 꽃과 같은 미소를 띠고 있지만 내심은 가시와 같은 악의를 가진 것으로, 외면과 내면이 다르다는 의미로 사용한다.

두상만만 각하만만 頭上漫漫 脚下漫漫

'불성이 머리에도 발 아래에도 충만하다'는 의미이다. 즉 불성은 어디 한 곳에 있는 것이 아니라 살아 숨 쉬는 몸 전체가 그대로 불성이라는 것이다. 나아가 삼라만상·수족手足이 스치는 곳·이목耳目이 미치는 천지 어디에나 불성이 가득하다는 뜻이다. 『벽암록』 27칙에, "바람은 크게 불고, 물이 넘쳐흐르네. 머리 위에도 가득가득, 다리 아래에도 가득가득〔風浩浩水漫漫. 頭上漫漫 脚下漫漫〕"이라고 하였다.

둔조역풍비 鈍鳥逆風飛

'우둔한 새는 바람 부는 반대 방향으로 날아간다.' 우둔한 사람이 판단을 잘못하여 쓸데없는 노력을 하는 것에 비유한 말이다. 『대혜어록』에, 대혜가 법상에 오르자 한 학인이 말하기를, "모든 사람들이 이 도량에 모였습니다. 조사께서 가르침을 보여 주십시오"라고 하자 대혜가 답하기를 "우둔한 새가 바람을 거슬러 나는구나"라고 하였다. 가르침으로 도를 보려고 하는 우둔함을 나무라는 말이다.

둔철경 鈍鐵鏡

둔철은 '물렁물렁한 철'이다. 무른 철로 된 거울은 거울 구실을 못한다. 불가에서는 근기가 낮은 자를 이렇게 부른다. 백은혜학白隱慧鶴은 "수행승의 둔철경은 지음知音을 만나도 영상影像이 없다"고 하였다.(『괴안국어槐安國語』) 우둔한 수행자는 아무리 뛰어난 선지식을 만난다고 해도 교화되지 않는다는 말이다.

둔치아사 鈍置阿師

둔치는 '완고하고 융통성이 없는 것'을 말하고, 아사는 '화상', '스님'을 뜻한다. 즉 어리석고 바보같은 승려를 말한다. 『벽암록』 49칙에 "자신을 둔치아사라고 생각하지 말라"는 말이 있다.

득어망전 得魚忘筌

'물고기를 낚고 그물을 버리다.' 목적을 달성하면 이미 수단은 무용지물이라는 의미이다. 언어는 이차원적인 수단에 지나지 않으며 의미를 터득한 후는 언어를 버려야 한다는 뜻에서 '득토망제(得兎忘蹄; 토끼를 잡고 올가미는 버리다)', '득의망언(得意忘言; 뜻을 알고 나니 말을 잊었다)'과 함께 사용한다. 득어망전의 이야기는 『장자莊子』「외물편」에 근거하며, 수단을 전제筌蹄, 언어를 언전言筌이라고 한 것에서 유래한다. 위魏·진晉의 현학玄學에서는 『장자』의 말이나 『주역』 계사전繫辭傳의 "글은 말을 다하지 못하고 말은 뜻을 다하지 못한다"는 말을 토대로 소위 언부진의론(言不盡意論; 언어로서는 진실로 만날 수 없다고 하는 이론)을 전개하였다. 그것이 중국에서 반야사상을 수용하는 토대가 되었으며, 또한 선종 불립문자의 원류가 되었다.

득일법통일법 得一法通一法

'하나의 진실한 법을 깊이 체득하면 그 법은 어디에도 통한다'는 말이다. 도원道元은 "사람은 불도를 닦고 깨달음에 득일법 통일법해야 하며, 한 가지 행을 알면 그것을 반드시 닦아야 한다〔遇一行修一行〕"고 하였다.(『정법안장』「현성공안現成公案」)

마니보주 摩尼寶珠

'마니주'라고도 한다. 신비스런 보배구슬을 불성佛性에 비유한다. 마니주는 투명하여 대상을 따라 온갖 것을 다 비춘다고 한다. 반면 대상을 따라다니지 않는 고요적적한 체體를 법신이라 하고 '본래면목'이라고 한다. 규봉종밀은 마니주의 비유로서 북종·홍주종·우두종·하택종의 종풍宗風을 설명한다.(『배휴습유문裵休拾遺問』)

마삼근 麻三斤

어느 납자가 동산수초洞山守初선사에게 "무엇이 부처입니까?"라고 물었을 때, "마 세 근"이라고 답하였다. 자신이 부처인데 밖에서 구하고 있는 납자에게, '부처를 구하는 의식'을 잘라버리기 위해 하찮은 물건에 빗댄 것이다. '뜰 앞의 잣나무〔庭前柏樹子〕'도 이와 같은 의미이다.

막망 莫忘

'잊어서는 안 된다'는 뜻이다. 정중사淨衆寺 무상無相화상이 법회에서 무억無憶·무념無念·막망莫忘 등 세 가지 선요를 설하였다. 무상이 "무억은 계戒, 무념은 정定, 막망은 혜慧로, 이 삼구어는 바로 총지문總持門이다"(『역대법보기』)고 한 것처럼, 이 삼구는 계·정·혜 삼학三學으로 배당된다. 이 설은 보당사保唐寺 무주無住에게 계승되는데, 무주는 "막망莫忘은 본래 막망莫妄이다"라고 하였다. 막망은 쓸데없는 생각을 하지 않는 것이다. 또한 삼구의 일체성을 강조하여 그것은 무념과 같은 뜻이라고 하였다.

막망상 莫妄想

분주무업汾州無業선사는 누군가가 무엇을 물으면 언제나 "망상하지 말라"라고 하였다.(『경덕전등록』「분주무업장汾州無業章」) 선에서는 부처·진리·깨달음 등을 생각하는 것도 망상이라고 본다. 번뇌, 분별의 망상이 불성佛性의 빛을 덮는다는 것이다.

만겁계려궐 萬劫繫驢橛

오랜 세월 동안 당나귀가 말뚝에 묶여 있는 것으로, '영구히 자유롭지 않다'는 의미이다.『경덕전등록』「선자덕성장船子德誠章」에, 덕성이 협산夾山에게 "어떤 곳에서 배우고 왔는가?"라고 묻자, 협산이 답하기를 "이목耳目이 이르는 곳이 아닙니다"라고 하였다. 덕산이 웃으며 말하기를 "말과 말의 꼬리에 잡혀(一句合頭語), 만겁 동안 당나귀가 말뚝에 묶여 있는 꼴이군"이라고 하였다. 말(언어)에 매인 나머지 자신의 본분사를 모르고 지냈음을 강하게 경계한 내용이다.

만겁천생 萬劫千生

'오랜 세월 동안 생사윤회하는 것'을 뜻한다. 만겁의 겁은 무한에 가까운 시간 단위이다.『임제록』「시중」에 "만겁 천생 동안 삼계에 윤회하여 좋아하는 경계를 따라다니기만 하니, 아마 당나귀 쓸개 속에 태어나겠지"라고 하였다.

만고청풍 萬古淸風

'예부터 부는 맑은 바람은 변하지 않음'을 뜻한다. 본래는 "만고의 업풍業風이 다 불었다"이지만, 말을 바꾸어 깨달음의 경지를 나타낸 것이다.

만기휴파 萬機休罷

'마음의 사량분별을 모두 쉬는 것'을 뜻한다.『경덕전등록』권 11「향엄지한장」에, 학인이 묻기를, "모든 성인을 그리워하지 않고 자기의 영靈을 중히 여기지 않을 때 어떠합니까?" 하자, 향엄선사는 "만기휴파하고 천성千聖과 서로 손도 잡으려고 하지 말라"라고 하였다. 여기서 '만기휴파'는 불조를 뛰어넘는 절대적 진실의 경계는 어떠한 사려도 미치지 못한다는 것을 보이며, 성인이니 영이니 하는 분별마저 몽땅 쉬어야 한다는 것이다. 향엄은 학인의 물음 그 자체가 사량분별임을 엄중히 경고하였다.

만리무운시 청천수끽방 萬里無雲時 靑天須喫棒

'만 리에 구름 한 점 없을 때, 맑은 하늘은 반드시 방망이를 먹는다〔벼락이 친다〕.' 구름 한 조각 없는 청천과 같은 깨달음의 경지에 있어서도, 편히 그곳에 머물러 버린다면 그것은 참된 깨달음이 아닌 미망일 뿐이라는 의미이다. 깨달음이라고 하는 미혹함도 부숴야 진정 깨달음이 되는 것이다. 깨달음이라는 것이 없을 때 참된 깨달음의 세계가 되는 것이다.

만리무촌초 萬里無寸草

만 리는 '극히 먼 곳', 무촌초는 '나무 한 그루, 풀 한 포기 없는 것'을 말한다. 풀은 뒤엉켜 있으므로 번뇌를 비유한다.『동산어록』에 "상당하여 말하기를, 여름 말 가을 초, 수행자들이여. 동쪽이건 서쪽이건 반드시 만리무촌초의 처소로 향하기만 하라"고 하였다. 이는 하안거가 끝나가는 학인들에게 어떠한 것에도 속박당하지 말고, 깨달음을 향해 수행하라고 독려하는 말이다. 즉 안거 이후 남아 있는 마음의 알음알이나 계속 일어나는 풀처럼 뒤엉킨 번뇌에 속지 말고 반드시 아득하고 광활한 저 무주無住, 무상無相의 세계로 매진하라는 의미의 말이다.

만리무편운 萬里無片雲

'만 리, 저 먼 청명한 하늘에는 구름 한 조각 없다'는 말이다. 깨달음의 경지에서는 어떠한 번뇌·망상도 일어나지 않는다는 뜻이다. 불교에서는 구름을 인간의 번뇌에 비유하는데, 구름이 걷히면 불성이라는 태양이 빛나는 것처럼 우리 본성이 그렇다는 것을 나타낸다.

만리일조철 萬里一條鐵

'만 리'는 전 세계를 말한다. 이 말은 '천리만리 멀리 떨어져 있어도 철로 된 하나의 봉으로 관통하고 있음'을 의미한다.(『괴안국어槐安國語』) 천지우주에 하나의 철, 즉 절대적 진리가 모든 것을 초월해서 시종일관하고 있음을 나타낸 것이다. 절대적 진리라고 하는 것은 천차만별의 현상에 내재하고, 현상을 현상답게 하는 근원적인 본체이며, 바꾸어 말하면 불성·불심이라고 하는 것이다.

만목청산 滿目靑山

'눈에 보이는 것이 전부 청산'이라는 뜻이다. 『경덕전등록』 「천태덕소장」에 "통현봉 정상, 이는 인간세계가 아니다. 마음 밖에 법이 없으니, 눈에 청산이 가득하구나"라는 구절이 있다. 천태산天台山에 있는 아름다운 통현봉으로 자신이 도달한 깨달음의 경계를 나타내고, 아름다운 산을 그대로 아름답다고 느끼는 자신이야말로 본래의 자기라는 것이다. 범부의 마음속에 일어나는 번뇌를 모두 없애버리고, 어떠한 얽매임도 없는 맑은 심경을 청정한 자연에 비유한 말이다.

만법귀일 일귀하처 萬法歸一 一歸何處

어느 승이 조주화상에게 "만법은 하나로 돌아가는데, 하나는 어디로 돌아가는 것입니까?"라고 물으니, 화상은 "우리 청주에서 가사 한 벌을 짓는데, 무게가 일곱 근이나 나간다지"라고 대답하였다.(『조주록』) 이 대화는 가사를 만드는 일·그 무게를 생각하는 것·차 마시고 밥 짓는(喫茶炊飯) 일, 이 모두가 하나로 돌아가지 않는 것이 없으며, 더구나 하나는 만법萬法으로 나타난다고 하는 의미로 이해된다. 만법이란 삼라만상(森羅萬象; 차별적 현상)을 말하며, 하나는 절대적 본체를 말한다. 선가에서는 이를 자성自性·주인공主人公·본래면목本來面目이라고도 한다. 결국 천차만별의 현상은 우주의 절대적 본체에서 파생한 것이기 때문에 유일의 절대적 본체로 다시 환원한다는 의미이다. 이것은 동시에 만법이 하나라는 절대적 존재로 돌아가기 때문에, 그 절대로서의 하나는 또한 현상으로서의 만법으로 돌아간다는 것이기도 하다.

만법무구 萬法無咎

'존재하는 모든 것은 허물이 없다'는 뜻이다. 모든 사물은 진실 그 자체라는 의미이다. 유식설에 의하면, 우리가 사물을 인식할 때 인식되는 것은 사물의 참된 상이 아니라 마음이 만들어낸 허상에 지나지 않는다고 한다. 이 같이 잘못된 인식을 떠나 사물을 있는 그대로 보면, 모든 사물은 그대로 진실이라고 한다. 이를 만법무구라고 한다. 『신심명』에 "한 생각이 일어나지 않으면 만법에 허물이 없다"고 하였다. 이때 한 생각은 번뇌가 일어난 마음이다.

만법일여 萬法一如

사물의 상대적 차별을 넘어선 것을 말한다. 만물은 모두 하나라는 뜻이다. 유식설에서는, '본래 평등한 세계인데 우리들의 마음이 분별심을 내어 여러 사실과 현상을 차별한다'고 한다. 이같은 차별의 상을 뛰어넘어 하나가 된 평등한 모습을 만법일여라고 한다. 『신심명』에서 "만약 마음이 구별 짓지 아니하면 만법일여"라고 한 것이 이런 의미이다. 『임제록』「시중」에 "어느 곳에서나 청정하고 시방에 빛이 비추어 만법일여하네"라고 하였다.

만상지중독로신 萬象之中獨露身

장경혜능長慶慧稜선사가 도를 깨닫고 지은 시의 한 구절이다. '삼라만상 가운데 홀로 몸을 드러내다'라는 뜻이다. 세상의 모든 현상에서 뚜렷이 드러난 자기의 존엄성을 깨닫는다는 의미이다. 혜능은 설봉의존雪峰義存과 현사사비玄沙師備 사이를 20년 동안 왕래하면서 수행하였는데, 어느 날 크게 깨닫고 "만상 가운데 홀로 몸을 드러내며, 자신을 수긍하니 비로소 안다. 예전에는 잘못 방황했는데, 오늘에 이르러 보니 불 속의 얼음이었구나"라고 하였다.

만인현애 萬仞懸崖

'깎아지른 듯한 벼랑'을 말한다. 수행의 마지막 단계에서 나타난 난관이나, 절대절명의 경지를 비유한 표현이다. '만인현애철수萬仞懸崖撒手'는 가파른 벼랑을 기어오르다가 손을 놓는 것을 말한다. 선가에서는 자신에게 붙어 다니는 번뇌나 오랫동안 쌓은 수행 등을 모두 내던지는 것을 의미한다. 『원오어록』에 "깎아지른 듯한 절벽 끝에서 손을 놓는다면 천봉 정상에 전신을 나툰다"라고 하여 언어로 표현할 수 없는 깨달음의 경지를 표현하였다.

말후구 末後句

선가에서 '입적하는 참선자가 마지막 궁극의 심경을 한마디 하는 것'을 의미한다. 부처니, 진리니 하는 일체의 모든 것에서 벗어난 자신의 적적성성(寂寂惺惺; 고요하게 깨어 있음)한 세계를 말하는 것이다.

말후일착 末後一着

말기착末期着이라고도 하는데, 말기末期는 최후·끝남·목숨이 끝남 등을 말한다. 착은 '도착'이지만, 목적에 도달했다는 의미도 있다. '불법의 구극'을 의미하고, 선승이 입적할 때 말하는 최후의 한 마디(一句)를 말하기도 한다. 또한 어록의 본칙이나 송頌 등의 구절 마지막에 붙이는 단평短評의 착어着語를 말후일착이라고도 한다.

맥연지수화풍일산 驀然地水火風一散

'돌연히 지수화풍이 사라지다.' 갑자기 죽음이 닥친다는 의미이다.(『무문관』 34칙) 맥연은 '불의不意에', '금새', '홀연히'라는 뜻이다. 지수화풍은 '사대四大'라고 하여, 고대 인도 이래로 이 네 가지 요소로 우주가 성립되었다고 본다. 여기서는 사대를 소우주인 우리 육신을 구성하는 네 요소로 지칭하였다.

맹호당로좌 猛虎當路坐

'길바닥에 앉아 있는 사나운 범과 딱 마주치다'는 뜻이다. 황룡혜남黃龍慧南이 어느 날 황벽산의 주인을 뽑기 위해 승려들을 모아 놓고 말하였다. "종루鐘樓 위에서는 찬(讚; 부처님의 공덕)을 생각하고, 마루 아래에서는 채소를 심는다. 만약 한 마디 말할 수 있는 사람이 있다면, 주인으로 삼겠다." 이에 황벽유승黃蘗惟勝이 나가서 답하기를 "길바닥에 앉아 있는 사나운 범과 딱 마주쳤습니다"고 하였다.(『오등회원』) 황룡은 총림의 참된 수행생활의 뜻을 말해보라고 주문하였고, 황벽은 참된 수행인의 마음가짐으로서 '길바닥에 앉아 있는 맹호를 목격하고 거기서 한 발자국도 움직일 수 없는 진퇴양난과도 같은 심경'을 보인 것이다. 황벽은 이 말로 황벽산의 주인이 되었다.

멱심료불가득 覓心了不可得

'아무리 마음을 찾아보아도 결국 찾을 수가 없다'는 이 말은 혜가의 구법을 위한 한마디이다.(『무문관』) 중국 숭산崇山 소림사少林寺에서 혜가는 면벽수행하는 달마대사에게 예를 다하여 간절히 원한다. "제자는 마음이 불안합니다. 제발 이 마음을 편안하게 해 주십시오"라고. 그러자 달마대사는 바로 "그 불안한 마음을 가지고 오라, 편케 해 줄 테니!"라고 하였다. 그때 혜가가 이 구절을 말하였다.

면면불면 행행불행 面面佛面 行行佛行

'각각의 얼굴이 부처의 얼굴이고, 일상의 행 역시 부처의 행'이라는 뜻이다. 세상 모든 이들을 부처님의 모습으로 보고, 일상생활의 행이 모두 수행생활이라고 여기는 것을 의미하는 말이다.

면목 面目

면은 얼굴, 목은 눈이다. 보통 '면목이 선다'라고 하면 바닥에 떨어질 뻔한 자신의 존재감이 겨우 회복되었다는 의미이다. 그런데 선종에서 '본래면목'이라고 할 때는 '인간이 본래 갖추고 있는 심성'을 뜻한다. 이를 뜻하는 말로 "본래의 면목은 감추어져 있지 않다"(『무문관』23칙)라고 하였다. 또한 선의 종지·근본 뜻·진제眞諦, 혹은 가르침의 핵심 등도 면목이라고 한다.

면밀 綿密

치밀緻密과 동의어이다. 불도수행을 끊임없이 규칙대로 행하는 것을 의미한다. 『벽암록』 80칙에서 원오극근圓悟克勤은 "옛 선사의 행리行履는 면밀하여, 답할 때는 단지 하나를 제시할 뿐, 이러쿵저러쿵 계교하지 않는다"라고 하였다. 선사의 생활은 치밀하고 허튼 곳이 없으며, 학인이 물을 때 간단히 핵심만을 말하지 이래저래 머리를 써 가며 말하지 않는다는 뜻이다. 일본 조동종의 종풍을 행지면밀行持綿密이라고 한다. 몽둥이로 내리치거나 고함을 치는(할) 일을 하지 않고, 깨닫겠다는 목적에 매진하는 일도 없이, 선원의 청규에 따라 수행자가 수행생활을 계속해 가는 특색을 가지고 있다.

면벽구년 面壁九年

보리달마가 숭산 소림사에서 벽을 향해 9년간 좌선한 것을 가리키는 말이다. 『굉지송고』 1칙에 "강을 건너 소림에 이르러 면벽구년하다"라고 하였다.

멸각심두화자량 滅却心頭火自涼

'심두(心頭; 요동치는 마음)를 꺾어 버리면 뜨거운 불마저 서늘하다'라는 뜻이다. 미혹하고 산란한 마음의 움직임이 그치면, 불같이 타오르는 욕망이나 탐욕, 시비도 그대로 식어진다는 의미이다.『벽암록』43칙「평창評唱」중의 구절이다.

멸멸설설저 滅滅挈挈底

'뒤죽박죽인 것'을 뜻한다. "보라, 저 덕산德山과 위산潙山의 꼴이라고는. 참으로 뒤죽박죽이지 않는가. 누가 진실한 것인가."(『벽암록』4칙) 덕산과 위산은 당대의 고승이다. 물론 덕산이 위산에게 배웠지만 위산의 제자는 앙산혜적이며 이 문파는 위앙종이 되었고, 덕산 문하에는 설봉의존, 암두전활(828~887)이 나왔다. 덕산과 위산, 누가 진실한 것인가조차 말을 붙일 수 없음을 의미한다.

명경 明鏡

'깨끗한 거울'로, 명감明鑑이라고도 한다. 명경은 5조 홍인 문하인 신수와 혜능의 전법게傳法偈에 보인다. 신수는 "몸은 보리수, 마음은 명경대와 같다. 때때로 부지런히 닦아 티끌이 끼지 않도록 하라"라고 하였고, 혜능은 "보리菩提, 본래 나무가 없고 명경 역시 대가 없다. 본래 한 물건도 없는데 어느 곳에 티끌이 끼인단 말인가"라고 하였다. 또한『장자』「내편內篇」에서 공자가 말하기를 "사람은 유수流水를 보지 말고 지수止水를 보아야 한다"라고 하여 여기서 '명경지수明鏡止水'라는 말이 생겼다. 즉 '맑은 거울과 파도가 없는 물'을 뜻한다.

명두래명두타 암두래암두타 明頭來明頭打 暗頭來暗頭打

'밝음이 오면 밝음을 치고, 어둠이 오면 어둠을 친다.' 보화普化선사가 임제가 사는 마을에서 요령을 흔들며 노래한 말이다.(『임제록』) 밝음이 차별의 세계라고 한다면, 어둠은 무차별의 세계이다. 그런데 차별이든 무차별이든 이를 모두 제거해야 하고, 일체는 공空이라는 것 또한 제거해야 한다. 이는 무심의 입장에서 분별을 철저히 제거해야 한다는 의미이다.

명력력 明歷歷

'눈앞에 전개된 사물과 현상을 확연히 본다'는 의미이다. 삼라만상에 존재하는 모든 것이 부처님의 귀한 모습임을 명백히 본다는 뜻이다.

명명백초두 명명조사의 明明百草頭 明明祖師意

방거사와 딸 영조靈照의 대화에 나오는 말로, '수많은 풀끝에 조사祖師의 마음이 영롱히 드러나 있다'는 의미이다. 거사가 어느 날 앉아 있다가 문득 영조에게 말하기를 "옛 사람은 '백 가지 영롱한 풀 끝에 조사의 뜻이 또렷하다'라고 말하였다. 무슨 뜻인지 알겠느냐?" 하자 영조가 답하기를 "노노대대老老大大, 대단하십니다, 그런 말씀을 하시다니요"라고 하였다. 거사가 말하기를 "너는 어떠냐?" 그러자 영조가 말하기를 "백천 가지 영롱한 풀 끝에 조사의 뜻이 또렷하다"라고 하였고, 거사는 바로 웃었다고 한다.(『방거사어록』) 노노대대는 노인이나 장자를 존칭하는 말이다. 영조의 경지를 저울질하는 방거사는 영조의 대답에 흡족해하며 수긍하였다.

명안악랄 明眼惡辣

명안은 사물을 정확히 판단하는 눈을 말한다. 명안을 가진 사람을 명안인明眼人·명안저인明眼底人이라고 한다. 악랄은 공부 점검의 수단이 엄하고 기봉機鋒이 예리한 것을 뜻한다. 즉 명안악랄은 명철한 눈을 가진 선사의 엄한 수단에 의한 가르침을 말한다.

명암교호 明暗交互

'명과 암이 서로 교차하다.' 명암교호는 명과 암이 실체적·고정적으로 존재하는 것이 아니라 서로 교차함으로서 각각의 입장이 밝혀지는 것을 말한다. 제법諸法의 존재(모든 현상)의 원리를 보인 말이다. "밝음 속에 분명 어둠이 있는 것이니 어둠이란 것을 만났다고 하지 말라. 어둠 속에 밝음이 있는 것이니 밝음이란 것을 보았다고 하지 말라. 명암은 서로 상대하니, 비유한다면 앞뒤의 발걸음과 같다."(『참동계』) 여기서 명은 변화하는 사물과 현상이며 암은 불변평등不變平等한 도리를 의미한다. 즉 존재의 세계를 명으로써 볼 때 그곳에는 분명 암의 입장이 보이며,

암의 작용이 보일 때 명의 모습이 나타난다는 것이다. 결국 명암교호란 '명과 암은 모든 사물과 현상에서 서로 교차하면서 나타난다'는 의미이다.

명암쌍쌍 明暗雙雙

'밝음 속에 어둠이 있고 어둠 속에 밝음이 있어 서로 뒤섞인 모양'을 뜻한다.(『벽암록』 27칙) 명은 낮을 뜻하는데, 낮에는 모습이 잘 보여서 차이를 알 수 있으므로, 현상계(用)를 의미한다. 암은 밤을 뜻하는데, 밤에는 모습이 보이지 않아서 차이를 알 수가 없으므로, 절대계·공(體)을 의미한다. 따라서 명암쌍쌍이란 차별과 평등, 현상과 본체, 색色과 공空이 표리일체의 관계에 있음을 나타내는 어구이다.

명주재장 明珠在掌

어느 부유한 이에게 가난한 친구가 찾아왔다. 그러자 그는 어려운 친구를 극진히 환대하였고, 그는 오랜만에 편히 잠들었다. 그 부자는 일이 있어 일찍 나가면서 친구가 일생동안 어렵지 않게 살 수 있도록, 옷 속에 보배구슬을 몰래 감추어 봉해 주었다. 가난한 친구는 이를 몰랐고 그 후 더욱 더 궁핍하게 되었다. 걸식을 하며 유랑하던 어느 날 두 사람은 우연히 재회했는데, 친구의 어려운 모습을 보고 부자가 말하였다. "그대가 평생 안락한 생활을 보내도록 보배구슬을 옷 속에 넣어 주었는데, 그것을 지금까지도 몰랐다니 참으로 바보로군." 이 말에 옷 속을 뒤져보니 보배구슬이 나왔다. 이후 그 친구는 안락하게 지낼 수 있었다.(『법화경』「오백제자수기품」) 여기서 '명주'는 투명한 유리알(혹은 마니주)로서 불성을 뜻하고, '재장'은 '손바닥에 있다'는 것으로, 결국 보물이 내 손바닥에 있는 것처럼 자유롭다는 말이다. 불성은 누구나가 가지고 있고 누구든지 자유롭게 사용할 수 있는 것인데, 그것을 알지 못하면 활용할 수 없다는 의미이다. 여기서 불성을 어떤 물건으로 생각하기 쉬운데 그렇지 않다. 선가에서는 '본래 무', '절대 무'로 표현하며, 무無이므로 어디에도 걸림이 없는 자재무애한 '본래 면목'이라고 한다. 즉 본래 우리는 자유인이고 지혜롭고 덕이 있다는 것을 불성, 자성, 진성으로 표기하였다.

명주재장 농거농래 明珠在掌 弄去弄來

'밝은 구슬을 손에 쥐고 마음대로 갖고 노는 것'을 의미한다. 명주는 불성佛性·자성自性을 뜻한다. 어떤 현상에 부딪혀도 그것에 미혹되어 빠져 드는 것이 아니라, 그 경계를 넘어서 현상을 자유롭게 걸림이 없이 바라보며 대응하는 것을 말한다.

모탄거해 개납수미 毛呑巨海 芥納須彌

임제가 어느 날 보화普化와 함께 신도의 집에 재를 지내러 갔다. 임제가 보화에게 묻기를 "털이 거대한 바다를 삼키고, 겨자씨 속에 수미산이 들어가는 것은 신통묘용입니까, 아니면 본체가 원래 그런 것입니까?"라고 하자 보화는 밥상을 엎어버렸다.(『임제록』) 크다, 작다의 분별의 세계를 넘어선 경지를 보인 것이다. 임제의 분별을 보화는 말끔하게 지운 것이다. 또한 미세한 티끌이 바로 거대한 우주이니, 이를 '대즉소大卽小'의 세계라고 하며 절대적 평등을 의미한다.

목불불도화 木佛不渡火

'목불은 불을 건너지 못한다.' 조주삼전어趙州三轉語 중의 하나이다. 조주의 삼전어란, "금불은 화덕이나 용광로를 지나가지 못하고, 목불은 불을 건너지 못하고, 진흙으로 된 부처는 물을 건너지 못한다"를 말한다.(『벽암록』 96칙) 『조주록』에는 이 삼전어 다음에 "참된 부처는 내 속에 앉아 있다"고 하였다.

몰교섭 沒交涉

'서로 교섭할 수 없는 것', 즉 무관계, 관계가 끊어진 것을 뜻한다. '두 가지가 상반되어 상응하지 않는 것'을 말한다. 석두가 "말하면 몰교섭"이라고 하자 약산이 "말하지 않아도 몰교섭"이라고 하였다.(『전광록』「약산유엄장」) 본래면목을 말한다고 해도 맞지 않고, 말하지 않는다고 해도 맞지 않다는 의미이다.

몰량 沒量

'양을 가늠할 수 없는 무한함'을 뜻한다. 격이나 기량이 추측과 비교가 불가능한 파격적인 인물을 '몰량대인沒量大人'이라고 한다. 『조주록』에 "도의 당체는 아주 적적(的的; 명명백백)하여, 몰량의 대인도 거기에서 빠져 나올 수가 없다"라고 하였다. 또 『운문광록』「실중어요室中語要」에 "몰량의 대인이라도 말꼬리에 넘어진다(말의 사리나 이치를 생각하느라 근원적인 내용은 놓쳐버린다는 의미)"고 하였다.

몰현금 沒絃琴

'줄이 끊어진 거문고.' 소리가 나지 않는 음곡音曲, 절대적 경지를 나타낼 때 쓰는 말이다. 방거사가 마조도일에게 말하기를 "최고의 몰현금, 오직 선사만이 탈 수 있으니 참 묘합니다"라고 하였다.(『방거사어록』) 또한 『영평광록永平廣錄』에 "귀로 몰현금을 듣고, 눈으로 그림자가 없는 나무〔無影樹〕를 보다"라는 말이 있다. '도연명陶淵明이 줄도 안족(雁足; 거문고 밑을 괴는 받침)도 없는 거문고를 꺼내어, 소리가 나지 않는 음을 연주하여 친구를 기쁘게 하였다'는 고사에 근거한다.

몽 夢

불교에서는 꿈이 수행의 중요한 실마리가 되기도 한다. 꿈에 불보살을 만나기도 하고, 또는 교시를 얻는 수단이 되기도 한다. 『금강경』이나 『유마경』에서는 꿈을 무상하고 허망한 것으로 비유한다. 『반주삼매경』에서는 유심설唯心說·공관空觀·아미타신앙에 근거하여 꿈속에서 부처를 보는 것을 설하고, 『대비바사론』권37에는 꿈의 본질이나 종류에 관한 상세한 검토가 보인다. 『보현관경』에서는 현실과 별 차이가 없을 정도로 선명한 꿈속에서의 교시를 설하고, 『대지도론大智度論』에서는 꿈에서 깨어났다고 생각해도 그것조차 꿈속의 일일지도 모른다고 하여 '대몽大夢'에서 깨어나야 함을 설한다. 특히 선에서는 꿈에 대한 일화가 많은데, 일본 타구안(澤庵)선사는 입적할 즈음 제자들이 입적게入寂偈를 청하자 곧바로 붓을 들고 "夢"이라고 크게 쓰고 곁에 작게 "…是亦夢非亦夢 彌勒夢觀音亦夢 佛傳應作如是觀矣" (이것도 또한 꿈이고 아닌 것도 역시 꿈이고, 미륵도 꿈이고 관음 역시 꿈이네. 부처님 말씀하시길 '바로 이 같이 보아야 한다'고 하셨다)라고 쓰고 입적했다고 한다. 선사가 말한 꿈은 이 세상 모든 것을 꿈이라고 보고 상대적 인식의 세계에서 벗어난 깨침의 경지를 말한다.

묘아타근두 猫兒打筋斗

'고양이가 곤두박질을 치다'는 뜻이다. 고양이가 쏜살같이 잽싸게 달려갈 때는 모든 생각이 끊어진 행동, 즉 생각을 하고 나서 하는 행동이 아님을 말한다. 불성을 체득하는 것을 고양이의 이 같은 행동에 비유하였다.

묘유삽혈지공 호유기시지덕 猫有歃血之功 虎有起屍之德

『대혜무고大慧武庫』에 있는 구절이다. "고양이에게는 피를 마시려는 본능이 있고, 호랑이에게는 시체를 먹으려는 성향이 있다. 이른바 농사짓는 촌부의 소를 내쫓고, 굶주린 사람의 밥을 뺏는다. 만약 이 같지 못하다면, 모두 진흙덩이를 희롱하는 놈에 불과하다"라고 하였다. 살쾡이가 배를 채우기 위해 잔인하게 다른 동물을 죽여 피를 마시고 호랑이 역시 죽여서 먹이를 삼는 것, 또는 농부에게 가장 소중한 소를 쫓아 버리고 배고픈 사람의 밥그릇을 빼앗는 이 같은 행동을 학인의 깨달음을 위한 냉철한 수행에 비유하였다. 본래 모습[眞性]을 체득한다는 것은 자신에 대한 극한의 냉철함이 없으면 안 된다는 것이다. 만약 냉철하지 못하다면, 개가 주인이 던지는 진흙덩이만을 향해 쫓아가는 것과 같다는 말이다.

무 無

조주종심趙州從諗화상의 문답에서 나온 것이다. 어느 승이 "개에게도 불성이 있습니까?"라고 묻자, 조주선사는 "무無"라고 대답하였다. 이처럼 문답을 통하여 자각을 얻게 한 것이 공안선의 본래 목적이다. 간화선에서는 주로 '무'를 화두로 삼는다.(『무문관無門關』 1칙)

무가혐저안계평 부장추호심지직 無可嫌著眼界平 不藏秋毫心地直

'호好·불호不好가 없으면 안계가 평탄하고, 추호도 마음에 둠이 없으면 마음이 곧다.'(『산곡시집』) 혐저嫌著는 좋고 나쁨, 추호秋毫는 가을에 동물이 털갈이할 때 떨어지는 아주 가는 털을 말한다. 좋고 나쁨의 편견이 없어지면 세상을 살아가는 데 안온하며, 마음에 조금이라도 얽매임이 없으면 언제나 당당하다는 의미이다.

무각철우 無角鐵牛

'철로 된 소가 뿔이 없다.' 차가운 철로 된 소같이 냉정부동冷靜不動하며, 더구나 소로서의 특성인 뿔도 없는 것처럼, 자신의 망념에 얽매여 이리저리 생각에 빠져 지내는 것이 아닌 무심무작無心無作으로서의 선의 본체를 나타낸 말이다. 『인천안목』 권6에 "무각철우면소실(無角鐵牛眠少室; 뿔도 없는 철소가 소실에서 자다)"라고 하였다. 보리달마가 소림굴 속에서 꿈쩍하지 않고 면벽하는 모습을 말한다.

무공 無孔

구멍이 없어서 쓸모없게 된 물건을 비유한 말이지만, 역으로 선가에서는 통상적인 이해를 넘어선 깨달음의 경지를 표현할 때 쓰는 말이다. 무공적無孔笛·무공적자無孔笛子는 '구멍이 없는 피리', '소리가 나지 않는 피리'라는 뜻이다. 바꾸어 말하면, 무한한 음곡을 감춘 피리, 사람의 청각으로는 도저히 들을 수 없는 피리소리를 의미한다. 『벽암록』41칙에 "무공적, 천으로 된 박판〔氈拍板; 악기의 일종〕과 서로 부딪치다"라고 하였다. 불어도 소리가 나지 않는 피리소리가, 쳐도 음이 나오지 않는 모전(毛氈; 천의 일종)으로 된 박판의 소리와 더불어 선율을 만든다는 뜻이다.

무공덕 無功德

양의 무제가 달마대사를 금릉(金陵; 지금의 南京)으로 초청, 자신이 불사佛事한 것이 얼마만큼 공덕이 있겠는가를 묻자, 달마는 "아무 공덕이 없소〔無功德〕"라고 하였다. 무제가 다시 "지금까지 불법을 위해 진력을 다해 왔는데 아무런 공덕이 없다니요?"라고 반문하자, 달마는 "공덕을 쌓았음을 자부한다든가 은혜

받을 것이라고 할 것은 없소. 명예롭기를, 숭배받기를, 기대할 것은 아무것도 없소"라고 말하였다. 공덕, 무공덕無功德의 의식마저 텅 비었을 때 참된 공덕이 된다는 의미이다.

무명실성즉불성 無明實性卽佛性

'번뇌의 근본인 무명의 실체가 불성'이라고 하는 말이다.『열반경涅槃經』의 "지혜로운 자는, 명과 무명이 둘이 아님을 깨닫고, 다르지 않는 성품을 바로 참된 성품이라고 한다"와『유마경維摩經』의 "명과 무명이 둘일지라도, 무명의 실성은 바로 명이다"에 근거한다. 또『증도가證道歌』에 "무명의 실성은 바로 불성, 환화幻化의 공신空身은 바로 법신"이라고 하였다. 무명으로 비쳐진 것의 본래의 성품은 바로 불성, 즉 공이며, 눈앞에 나타난 거짓된 몸뚱어리 역시 그대로 참된 몸이라는 의미이다. 우리의 몸은 성주괴공(成住壞空; 태어나 살면서 때가 되면 점점 쇠약해지다가 결국 무로 돌아가는 것)이지만 이 자체가 그대로 진리이며 그 몸을 법신이라고 한다.

무사 無事

'하는 일이나 생활에 탐욕과 집착을 벗어나 자유롭고 평온한 마음이 되어 지내는 것'을 말한다. 즉 안은·안락을 뜻한다. 선종에서는 사량분별이나 망집에서 떠난 경지를 말한다. 임제의현은 이 말을 많이 사용했는데, "무사가 귀인이다. 절대 조작하지 마라. 무사가 평상이다", "부처와 조사는 무사인無事人이다"라고 했으며, 무사를 무위無爲라고도 하였다.(『임제록』)

무사선 無事禪

중당中唐 이후 마조선의 특징이다. 자신의 마음이 부처이며 모든 것이 구족되어 있으므로 "배고프면 먹고 피곤하면 잔다"는 식으로, 깨달으려는 목적으로 수행하는 것을 부정한다. 다만 사량분별과 망집에서 벗어난 무사평온한 깨어 있는 생활로 살아가는 것이 수행이라고 한다. 이를 비판하여 나타난 것이 공안선이다. 공안선에서는 무사선이 '수행자를 깨달음으로 인도하는 힘과 계기가 없음'을 질타하였다.

무사시귀인 無事是貴人

임제선사는 "아무 일 없는 자〔無事〕가 귀인이다. 일부러 무엇을 하려고 하지 마라. 그냥 이대로 평상대로 하라"고 하였다. 원래 무사는 도교道敎의 말이다. 도교에서는 무위無爲라는 의미인데, 임제가 이를 사용하였다. 일반적으로 무사라고 하면 '아무 일도 하지 않는', '변한 것이 없는', '문제가 없고 평온하고 건강한'의 의미이다. 그러나 선가의 경우는 이와 다르다. 임제는 "(밖으로나, 안으로나) 구하겠다는 마음이 사라질 때 바로 이것이 무사"라고 하였다. 무사는 정적靜寂의 경지를 말한다. 귀인은 '존귀한 사람'을 뜻하는데, 존귀한 사람이란 부처(해탈한 자)를 가리킨다.

무사일월장 無事日月長

'어떠한 일도 없이 세월은 느긋하게 흘러갈 뿐'이라는 뜻이다. '무사시귀인無事是貴人'과 '호중일월장壺中日月長'을 합친 말이다.

무상계 無相戒

대승보살계大乘菩薩戒의 수계법授戒法의 하나로, 무상심지계無相心地戒이다. 무상은 상相이 없는 것, 수많은 번뇌로 마음이 미혹하지 않는 것을 의미한다. 신회神會가 일으킨 무차대회無遮大會에서 무상수계를 하였다. 무상계는 『육조단경六祖壇經』에 나오는데, 삼신불三身佛을 보고, 삼귀의三歸依를 하고, 사홍서원四弘誓願을 발원하고, 무상참회無相懺悔를 행한 후, 무상삼귀의계를 받는다.

무상신속 無常迅速

'모든 것은 찰나이며 변화한다'는 의미이다. 『육조단경』「기연機緣」의, 육조혜능과 영가현각과의 문답 중에 "생사사대生死事大 무상신속無常迅速"이라는 말이 있다. 즉 죽고 사는 것은 대단한 일이지만 이는 참으로 신속하게 변화한다는 뜻이다.

무심 無心

당대 황벽희운黃檗希運선사는 『전심법요傳心法要』에서 "무심은 모든 것의 마음이 된다"라고 하였다. 무심은 마음의 존재를 인식하여, 마음의 의식작용을 소멸시킨 상태를 말한다. 결국 마음에 어떠한 것도 남겨두지 않는 것이다. 마음에서 일어난 집착에서 벗어난 것으로, 무념無念·무상無想·무아無我와 동의어이다.

무심시도 無心是道

사공본정司空本淨선사가 말하기를 "만약 부처를 구하고자 한다면 마음이 바로 부처이고〔卽心是佛〕, 도를 구하고자 한다면 무심이 바로 도이다"(『경덕전등록』「사공본정장」)라고 하였다. 무심은 의식이나 감각이 없는 목석木石같은 것이 아니다. 본정은 무심이 기왓장이나 돌과는 다른 것임을 설한 뒤, 다음과 같은 게를 읊는다. "보고 듣고 깨달아 아는 것〔見聞覺知〕에 장애가 없고 얻을 것도 버릴 것도 없고, 미워하고 사랑할 것도 없네. 처하는 곳마다 무심하다면, 비로소 '관자재觀自在'라고 말할 수 있네"

무심시아사 無心是我師

'무심은 나의 스승이다.' 『오등회원』에, "무심이 도란 무엇입니까?" 물으니 스승이 말하기를, "도는 본래 무심, 무심을 도라고 한다"라고 하였다. 스승은 따로 있는 것이 아니라, 자심이 본래 무심이라는 것을 알면 그것이 스스로의 스승이 되는 것이다. 무심은 무상無相이며 무주無住이다.

무운생령상 유월락파심 無雲生領上 有月落波心

'구름이 산마루에 일지 않으면, 달은 물결에 떨어진다.' 취암가진翠巖可眞선사의 말이다. 자명초원慈明楚圓선사가 가진에게 "불법의 요체는 무엇인가?" 하고 묻자, 가진이 대답하기를 "산봉우리를 덮고 있는 구름이 없으면, 달빛은 파심〔물결〕에 떨어집니다"라고 하였다. 그러자 초원이 꾸짖으며 말하기를 "나이를 먹을 만큼 먹어가지고 아직도 그런 견해를 갖고 있구나"라고 하자, 가진이 청하기를 "원컨대 저에게 가르쳐 주십시오"라고 하였다. 초원이 똑같이 자신에게 물으라고 하자, 가진은 "불법의 요체는 무엇입니까?"라고 물었다. 그러자 초원이 답하기를 "산봉우리를 덮고 있는 구름이 없으면, 달빛은 파심에 떨어진다"라고 하였다.(『오가정종찬五家正宗贊』 「자명장」) 일체의 망상이 거두어졌을 때 본래의 밝은 마음이 그대로 만상에 비춘다는 뜻이다.

무위 無爲

어떠한 것에도 걸림이 없는 자유무애를 말한다. 노장사상에서는 도를 설명하는 말로, 자연이며 작위가 없는 것을 의미한다. 『조론』의 「열반무명론」에는 "경에, 성인은 함이 없지만 하지 않는 바가 없다고 한다. 무위이므로 움직인다고 해도 언제나 고요하다. 하지 않는 바가 없어 고요해도 언제나 움직인다"고 하였다. 『증도가』의 '절학무위한도인絶學無爲閑道人'은 자유무애한 경지에 있는 도인을 말한다. 즉 '배우려는 것도 없고, 하고자 하는 바도 없는 한가로운 도인', 다시 말해서 배우려는 욕망도 이제 거두어지고, 해야 한다는 함도 이미 없어진 선자禪者를 말한다. 극히 자유스러운 의식으로 살아가는 모습을 의미한다.

무위무사인 無爲無事人

무위는 인도불교나 노장사상에서도 중요한 술어이다. 어떠한 것도 한다고 하지 않고, 어떤 것도 일어남이 없이 지내는 사람을 뜻한다. 다시 말해서 일없이 지내는 것이 아니라 일을 해도 집착과 분별이 없이, 일 그 자체를 즐기면서 하는 것을 말한다. 임운무작任運無作이라고도 한다. 이는 짐짓 하려고 해서 하는 것이 아닌, 자연의 이치 그대로에 맡겨져서 하는 것을 뜻한다. 무사인은 황벽희운의 『전심법요』나 『임제록』 등에 자주 보인다.

무위진인 無位眞人

한 납자가 "무위의 진인이란 어떤 사람입니까?"라고 임제에게 물으니, 임제는 바로 그 납자의 가슴팍을 탁 잡으며 "자아- 말해 보라"고 하며 다그쳤다. 납자가 무엇인가를 생각하니, 잡았던 가슴을 탁 놓으며 "무위의 진인을 어떻다고 말했다가는 또 걸려들 것이야. 무위진인, 그것을 무엇이라고 하기만 한다면 개똥일 수밖에 없어" 하고 방장으로 돌아가 버렸다.(『임제록』) 무위진인이란 단지 위치·계급 등의 차별이 없는 사람이 아니라 그러한 틀에서 벗어난 절대자유인을 뜻한다.

무일귀대도 無一歸大道

'무일로서 대도로 돌아간다'는 말로, '빈손으로 본래의 길로 돌아간다'는 의미이다. 여기저기 찾아다니지만 불법의 대도는 본래 이 몸에 갖추어져 있다. 때문에 어떠한 물건도 더 이상 필요가 없는 것이다.

무쟁삼매 無諍三昧

쟁은 '다툼'으로, 수많은 번뇌로 인해 마음이 산란함을 '쟁'이라고 한다. 따라서 무쟁삼매는 몸과 마음의 절대 고요한 삼매에 의해 번뇌가 사라지고 안정되어 평화롭고 자유로운 경지에 듦을 뜻한다. 『유마경』 「제자품」에 "무쟁삼매를 얻은 사람이 최고이다"라고 하였다.

무주처열반 無住處涅槃

'어디에도 머물지 않는 열반', 즉 열반의 경지에 도달해도 거기에 안주하지 않는 것을 의미한다. 열반은 공空·무상無常·무원無願을 뜻한다. 또한 생사의 미혹한 세계를 싫어하는 것도, 그것에 집착하는 것도 없이 대비大悲로 중생을 교화·구제하는 모습을 무주처열반의 모습이라고 한다. 법상종法相宗에서는 열반을 네 종류로 나누어 설하는데, 본래자성 청정열반本來自性淸淨涅槃·유여의열반有餘依涅槃·무여의열반無餘依涅槃·무주처열반 등이다.

무진미래제 無盡未來際

'미래가 다해도 끝이 없음'을 말한다. "무릇 '진리를 듣는다(聞法)'는 것은, 이근이식耳根耳識의 경계에서만이 아니라 부모미생이전父母未生以前·위음이전威音已前, 심지어는 진미래제·무진미래제에 이르기까지 온 힘과 마음으로서 문법해야 한다. 먼저 몸으로, 그 다음 마음으로 하는 문법이라야 한다."(『정법안장』「무정설법」) 불법을 공부하는 사람은 영원히 진리를 듣는다는 자세가 필요하고 또한 이렇게 실천해야 함을 강조한 것이며, 대승불교에서는 보살이 중생을 구제하겠다는 원력을 '미래제가 다할 때까지'라고 한다.

무진장 無盡藏

문자 그대로 '다함이 없는 것'을 말하며, 많은 문헌에 자주 쓰이는 용어이다. 대주혜해大珠慧海의 『돈오요문頓悟要門』에서는, '허공에 가득하고 모든 공덕을 갖춘 법신法身'을 가리킨다. 특히 '지혜의 작용'을 뜻한다.

무한서처 無寒暑處

동산양개洞山良价의 말이다. 어느 학인이 동산양개에게 "춥고 더운 철이 되면 어떻게 피할까요?"라고 물으니, 동산은 "덥고 추운 곳이 없는 곳〔無寒暑處〕으로 찾아가지 그래?"라고 답하였다. 학인이 "어느 곳이 춥고 더운 곳이 없는 곳입니까?" 하니, 동산은 "추울 때는 그대를 춥게 내버려 두고, 더울 때는 그대를 덥게 내버려 두면"이라고 하였다.(「벽암록」 43칙) 춥고 더움은 그것을 느낄 때 더욱 가중되니, 춥고 더움을 잊어버리는 것이 그것을 피하는 길임을 의미한다. 번뇌를 피한다고 번뇌가 사라지지 않으므로 번뇌를 안고 열반에 이르는 것을 비유하기도 한다. 같은 의미의 말로 굉지정각宏智正覺의 '한서부도처寒暑不到處'라는 말이 있다.

묵념정좌 默念淨坐

'일체 번뇌가 생기지 않는(默念) 맑은 좌선'을 의미한다. 석존이 형이상학적 문제에 관해 침묵으로 답하였고, 유마거사가 무명無明과 명明이 둘이 아닌 법문의 경지를 침묵으로서 답한 것처럼, 침묵은 궁극의 진리를 가르치는 방편이었다. 중국 초기 선종에서는 좌선을 '모든 망상을 떨쳐 버린 경지를 구하는 것'이라고 하였는데, 송대에는 '침묵하여 좌선하는 가풍(默照禪)'과 '공안을 참구하며 좌선하는 가풍(看話禪)'의 둘로 나누어진다.

묵조 默照

조동종曹洞宗의 굉지정각宏智正覺이 주장한 선의 방법이다. 간화看話는 묵조와 대립된 주장으로서 나타난 선이다. 묵默은 묵묵히 좌선하는 것이며, 조照는 그 가운데서 작용하는 밝고 밝은 마음이 드러나는 것이다. 굉지의 「묵조명默照銘」에 "묵조로서 말을 잊고 소소昭昭로서 앞에 나타난다. 비출 때는 그대로 넓고, 마음자리는 그대로 영묘하다"라고 하였다. 묵조로서 계속 좌선하면 알음알이의 말마저 잊은 채, 밝은 의식의 흐름만이 눈앞에 분명히 드러나며 마음자리는 환해 신령스러움을 느낀다는 뜻이다. 굉지는 '좌선하는 자기는 이미 완전하다'고 하는데, 좌선과 깨달음을 등치等値시키고 있는 것이 묵조선의 주장이다. 이와 달리 깨달음이 체험이 없는 선사禪者를 인성하지 않는 대혜는 간화선을 확립하여, 화두로서 수행자들을 깨달음으로 이끌었다.

문답상량 問答商量

상인이 물건을 저울에 달아 판매하는 것처럼, 선문답으로 공부한 경지를 저울질해 보는 것을 말한다. 흔히 법거량이라고 한다. 수행자가 질문하고 스승이 이에 답하는 문답의 과정에서, 스승은 수행자의 역량을 파악하여 다시 방편으로 이끈다. 말로서 뿐만이 아니라 불·권·방·할拂拳棒喝 등의 상징적인 도구나 동작도 사용한다.

문사수 聞思修

수행의 순서로서, 지혜를 문혜聞慧·사혜思慧·수혜修慧로 분류하였다. 문혜는 부처님의 가르침을 듣고 생기는 지혜, 사혜는 스스로 가르침을 사유·관찰하는 것으로 얻어진 지혜, 수혜는 가르침을 실천하는 것에서 얻어진 지혜이다.『불유교경』에는 "이 때문에 그대들은 마땅히 문사수의 지혜로서 스스로를 증익해야 한다"라고 한다. 선가에서는 반드시 이러한 수행 순서를 들지는 않지만『선원청규』에는 '선장(禪匠; 방장, 주지)은 학인 수행자에게 반드시 법을 설하거나 물음에 답을 해야 하는 규칙'이 있으며, 이를 통해 학인은 자신의 공부수행을 가늠한다.

문성오도 聞聲悟道

'소리를 듣고 도를 깨치다'라는 이 말은, 견성 체험의 실마리를 보이는 말로 사용된다. 향엄지한香嚴智閑화상은 대나무에 부딪치는 돌멩이 소리를 듣고, 영운지근靈雲志勤화상은 복사꽃이 피는 것을 보고 자신의 본성을 깨달았다고 한다.(『무문관』 16칙) 선은 평상심 그대로이며, 오랜 수련 끝에 어떤 기연機緣에 의해 홀연히 깨달음이 열리는 것이다. 따라서 일상의 모든 것이 선禪으로 들어가는 입구가 되며 동시에 선인 것이다.

문신 問訊

'머리 숙여 합장하여 최상의 경의를 표하는 인사'를 뜻한다.

문자교철우 蚊子咬鐵牛

'모기가 철로 된 소를 물다.' 모기가 철우를 물려고 해도 주둥이가 들어가지 못하는 것을 뜻한다. 『연등회요』 「약산유엄장」에, 유엄이 마조선사에게 "나는 석두 곁에 있었을 때 모기가 철우를 탄 것과 같은 모습이었다"고 말하였다. 전혀 이가 들어가지 않을 정도로 곤경에 처한 자신을 비유한 것이다.

문자선 文字禪

실천을 동반하지 않고 다만 문자만으로 선을 해석하고 이해하려는 것을 말한다. 좌선수행을 잊은 선이라고 하여 입고선立枯禪, 혹은 이것저것 이론만을 내세운다고 하여 이굴선理屈禪이라고도 한다.

문처도득 問處道得

문처는 '묻는 곳', 도득은 '말을 얻다', 즉 답을 알아챘다는 뜻이다. 말하자면 질문하는 당처에서 답을 찾았다는 의미이다. 역으로 말하면 '답은 질문 속에 있다'고 한다.『종용록변해從容錄辨解』78칙에 "묻는 속에 답이 있고 답은 묻는 곳에 있다"라고 하였다.

미계미시 彌界彌時

'무한한 오랜 시간과 광대무변한 공간의 세계'를 표현하였다. 일본 조동종 개조인 도원道元은 대자연의 사물과 사상(事象; 존재와 현상)이 사람들에게 설법하고 있다는 무정설법無情說法의 경계를 설명하면서, "이는 미계미시라도 얻기 어렵다"고 하였다.(『정법안장』「무정설법」)

미모횡안상 眉毛橫眼上

'어떤 사물이라도 확실히 보는 눈도 바로 위에 있는 눈썹은 보지 못한다'는 뜻이다.(『동산외집東山外集』) 인간의 눈으로 보는 것은 한계가 있다. 본다고 해도 특정한 부분에 지나지 않는다. 또한 눈에 티가 들어가면 전혀 못 본다. 사물의 진정한 진리는 육안으로 볼 수 없다. 육안으로 책을 읽고 불교의 진리를 안다고 해도 이는 지식으로서의 이해일 뿐이다. 진실로 본다고 할 때는 육안으로 보는 것이 아니라 심안心眼으로 보는 것이다. '관자재보살'의 관觀은 바로 '정적靜寂의 심안으로의 관'이다.

미묘법문 微妙法門

'인간의 상식이나 분별의 생각으로는 이해할 수 없는 깊은 가르침'을 뜻한다. 세존이 가섭존자에게 부촉할 때 설하신 구절 중 하나이다.

미생적난 오무호오 迷生寂亂 悟無好惡

'미혹하면 고요하거나 어지러움이 생기고, 깨달으면 좋고 나쁨이 없다.'(『신심명』) 고요하다거나 어지럽다거나 하는 것은 분별심에서 일어난 것으로 이를 '미혹하다'고 한다. 그러나 분별망상이 사라져 깨달음을 얻으면 좋고 나쁘다는 것마저 없어지고, 도리어 거기서 명명백백한 선악의 분별이 나오는 것이다. 말하자면 편견으로서가 아닌 초월된 입장에서의 선악의 분별이다.

미수타락 眉鬚墮落

'눈썹과 수염이 빠지는 것'을 말한다. 『불명경佛名經』에는, 과거세에 불·법·승 삼보를 받들지 않고 사원을 파괴하는 등의 악업을 지은 남자가, 이 세상에서 죄를 받아서 눈썹도 수염도 빠져 버리고 친족으로부터도 따돌림을 당한 설화를 싣고 있다. 이는 불법을 공경하지 않은 죄로 받는 미수타락이지만, 선문에서는 법을 비방하는 자의 죄로서 미수타락을 말한다. 무착도충은 『갈등어잔葛藤語箋』 '불석미모不惜眉毛'의 항목에서, "말이 필요하지 않는 정법에 대해 조금이라도 말을 붙이게 되면 이는 모두 법을 비방하는 것이 된다. 미수타락하고 만다"라고 설한다. '말로서 불법을 설하는 것은 선禪을 비난하는 것이므로 미수타락한다'고 경계하였다. 그러나 오히려 간절하고 친절하게 말로서 교화하는 것은 '눈썹을 아끼지 않는 것'이라고 본다. 이는 눈썹이 빠지는 죄를 받아도 중생을 교화하겠다는 강한 결의로 보기 때문이다. '미수타락'은 『경덕전등록』의 홍양귀정興陽歸靜장, '불석미수'는 『벽암록』 27칙과 31칙, 『원오어록』 권13 등에 보인다.

미중우미 迷中又迷

'미혹한 것에서 더욱 미혹한 것'을 말한다. 『대혜어록』에 "깨닫는다는 것은, 바로 깨닫지 못한 가운데 더욱 깨닫지 못함이며

〔不覺〕 미혹한 가운데 또 미혹함이다"라고 하였다. 자신의 미혹함에서 벗어나 깨달음을 구하려고 하는 것이 아니라, 도리어 자신의 미혹함에 철저하여 그 미혹을 미오迷悟로 보지 않고 자신의 입각지로 보는 것이 미중우미迷中又迷이다. 간화선에서 화두에 대한 의심과 주체인 마음이 하나가 되는 것이 미중우미이다.

밀어 密語

밀어의 밀은 비밀·면밀·친밀 등의 의미가 있다. 일반적으로 밀어는 '비밀스런 말'을 뜻하지만, 선종에서는 '면밀綿密하고 친밀한 말'로 이해한다. 부처님의 깨침을 내증內證이라고 하는데 이는 자신만이 아는 깨달음의 경계이다. 내증이 바로 밀어이며, 내증을 열어 보이는 것이 또한 밀어이다. 선종에서는 이러한 밀어를 절대적인 깊은 뜻이 담긴 말이라고 해석하고, 스승과 제자 사이에 서로의 깨달음을 주고받는 말을 밀어라고 한다. 이러한 관례가 전통이 되어 석존의 불법이 전승되어 왔다고 한다. 어느 비구니가 조주종심趙州從諗에게 묻기를 "비밀스런 뜻이란 무엇입니까?" 하니, 조주가 그 비구니의 손을 잡았다. 그러자 비구니가 말하기를 "스님은 아직도 그런 마음이 있었군요" 하자, 이에 조주가 답하기를 "그대야말로 그런 마음이 남아 있었구나"라고 하였다.(『조주록』) 비구니는 조주가 전하려는 진의를 이해하지 못했던 것이다.

밀인 密印

크게 두 가지 뜻이 있다. 첫째, 비밀의 인상印相을 의미한다. 주로 밀교에서 제불보살을 도상圖像으로 표현할 때, 서원·공덕 등을 표시하기 위해 손가락을 사용하여 여러 가지 형태를 만드는 것이다. '비밀스런 방법'이라는 점에서 밀인이라고 한다. 둘째, 선종에서 사용되는 밀인의 의미이다. '서래밀인(西來密印; 달마가 전한 깨달음의 마음)'이 역대로 전해진 것을 전등傳燈의 계보라고 한다. 밀인은 본성을 깨달은 확실한 증거, 즉 직지直指의 심인心印을 말한다.

반본환원 返本還源

'본래로 돌아가 근원으로 돌아오는 것'을 말한다. 승조의 『조론』 「열반무명론」에서는 열반을 "본래로 돌아가는 것, 이것이 참된 이름〔返本之眞名〕"이라 하고, 여산 혜원의 『사문불경왕자론沙門不敬王者論』에서는 "근본으로 돌아와 궁극의 도를 구하다〔返本求宗〕"라고 한다. 또 천태지의의 『육묘법문六妙法門』에서는 수식數息·수식隨息·지止·관觀·환還·정淨 등의 육묘문 가운데 제5 환문還門에서 여러 차례 '반본환원'을 설하고 있다. 그중에서 "경(境; 객체)과 지(智; 주체)가 함께 사라지는 것을 환원의 요체"라고 한다. 선종에서는 곽암의 「십우도」의 여섯 번째가 '반본환원'인데, 이는 본래청정이었음을 깨달아 만물을 있는 그대로 관하는 경지를 말한다.

반연여래선 攀緣如來禪

제법무아(諸法無我; 모든 존재는 실체가 없다)를 이해하고 일어나는 생각〔妄想〕의 참된 상을 관찰하여, 망념은 모두 허망하고 실체가 아님을 반연으로 그것과 하나가 된 선정을 말한다. 『능가경』 권2 등에 나오는 네 가지 선, 즉 우부제행선愚夫諸行禪·관찰의선觀察義禪·반연여래선攀緣如來禪·여래선如來禪 가운데 하나이다. 규봉종밀의 『도서』에서는 여래선·범부선·소승선·대승선·최상승선의 다섯 가지 선을 구별하는데, 반연여래선을 네 번째의 대승선에 포함시켰다.

반주삼매 般舟三昧

범어 pratyutpanna-samādhi의 음역이다. pratyutpanna는 '현재의' 또는 '앞에 서다'는 의미이다. 제불현전삼매諸佛現前三昧·현재불실재전립삼매現在佛悉在前立三昧·상행도삼매常行道三昧·불립삼매佛立三昧라고도 한역된다. 『반주삼매경』 권1에 의하면, '제불이 현전하는 모습을 관하는 삼매'를 말한다. 보살행을 닦는 자가 삼매에 들면 현재 시방제불이 각각 눈앞에 나타난다고 한다. 항상 아미타불의 32상을 염하게 되면 공삼매空三昧를 얻고 아미타불의 국토에 태어난다고도 한다. 중국에서는 정토교의 선도善導가 『반주찬』을 저술, 반주삼매에 의한 극락왕생을 찬양하였다. 또한 천태종의 지의는 『마하지관』 권2에서 반주삼매를 상행삼매常行三昧라고 부르는데, 사종四種삼매 중 하나이다.

발무인과 撥無因果

'인과의 도리를 무시(撥無)하는 것'을 말한다. 『구사론』 권17에 "어떤 사견邪見에 의해 능히 선근을 끊는가. 이른바 정해진 인과를 발무하는 사견이다"라고 하였다. 선종에서도 인과를 무시하는 견해에 대해 당연히 부정하고 또한 이를 계승하지만, 특히 백장야호百丈野狐 이야기에 대한 해석을 둘러싸고 발무인과의 설이 비판되기도 한다.

발우리주마 鉢盂裏走馬

'발우 속에서 말을 달리게 하다.' 상식으로는 있을 수 없는 일이지만 선의 세계에서 일어나는 일이다. "조각배 속에 당나라를 싣는다(一葉舟中載大唐)"(『벽암록』) 등과 같은, 이런 유형이 어록에 많이 나타난다.

방목불입원규 方木不入圓竅

'사각의 나무는 둥근 구멍에 들어가지 못한다'는 말이다. 서로 맞지 않는 것을 비유한다. 달마가 양무제를 만났을 때, 양무제가 묻기를 "짐과 마주하고 있는 사람은 누구입니까?" 하니, 달마가 "알지 못합니다"라고 답하였다. 양무제는 이를 이해하지 못했다〔帝不契〕. '제불계帝不契'에 대해서 행수行秀가 말을 붙이기를 "사각의 나무는 둥근 구멍에 들어가지 못한다"고 하였다.(『종용록』 2칙) 달마와 양무제가 서로 용납되지 않는 것을 의미한다.

방신명처 放身命處

'신명身命이 내던져진 경계'를 말한다. 『경덕전등록』 「마조도일장」에, 백장이 묻기를 "어떻게 해야 불법을 알 수 있습니까?" 하니 마조가 말하기를 "바로 그대가 신명을 내던지는 곳"이라고 하였다. 불법의 궁극의 경지를 안다는 것은 이를 위해 목숨을 바쳤을 때, 즉 '백척간두진일보(百尺竿頭進一步; 백 척의 장대 끝머리에서 한 발자국 더 내딛는 것)'하는 그 자리에 불법이 있음을 뜻한다.

방약무인 傍若無人

'다른 사람의 뜻은 전혀 아랑곳하지 않고 자신의 생각대로 해버리는 것'을 말한다. 『무문관』 6칙에, 무문이 말하기를 "누런 얼굴의 구담瞿曇, 방약무인하다. 선량한 이를 눌러 노예로 삼고, 양머리라고 하면서 개고기를 파네"라는 구절이 있다. 무문은 '세존염화'라는 공안에 평어를 하였다. 붓다가 연꽃을 들어 대중에게 보일 때 가섭만이 빙그레 웃었으며, 부처님은 자신의 정법안장(正法眼藏; 깨친 마음)을 가섭에게 전한다고 한 것에 대해 한 마디 말한 것이다. 이어서 무문은, "그때 대중이 전부 웃었다면 정법안장은 전수되었겠는가. 만일 가섭이 웃지 않았다면 정법안장은 도대체 어떤 식으로 전해졌을까"라고 하였다. 무문이 왜 이렇게 말했는가도 하나의 공안이 되었다.

방일 放逸

'욕망의 흐름에 맡겨 제멋대로 행동하는 것', 또는 '마음이 산만하여 집주集注하지 못한 상태'를 말한다. 불타의 가르침을 등지고 제멋대로 행동하는 것을 방일이라고 한다. 석존의 임종설법에 "모든 것은 지나가는 것이다. 게으르지 말고〔無放逸〕 수행을 완성하도록 해라"라는 말이 있다. 출가초심자에게 선장禪匠들이 가장 많이 사용하는 용어이다. '방일하지 말라'는 '마음을 느슨하게 하지 말라'고 하는 경책이다. 방일과 비슷한 말로 '나태심(懶怠心; 게으른 마음)', '퇴굴심(退屈心; 뒤로 물러서는 마음)' 등이 있다.

방참 放參

'아침, 저녁으로 스승에게 법을 묻는 행위를 쉬는 것'을 뜻한다. 특히 저녁에 방장실에서 방장方丈에게 법을 묻는 만참晩參을 그만두는 것을 말한다. 이는 수행승에게 자유로운 시간을 주는 것을 뜻한다. 방참을 알리는 게시를 '방참패放參牌'라고 하고, 알리는 종을 '방참종放參鐘'이라고 한다.『선원청규』「부죽반赴粥飯」에 "죽 공양이 끝난 후에 방참종 치기를 세 번"이라고 하였다. 이는 선원에서 대중이 죽을 공양한 뒤 주지가 대중의 조참朝參을 해야 하는데, 주지가 나오지 않았을 때 이를 쉰다는 뜻으로 종을 세 번 치도록 한 규칙을 말한다.

방하착 放下着

당대 엄양嚴陽존자가 조주趙州화상에게 "한 물건도 가지고 있지 않을 때 어떤가요?"라고 물으니, 조주는 "방하착(내려놓아라)"이라고 대답하였다. '방하'는 '던져버리다', '내려놓다'라는 의미이며, '착'은 명령의 의미를 나타내는 조사다. 엄양이 납득되지 않아 "이미 한 물건도 가지고 있지 않는데 무엇을 버리라는 것입니까?"라고 반문하니, 조주는 "그렇다면 짊어지고 가렴"이라고 말하였다. 이 말에 엄양은 크게 깨달았다.(『오가정종찬五家正宗贊』「조주장」) 한 물건도 가지고 있지 않다고 하는〔無所有〕것에 집착하는 마음을 버리라는 말이다. 결국 방하착이란 상대적인 관념을 버리라고 하는 것이지만 동시에 버린다고 하는 관념마저도 버리라는 의미이다.

방할 棒喝

음독하면 '봉갈'인데, 선원에서는 일반적으로 '방할'이라고 말한다. 선사가 수행승을 지도할 때 방편으로서 몽둥이로 내리치거나 큰 소리로 고함치는 것을 말한다. 불자拂子를 흔들거나 주먹으로 치기도 하는데 이를 '불拂·권拳·방棒·할喝'이라고 한다. 임제의현臨濟義玄은 스승인 황벽희운黃檗希運에게 단련 받은 끝에 대오하고 제자들을 '할'로써 지도했으며, 덕산선감德山宣鑑은 수행승을 자주 몽둥이로 두들겨 지도하였다. 임제와 덕산의 치열한 가풍은 '임제의 할, 덕산의 방'이라고 칭해지기까지 하였으며, 뒷날 중국 선종에서는 수행을 위한 방편의 전형이 되었다.

백념적 白拈賊

『벽암록』73칙에 "임제는 대낮에 활보하는 큰 도둑과 같다〔臨濟大似白拈賊〕"라고 하였다. '백'은 대낮을 뜻하는데, 대낮에 당당하게 남의 것을 훔칠 정도로 기민한 자를 의미한다. 결국 중생이 번뇌·망상에 빠져 있을 때, 순간적으로 이를 빼앗아 본래의 모습으로 전환시키는 대도사大道士를 '백념적'이라고 한다.

백마입노화 白馬入蘆花

'새하얀 백마가 새하얀 갈대 무리 속으로 들어간다'는 뜻이다.

백마가 갈대 무리 속으로 들어가 분간이 되지 않는다는 것은, 백마와 하얗게 핀 갈대 무리는 실제로 둘이지만 보이는 것은 하나이며, 따라서 하나도 아니고 둘도 아닌 것을 뜻한다. 범부인 인간의 마음은 본래는 부처의 마음이다. 마음이라고 하는 점에서 부처와 범부는 같다.『벽암록』13칙에서도, 부처와 범부의 '불일불이不一不二'의 관계를 "백마, 갈대 무리 속으로 들어가다"라고 하였다. 객관적인 천지만물과 주관적 자아가 동근同根일체가 되는, 절대의 공관空觀에 선 깨달음의 경지를 나타낸 구이다. 은완리성설(銀盌裏盛雪; 은반 위에 눈이 쌓이다), 명월장로(明月藏鷺; 명월이 백로를 품다)와 같은 의미이다.

백부지백불회 百不知百不會

'어떤 것도 알지 못하고 어떤 것도 할 줄 모르는' 사람을 뜻한다.(『무문인어록無門印語錄』) '부지不知'는 달마대사가 양 무제에게 대답한 '불식不識'과 동의어이다. 이는 알지 못하는 것이 아니라 알고 모르고(識不識)를 떠나 분별의식을 초월한 불식不識이다. '불회不會'는 '회득會得할 수 없는 것', 즉 알지 못한다는 것이다. 여기에서 알지 못하는 어리석은 자, 어떤 일도 할 줄 모르는 자는 지부지知不知・회불회會不會를 초월한 사람으로서, 결국 상대적 인식을 초월한 고차원의 절대적 인식의 차원에 있는 것이다.

백사청송 백천귀해 白沙靑松 百川歸海

'하얀 모래사장과 푸른 소나무가 늘어선 해안, 그것에 이끌려 수백 개의 강은 바다로 돌아간다.' 계획됨이 없는 자연의 무심無心의 경지를 노래하였다.

백운기봉정 白雲起峰頂

'흰 구름이 산봉우리 정상에서 피어오르다.'(『인천안목』) '암중한타좌(庵中閑打坐; 암자 속에서 편안히 앉다)'의 대구對句이다. 시원하고 고요한 실내와 밝고 웅대한 경치가 대비된다. 인위적이고 조작됨이 없이 무애의 세계에서 노니는 참선납자의 모습이다.

백운만리 白雲萬里

'만 리 밖 구름처럼 멀리 떨어져 있는 것'을 말한다. 사량분별에 떨어지면 불법과 격이 생겨 깨달을 수 없음을 비유한다. 『벽암록』 85칙에 "그것을 보고 취하지 않으면 금새 백운만리"라고 하였다. 순간의 깨달음을 체득하지 않는다면 순식간에 미혹의 낭떠러지에 떨어진다는 의미이다.

백운무근 白雲無根

'흰 구름이 무심히 걸림없이 자재로 오가는 모습'을 말한다. 모든 사람에게 본래 갖추어진 묘심(眞性, 佛性)은 자취 없이 작용함을 비유하였다. 『종용록』 74칙에, "천동天童은 무주無住의 근본을 노래하면서, '흰 구름에는 뿌리가 없는데 맑은 바람은 무슨 색인가?'"라고 하였다. 『유마경』의 "무주에서 모든 법이 세워지다"라고 하는 말에 근거하여, 굉지정각이 백운과 청풍의 비유로 '모든 것은 머물고 집착하는 바가 없음'을 노래한 것이며, 무주無住와 무근無根을 동일시하였다. 이 경우 무주는 근본원인이 되며, 거기에서 일체법이 생긴 것이라고도 해석한다.

백일견귀 막시안화 白日見鬼 莫是眼花

『종용록』 11칙 「본칙착어」에 있는 말이다. '대낮에 유령을 보았다는 것은 눈병 때문이 아닐까'라는 뜻이다. '있지도 않는 귀신을 보았다고 하는 것은 망상 탓이다'는 말이다. 눈꽃은 '눈병에 걸려 허공에 꽃이 있는 것처럼 보이는 것', 즉 망상을 비유한 것이다. 『원각경』에 근거한다. 운문문언雲門文偃의 "빛이 투탈透脫하지 않은 것〔깨닫지 못하는 것〕은 두 가지 병 때문이다. 사방이 어두운데 면전에 어떤 것이 있다고 하는 것〔아직 깨닫지 못한 어두운 마음인데 도리어 체득했다고 고집하는 것〕, 이것이 그 하나다"라는 말에 대해 만송행수萬松行秀가 착어着語한 것이다.

백척간두진일보 百尺竿頭進一步

'백척간두'란 아주 높은 장대 끝을 의미하고, 그 끝머리에서 뛰어 내리는 것을 '진일보'라고 한다.(『무문관無門關』46칙) 선에서는 깊은 수행의 결과로 얻는 경지를 말한다. '백척간두'는 '고봉정상孤峰頂上'이라고도 한다. 모든 상대적 차별을 없앤 절대의 경지이다. 이 절대의 경지에서 그치는 것이 아니라, 그 경지에서 다시 하향하여 중생제도를 베푸는 것, 이를 '한 걸음 내딛는다'라고 말한다. '백척간두'에 이른 자각행自覺行과 '진일보'의 타각행他覺行을 원만히 행할 때, 진실로 깨달은 자가 되는 것이다. 이 말은 처음 중국의 곡예에서 나온 것이다. 곡예사는 능숙한 기교로 높은 장대 끝까지 올라가 한 순간 뛰어 내리는 아찔한 모습을 보여준다. 중국의 선사는 그 같은 모습을 그대로 선의 세계로 표현하였다. 열심히 정진하여 결국 본래 진면목을 깨닫고 다시 중생의 세계로 돌아와 보살행을 하는 것을 나타낸 것이다.

백화춘옥 百花春玉

'수많은 꽃은 봄의 보배이다.' 『무문관』제19칙의 송頌에 "봄에는 백화百花가 있고, 가을에는 달이 있으며, 여름에는 시원한 바람이 있고, 겨울에는 눈이 있네. 한가로운 마음속에 걸릴 것이 없다면 바로 이것이 인간의 호시절好時節이라네"라고 하였다.

백화춘지위수개 百花春至爲誰開

'봄이 되어 수많은 꽃이 핀 것은 누구를 위해서인가.'(『벽암록』) 봄이 되면 여기저기 많은 꽃이 핀다. 꽃은 누구에게 보이기 위해서 피는 것도 아니며 자신을 위해서 피는 것도 아니다. 다만 때가 되어서 필 뿐이다. 이처럼 작위적이지 않은 무심無心의 행위, 무심의 생활이 자신의 마음을 가장 편안하게 한다는 의미이다.

번뇌즉보리 煩惱卽菩提

보리(깨달음)를 방해하는 것이 번뇌이지만, 번뇌와 보리는 모두 본래 공이며 불이不二·불리不離이므로, 번뇌를 떠나 보리가 있지 않고 상즉相卽하고 있음을 말한다. 대승불교의 공관사상에 근거하여 생사즉열반生死卽涅槃도 같은 의미이다. 번뇌·생사가 보리·열반의 연緣이 된다는 뜻으로 『육조단경六祖壇經』에 보인다.

번신활명 翻身活命

'몸을 버려야 목숨이 산다.' 일상의 생각을 크게 뒤집어야 깨달을 수 있다는 의미이다. 향엄선사가 나뭇가지를 물고 손도 발도 사용하지 않고 나무에 매달려 있을 때, 아래에서 "조사서래의(祖師西來意; 달마가 서쪽에서 온 뜻)"를 물으니, 입을 열어 답하면 나무에서 떨어져 죽을 것 같고, 답을 안 하자니 선승이라고 할 수 없고, '자 어떻게 할까'라는 공안이다. 말로서 나타낼 수 없는 문제에 어떻게 회답할까를 묻는 것이다. 일본 조동종의 도원道元은 "아직 답을 하지 못한다면 호신보명(護身保命; 몸을 보호해서 목숨을 보존하는 것)이 되며, 문득 답하게 될 때 번신활명이 된다"라고 하였다.(『정법안장』「조사서래의」) 번신활명은 '백척간두진일보'와 같은 뜻이다.

법당 法幢

설법도량을 나타내는 표식標識이다. 인도에서는 설법을 행할 때 그 표시로서 도량 앞에 당번(幢幡; 旗)을 세웠는데, 이를 법당이라고 하였다.

법맥 法脈

'불조佛祖 혹은 사장師匠으로부터 그 제자로 이어져 온 불법의 계통〔계보·법등·계맥〕'을 말하며, 전법계맥傳法系脈을 뜻한다. 또는 계맥戒脈의 계통〔혈맥〕을 가리키기도 한다. 중국 선종에서는 전법과 법맥을 중시하였고, 이는 한국선과 일본선으로 계승되었다.

법사 法嗣

'스승의 법통을 제자가 받아 잇는 일'을 뜻한다. 스승의 인가를 받고 전법하는 자격을 가지는 것을 말한다.

법신양반병 法身兩般病

'법신을 증득한 것에도 두 가지 잘못된 병이 있음'을 뜻한다. '법신이종병法身二種病'이라고도 한다. 굉지정각宏智正覺이 말하기를 "법신에는 두 가지 병이 있다. 하나는, 법신을 얻고 나서, 법에 집착함이 생겨 예전의 견해를 버리지 못하여 결국 법신에 사로잡히는 것이다. 둘째는, 비록 법신을 깨달았다고 해도 한번 손을 놓아버리면 다시 확실하게 깨달을 수 없을 것 같은 불견실한 상태이다"고 하였다.(『굉지광록』) 바꾸어 말하면, 깨달음에 집착하여 깨달음에 이르는 과거의 견해에 집착하는 병과, 깨달았다고 하여 더 이상 수행하지 않아 깨달음이 분명하지 않게 되는 것을 의미한다.

법연용상중 法筵龍象衆

석존의 설법을 청문하는 뛰어난 제자들을 말한다. 법연은 설법의 장소이며, 용상중은 사중(四衆; 龍象衆・邊鄙衆・多聞衆・大德衆) 가운데 하나이다. 『경덕전등록』 「동산청품장」에는, 법문이 있는 날 유나가 요령을 흔들며 말하길, "법연에 이른 대중들은 당연히 제일의(第一義; 진리)를 관해야 한다"고 하였다. 그러자 청품이 답하기를, "좋은 소식이나, 다만 잘못 알게 될까봐 두려울 뿐이다"라고 하였다.

법원 法源

'모든 현상의 근원', '모든 존재의 원천'을 의미한다. 불교에서의 근원은 공空이며 무아無我이다. 석존의 깨달음이나 그 가르침, 또는 선종에서는 보리달마의 일심一心이나 이심전심의 '마음'을 말한다. 다른 종파에서는 각 조사의 가르침이나 경론의 핵심적인 가르침을 지칭하기도 한다. 종밀은『도서』에서 "마음에서 마음으로 전하는 것은 달마종뿐이니, 마음은 모든 것의 근원이며 온갖 것이 갖추어져 있다"고 하였다.

법이여연 法爾如然

'예나 지금이나 진실한 본래 그대로의 모습'이라는 뜻이다. 자연법이自然法爾・천연天然・법연法然과 동의어이다. 본래의 모습이란 무아無我이며 공空이다.『경덕전등록』「역촌자만酈村自滿장」에, 상당上堂하여 말하기를 "고금이 다르지 않아, 법이여연이야. 다시 또 무엇을 말해. 이 같은 데도, 이 일을 사람들은 지나쳐 버리거나 얽매이기도 하지"라고 하였다.

벽관 壁觀

보리달마의 교설을 제자 담림이 정리한『이입사행론』에 나타난 말이다. 그런데 벽관이 어떤 방법의 좌선이었는지는 확실히 알 수 없다. '벽을 향하여 관한다'든가 '마음을 벽과 같이 하여 관한다' 등의 해석이 있다. 도선의 『속고승전』 「보리달마장」에 "대승벽관大乘壁觀"이라는 말이 있는 것을 볼 때, 벽관이 대승의 여래장사상을 배경으로 하고 있음은 분명하다. 여래장사상계의 유식사상唯識思想에 근거한 관법이었던 것으로 보인다. 달마의 벽관은 중국 초기선종계의 토대가 된다.

변계부증장 徧界不曾藏

'진실한 본래의 모습(徧界)은 더 이상 감출 것 없이 그대로 드러난다'는 뜻이다. 석상경제石霜慶諸가 어느 날 방장실에 있는데, 어떤 승이 밖에서 묻기를 "지척지간인데 어째서 선승의 얼굴을 뵐 수 없습니까?" 그러자 경제가 답하기를 "내가 말했지, 변계부증장이라고" 하였다.(『경덕전등록』 「석상경제장」) 즉 '있는 그대로 모든 것을 보여 주었는데 다시 또 무엇을 구하려고 하는 것인가'라는 의미이다.

변도 辨道

'수행·불도의 실천'을 의미한다. 일본 조동종의 개조인 도원道元은 좌선을 기본으로 한 총림에서의 수행생활, 소위 지관타좌只管打坐를 변도라고 하였다.

변참 徧參

'행각行脚'과 같은 말이다. 수도승이 행운류수行雲流水와 같이 한 곳에 머무르지 않고 언제나 제방에 명안의 스승을 찾으러 편력하고 불법을 참학參學하는 것을 의미한다. 이러한 승을 '운수雲水', '행각승', '유행승'이라고 한다.

변행삼매 徧行三昧

모든 일에 있어서 관여해야 할 것도 없어지고, 어떠한 간섭도 받지 않는 선정을 의미한다. 『경덕전등록』「남전보원장」에 "화상은 늘 말하였다. 나는 어떠한 곳에서도 특별히 행할 바가 없지만 다른 어떤 것도 나를 구속하지 못한다. 이를 변행삼매보현색신徧行三昧普賢色身이라고 한다"라고 하였다. 어느 곳에서도 어떤 일에 대응해서도 언제나 삼매에 들 수 있는 자유자재한 선정을 의미한다.

별시일호천 別是一壺天

중국의 신선사상에는 호리병이 많이 나오는데, 이를 선가에서도 많이 사용하였다. '호리병 속에 천지가 있다'고 하는 의미이다. 옛날에 비장방費長房이라는 사람이 있었는데, 어느 날 선인으로부터 커다란 호리병 속으로 안내받았다. 들어가 보니 호리병 속은 엄청나게 넓었고, 선인들이 술이나 차를 마시며 한가히

놓고 있었다. 그렇게 구경하다가 세월을 보내고 집으로 돌아와 보니 모두가 노인이 되어 있었다는 이야기이다. '나에게는 나의 세계가 있다'라는 말처럼, 작은 나의 세계이지만 그것이 대천지大天地임을 호리병에 비유해서 나타낸 것이다.

병정동자래구화 丙丁童子來求火

어느 날 법안法眼선사는 한 번도 참선한 적이 없다고 하는 현칙玄則화상에게 그 이유를 물었다. 화상은 "실은 이곳에 오기 전에 청림青林화상 곁에서 깨달음을 얻어 참선할 필요가 없습니다"라고 답하였다. 법안선사가 깨달음을 얻은 것에 대해 물으니 현칙화상이 말하길, "제가 청림화상에게 '어떤 것이 부처입니까?'라고 물으니, 청림선사가 '병정동자가 불을 구하러 왔군'이라고 말씀하시어 저는 그 말에 깨달았지요"라고 하였다. 선사는 현칙화상이 뭔가 잘못 알고 있다고 생각하고 그 의미를 물었다. 그러자 현칙화상은 희색만면한 얼굴로 말하였다. "병丙과 정丁은 오행五行에서 불에 해당합니다. 제가 '어떤 것이 부처인가'를 구하는 것은, 마치 불의 신이 불을 구하는 것과 같아서 본래 자신이 부처임을 모르고 다른 데서 구하는 것과 같은 어리석은 짓이라고 한 것입니다. 이 말에 저는 깨달은 것이지요." 이 말을 들은 법안선사가 "그렇다면 진실로 깨달은 것은 아니야"라고 말하니, 화상은 화가 나서 절에서 나가 버렸다. 그러나 순간 화상은 선사가 '아니야'라고 한 것을 생각하였다. 법안선사는 큰 선지식이고 여기에는 무엇인가 깊은 뜻이 있음에 틀림없다고 여긴 것이다. 다시 돌아와 이번에는 마음을 조용히 가라앉히고 "어떤 것이 부처입니까?"라고 물었다. 선사 역시 "병정동자가 불을 구하러 왔다"라고 답하였다.(『벽암록』 7칙) 이 말에 화상은 크게 깨달았다. 현칙이 처음 깨달았다고 한 것은 청림선사의 말을 사량분별로서 이해한 정도였으며, 나중의 깨달음은 전신全身으로 체득한 것이다. 앵무새처럼 모방에 지나지 않는 현칙의 말에 법안은 경책하면서도 궁극에는 현칙이 자신의 본래 자리(참된 자아)로 돌아가게 하였다.

보보시도량 步步是道場

'걸음걸음이 도량'이라는 의미이다.(『조주록』) 본래는 『유마경』에 있는 말을 간결하게 표현하였다. 마조도일의 어록에도 "발을 들거나 내리거나 도량을 떠나지 않는다"라고 하였다. 한 걸음 한 걸음 내딛는 곳이 모두 수행의 장소라는 말이다. 고요한 선방에서 좌선하고 있을 때만이 아니라 행주좌와行住坐臥 모두가 수행임을 뜻한다.

보왕삼매 寶王三昧

보왕은 불타의 존칭이며, 삼매 중 최고의 삼매를 말한다. 정토교에서는 염불삼매를 가리킨다.『대집경보살염불삼매분』권9에 염불삼매를 '삼매보왕'이라고 하였다. 선종에서는 이를 최고의 선의 경지라고 한다.『일산국사어록』에 "마음에 방해되는 일이 없으면 만 가지 경계가 일지 않는다. 마음이 텅 비어 원융한데 성인과 범부가 무슨 상관이랴. 삼계를 벗어나려고 애쓸 일도 없고 깨달아야겠다고 추구할 일도 없다. 모든 이치가 공하고 평등함이 역력히 빛나니 홀로 깨달아 있구나. 이를 보왕삼매라고 한다"라고 하였다. 심경心境·성범聖凡·생사열반生死涅槃의 차별을 넘어선 공空·평등을 깨닫는 것을 말한다.

보인삼매 寶印三昧

『대품반야경』권5 등에서 볼 수 있는 백팔삼매 중 하나이다.『대지도론』권47에 의하면, "보인삼매는 삼해탈문三解脫門이며, 이 삼매에 들어가 제법무아諸法無我·제행무상諸行無常·열반적정涅槃寂靜의 삼법인三法印을 관하는 것을 말한다"고 한다. 나아가 이 삼매에 주住하면 모든 삼매를 마치게 된다고 한다.

보적삼매 寶積三昧

보적은 삼매(samādhi; 선정禪定·정려精慮)에 붙여진 여러 가지 형용사의 하나이다. 마니보주가 모든 것을 비추는 것처럼, 일체 법의 본질을 꿰뚫는 뛰어난 특성을 가진 삼매라는 뜻이다.『종경록』에서는 "보적삼매란 일체중생의 마음이다"라고 하였다.

보청 普請

'널리 청하다'는 말로 보청작무普請作務를 뜻한다. 중국 당대의 백장회해百丈懷海는 총림의 운영을 위해 작무〔노동〕는 전원이 참가할 것을 청규로 삼았다. 백장의 "일일부작 일일불식(一日不作 一日不食; 하루 일하지 않으면 하루 먹지 않는다)"은 보청의 의미를 그대로 드러낸 말이다. 사찰에서 일반적으로 모든 대중이 함께 일하는 것을 보청이라고 한다.

본래면목 本來面目

"선善도 악惡도 생각하지 말고, 한 생각도 일어나지 않을 때, 혜명이여, 그대의 본래면목은 무엇인가?"라고 한 『육조단경』에서 나온 구절이다. 본래면목이란 사람들이 본래 갖추고 있는 진실한 자세·진실한 자기이며 순수한 인간성으로, 선문禪門에서는 불심·불성·주인공·무위진인無位眞人 등으로 표현한다. 망상분별 때문에 본래 갖추어져 있는 진실한 자기가 나타나지 않지만 그것이 불식되면 본래면목은 그 실상을 드러낸다. 그 때문에 상대적 인식을 그치고 절대적 '불사선불사악不思善不思惡'에 투철하는 것을 선禪이라고 한다.

본래무일물 本來無一物

『육조단경』에 나오는 혜능선사의 게송, 즉 '보리는 본래 나무가 없고 명경 역시 대가 없다. 본래 한 물건도 없는데 어디에 티끌이 있는가(菩提本無樹 明鏡亦非臺 本來無一物 何處惹塵埃)'의 한 구절이다. 사물의 진실된 모습에는 본래 집착해야 할 어떠한 것도 존재하지 않는다고 하는 것이다. 그것은 절대적 인식을 통해서 집착심이나 분별심을 불식한 본래 진실한 자아이다.

본래성불 本來成佛

중생은 수행의 유무에 관계없이 본래성불하였다는 것이다. 보현보살이 원각의 수행법을 질문하자, 석존은 "중생은 본래성불하였고, 생사열반은 어젯밤의 꿈과 같은 것"이라고 답하였다.(『원각경』) 『원각경』의 본래성불을 교학의 근저로 삼은 이는 규봉종밀圭峰宗密이다. 그는 『원각경대소』에서 여섯 가지 성불설을 주장하였는데, 그 마지막이 본래성불이다. 종밀의 본래성불설은 화엄교학의 구래성불설(舊來成佛說; 오랜 옛적부터 성불되어 있었다는 설)을 계승하고, 그것을 선종의 즉심시불卽心是佛에 결부시켜 성립된 것이다. 흔히 종밀의 교학체계를 돈오점수라고 하는데, 본래성불의 사실을 미리 인지하고 그 후에 수행한다고 하기 때문이다. 이러한 사상은 북송 화엄종의 정원淨源, 고려 지눌 등의 본래성불설에 영향을 미쳤다.

본말수귀종 本末須歸宗

'본말은 모름지기 근본(宗)으로 돌아간다'는 말이다. 사물마다의 근원도 말末·절節도 모두 자신의 근본인 체體로 귀착하지 않는 것이 없다는 의미이다. 석두희천의 『참동계』에는 "눈은 색, 귀는 음성, 코는 향기, 혀는 맛. 그러나 하나하나의 법은 뿌리로 인해 잎으로 퍼져간다. 본말은 모름지기 종으로 돌아간다"라고 하였다. 여기서 말한 본말은 바로 뿌리와 잎이며, 모든 현상의 관계적 이치는 종(宗)으로 귀착하는 것을 말한다.

본분 本分

본래의 모습·본분사, 즉 자신의 진실한 모습을 가리킨다. 『조당집』 「조주종심장」에, "어떤 것이 본분사입니까?" 하고 학인이 물으니, 조주가 되묻기를 "무엇이 본분사이지?" 하였다. 그러자 학인이 "어떤 것이 화상의 본분사입니까?" 하였고, 이에 조주가 말하기를 "이것은 내 본분사이다"라고 하였다. 조주가 자신의 본분이라고 한 것은, 그것을 직접 체험하여 스스로 체득할 수밖에 없다는 의미이다.

본색 本色

'사물이 가지고 있는 본래 색'의 뜻으로, 바꾸어 본분·본령·본래면목 등의 뜻으로 사용한다. '본색의 납승'이라고 하면 본분을 다해 노력하는 참된 수행자라는 뜻이다.

본증묘수 本證妙修

본증은 본래 깨달아 있다는 것을 말하고, 묘수는 그 깨달음 선상에서의 수행을 말한다. 일본의 조동종 개조 도원道元의 수증관修證觀을 나타내는 말이다. 본증묘수는 수증일등修證一等이다. 수증일등은 반드시 깨달음에 목적을 두지 않는, 다만 철저한 수행만을 말한다. 이는 도원선의 특색이다.

부과단교수 반귀무월촌 扶過斷橋水 伴歸無月村

'서로 의지하여 다리가 끊어진 강을 건너고, 동반해서 달이 없는 마을로 돌아간다'는 말이다. 파초芭蕉선사가 어느 때 스님들 앞에서 "그대들이 단지 물질로서 주장자라고 한다면 참된 주장자를 본 게 아니네. 만약 참된 주장자를 보지 못했다면 물질적인 주장자를 주장자라고 해서는 안 되네"라고 하였다. 무문혜개無門慧開는 이를 평하여 "다리가 끊어진 강을 무사히 건너는 것도 이 주장자 덕분이고, 달이 없는 어두운 마을로 돌아가는 것도 이 주장자가 있기 때문이다. 만약 이것을 주장자라고 부르는 자가 있다면 그 사람은 화살보다 더 빨리 지옥에 떨어질 것이야"라고 하였다.(『무문관』 44칙) 주장자는 수행자들이 운수행각할 때 쓰는 지팡이로, 선장禪匠이 법을 설할 때의 도구로도 사용한다.

부도작불 不圖作佛

'부처가 되려고 꾀하지 말라'라는 말은 '부처되는 것을 목적으로 하지 말라'는 뜻이다. 마조도일馬祖道一이 좌선하고 있을 때, 남악회양南嶽懷讓이 와서 "대덕이여, 좌선하여 무엇이 되려고 하는가"라고 물었다. "부처가 되고자 합니다"라고 대답하니, 남악은 그의 곁에서 기와를 갈기 시작하였다. 마조가 그 의도를 물으니 "기와를 갈아 거울을 만들려고 한다"고 답하였다. 마조는 "기와가 어떻게 거울이 됩니까?"라고 물으니, 남악은 "좌선하여 어찌 부처가 될 수 있으랴"라고 반문하였다. 이 말은 당대 선종에서 선정禪定 부정의 사상을 표현한 것이다.

부법전의 付法傳衣

스승이 제자에게 법을 전수하는 데 가사를 그 증거로 삼는 것을 말한다. 가사를 전함은 법을 부촉한다는 의미이다. 하택신회의 『보리달마남종정시비론』에, 원법사가 묻기를, "미심쩍습니다. 어째서 법은 가사에 있고, 가사로서 전법의 징표로 삼는 것입니까?" 신회가 말하기를, "법은 가사에 있지 않다고 해도, 이는 대대상승하여 법을 나타내 전해 온 것이다. 전의傳衣로써 신信을 삼고 법을 세상에 알리는 자는 품승(稟承; 선대先代의 뜻을 이음)하여 도를 배우는 자에게 종지宗旨를 알게 하여 착오가 없도록 하기 위해서다"라고 하였다. 전의傳衣로 법을 전한다는 의미를 나타낸 것은 이때부터다.

북두리장신 北斗裡藏身

'북두칠성에 몸을 숨기다.' 어떤 승이 운문문언雲門文偃선사에게 "법신을 깨닫는 일구一句는 무엇입니까?" 하고 묻자, 문언이 답하기를 "북두칠성에 몸을 숨긴다"라고 한 것에서 유래하였다.(『운문어록』) 북두는 천계天界를 총괄한다고 한다. 거기에 몸을 숨기는 것은 우주의 주재자가 되는 것이다. 스스로가 주인공이며 자유자재임을 강조한 말이다.

분골쇄신 粉骨碎身

'뼈를 갈고 몸이 으스러질 정도로 끝없이 노력하는 것'을 말한다. 운문문언이 '국사삼환國師三喚'의 말을 들어, "남양혜충南陽慧忠국사의 은혜에 보답하는 데는 분골쇄신해도 미흡하다"라고 하였다. '한평생 노력해도 은혜를 갚을 수 없다'는 의미로, 깊은 정진을 나타낸다.

불립문자 不立文字

진리를 문자로 설명하지 않는다는 것은 선의 본질이다. 입立은 '멈추다'라고 읽기 때문에, 문자가 필요 없다는 것이 아니라 '문자나 언어로는 한계가 있어서, 그것만으로는 충분히 표현될 수 없음'을 뜻한다. 선사들의 말은 문자만으로 이해되는 것이 아니라 반드시 체험이 있어야 비로소 알 수 있다. '중생은 본래 부처〔悉有佛性〕'라는 진실한 의미를 체험해야 언어 문자를 접했을 때 정확히 이해되는 것이다. 선가에서는 보통 불립문자를 '문자를 세우지 않는다'라고 굳이 해석하지 않고, 그대로 '불-입-문-자'라고 새긴다. 그것은 존재하는 것 모두가 진실을 말하고 있다는 의미이다. '꽃이 붉고 잎이 푸르다'는 것도 그대로 진실을 드러내고 있는 것이다. 새도 꽃도 그 나름대로 존재한다는 체험을 말하고 있다. 꽃은 말없이 핀다. 인간은 거기서 무엇인가를 느낀다. 바로 '유마의 일묵一默, 번개와 같다'이다. 천둥과 같은 대음성의 '묵默'은 위대한 가르침이다. 어느 수행자가 산중으로 현사사비玄沙師備화상을 방문하였는데, 스승이 먼저 묻기를 "그대는 여기 올 때 계곡을 건넜는가?" "예, 건넜습니다." "계곡의 물소리를 들었는가?" "예, 들었습니다." "그렇다면 그 계곡의 물소리를 따라 들어가면 돼." 자신의 주변에 있는 모든 것을 자신을 이끄는 진리의 소리로 받아들이는 것이 불립문자이다. 불립문자는 이심전심以心傳心을 강조하기 위해 쓰여졌으며 선종의 개조 보리달마의 말로서 전승되고 있다. 『조당집』에 이조 혜가가 달마와의 안심安心문답으로 깨달은 후 달마에게 묻기를, "이 법은 문자의 기록이 있습니까?" 하니 달마가 말하기를, "내 법은 마음을 마음에 전하지 문자를 쓰지 않는다"라고 있다.

불마법마 佛魔法魔

'부처라고 하는 마구니, 법이라고 하는 마구니'를 의미한다. 부처가 되는 것을 지고至高의 가치라고 여겨서, 부처를 밖에서 구하는 잘못을 경계한 말이다. 선종에서는 참된 불도의 실천이 아니면 부처에 얽매이고 법에 얽매이게 되어 불마법마가 된다고 한다.

불매인과 不昧因果

백장회해百丈懷海의 들여우의 공안에 나오는 말이다. 백장화상이 법문을 하고 있으면 언제나 노인 한 사람이 듣고 있었다. 어느 날 노인이 혼자 남아 있었으므로 "무슨 일입니까?" 물으니, 노인은 "저는 인간이 아닙니다. 옛날, 백장산에서 주지를 하고 있을 때 어떤 운수(雲水; 수행승)가 와서 '대수행을 한 사람도 인과가 있습니까?'라고 물어, '불락인과(不落因果; 인과에 떨어지지 않는다)'라고 답한 이유로 여우의 몸을 받아 이제 오백생五百生이나 되었습니다"라고 말하였다. 그리고 그 몸을 구해주기를 백장에게 부탁하면서, 다시 "깨달음을 얻은 자도 인과에 떨어집니까?"라고 물은즉, 백장화상은 "불매인과(不昧因果; 인과에 어둡지 않습니다)"라고 대답하였다. 이 말로 노인은 깨닫고 여우의 몸을 벗어날 수 있었다고 한다.(『무문관』 2칙) 불락인과·불매인과 이 두 말은 같으면서 다르고 다르면서도 같은 것이다. 이

두 말은 모두 인과를 벗어난 세계에서만이 진실로 알 수 있을 뿐이다.

불맹지상화개 무영수두봉무 不萌枝上花開 無影樹頭鳳舞

'싹이 없는 가지 위에 꽃이 피고, 그림자 없는 나뭇가지에서 봉황이 춤춘다.'(『중봉광록中峰廣錄』) 싹이 없는데 꽃이 필 리가 없고 나무가 없는데 새가 앉을 수 없다. 그러나 선에서는, 존재함이 없다고 보이지만 무한한 존재가 구족하고 있음을 본다. 몰상식의 상식이다. 번뇌·망상이 가득한 중생처럼 보이고, 몇 생을 지나도 성불할 수 없는 중생처럼 보이지만, 절대적 수행 정진으로 홀연히 성불이 이루어짐을 뜻하는 선가의 '격외도리格外道理'를 말한다.

불성 佛性

'부처가 될 가능성'이라는 의미이다. 모든 중생에게는 부처가 될 보편적인 본질이 내재한다는 것이다. 대승불교에서는 누구나 부처가 될 수 있다고 설하는데, 중생의 본성이 청정하기 때문이라고 한다. 이를 여래의 본성이 내재하고 있다[여래장]고 하고, 누구나 부처의 가계家系에 속한다고 설한다. 이것을 본질·성질이라고 하는 의미로 나타낸 것이 불성이다. 불성이라는 말을 최초로 사용한 것은 대승불교의 『열반경』이다. 여래장과 불성이라는 말은 초기불교와 아비달마불교에도 없는 대승불교 특유의 용어이다.『열반경』은 "일체중생실유불성(一切衆生悉有佛性; 모든 중생에게는 불성이 있다)"이라고 설하고, 이때의 불성은 아(我, 아트만)의 의미이다. 그러나 불성이라는 아트만은 인연에 의해 현현하는 실재이며, 브라흐만교에서의 아트만과는 구별된다. 또한 "일체중생 즉 불성"이라고도 설한다. 이것을 『열반경』은 '십이연기는 불성이다'라는 생각으로 발전시킨다. 이러한 불성 즉 중생, 십이인연 즉 불성의 생각을 근거로 중국에서는 초목국토에 모두 불성이 있다는 사상으로 발전하였다.

불시심 불시불 불시물 不是心 不是佛 不是物

남전보원南泉普願의 말이다.『경덕전등록』에 마조는 "즉심즉불 卽心卽佛"이라고 말했지만 남전은 "불시심, 불시불, 불시물"이라고 하였다. 마조도일의 즉심즉불의 교조敎條화를 방지하기 위한 반대말로서, 부처란 '마음도 아니고 부처도 아니고 중생도 아니다'라고 하였다. 본래면목, 즉 참된 성품에는 마음이니 부처니 중생이니 이름을 붙일 수 없다는 의미이다.

불식 不識

양무제가 달마대사를 초빙하여 묻는다. "어떤 것이 불법의 근본 뜻입니까?" 대사는 간단하게 "확연무성(廓然無聖; 한 점의 구름도 없는 맑은 하늘처럼 진리도 무엇도 하나도 없다)"이라고 말한다. 다시 무제는 "짐을 마주하고 있는 자, 누구요?"라고 물으니, 대사는 "그런 것은 모르오〔不識〕"라고 답하였다. 불식不識은 '알지 못한다'는 것이 아니고, 알고 알지 못함을 초월한다는 의미이다.

불심 不審

사섭법四攝法의 하나인 애어愛語에는 '선래(善來; 어서 오시오)'라는 인사말도 포함된다. 처음 방문한 사람을 반갑게 맞이하는 말이다. 같은 뜻의 선어가 불심이다. 아는 사이일 때, "요즈음, 어떻습니까", 또는 "어서 와요"라는 정도의 말일 것이다. 상대방의 자중자애를 기원하는 말로 '조심하게'라고 하는 '진중珍重'이라는 말도 있는데 어록에서는 대부분 함께 사용한다. 『조당집』 「약산유엄장」에 "도오여, 왔으니 화상(희천)에게 인사〔不審〕를 하지"라고 하였다.

불어심 佛語心

부처님 말씀 모두가 마음에 대한 것이다. 『능가경』(구나발타라 역)에서는 '일체불어심一切佛語心'이 각 장의 이름이라고도 되어 있다. 심수心髓는 본래 교학에서, 심·의意·의식·오법五法·자성상自性相이며 팔식八識과 명名·상相·분별·정지正智·여여

如如의 오법五法과 유식삼성唯識三性을 근본으로 하는 유식설을 가리키지만, 그 설명은 통상의 유식설과는 다르다. 선종에서는 불어심을 불타가 설한 마음으로 보아 불어심을 불심과 동일시한다. 보리달마 이래 이 마음이 차례차례 전해져 왔다고 하여 전등傳燈이라고 한다.

불오염수증 不汚染修證

육조혜능과 남악회양의 문답에서 회양이 "오염이 되지 않는 것이 수증(修證; 닦고 깨침)이다"라고 하였다. 불오염이란 무위無爲, 말하자면 본래의 자기·본래의 면목을 말한다. 무소득無所得·무소오無所悟의 지관타좌를 중심으로 한 불도수행에 정진하는 것이 본래의 자기가 드러나는 것이고, 또한 수증이라고 한다.

불이법문 不二法門

현상계에서 대립하고 있는 모든 것은 '제법이 무자성·공'이라고 하는 대승불교의 공관空觀의 입장에서 보면 대립하는 것이 아니라 불가분, 즉 불이不二라고 한다. 이러한 입장을 나타낸 것이 생사즉열반生死卽涅槃, 번뇌즉보리煩惱卽菩提 등이다. 『유마경』「입불이법문품」에는 '둘이 둘이 아님'을 여러 보살이 돌아가면서 치밀하게 설하고 있다. 삼론종에서는 '둘과 둘이 아님〔不二〕'이 상즉관계에 있음을 강조한다.

불조 佛祖

'불타와 조사.' 선종은 특별한 소의경전을 가지지 않기 때문에 정법의 전수를 중요시하고 그것을 증명하기 위해 석가모니에게서 조사로 깨달음의 등불이 전해졌다는 설〔傳燈〕을 제창하였다. 즉 석가모니에서부터 각 조사에게로 깨달음을 통하여 올바른 가르침이 대대로 전수되어 전해졌다는 것이다. 그 계보상에 위치하는 사람들이 불조이다. 『역대법보기』에서는, 불타는 비바시불에서 석가모니에 이르는 과거칠불過去七佛을 가리키고, 석존의 법을 이은 마하가섭 이후 부처의 가르침이 대대로 부촉된 사람들을 조사라고 불렀다.

불타범성 不墮凡聖

'미혹한 범부와 깨달은 성인, 이 모두의 경계에 떨어지지 않는다'는 뜻이다. 무애자재한 행동을 나타낸 말이다. 동산양개洞山良价의 어록에는 '불타범성'의 송頌을 "이사불섭(理事不涉; 이사 모두 미치지 않는다)"이라고도 말한다. 말하자면 향상向上〔聖〕에 머물지 않고 향하向下〔凡〕에서 벗어나려고도 하지 않는, 범과 성을 자재하게 오고 가는 모습이다.

불풍류처야풍류 不風流處也風流

'풍류이지 않는 것이 풍류이다'라는 것은, 참된 풍류는 가시석인 풍류를 말하는 것이 아니라는 뜻이다.(『벽암록』) 말하자면 풍류스럽지 않는 데서 풍류를 느낄 수 있음을 뜻하는 것이다. 일반적으로 고색창연한 산수의 풍경, 아름다운 그림 등은 풍류인 것 같지만 참된 풍류라고 할 수 없다. 선가에서는 화려하고 아름답게 장식한 것보다도 무덤덤하고 무질서한, 어떤 특정한 색도 튀지 않는 담백한, 그런 것에 참된 풍류가 있다고 본다.

불향상사 佛向上事

선 수행의 목적은 불佛이 되는 것이지만, 진정한 수행은 이것에 조차 집착하지 않고 부처마저 뛰어넘는 경계라야 한다는 것이 '불향상사'의 의미이다. 『동산어록』에는 "동산이 대중에게 말하기를, 불향상사를 체득해야 비로소 말뜻을 조금 알아들을 수 있을 것이다"라고 하였다. 『조주록趙州錄』에는 학인이 조주에게 "어떤 것이 불향상인佛向上人입니까?"라고 물으니, 조주가 법상에서 내려와 상하 대중을 둘러보고는 "모두 이 같이 장대長大하니 불향상이로군"이라고 하였다. 불향상인을 다른 곳에서 찾을 것이 아니라 지금 수행자 자신이 그렇게 하고 있지 않은가를 우회적으로 말해 주는 것이다.

불허훈주입산문 不許葷酒入山門

'훈주(葷酒; 특이한 냄새가 나는 채소와 술)를 먹고 산문에 들어옴을 허락하지 않는다'는 뜻이다. 먹고 나면 몸에서 냄새나는 야채, 즉 마늘·양파·파·부추 등을 먹거나, 술을 마시고 절간에 들어와서는 안 된다는 것이다. 이 구는 특히 선종 산문 입구의 석주石柱에 새겨서 세워놓는다. 이를 계단석·금패석·결계석이라고 한다.

비공 鼻孔

자신의 육신을 지금 당장 풀어야 할 과제라고 생각하는 선승은 여러 가지 신체적 용어를 사용하여 자기를 표현한다. 비공은 문자대로 콧구멍이지만, 얼굴의 한가운데에 있고, 더구나 가장 앞에 있다. 또한 이 구멍이 없이는 숨을 쉴 수가 없다. 자신으로서 이보다 중요한 것은 없다. 따라서 비공이라는 말은 단순히 신체의 일부를 뜻하는 것이 아니라, '자신의 전인격이며 바로 자신'을 의미한다.

비공리인아 鼻孔裏認牙

'콧구멍 속에 치아가 있다고 생각하는 것', 즉 '아주 틀리게 보는 것'을 의미한다. '콧구멍 속에서 치아를 찾는다'라고도 한다. 선문에서 '조사서래의(祖師西來意; 달마가 서쪽에서 온 뜻)'를 물었을 때, 이것저것 둘러대면서 잘못 설할 때 이 같은 말로 비유한다.

비공요천 鼻孔遼天

'콧구멍이 하늘을 바라보다'는 뜻이다. 코가 하늘에 닿을 정도로 교만함을 비유하였다. 『벽암록』 87칙에 "비공요천해도 뚫기만 하라"고 하였는데, 자만과 교만이 하늘 높은 줄 모른다 해도 깨달음의 세계에 이르기만 하라는 의미의 말이다.

비기 非器

부처님의 가르침을 듣고 배우기만 하고 실천이 없는 자를 근기가 모자란다고 하고, 그런 자를 비기, 즉 그릇이 안 된다고 한다. 『정법안장수문기』 권6에는, "자신을 비기라고 생각하지만 비하하지 않고 더욱 발심 수행하는 자야말로 최고"라고 하였다.

비사량 非思量

한 납자가 약산유엄선사에게 "좌선 중, 무엇을 그토록 사량하는지요?〔兀兀地思量什麼〕"라고 물으니, 선사는 "사량하지 않는 것을 사량하네〔思量箇不思量底〕"라고 대답하였다. 다시 납자가 "사량하지 않는 사량은 어떤 사량인가요?〔不思量底如何思量〕"라고 물으니, 약산은 "사량이 아니다〔非思量〕"라고 대답하였다.(『경덕전등록』 권14) 이것은 좌선 중의 사량에 대한 문답으로서, '참된 좌선은 사량분별이 아닌 사량〔의식의 흐름일 뿐〕임'을 의미한다.

비심비불 非心非佛

한 납자가 마조선사에게 "부처가 무엇입니까?"라고 물으니, 선사는 "비심비불"이라고 하였다. 즉 '마음도 아니고 부처도 아니다'라고 하였다. 전에 대매법상大梅法常이 같은 질문을 했을 때는 "즉심즉불卽心卽佛"이라고 하였다. 즉 '행주좌와行住坐臥 있는 그대로의 마음이 그대로 부처'라고 하였다. 이와 같이 마조선사는 '부처가 무엇인가'에 대한 물음에 하나의 정답만을 말해주는 것이 아니라 묻는 자마다 다르게 대답하였다. 부처·마음 등에 집착하는 것을 벗어나기 위해 긍정도 부정도 하지 않은 것이다. 마음이 한 곳에 머물지 않는, 소위 무소주無所住가 되는 것이 선의 심경임을 의미한다.

비조지적 飛鳥之跡

하늘을 나는 새는 자취를 남기지 않는 것처럼 모든 현상에는 실체가 없다고 하는 공의 진리를 비유한다. 또한 몰종적沒蹤迹·단소식斷消息의 의미에서, '불도수행은 어떠한 흔적도 남기지 않는 무애자재한 것이어야 한다'는 것을 말한다.

빈주 賓主

빈은 객(객체), 주는 주인(주체)을 말한다. 또한 지도하는 스승과 수행하는 학인을 말하기도 한다. 임제의현은 "빈주역연賓主

歷然"이라고 하였다.(『임제록』) 이 말은 빈과 주는 상호 관계를 가지면서 각각의 입장이 분명해야 한다는 것이다. 『조당집』 권20 「은산장」에 나오는 동산양개와 은산의 빈주문답이 가장 오래된 예이다.

빈주역연 賓主歷然

어느 날 전당前堂과 후당後堂 양 당의 수좌가 막 문을 나오면서 동시에 "아악~" 하고 할을 토吐하였다. 이를 본 납자가 임제에게 "어느 쪽이 이긴 할이고, 어느 쪽이 진 할입니까?" 물었다. 임제는 "빈주역연(이기고 진 것이 확실하구나)"이라고 말하고, "내가 지금 이기고 진 것이 확실하다고 말하였다. 알겠는가? 지금 할을 토한 양 당의 두 사람에게 물어보라"라고 말하고 바로 법좌에서 내려갔다.(『임제록』) 빈은 '객客·제자·객관', 주는 '나·스승·주관'이라는 의미이다. 빈주역연에는 '할을 동시에 한 평등함'도 있고, '전당과 후당이라는 차별'도 있다. 즉 '평등하면서 차별이 있다'라는 것인데, 여기에는 '차별이 있으면서 평등'이라는 무빈주無賓主의 의미도 포함된다. 바로 무빈주가 빈주역연이라는 의미이다.

빈주호환 賓主互換

'객과 주인이 바뀌다.' 빈주는 '제자와 스승', '객체와 주체' 등의 의미를 가지며, 빈과 주가 확실히 분간되는 것을 '빈주역연賓主歷然'(『임제록』)이라고 한다. 선에서는 주객을 분리하지 않는 평등을 중시하면서 구별의 측면도 빠트릴 수 없음을 보인다.『벽암록』에는 '빈주역연賓主歷然 호환종횡互換縱橫'이라고 한다.

사념처 四念處

사념주四念住·사념처관四念處觀이라고도 한다. 팔정도의 하나인 정념正念과 동일하다. 이것은 사물에 대한 네 가지 관찰을 가르친 것이다. 신체는 부정不淨하고〔身念處〕, 감각은 괴로움이며〔受念處〕, 마음은 무상하고〔心念處〕, 유형·무형의 모든 것은 무아〔法念處〕라고 관찰하여 언제나 잊지 않고 수행할 것을 가르치고 있다. 이렇게 해서 육체〔身〕와 감각작용〔受·心〕과 마음의 대상〔法〕에 대해서는, 부정不淨·무상無常·고苦·무아無我라고 관하는 것이 바른 견해라고 한다. 초기의 불전에서는, 사념처는 수행의 출발점에서 깨달음의 최고위에 이르기까지 시종 닦아야 할 수도법이라고 설한다.

사량 思量

사량은 '생각하여 헤아리는 것', 즉 사고思考·사려분별하는 것을 뜻한다. 유식唯識에서는 사량을 염오의染汚意라고 한다. 『경덕전등록』「약산유엄장」에, "선사가 계속 앉아 있으니 납자가 물었다. '골똘히 무엇을 그렇게 사량하십니까?' '사량하지 않는 것〔不思量〕을 사량한다〔생각이 아닌 생각〕.' '불사량의 사량이란 어떤 사량입니까?' '비사량(非思量; 생각을 벗어난 것).'"이라는 대화 내용이 있다. 비사량은 시비·분별 등 대립적인 사고에서 벗어난 것을 의미한다.

사료간 四料揀

사료간四料簡이라고도 쓴다. 임제의현이 수행승의 지도를 위해 마련한 네 가지 방편이다. 탈인불탈경(奪人不奪境; 주체를 부정하고 객관을 부정하지 않는다), 탈경불탈인(奪境不奪人; 객관을 부정하고 주체를 부정하지 않는다), 인경구탈(人境俱奪; 주객을 모두 부정해 버린다), 인경구불탈(人境俱不奪; 주객 모두 부정하지 않는다)의 네 가지다. 이 말은 『임제록』「시중示衆」의 첫머리에 있는데, 사료간을 체계화한 사람은 풍혈연소風穴延沼이다. 그의 설은 『풍혈어록』에도 보이며, 『인천안목人天眼目』 권1에 제가諸家의 설과 함께 기록되어 있다. 사료간의 설명에서 사람은 주체, 즉 자신이며, 경境은 객체, 즉 환경〔현상, 세계〕을 말한다. 첫째는 자신을 부정하고 자신을 둘러싼 환경만을 긍정하는 것이다(奪人不奪境). 즉 자신을 잊고 현상세계만이 존재하는 것이다. 둘째, 현상세계를 잊고 자신만이 존재하고 있는 것이다. 자연계를 포괄한 자신, 이러한 자신이 여기서 확립되는 것이다(奪境不奪人). 셋째, 자신과 환경을 모두 잊고 결국 대립과 상대가 없어져 버렸다는 것이다. 이원론적 사고, 즉 분별과 차별의 세계가 없어진 평등과 무차별의 세계로 향한 것이다(人境俱奪). 넷째, 자신과 환경 모두 긍정하는 것이다(人境俱不奪). 셋째와 넷째는 수행의 찰나에서 이루어지는 것이다. 번뇌즉보리煩惱卽菩提, 생사즉열반生死卽涅槃의 세계를 말한다. 이 사료간은 『십우도十牛圖』에서 의미하는 열 가지 수행 과정의 토대가 되었다고 볼 수 있다. 넷째는 『십우도』 마지막 '반본환원返本還源'의 경지이다.

사자굴중 진성사자 師子窟中 盡成師子

사자는 사자獅子라고도 쓴다. '사자굴 속에 들어갈 수만 있다면, 모두 사자가 된다'는 말이다. 훌륭한 선승의 지도를 받으면 모두 뛰어난 인재로 단련되는 것을 비유하였다. 『선원청규禪苑清規』 「구경문龜鏡文」에, "사자굴 속에서는 모두 사자가 되고, 전단栴檀 숲속에서는 모두 전단"이라는 말이 있다. 비슷한 표현으로 "사자굴 안에 다른 짐승이 없다"가 있다.

사자빈신삼매 師子嚬呻三昧

'사자처럼 기세가 힘차고 날랜 삼매'를 뜻한다. 석존이 이러한 삼매에 들면 대비大悲의 신근身根을 열고 위엄을 드러내 외도는 물론이며 성문, 연각의 경지에 든 자들까지 굴복시킨다.

사자상승 師資相承

스승은 제자에게 법을 전하고 제자는 스승에게 법을 받아, 그 법이 연면連綿히 전승되는 것을 말한다. 규봉종밀圭峰宗密은 달마로부터 전한 북종·우두종·홍주종·하택종에 대해 그 정계正系와 방계傍系를 밝혀 도식화하였는데, 그것을 「중화전심지선문사자상승도中華傳心地禪門師資相承圖」라고 한다.(『배휴습유문裴休拾遺問』)

사자후 獅子吼

사자후師子吼라고도 쓴다. '사자가 우는 굉음같은 소리'를 뜻한다. 사자후는 본래 여래의 설법을 말하지만 해석은 조금씩 다르다. 여래의 설법이 모든 희론(戲論; 편견에 따른 논의)을 파괴하고, 96종의 잘못된 이견異見을 부수고, 삿된 설을 배척하여 외도外道들을 따르게 하는 모습을 '사자왕의 포효가 백수百獸를 굴복시키는 것'에 비유하였다. 여래 스스로 대중 가운데서 자신自信을 가지고 정설定說을 말하는 것을 뜻하기도 한다. 일반적으로는 '열변을 토할 때' 사자후라고 하고, 흔히 고승의 설법을 의미한다.

사자후무외설 師子吼無畏說

'사자후'도 '무외설'도 모두 불타의 설법을 말한다. 영가현각永嘉玄覺의 『증도가』에 "사자의 포효처럼 모든 두려움이 사라지는 교설, 백수百獸는 그것을 듣고 모두 뇌가 파열한다. 코끼리왕마저 정신없이 달아나 위엄을 잃지만, 천룡天龍은 조용히 듣고 기뻐한다(欣悅)"고 하였다. 무외설이란 부처님의 말씀은 공포와 불안, 두려움이 사라지게 한다는 의미이다.

산가부귀은천수 어부풍류옥일사 山家富貴銀千樹 漁夫風流玉一簑

'산가의 부귀는 은색의 빼곡한 나무, 어부의 풍류는 도롱이와 삿갓.' 은천수는 눈이 내린 숲을, 옥일사는 어부가 비올 때 입는 짚으로 엮어 만든 비옷과 삿갓을 말한다. 산중에 사는 사람이나 어부는 가난하지만 진솔한 생활과 순박한 마음으로 편안하게 살아가는 모습을 노래하였다. 이 말은 수행자의 마음가짐에 대한 설명으로 자주 인용된다.

산기일석가 山氣日夕佳

동진東晋의 시인 도연명陶淵明의 「음주시飮酒詩」에 있다. '산중의 대기는 저녁에 아름답다'는 의미이다. "산색은 저녁에 아름답고 나는 새들 함께 돌아가는구나." 새가 보금자리로 돌아가는 것은, 여기저기 진실을 찾아다니다가 본래자기로 되돌아오는 것을 의미한다.

산색청정신 山色淸淨身

'웅대한 산의 모습은 그대로 부처님의 청정법신'이라는 의미이다. 소동파蘇東坡가 깨달음을 얻었을 때 한 말이다. "계곡의 소리는 바로 광장설이요, 산색은 어찌 청정신이 아니겠는가"라고 하였다.

산시산 수시수 山是山 水是水

운문문언雲門文偃이 어느 날 법상에 올라 "모든 화상들이여, 망상하지 말라. 하늘은 하늘, 땅은 땅, 산은 산, 물은 물, 승僧은 승, 속俗은 속이다"라고 하였다.(『운문광록』상) 이 말은 산은 산이지 물이 아니며, 물은 물이지 산이 아니라고 하는 것으로, 산은 산으로서 물은 물로서 각자 독자성을 가지고 있다는 것을 뜻한다. 즉 존재와 현상을 그대로 볼 것이지 분별이나 독단·편견을 가지지 말라는 의미이다. 분별의 생각을 버리고 있는 그대로를 본다는 '응작여시관應作如是觀'과 같은 뜻이다.

산운해월정 山雲海月情

'산에 걸린 구름과 바다에 비추는 달이 서로 나누는 정'이라는 뜻이다. 『벽암록』 53칙에는 다음과 같은 공안이 있다. 마조도일 馬祖道一이 백장百丈과 함께 길을 가다가, 들오리가 날아가는 것을 보았다. 마조가 묻기를 "저것이 무엇인가?" 그러자 백장이 답하기를 "들오리입니다." 마조 "어디로 가는가?" 백장이 말하길 "날아갔습니다." 그러자 마조가 백장의 코를 비틀었고, 백장은 아파서 신음소리를 냈다. 마조가 말하기를 "어째서 날아갔는가?" 이에 대해 설두雪竇가 송頌으로 말하기를 "들오리는 어디로 갔는가. 마조는 그것을 보고 말을 걸었다. 산운해월의 정을 다 말한다 해도, 여전히 날아간 것을 알지 못하네." 이 공안은 현실의 몸과 본래의 자기의 관계를 산운해월정에 비유한 것이다. 즉, 서로 아무 관계가 없는 것처럼 보이는 산운과 해월이 서로 어우러져 있는 모습을 나타낸 것이다. 이와 같이 들오리와 백장은 아무런 관계가 없어 보이지만, 들오리의 행방이 묘연한 것을 '백장이 본래면목을 저버리고 있는 것'에 비유하여 비난하였다.

산정일장 山靜日長

'산중은 고요하고 해는 아직 저물지 않았다'라는 뜻이다. 산중은 고요하여 어떤 소리도 들리지 않고 시간은 느릿느릿 흐르고 날은 아직 저물 것 같지 않다. 삼라만상의 움직임이 곧 자신의 모습임을 간파하고 모든 것을 포용하고 받아들이는 느긋하고 여유로운 자세를 말한다.

살불살조 殺佛殺祖

'부처를 죽이고 조사를 죽임.' 『마조어록』에 보면, 스승인 남악 회양의 조주에 대한 가르침으로 "그대, 좌선坐禪을 배우는가, 좌불坐佛을 배우는가. 만약 좌선을 배운다면 선은 앉고 눕는 데 있는 것이 아니네. 만약 좌불을 배운다면 부처는 고요한 모습〔定相〕에 있지 않다. … 그대가 좌불을 한다고 하면 바로 이것이야말로 부처를 죽이는 것이 된다. 좌상坐相을 고집한다면 진리에 다다르지 못한다"라고 하였다. 부처의 모습을 흉내낸다면 이것이야말로 진정한 부처의 의미를 저버리는 것이 되고, 앉아 있는 모습에 의존한다면 '일체의 상相은 무상無相'이라고 한 부처의 말씀을 저버리는 것이 된다는 의미이다. 말하자면 어떤 뜻에 위배되는 것을 살殺이라고 한다. 또 임제는 "부처를 만나면 부처를 죽여라. 조사를 만나면 조사를 죽여라. 나한을 만나면 나한을 죽여라. 부모를 만나면 부모를 죽여라. 권속을 만나면 권속을 죽여야 진정 해탈을 얻을 것이다"라고 하였다. 선수행에 있어서, 혹 어떤 것에 집착하거나 의존한다면 이는 통연명백洞然明白한 마음〔해탈〕의 방해가 되므로 절대적으로 집착이라는 사념을 뿌리째 뽑아내라는 임제의 강력한 가르침이다. 선종에서는 이 두 입장이 공존한다.

살인불용도 殺人不用刀

'사람을 죽임에 칼을 사용하지 않는다.' 칼을 사용하지 않고 사람을 죽인다는 뜻이다. 선에서의 이러한 경우는 스승이 제자의 공부를 살펴 본인이 알지 못하는 사이에 수완을 써서 공부가 잘못된 것을 알게 하고 시정하도록 하는 것을 의미한다. 이때 스승과 제자는 평정함이 극에 이르렀을 때이다. 『벽암록』 13칙 「송평창頌評唱」에 "도리어 설두가 사람을 죽임에 칼을 사용하지 않음을 아는가?"라는 구절이 있고, 또한 『종용록』 14칙 「본칙평창」에 "소를 치는 데 채를 사용하지 않고, 사람을 죽이는 데 칼을 사용하지 않는다"라고 하였다.

살활자재 殺活自在

'죽이고 살리는 것이 자재하다'는 말이다. 선에서는 종횡무진, 자유자재라는 말과 같이 쓴다. 스승이 수행승의 공부를 살펴볼 때, 공부에 대한 것을 전면 부정하거나 전면 긍정할 때 죽이기도 살리기도 한다는 것이다. 나중에는 임제가풍을 가리켜 이렇게 말했는데, 살인도殺人刀·활인검活人劍 등 '살·활'이라는 용어를 많이 사용한다. 『벽암록』 12칙에 "살인도, 활인검은 바로 윗대로부터 가르쳐 내려온 것이다. 또한 현재 선의 요점이기도 하다"라고 하였다.

삼과삼십육대법문 三科三十六對法門

'삼과법문'이라고도 한다. 삼과는 오온五蘊·십이입十二入·십팔계十八界이며, 번뇌와 보리, 하늘과 땅, 밝음과 어둠, 법신과 색신 등 36가지의 대칭되는 법(三十六對法)을 말한다. 삼과와 삼십육대법이 모든 법을 포함하고 있으며, 이를 잘 알면 모든 경전의 가르침을 파악할 수 있다고 한다. 『육조단경六祖壇經』에서 혜능慧能은 불립문자에 집착하여 경전을 비난해서는 안 된다고 경고하고, 이 삼과법문을 설법하고 수행하도록 하였다.

삼급랑고어화룡 三級浪高魚化龍

이 구는 중국의 고사에서 비롯된다. 중국의 순舜 임금이 곤鯀에게 황하의 치수를 명령하였다. 곤은 실패하였으며 이로 인해 죽게 되었고, 아들 우禹가 아버지의 유지를 받들어 속행하여 공사가 성공되었다. 따라서 순이 천하를 양보하여 우가 하夏 왕조를 열었다. 순이 실시한 공사는 황하의 상류에 있는 용문산을 붕괴하여 세 단으로 계단지어 물을 통하게 하는 것이었다. 그런데 세 단으로 흐르는 물이 폭포와 같아 이를 '용문龍門의 삼급三級'이라고 하였다. 매년 삼월, 복숭아꽃이 필 무렵 많은 물고기들이 용문에 모여 경쟁하듯 폭포 위를 오르려고 한다. 제일 높이 오른

물고기의 머리에는 뿔이 생기고 용이 되어, 구름을 불러 비를 내리게 하고 승천한다고 전해진다. 용이 되는 물고기는 어류의 장長인 잉어이며, 그것도 크게 약동하는 몸에 금비늘이 가득한 잉어이다. 선가에서는 열심히 수행하여 깨달음의 세계에 도달했음을 '삼급의 물결을 타고 오른 물고기가 용이 되다'라고 비유한다.

삼동고목화 三冬枯木花

'삼동, 고목에 꽃이 피다.'(『괴안국어槐安國語』) 삼동은 겨울 3개월을 말한다. 한겨울에 고목에 꽃이 피었다는 말이다. 선에서는 깨닫기 이전 쉬지 않고 엄한 좌선을 계속하는 상태를 '삼동고목'이라 하고, 그 역경을 극복하고 활연히 깨닫는 것을 '고목에 꽃이 피는 것'으로 비유한다.

삼라영리장신 森羅影裏藏身

'만물의 그림자 속으로 몸을 감추다.' 삼라森羅는 만물(중생)을 지칭하며, 영리影裏는 물체의 그림자를 가리킨다. 말하자면 혼탁한 속계에 몸을 던져 중생을 제도한다는 것이다.(『가태보등록嘉泰普燈錄』) '황초리횡신(荒草裏橫身; 거친 풀숲에 드러눕다)'이라는 말과 상통한다.

삼묵당 三默堂

삼묵당은 사찰에서 일체 소리 내는 것을 금하는 장소로, 좌선하는 선방·욕실인 서사西司·식사하는 식당을 말한다.

삼종병인 三種病人

맹인·귀머거리·벙어리의 세 가지 장애를 가진 둔근鈍根 수행자를 비유하였다. 이러한 장애를 가진 수행자를 구제할 수 없다면, 불법은 모자람이 있는 것임에 틀림없다. 어느 날 현사사비玄沙師備는 다음과 같이 설법하였다. "지금까지 많은 노사들은 모든 중생을 구제한다고 하였다. 그런데, 만약 그 중생 가운데 맹인·귀머거리·벙어리가 있다면 어떻게 구제할 수 있을까? … 만약 구제할 수 없다면 불법은 대체 누구를 위해 있는 것일까?" 훗날 이 설법에 대해 어느 승이 운문문언雲門文偃에게 묻기를 "이러한 장애를 가진 사람들을 어떻게 하면 교화할 수 있겠습니까?" 그러자 운문이 답하기를 "답을 듣고 싶으면 예배부터 하라." 그 승이 선 채로 예배하니, 운문은 가지고 있던 주장자로 그의 가슴을 툭툭 쳤다. 승이 움찔거리며 물러나자 운문은 "맹인이 아니구먼"이라고 하고, 이번에는 앞으로 나와 보라고 하였다. 승이 앞으로 나오니, 운문이 "그대는 귀머거리도 아닐세"라고 하였다. 그리고 바로 "알겠는가?" 하니, 그 승은 "알지 못하겠습니다"라고 대답하였다. 그러자 운문이 말하기를 "벙어리도 아니구먼" 하였다. 여기서 수행자는 운문의 말을 이해했다고 한다. 운문의 가르침은, 사람에게는 본래 세 가지 병이란 없다는 것이다. 다만 자신이 보려고 하는 마음, 들으려고 하는 마음, 말하려고 하는 마음이 없기 때문에 어느 사이에 그 같은 병자가 되어 버렸음을 암시한 것이다.

삼해탈문 三解脫門

삼삼매三三昧·삼공三空이라고도 한다. 모든 현상을 공이라고 체득하는 공空 해탈문, 공하므로 차별상이 없다고 체득하는 무상無相 해탈문, 차별의 상이 없으므로 구해야 할 원願이 없다고 체득하는 무원無願 해탈문을 말한다. '해탈을 얻어 깨달음에 이르는 세 가지 종류의 선정'을 말한다.

삼현삼요 三玄三要

임제종의 강요綱要이다. 현과 요는 '본질적인 내용'을 말한다. 임제의현의 "무릇 한 마디의 말에 삼현문이 갖추어져 있다. 일현문一玄門에 삼요가 구비되어 있다(夫一句語須具三玄門. 一玄門須具三要)"(『경덕전등록』)에서 유래한다. 그러나 이에 대해 대혜종고大慧宗杲는, 언구에 의해 종지를 분석하고 설명하면 자칫 말의 형식적 이해에 빠질 위험성이 있음을 지적하였다.

상견 相見

'서로 만나는 것'을 말한다. 선종에서는 스승과 제자가 만나는 것을 의미하고, 지금은 선사나 주지를 만나는 것도 상견이라고 한다.

상견가가소 相見呵呵笑

'만나 서로 보고 크게 웃었다.'(『운문광록』) 상견은 스승과 제자, 혹은 도인이나 공부하는 사람끼리 만나는 것을 말한다. 만나서는 바로 상대방의 역량을 재는 문답응수가 시작된다. 이것을 '인사'라고 하지만, 단련이 된 공부인(달인)이라면 한 눈에 상대를 간파한다. 이러할 때는 이미 말은 필요하지 않고 서로 인정하여 크게 웃어버리는 것이다.

상골복분 象骨覆盆

설봉의존雪峰義存이 동산양개洞山良价의 총림에서 반두(飯頭; 밥 짓는 소임)가 되었을 때의 이야기이다. 상골산은 설봉산의 별명이다. 『설봉어록』에 의하면, "설봉이 쌀을 일면서 동산에게 '모래를 일고 쌀을 버릴까요, 쌀을 일고 모래를 버릴까요'라고 묻자, 동산은 '쌀과 모래를 모두 버려라'라고 대답하였다. 그러자 설봉은 '그러면 사람들은 무엇을 먹나요?' 하고는 쌀 다라니를 뒤엎어 버렸다"고 한다. 동산은 설봉이 격한 사람임을 알고 덕산의 처소로 가게 했다고 전한다.

상담운진모산출 파촉설소춘수래 湘潭雲盡暮山出 巴蜀雪消春水來

'상담에 드리운 구름 걷히니 해질녘 산이 드러나고, 파촉의 눈이 녹아내리니 강에는 봄물이 넘쳐 흐른다.' 상담은 상강湘江의 연못이고, 파촉은 사천성四川省의 별명이다. 이 구는 당唐 허혼許渾의 '능효대凌歊臺'라는 시의 한 구절이다. 그러나 선에서는 번뇌의 구름이 걷히니 거기에 진리가 나타나고, 번뇌의 눈이 녹으니 깨달음의 세계가 열린다고 하는 의미로 본다.

상량 商量

본래는 '상인이 물건을 팔 때 상담 또는 협의하는 것'을 말하는데, 선종에서는 '스승과 제자가 문답하여 논의하는 것'을 뜻한다. 어떤 승이 황산월륜에게 "종승宗乘의 한 구절, 청컨대 스승께서는 상량〔한 말씀〕해 주시길"이라고 하자 월륜이 말하기를, "황봉黃峰이 홀로 벗어나 물物〔모든 존재〕 밖에 우뚝하고, 해가 오고 달이 가니 냉추추冷秋秋하구나"라고 하였다.(『조당집』「황산월륜장」) 황봉은 어떠한 봉우리보다 우뚝하고 오랜 세월이 지나도 언제나 여여(如如; 변함이 없이 그대로)하다는 뜻이고, 종승은 최상의 가르침을 뜻한다.

상지남 담지북 湘之南 潭之北

'상의 남, 담의 북.' 숙종 황제가 남양혜충南陽慧忠국사에게 물었다. "스님이 돌아가신 후 어떻게 공양하면 좋겠습니까?" 국사가 말하기를 "저를 위해 무봉탑無縫塔을 세워주십시오"라고 하였다. 황제가 "탑 모양을 말씀해 주십시오" 하니, 국사는 잠시 침묵한 뒤 말하기를 "알겠습니까?" "알지 못하겠습니다." "저에게는 법을 부촉한 제자인 탐원耽源이 있으니 그에게 물어 보십시오." 국사가 입적한 후 황제가 탐원을 불러 묻기를 "그 뜻은 무엇이었습니까?" 하니, 탐원이 답하기를 "상지남 담지북"이라고 하였다.(『벽암록』 18칙 「본칙」) 상주와 담주는 모두 호남성湖南省에 있는데, 상주가 남쪽이고 담주가 북쪽이다. 따라서 '상의 남'과 '담의 북'이라는 곳은 없다. 무봉탑이란 형체와 위치가 없는 것으로서, 혜충은 이것으로 '허공과 같은 자신의 본래 모습'을 말하였다.

상행일직심 常行一直心

'언제나 곧은 마음, 즉 바른 마음·순수한 마음·어떠한 분별도 없는 마음으로 행하는 것'을 의미한다. 『육조단경六祖壇經』에 나오는 말이다. 일상생활에서 나를 중심으로 한 분별이나 집착함이 없는 곧은 마음, 즉 직절심直截心으로 행하는 것이 선이다. 혜능慧能의 선을 의미한다.

생사즉열반 生死卽涅槃

생사는 미혹한 세계, 즉 윤회의 세계이고, 열반은 윤회를 초월한 깨달음의 세계이다. 이 말은 '생사와 열반은 대립된 두 개의 세계가 아니라, 미혹한 세계가 그대로 깨달음의 세계로 전환됨'을 뜻한다. 이러한 생각의 기반이 된 것이 무자성無自性·공空을 표방하는 대승불교의 공관空觀사상이다. 『유마경維摩經』「제자품」에 "번뇌를 끊지 않고 열반을 체득한다"라고 하였다. 이 말은 촉사이진(觸事而眞; 일마다 진실됨)을 강조한 승조僧肇의 사상과 함께 후대 선종에 커다란 영향을 주었다.

생철주취 生鐵鑄就

생철은 '아직 주조하기 전의 철', '어떠한 것도 섞이지 않은 순수한 철'을 말한다. 불순물이 들어 있지 않은 순철로 주조한 것은 견고하기 때문에 파괴될 수 없다는 뜻이다. 『벽암록』 19칙에, "만약 손가락에서 이해한다면 구지화상俱脂和尙을 저버리게 된다. 만약 손가락에서 이해하지 않는다면 생철주취와 같다"라고 하였다. 구지화상은 불법에 대해 질문을 받으면 언제나 손가락을 들어 보였다. 불법을 손가락에서 이해한다면 구지화상의 본래의 뜻을 알지 못하는 것이 되고, 손가락을 든 의미를 알게 된다면 이는 구지화상의 마음을 얻었다는 의미이다. 여기서 마음이 곧 생철이다.

석오구해어 石烏龜解語

석오구는 돌로 된 거북인데, '돌거북이 말을 한다'는 의미이다. 어떤 승이 용아거둔龍牙居遁선사에게 묻기를 "조사가 서쪽에서 온 뜻이 무엇입니까?" 거둔이 답하기를 "돌거북이가 말할 수 있게 되면 그대에게 일러주지." 승이 "돌거북이가 말을 했습니다"라고 하자, 거둔이 말하기를 "뭐라고 하던가?" 하였다.(『경덕전등록』「용아거둔장」) 석오구의 말〔무정설법〕을 듣는 것이라면 서래의西來意를 알 수 있는 것이며, "무엇이라고 말했는가. 답해보라"고 한 것은 학인이 안이한 답변을 못하게 하기 위해서이다. '서래의'는 불법의 대의를 말한다.

석우회태 石牛懷胎

'돌로 된 소가 새끼를 잉태하다.' 사려분별로는 알지 못하는 경지, 즉 정식情識을 떠난 묘용妙用에 비유하였다. "목마가 달리고 석우가 임신하다"(『의운록義雲錄』)와 같은 의미이다.

석취미모 惜取眉毛

'눈썹을 빠트리지 말라'는 말이다. '불법을 잘못 말하면 눈썹이 빠진다'고 하는 고사로부터 유래된 것으로, '입을 삼가라'는 의미이다. 석취는 '아까워하다'는 뜻이다.

선 禪

선은 원어 jhana(산스크리트어), dhyana(팔리어)의 음역인 선나 禪那·선사禪思를 줄인 말이다. 원어의 마지막 a가 탈락하여 쟌, 디얀이라고 발음되어 선으로 되었다고도 할 수 있지만, 실은 선의 한자 자체에 원어와 상응하는 의미가 있었다고 생각할 수 있다. 선의 원어는 동사어근의 '숙고하다, 심사沈思하다'에서 파생된 명사이고, 현대어로 명상·주의注意라고 번역할 수 있다. 좌선할 때 눈을 감는다든가 뜬다든가 하는 것은 특별히 문헌상에서 결정된 바는 없지만, 간다라 또는 마투라 등에서 출토한 불상을 보면, 눈을 반쯤 뜬 불상뿐이다. 불교에서는 눈을 뜨고 좌선하는 것이 일반적이다. 따라서 선의 역어는 명상(冥想; 눈을 감고 생각하는 것)보다 주의(注意; 마음·의식을 집중하는 것)가 적당할 것이다. 불교의 선은 요가에서 발전했지만 요가를 넘어섰다고 할 수 있다. 석존은 두 사람의 선인에게 요가를 배웠지만 그것을 버렸다. 그들의 요가는 최고의 경지를 얻었지만 그것은 마음을 제어制御하여 황홀상태에 있는 것이며, 그 상태에서 깨어나면 속세의 욕망과 번뇌가 다시 일어나는 것이므로, 그것은 일시적으로 마음을 제어한 상태이고 번뇌의 뿌리는 끊지 못한다고 생각하고 그것을 버렸다. 석존이 구한 요가는, 누구나 언제라도 어디에서도 그렇게 하여 평안을 얻는 것이었다. 그것이 선이었다. 석존의 선은 지(止, samatha)와 관(觀, vipasyana)에 의해 행하는 것이며, 선인들의 요가와는 분명히 선을 그었다. 지는 '고요·평정', 관은 '세간의 진실의 모습을 보는 것'의 의미이다. 선은 안으로는 마음을 평정히 하고 안정된 마음으로 세간의 진실을 관찰하는 것이므로, 지는 내면적인 행이며 관은 그것이 외계로 향해진 행이라고 할 수 있다. 선의 내용은 시대를 지남에 따라 점점 복잡해졌는데, 초기불교에서는 네 가지 선(四禪)을 기본으로 여기에 새로운 선이 더하여져 팔등지八等至, 구차제정九次第定 등이 실천되었다. 더구나 부파불교의 시대가 되면 사선四禪·사무색정四無色定·멸진정滅盡定·삼등지三等持·삼중삼매三重三昧·십수념十隨念·오정심관五停心觀이 있고, 선을 상세히 논한 논서도 많아진다. 대승불교에서는 공의 실천을 지관의 중심에 두고, 선은 공관空觀이라고 하는 생각이 생겨났다. 그리하여 대승불교 특유의 삼매가 설해졌는데 『반주삼매경般舟三昧經』에서의 반주삼매나 『화엄경』의 연화장삼매·해인삼매 등이 알려져 있다. 중국의 천태종에서는 이러한 선사상을 종합·통일하여 『마하지관』, 『소지관』 등의 독자적인 체계를 확립하였다.

선계 禪戒

'선종에서의 계율'을 의미한다. 『범망경약초梵網經略抄』에는 계에 대한 불법佛法으로서의 해석이 나타나 있고, 『선계초禪戒鈔』에서는 "위음나반威音那畔의 가장 큰 일이 바로 선禪이고 계戒라고 했다"라고 하였다. 이때부터 계법과 좌선이 동일한 불법이라는 것을 강조하게 되었다. 선계일여禪戒一如, 선계일치禪戒一致 등으로 표현되었다.

선관 禪觀

좌선관법坐禪觀法의 약자이다. '마음을 집주集注하여 얻은 지혜로 사물의 진실을 관하는 것'을 말한다. 선은 행·주·좌·와의 행이지만, 일반적으로는 좌선하여 사물과 의식을 관찰하는 것 전반을 가리킨다. 부파 및 대승 불교에서는 석존의 깨달음을 좌선관법의 결과로 이해하고, 다양한 선관을 체계화하여 발전시켰다. 이러한 것을 상세히 설명한 경전이 『좌선삼매경』이다.

선기 禪機

'좌선수행의 결과로 얻은 식견識見'을 뜻한다. 또는 선사가 수행자를 가르치기 위해 행하는 불자拂子·주먹·방·할과 같은, 행동이나 동작으로 하는 지도 방법, 혹은 그 태도를 말한다.

선림 禪林

선 수행 도량인 선종총림禪宗叢林의 약칭이다. 림林은 선승이 모여 수행하고 있는 것이 수풀처럼 정적靜寂하다고 해서 붙여진 말이다.

선정겸수 禪淨兼修

'좌선과 염불을 함께 수행하는 것'을 말한다. 선정쌍수禪淨雙修라고도 한다. 중국 초기선종에는 염불을 닦는 이들이 있었으며 교선일치敎禪一致의 경향도 존재하였다. 특히 송대 이후에는, 선종이 정토교의 주장을 받아들여, 정토교에서 말하는 '기신미타 유심정토(己身彌陀 唯心淨土; 이 몸이 미타요, 오직 이 마음이 정토)'와 선종의 '즉심시불(卽心是佛; 바로 이 마음이 그대로 부처)'을 융합하여 선정겸수의 수행을 강화하였다.

선정일치 禪淨一致

정토교[淨]와 선종[禪]의 융합사상을 말한다. 좌선과 염불이 합쳐진 수행을 선정겸수禪淨兼修・선정쌍수禪淨雙修라고 한다. 이를 또한 염불선念佛禪이라고도 한다. 선종은 일찍부터 염불과 관련을 맺어왔는데, 선종의 근본주장인 '즉심시불卽心是佛'이라는 말도 원래 정토계 경전인 『관무량수경觀無量壽經』에 있다. 선종의 이러한 경향은 기신미타己身彌陀・유심정토唯心淨土 사상을 낳았고, 특히 송대 이후에는 의례에 염불이 들어가고, '염불하는 자는 누구인가'라는 공안이 유행하기도 하였다.

선종 禪宗

'선사상을 으뜸[宗]으로 하고 좌선을 수행의 중심으로 하는 불교의 일파'이다. 종파로서의 선종은 북위北魏 말기 중국에 도래한 보리달마를 초조로 하여, 당대에서 송대에 걸쳐 흥성하였다. 달마 이후의 중국 선종은 신수神秀의 북종선과 혜능慧能의 남종선으로 나누어지고, 이후 오가칠종五家七宗을 이룬 뒤, 송대 이후에는 임제종 양기파만이 번성하였다. 한국에 선종이 최초로 전래된 것은 신라 말기 법랑法朗이 북종선을 유입한 것이지만, 이후 혜능계 남종선을 받아들여 구산선문九山禪門이 성립된다. 현대 한국불교의 대표 종단인 대한불교조계종의 종지는 선종이다. 선종은 불교가 중국적으로 전개된 것으로 좌선만을 수행의 수단이라고 보지 않으며, 일상생활 가운데 행주좌와行住坐臥 모두가 깨달음을 체현할 수 있는 가르침으로 본다. 선원의 수행 생활에서는 청규淸規를 중시하였고, 선문답으로 종지宗旨를 구현하였으며, 그것을 어록으로 찬술하였다. 선종에서는 등사燈史와 어록이 경전이다.

선풍 禪風

'선장禪匠이나 문파門派의 종지를 독자적이고 개성적인 방법으로 설하거나 수행하는 방식'의 뜻으로, 종풍宗風·문풍門風·가풍家風과 같은 의미로 사용된다. 오가칠종五家七宗의 분파가 생긴 것은 종의宗意나 종지宗旨가 다른 것이 아니라 가풍의 차이에서 기인한다. 구산선문九山禪門 역시 산문마다의 풍토가 다를 뿐이다.

설부착 說不着

'말로 밝히려고 하지만 적절히 말할 수 없음'을 뜻한다. 부착은 '맞지 않는 것', '충분하지 않는 것'을 의미한다. 진실한 모습을 설명하지 못할 때 쓰는 용어이다. 『굉지어록』 권4 「소참小參」에, "만약 부처의 방 속에 앉기만 한다면, 이때는 삼세제불三世諸佛도 바라볼 수 없으며, 역대 조사의 마음도 전해 받을 수 없으며, 천하의 노화상이 횡설수설한다고 해도 말을 하지 못한다(說不着). 오직 자신이 깊이 체험해야 비로소 얻으리라"고 하였다.

설심설성 說心說性

'마음을 말하고 성품을 말한다'는 말로, 심성을 설한다는 뜻이다. 『정법안장正法眼藏』 권75에서 대혜종고大慧宗杲는 "오늘날의 사람들은 설심설성·담현담묘談玄談妙를 좋아하기 때문에 깨침이 늦다. 심과 성을 모두 내던지고, 현묘도 잊고 심성도 일어나지 않을 때 비로소 깨닫는다"고 말한다. 절대적 고요함에 진정한 깨침이 있음을 의미한다.

섭심 攝心

'선정으로써 마음의 산란함을 멈추고 고요히 응주凝住하는 것'

을 말한다. 응심凝心이라고도 한다. 남종선에서는 섭심을 인위적이라고 하여 배척했는데, 특히 하택신회의 『보리달마남종정시비론菩提達磨南宗定是非論』에는 이에 대한 비판이 곳곳에 있다.

섭심내증 攝心內證

섭심은 '마음을 다스려 산란하지 않는 것'이고, 내증은 깨달음의 경계, 즉 마음이 고요하게 되어 깨달음을 체득하는 것을 말한다. 신회의 『보리달마남종정시비론』에 나타난 북종 비판의 네 가지 말 중 하나이다.

성력 省力

'품을 덜다', '쓸데없는 노력을 하지 않는다'는 의미이다. 반대어는 비력(費力; 쓸데없는 노력)이다. 주로 문자·언구 등의 해석으로 소모되는 노력에 대해서 말한다. 천축자의天竺子儀가 고산鼓山에게 묻기를 "성력처省力處는 어떠합니까?(쓸데없이 문자와 언구를 취하지 않는 경지는 어떤 것입니까?)" 그러자 고산이 답하기를 "너는 왜 비력을 하느냐?"라고 하였다.(『경덕전등록』「천축자의장」) 분별을 내어 쓸데없이 묻고 있는 것이 도리어 비력임을 나무란 것이다.

성색외위의 聲色外威儀

'성(聲; 청각의 대상)과 색(色; 시각의 대상)을 초월한 위엄이 있는 수행자의 자세'를 의미한다. 모든 차별과 분별, 주·객의 분별도 끊어진 것을 성聲과 색色의 밖이라고 한다. 향엄지한香嚴智閑은 기와조각이 대나무에 부딪치는 소리를 듣고 깨달은 뒤, 다음과 같은 게송을 읊었다. "단 한 번 부딪침의 소리로 모든 알음알이 끊어지니 다시 더 닦을 것 없구나. 덩실덩실 옛 부처의 길을 넘나드니, 초연悄然하여 어떠한 기機에도 떨어지지 않는다. 이르는 곳마다 자취가 없으니 성색 밖의 위의로다. 시방十方의 도를 아는 이라면 모두 상상上上의 기機라고 하겠지."(『경덕전등록』「향엄지한장」) 진리를 체득한 향엄은 현상세계에서 일어나는 모든 것에 대해 초연한 자세가 되었음을 말한 것이다.

성성착 惺惺着

'깨어 있어라.' 서암사언瑞巖師彦선사는 매일 자신에게 '주인공아!' 부르고는 스스로 '예'라고 답한 뒤, "깨어 있어야 한다"라고 말하였다.(『무문관』 제12칙) '성성착惺惺著'이라고도 한다. '착'은 명령을 나타내는 조사이며 '주인공'은 본성청정인 자기를 의미한다.

성제제일의 聖諦第一義

성제는 속제(俗諦; 세속 차원의 진리)와 반대 의미로, '현실의 세계를 넘어선 절대의 진리'를 말한다. 성제제일의는 '궁극·근본의 진리'를 말한다. 선종에서는 현실의 자기를 떠나 그 같은 것을 책정措定하는 것 자체가 잘못이라고 한다. 『벽암록』제1칙, 『종용록』제2칙에 양 무제와 달마대사의 문답이 나온다. 무제가 달마대사에게 물었다. "어떠한 것이 성제제일의입니까?" 그러자 달마는 "확연무성(廓然無聖; 텅 비어 성스러운 것도 없소)"이라고 대답하였다.

세법즉불법 世法則佛法

'세간의 법이 바로 불법이다.' 모든 세상살이가 불법 아닌 것이 없다는 뜻이다. 이 말은 『금강경』에도 나오지만, 『마하지관』 권1에는 "세법을 깊이 알면 모두 불법임을 안다"라고 있고, 『경덕전등록』 권43에서는 "일체 세간법世間法은 바로 불법"이라고 하였다. 이 말을 좀 더 확대 해석해 본다면, 번뇌 속에서 고요함을 얻고 생사 가운데서 반야를 취한다는 의미가 내포되어 있다. 불법이란 세간을 떠나 있는 것이 아니라 세간에서 일어나는 현상이 우리를 깨치게 하므로 모두 불법이라는 것이다.

세존불설설 가섭불문문 世尊不說說 迦葉不聞聞

'세존은 말씀하시지 않았지만 말씀하셨고, 가섭은 듣지 않았지만 들었다'는 뜻이다. 다시 말해서 세존은 설하지 않았는데 가섭은 들었다는 말이다. 어느 날, 석존은 아무 말 없이 꽃을 들었다. 가섭은 그것을 보고 진리를 설해 보이시는 것을 알았다. 가섭은 석존으로부터 일언반구도 들은 일이 없으면서도 그 의미를 알았던 것이다. 바로 '이심전심以心傳心 염화미소拈華微笑'다.(『오등회원』권20) 스승은 어떤 말도 하지 않았지만 실은 말하고 있었고, 제자는 어떤 것도 들리지 않았지만 실은 들었다는 것이다. 상식으로는 도저히 이해가 안 되지만, 여기서 '설하지 않고 설했다'는 것은 진실의 세계는 말로 다 표현할 수 없다는 의미이다.

세행 細行

'작은 행사나 사소한 행위'를 말한다. 착의(着衣; 법복을 입는 것)·끽반(喫飯; 식사하는 것)·작무(作務; 일하는 것) 등 모든 것이 수행의 과정이다.

소소영영 昭昭靈靈

'분명하고도 분명한 것'이라는 뜻으로 '명명백백'과 같은 의미이다.『임제록』에는 "그대, 부처가 되고 싶은가?"라고 묻고, "부처란 다른 데서 구해지는 것이 아니라, 그대 자신의 목전에 소소영영하고 견문문지見聞聞知하고 있는 것, 그것이다"라고 하였다.

소식 消息

본래는 '식息'은 양기陽氣가 생기는 것을, '소消'는 음기陰氣가 생기는 것을 말한다. 일반적으로 소식은 없어지고 생기는 것을 나타내며, '영고성쇠榮枯盛衰'를 뜻한다. 『유교경遺敎經』에서 번뇌가 일어남(息)을 가라앉혀 없어지게(消) 한다는 의미의 역어譯語로서 사용한 예가 있다. 그러나 선가에서는 주로 '참선에서 얻어진 깨우침이나 상황을 나타내는 말'로 사용된다. 즉 '선사가 한소식 하였다(깨쳤다)'고 하거나 안거 이후 '어떤 소식이 있었는가'라고 하여 서로의 공부를 점검할 때 사용하는 용어이다. 『조당집』「설봉의존장」에 나오는 "소식을 토로吐露하다"처럼 소견所見이나 의문疑問 등의 의미로도 사용된다.

송국만년환 松菊萬年歡

'소나무, 국화는 만 년의 기쁨.' 도연명陶淵明은 뜰에 세 길을 만들어 각각 소나무·국화·대나무를 심고 그 안에서 은둔했다고 한다. 송국을 '은둔의 암庵'이라는 뜻으로 사용하였다. 예나 지금이나 속진을 떠나 살고 싶어하는 것은 변치 않는 원이며, 거기에는 무상無上의 기쁨이 있음을 알기 때문이다.

송노운한 광연자적 松老雲閒 曠然自適

'오래된 소나무 한가로운 구름, 아득히 광활하여 유유자적하다'는 이 말은, 번뇌·망상이 없는 깨달음조차도 불식拂拭한 미묘한 경지를 의미한다.(『임제록』서) '광연曠然'은 넓어서 아득한 모양을 말하며, '자적自適'은 어떤 것에도 속박되지 않는 여유롭고 안락한 마음을 뜻한다. 임제의현이 '후인의 표방標榜'으로 소나무를 심었다는 고사에 근거하여, 노송과 임제의 유유자적한 경지를 보인 말이다.

송무고금색 松無古今色

'소나무에는 예나 지금이나 색이 없다.' 어떤 승이 대위조춘大爲祖瑃선사에게 묻기를 "무엇이 위산의 가풍입니까?" 그러자 조춘이 답하기를 "대나무에는 상하의 마디가 있지만, 소나무에는 고금의 색이 없다"고 하였다.(『오등회원』「대위조춘장」) 이것은 '대나무에는 상하의 구별이 있지만, 소나무는 언제나 푸르러서 세월이 지나도 색이 변하지 않는다'는 의미이다. 대나무는 차별을 강조하고, 소나무는 평등을 강조하고 있다. 그렇지만 한쪽만으로는 불충분하며 평등즉차별, 차별즉평등이 진실한 모습이다.

송풍일종시성무한의유 松風一種是聲無限意有

'소나무에 부는 바람, 소리에 무한한 뜻이 있다.'(『오가정종찬五

家正宗贊』) 소나무 소리에는 고저상하高低上下는 없지만 고요히 들으면 무한한 설법을 하고 있는 것을 알 수 있다. 『인천안목』에 "고송은 반야를 이야기하고 새들은 진여를 희롱한다"고 하는 것과 같다.

쇄쇄락락 洒洒落落

'모든 더러움이 벗겨진 초연한 모습'을 뜻한다. 마음에 미혹함이나 더러움이 없고 어떤 것에도 구애됨이 없는 담박한 모습이다. 『벽암록』 1칙에, "계교정진計較情塵이 없고 단칼에 절단하여 쇄쇄락락하다"라는 말이 있다.

쇄탈 洒脫

'전혀 속기가 없는 깨끗하고 투명한 모습'으로, 깨달음의 경지를 의미한다. 『오등회원속략五燈會元續略』 권3에 "복우산伏牛山 물외원신物外圓信선사는 금대金臺 고씨高氏의 아들로서, 무제無際선사에게 참구하여 나중에 쇄탈을 얻었다"는 구절이 있다.

수가무명월청풍 誰家無明月淸風

'어떤 집이라고 명월청풍이 없겠는가'라는 것은, 화려하고 커다란 저택이나 초라하기 짝이 없는 집이라 해도 밝은 달은 평등히 비추고 맑은 바람은 똑같이 분다는 뜻이다. 어느 곳에나 명월청풍이 없는 곳은 없다는 것은 바꾸어 말하면, 불성을 구유具有 하지 않은 사람은 아무도 없다는 의미이다.(『벽암록』)

수급불류월 水急不流月

'물이 빠르게 흘러 물소리가 굉음을 낼 정도라도 달은 그것과 관계없이 물위에 떠 있다'는 말이다. 급한 물살은 번뇌·망상을 비유하고, 움직이지 않는 달은 본래의 자기·불성을 뜻한다. 일상생활이 급류와 같이 빠르고 복잡하지만 근본자성根本自性은 흔들리지 않는 본래 부동不動임을 뜻하는 말이다.

수기화유 隨機化誘

수기는 근기에 따르는 것으로, 상대의 지능·성격·역량이나 상황에 따라 지도하는 것을 말한다. 다양한 수단을 사용하여 사람을 제도하는 것이다.

수류원입해 월락불리천 水流元入海 月落不離天

'물은 흘러 원래의 바다로 돌아가고, 달은 떨어져도 하늘을 떠나지 않는다.' 원元의 중봉명본中峰明本선사에게 어느 수행자가 "어느 곳에서 생사거래의 발자취를 볼 수 있습니까?"라고 묻자 명본이 답하기를 "물은 흘러 본래 바다로 들어가네"라고 하였다. 그러자 수행자가 또 다시 "죽으면 어느 곳으로 향해 가는지요?" 하고 묻자 명본이 "달은 떨어져도 하늘을 벗어나지 않는다네"라고 답하였다.(『오등회원』16) 계곡물·시냇물·강물 등은 각각 흐르는 곳이 달라도 궁극에는 바다로 흐르고, 달은 동에서 떠서 서쪽으로 지지만 언제나 하늘에 있는 것만은 사실이다. 사람의 세계에도 남녀노소·현우빈부賢愚貧富는 다르지만, 본심·불성을 갖추지 않는 사람이 없음을 비유하였다. 인간도 돌아가는 곳은 본원인 불성임을 잊어서는 안 된다는 의미이다.

수상청청취 水上靑靑翠

'물위에 푸르고 푸른 풀.'(『선종송고련주집禪宗頌古聯珠集』) 부초浮草는 물의 흐름에 맡겨 떠서 흔들리지만, 어디에 있어도 그 청청한 아름다움은 잃지 않는다는 뜻이다. 마음의 체體와 용用을 의미한다.

수성축색 隨聲逐色

'소리를 따르고 색을 좇음'의 뜻으로, '소리의 세계와 색의 세계에 휘둘린다'는 의미이다. 주체성이 없이 마음이 마구 대상을 좇는 것을 의미한다.

수심 守心

중국 선종 제5조 홍인弘忍선사가 강조한 수행법의 명칭이다. 그는 『수심요론修心要論』에서, 자심自心은 본래청정하고 불생불멸하는 것이라고 보고, 그 진심·정심淨心을 지킬 것을 주장한다. 또한 수심이 모든 수행 가운데 가장 간요肝要한 것이라고 한다. 도신道信의 수일불이守一不移와 같은 의미이다.

수연 隨緣

'연기緣起의 도리에 따르는 것'을 뜻한다. 외적 존재가 영향을 주는 것을 '연'이라고 하는데, 그것에 따라 동작·변화하는 것을 말한다. 선종에서는 중생은 무아無我이며, 자신의 고락苦樂·득실得失은 연에 의한 것이기 때문에, 연에 따라 움직이는 것을 '수연행隨緣行'이라고 한다. 이 말은 달마의 이입사행설二入四行說의 행입行入 중 하나이다. 또한 불·보살이 근기에 따라 적절한 방법으로 중생을 교화하는 것을 수연화물隨緣化物이라고 한다. 『대승기신론』에서는, 미혹함이나 깨달음이라고 하는 연緣에 따라 진여가 현상現像으로서 나타나는 것을 수연진여隨緣眞如라고 설하기도 한다.

수일불이 守一不移

중국 선종의 제4조 도신道信의 선법 중 하나이다. 도신은 마음이 부처라는 것을 체득하기 위한 방법으로 오문五門을 들고 있는데, 다섯 번째가 수일불이이다. 그 내용은 '마음이 산란하지 않기 위해 어떤 것에 정신을 집중하는 수행의 단계'와 '수행의 연장선상에서 불성을 밝게 보고 동정動靜을 넘어선 참된 선정에 드는 단계'의 두 가지를 포함하고 있다. 또, 제5조 홍인弘忍도 『수심요론修心要論』에서 수심守心을 강조하고, 『금강삼매경』에서 여래선에 드는 방법으로서 존삼수일存三守一을 설하는 것을 보면 동산법문東山法門, 즉 홍인의 교단에서는 이러한 수행법을 이미 실천하고 있었음에 틀림없다.

수자죽변류출냉 풍종화리과래향 水自竹邊流出冷 風從花裏過來香

'대나무 주변에서 흘러나오는 물이야말로 차갑고, 바람은 꽃 속에서 불어온 것이라야 향기롭다.'(『선림유취』8) 물은 대나무 숲속에서 나오는 물이 가장 깔끔하고 청결하며, 바람은 꽃이 피어 있는 사이로 불어온 바람이라야 아주 향기롭다는 말이다. 투철한 수행은 그 자체가 아름다움을 품고 있음을 의미한다.

수중월 水中月

'물에 비치는 달'로, 여기서 달은 현상을 뜻한다. 물에 비치는 달은 존재하지만 실체가 아닌 것처럼 모든 현상이 공이라는 것이며 이것이 바로 진리임을 뜻한다. 『마조어록』에 "법신(세상의 현상)은 끝없이 무궁하지만 체體는 증감이 없다. 능히 크고 작고 모나고 둥글어서, 물체에 따라 형태가 나타나는 것이 물속의 달과 같다"고 한다. 달은 진리를 비유한 것인데, 그것이 모든 장소에 나타나 있음을 말한 것이다. 그러나 법신이나 불성을 고정된 실재라고 착각하는 것에 문제가 있다. '수중월'은 '거울 속에 나타난 상〔鏡中像〕'과 같은 의미이다.

수처작주 입처개진 隨處作主 立處皆眞

'어떤 곳에 있어도 어떤 일을 해도 이해득실에 속박되어 농락됨이 없이, 주체성이 확립된 자유로운 주인공이 되면 처한 곳마다 모두 진실되다'는 의미이다.(『임제록』) 다시 말해서 어느 곳에서든 주인이 된다는 것은, 어떤 자리마다 참된 자유로움의 존엄한 인격체로서 존재하는 것을 의미하고, 그러할 때 존재하는 곳마다 모두 진실한 경계로서 상대한다는 것이다.

승당 承當

'영해領解, 회득會得'의 의미이다. 종지宗旨를 받아들여 이어가는 것을 뜻한다. 또한 일반적으로는 책임을 가지고 담당하는 것을 말한다.

시선 厮禪

시厮는 '상相'의 뜻을 가진 속어이다. '언어에 끌려 다니는 선'을 가리킨다. 대혜종고는 분별심으로 말을 암기하여 문답을 나누

고, 또 그것에 의해 선승을 평가하는 것을 비판하였다.(『대혜서
大慧書』)

시설 施設

'실재하지는 않지만 무엇인가를 설정하는 것'을 뜻한다. 사람들을 가르치기 위해 방편을 세운 것을 시설이라고 한다. 경전·염불·좌선·공안 등이 여기에 해당한다. 시설을 선에서는 기관機關이라고도 한다. 기관은 어떤 장치를 거는 것으로, 사장師匠이 수행자를 지도하기 위해 언어·문자 등 계획적이고 조직적인 수단 방법을 사용하는 것을 말한다. 이렇게 해서 수행자를 깨달음으로 인도하는 선을 기관선機關禪이라고 한다. 『조주록』에는, 어느 학인이 "노스님, 요즈음 기분은 어떻습니까?"라고 물으니, 조주선사는 "시설이 없는 상태야[無施設處]"라고 하였다. 자신의 기분은 결코 꾸며내거나 특별한 것이 없다는 의미이다.

시절인연 時節因緣

'시절이 도래하고 기연機緣이 익어진 것'으로, 말하자면 때가 된 것을 뜻한다. 『열반경』 권32 「사자후보살품獅子吼菩薩品」에 "때가 되어 과보를 받는다. 중생의 불성도 역시 이와 같다. …모든 보살은 시절인연이 되어야 (불성을) 깨닫는다"라고 한다. 이를 이어받아 『벽암록』 14칙에서는 "불성의 뜻을 알고자 하면 바로

시절인연이 되어야 한다"라고 하였다.

신광조천지 神光照天地

'신령스런 빛이 천지를 비추다.'(『설두송고』) 이 구는 두 가지로 해석된다. 신광을 '빛나는 본래의 자기'라고 보면, 그 빛에 의해 대지 전체까지 빛나고 있다는 의미가 된다. 신광을 선종의 제2조 혜가慧可의 본명으로 보면, 혜가가 보리달마의 법을 이은 덕택으로 선禪이 번성하고 그 덕이 천지를 비추었다고 하는 의미가 된다.

신부기려아가견 新婦騎驢阿家牽

'신부는 당나귀에 타고 시어머니는 끈다'라는 뜻으로, 잘못되고 뒤바뀌었음을 나타내는 말이다. 어떤 승이 수산首山에게 묻기를 "어떤 것이 부처입니까?" 그러자 수산이 답하기를 "신부가 당나귀를 타고 시어머니가 끈다"라고 하였다.(『종용록』 65칙) 자기 밖에서 부처를 구하는 것은 본말이 전도된 것임을 나타낸 말이다.

신심불이 信心不二

'믿는 주체〔자신, 인간〕와 믿게 하는 객체〔심, 심성〕는 본래 하나'임을 말한다. 대상을 향한 믿음도 자신에게서 일어났고〔用〕 본래 자신에게는 믿는 마음(體)이 있었다는 의미로 『신심명信心銘』에서 '신심불이信心不二 불이신심不二信心'이라고 한다.

신심일여 身心一如

'몸과 마음은 하나'라는 말이다. 불교에서는 물질과 정신, 육체와 영혼을 하나라고 본다. 특히 선에서는 '신심일여'를 크게 강조한다. 『좌선의坐禪儀』에는, 좌선을 하면 "자연히 사대(몸)가 편안해지고 정신이 상쾌해지며 정념正念이 분명하고 더할 수 없이 고요하여〔寂然〕 맑은 기쁨〔淸樂〕을 얻는다"라고 하였다. 좌선으로써 신심일여가 되고, 신심일여는 평화로움과 지혜로움, 텅 빈 고요함에서 오는 즐거움이 일어남을 말한다.

신심탈락 탈락신심 身心脫落 脫落身心

'몸과 마음이 탈락, 탈락된 몸과 마음.' 이 구는 일본의 도원道元선사가 송나라로 가서 여정如淨선사와의 문답에서 크게 깨달은 선어이다.(『정법안장正法眼藏』) '탈락'의 탈脫은 속박에서 벗어난 절대자유의 경지에 이른 것을 말하고, 락落은 쇄락灑落의 뜻으로 어떤 것에도 구애됨이 없이 청정한 경지를 말한다. 즉 어떤 것에도 집착됨이 없이 몸도 마음도 청청한 자유무애한 대오大悟의 경지를 나타낸 말이다.

신통 神通

범어는 abhijñā로, 선정수행의 결과 얻어진 초자연적인 힘을 의미한다. 일반적으로 신족통神足通·천안통天眼通·천이통天耳通·타심통他心通·숙명통宿命通·누진통漏盡通의 육신통六神通을 말한다. 오통은 범부도 수행을 하면 얻을 수 있지만 누진통은 부처만이 얻을 수 있다고 한다. 제불諸佛의 대신통大神通은 일상생활 속의 간단한 일로서가 아닌 부처의 행(佛行; 상념想念이 없는 자비행)을 의미한다. 방거사는 '신통병묘용神通並妙用 운수급반시運水及搬柴'라고 하였다. 즉 '물 긷고 나무 나르는 일이야말로 진정한 신통'이라는 것이다.

신현원월상 身現圓月相

'몸에 둥근달의 모습을 드러내다'라는 뜻이다. 용수龍樹가 남인도에서 교화를 펼 때, 불성을 설하면서 좌선하니 만월滿月 같은 원상이 나타나고 겉모양인 용수의 모습이 보이지 않았다. 그때 대중 가운데 가나제바迦那提婆만이 그것이 불성을 보이는 것임을 알아차렸다. 후에 용수는 월륜삼매(月輪三昧; 만월과 같이 이지러진 곳이 없는 삼매)에 들어 열반했다고 한다.(『경덕전등록』「용수장」)

실상무상 實相無相

'진실한 상은 무상無相이다.' 모든 현상은 가지가지의 색상과 형태를 가지고 있지만 그것은 고정된 상이 아니다. 즉 우주만상의 진실한 상은 상대적 차별상을 떠난 무상이다.

실제 實際

'절대의 진실'을 뜻한다. 원어는 bhuta-koṭi이다. 진여眞如・법성法性・공空과 동의어이며, 제법실상諸法實相의 다른 이름이다. 『금강삼매경』「일실제품―實際品」에, "부처님께서 말씀하시기를, 실제라는 법이 별도로 있는 것이 아니다. 무제(無際; 망념이 없음)의 마음이면 바로 실제에 든다"라고 하였다. 또한 진리에 도달한 구극의 경지, 진실의 세계를 말한다. 선종에서는 이를 실제이지實際理地라고 하고, 차별을 뛰어넘은 평등의 세계로 간주한다. 『경덕전등록』「위산영우潙山靈祐장」에, "실제이지는 한 티끌(의 번뇌)도 용납되지 않으며, 만행문중萬行門中에 한 법도 버릴 것이 없다(진실의 세계는 청정하고 허공 같아 무한한 만물을 포섭한다)"고 하였다.

심기 心機

'마음의 작용'을 뜻하는데, '심기일전心機一轉'이라고 하여 흐트러진 마음을 다잡는 것을 의미한다. 『벽암록』1칙에 "이 미묘한 것('확연무성'이라는 구절)은, 심기心機·의식意識·정상情想으로 포착될 수 없다"라고 하였는데, '참된 진실은 마음으로 애써서 취해지는 것이 아니다'는 것이다. 또『전광록傳光錄』「대감장」에 "절구를 세 번 내려치니 벼 껍질이 벗겨져 심기가 홀연히 드러나다"라고 하였다.

심로 心路

'마음 가는 길'이라는 말로, 벌떼처럼 일어나는 사량분별에 마음을 빼앗겨 마음이 이리저리 따라다니는 혼돈상태를 뜻한다. "묘오妙悟는 심로가 끊어져야만 얻어진다"라고 한다.(『무문관』 1칙)

심마 甚麼

'무슨'이라는 뜻의 구어口語다. '심마변사甚麼邊事'는 '무슨 일', '어느 쪽의 일'이라는 의미이다.

심불가득 心不可得

'마음을 가히 얻을 수 없다.'『금강경』에 있는 "과거심불가득過去心不可得, 현재심불가득現在心不可得, 미래심불가득未來心不可得" 중의 일구이다. 마음은 공空임을 '심불가득'이라고 표현하였다. 석존이 '오온이 공하다'고 설한 것은 심불가득을 말한다.

또 부처와 조사의 경전과 어록은 무상無常과 무아無我, 공空에 대한 설명과 이에 대한 깨침으로서, 이를 이해시키고 이를 체험하기 위한 수행의 다양한 방법을 보여주고 있다.

심사방도 尋師訪道

'출가한 선 수행승이 각지의 스승을 찾아다니며 불도의 요지를 묻는다'는 의미이다. 변참遍參·행각行脚이라고도 한다. 『경덕전등록』 권4에 "나는 애愛를 버리고 출가하여 심사방도하였다"라고 하였고, 『증도가證道歌』에 "강과 바다를 건너 산천을 다니며 스승을 찾아 도를 물음을 참선으로 삼다"라고 하였다.

심산송풍유 심지금일사 深山松風幽 深知今日事

'깊은 산 소나무에 부는 바람은 그윽하고, 깊이 오늘의 일을 안다.' 깊은 산은 사람들이 사는 동네에서 멀리 떨어진 산중이라는 의미만이 아니라 '스스로의 깊은 마음속'이라는 뜻도 된다. 산중에 앉아 몸과 마음이 지극히 고요하여 오직 노송의 바람소리만이 들리고, 이로 인하여 자신의 본분사(본래면목)를 홀연히 깨닫게 됨을 뜻한다. '심지금일사'는 마조도일이 백장회해를 인가했을 때의 말로 『벽암록』 야압자野鴨子의 칙에 있다.

심상다반 尋常茶飯

일상다반사日常茶飯事, '흔한 일'을 뜻한다. '심상'은 '평소'를 의미한다. 가상다반家常茶飯이라고도 한다. 『벽암록』 1칙에, "산과 산 사이에 연기를 보고 바로 불임을 알고, 벽 사이로 뿔을 보고 바로 소임을 안다. 하나를 보고 셋을 아는 것, 목기수량(目機銖兩; 눈대중으로 아주 근소한 무게의 차이를 알아내는 것), 이것이 납승 집안의 심상다반"이라고 하였다. 면밀히 수행·정진하는 것은 '불조의 집안에서 매일 차를 마시듯이 일상적인 일'임을 나타낸 것이다.

심상상멸 心常相滅

'신체〔相〕는 생멸하지만 몸속의 심성〔心〕은 불생불멸'이라고 하는 설이다. 그러나 남양혜충南陽慧忠선사는 '신체는 생멸 변화하지만 생멸하지 않는 심성이 신체에 있음을 알면 생사를 벗어날 수 있다'고 하는 남방선의 설을 선니외도(先尼外道; 불교가 아닌 다른 가르침을 숭배하는 자들)의 견해라고 비판한다.(『경덕전등록』 권28) 심성은 공空하여 신체라는 상이 있으면 있는 것이고 없으면 없는 것이다. '색色·수受·상想·행行·식識이 모두 공空'이라는 말은 이를 가리킨다.

심성대총상 心性大總相

『대승기신론』에 있는 말로, 마음의 본성은 우주(법계)의 모든 것을 총괄한 평등상주平等常住의 일심이라는 의미이다. 심성은 자성청정심自性淸淨心·여래장심如來藏心이며, 불성佛性을 가리킨다. 대총상이란 구극의 보편성·진여·진리를 말한다. '대'는 '널리 골고루 미치다'라는 의미이며, '총'은 모든 것을 총괄한다는 뜻이다.

심성본정 心性本淨

'마음의 본성은 청정하다'는 말로, 자성청정심이라고도 한다. '마음은 청정한데 객진, 즉 우연히 더러움의 번뇌로 물들여진다'고 하는 생각은 이미 원시불전인 『증일아함경增一阿含經』에 나타나지만, 본성이라는 말은 아직 사용되지 않았다. 부파불교部派佛敎에서는 대중부大衆部가 심성본정을 인정하고, 『수상론隨相論』의 승지등부僧祇等部설에는, "중생의 심성은 본정本淨한데 객진客塵으로 더럽혀진다"라고 설한다. 그러나 이 경우도 본성이라는 말이 사용되었는지 분명하지 않다. 본성이라는 말이 사용되고 심성본정설이 명확히 설해진 것은 대승불교의 『반야경』에서부터이다. 예로 구마라집鳩摩羅什이 한역한 『소품반야경』에는 '심상본정고心相本淨故'라는 표현이 있고, 이 경에 대응하는 범본梵本의 『팔천송반야경』에는 '마음의 본성은 청정하다'로 되어 있기 때문이다. 그러나 이 경의 가장 오래된 한역인 『도행반야경道行般若經』(179년)에는 이 부분이 빠져 있기 때문에, 이 부분은 『팔천송반야경』이 시대에 따라 증광增廣되어 가는 과정에서 붙여지게 된 것이라고 한다. 즉 『팔천송반야경』은 일체법은 공이며 자성을 갖지 않는 것을 설한 경전으로, 공空·무자성無自性을 설한 『반야경』에 마음의 본성을 인정하는 심성본정설은 본래 없었다. 그러나 대승불교에 강한 영향을 준 힌두교의 유有 사상은 『반야경』의 사상적 입장을 공空에서 유有로 변질시키고, 심성본정설을 설한 문장도 경전에 부가시키게 되었다. 마음의 본성(심성)은 여래장이나 불성이라고 보았기 때문에 심성본정설은 여래장사상을 형성하는 커다란 요인이 되고, 중국에서는 선종의 주요한 사상적 기반이 된다. 이는 심성의 공에서 유로 형성되어 가는 교학적 과정이다.

심수만경전 전처실능유 心隨萬境轉 轉處實能幽

'마음은 만 가지 경계에 따라 변해 가는 것 같지만, 처하는 곳마다 실로 그윽하다'는 말이다.(『경덕전등록』 권3) 마음은 현상에 따라 변하는 것 같지만 사물에 집착하는 것 없이 무심하다는 것이다. 다시 말해서 인생의 흐름에 처하면서도 무심無心·무아無我의 심경에서 자유무애하고 유현미묘幽玄微妙함을 '그윽하다'고 하였다. 선종의 22대 조사인 마나라摩拏羅존자의 전법게의

한 구절이다.

심외무별법 心外無別法

'마음 밖에 다른 법이 없다'라는 이 말은 일체의 존재나 현상은 마음에서 일어난다는 것이며, 마음 밖에 다른 실상의 존재는 없다는 의미이다. 이는 "삼계三界는 오직 일심一心에서 일어나며, 마음 밖에 다른 법은 없다. 마음과 부처와 중생, 이 셋은 차별이 없다"라는 『화엄경』의 게 가운데 하나이다. 역시 『화엄경』「십지품十地品」의 "삼계는 허망한데, 다만 이 마음이 만든 것이다"와 같은 의미이다. 세계의 존재는 우리들 일상적인 마음의 작용에 의존한다고 하는 의미이다. 초기불교로부터 설해진 유심사상에 근거한다.

심전 心田

마음을 '만물을 생육시키는 밭'에 비유한 표현이다. 『임제록』에 '오온심전五蘊心田'이라는 어구가 있는데, 이 심전은 오온의 밑바탕에 위치한 이른바 현상現象을 낳는 아뢰야식과 같은 것이다. 『원오심요圓悟心要』에 의하면 "어언語言으로서 혜慧를 말하고 지해知解함은 바로 이 심전을 더럽히는 것이다"라고 하여, 감각기관에 의한 상식적인 이해를 부정한다.

심전물물전심 心轉物物轉心

'깨달음을 얻으면 마음이 바깥경계의 사물을 자재로 활용할 수 있지만, 미혹하면 도리어 마음이 사물에 따라가 버린다'는 의미이다. 『벽암록』 46칙의 "자신에게 미혹하면 사물을 쫓는다(迷己逐物)"라는 구절과 같은 의미이다.

심지 心地

심지는 '마음의 바탕', 즉 자성을 뜻한다. 마조도일의 어록에는 심지心地·심지법문心地法門·심지법안心地法眼이라는 표현이 보이며, 황벽희운黃檗希運의 『전심법요』나 규봉종밀圭峰宗密의 『원각경대소초』에도 '심지법문'이라는 말이 사용되고 있다. 또한 『임제록』에 의하면, 임제의현은 자신의 설법을 심지법心地法이라고 하였다. 또한 『육조단경』 돈황본에는 "심지무애자성계(心地無碍自性戒; 심지가 걸림이 없는 것이 자성의 계), 심지무란자성정(心地無亂自性定; 심지가 산란하지 않는 것이 자성의 정), 심지무치자성혜(心地無痴自性慧; 심지가 어리석지 않는 것이 자성의 혜)"라고 하였다.

십선 十禪

선정을 크게 소승불교와 대승불교의 선으로 나누거나, 혹은 교리나 마음수행의 깊고 얕음에 따라 나누어 열 가지로 구분한다.

외도선外道禪·성문선聲聞禪·보살선菩薩禪 등의 세 가지 선을 비롯하여, 대승불교에서는 오백 가지의 선이 있다. 십선 중 대표적인 것으로서 80권 『화엄경』의 보살십선菩薩十禪이 있다.

아자득몽 啞子得夢

'벙어리는 꿈을 꾸어도 사람들에게 말을 할 수 없는 것처럼, 깨달음의 체험은 자신만 알 뿐 남에게 말할 수 없다'는 의미이다. 『무문관』 1칙에 "자연히 안팎[內外; 화두와 화두에 대한 의심을 갖는 자신. 주체와 객체]이 하나가 되면 벙어리가 꿈을 꾼 것처럼 다만 자신만이 알 수 있을 뿐[自然內外打成一片 如啞子得夢 只許自知]"이라고 하였다.

악수각 惡手脚

'수각'은 선장禪匠이 수행자를 지도하는 데 구사하는 수단·방편을 뜻하며, '악'은 대단히 엄하고 격함을 말한다. 『종용록』 13칙에 "모름지기 목침을 부러뜨리는 악수각을 내려서라도"라는 표현이 있다.

안거 安居

석존 생존시 수행자들이 장마철에 혹은 일정한 기간 동안 유행遊行을 정지하고 한 곳에 모여 집단으로 수행하였는데, 이를 안거라고 한다. 동아시아의 불교교단에서는 여름안거를 음력 4월 15일에서 7월 15일까지, 겨울안거를 음력 10월 15일에서 1월 15일까지로 정하여, 연중 두 차례 집중 수행한다. 『율장律藏』에 의하면, 원래 안거는 수행자가 우기雨期에 수행도구를 잃어버리거나 동식물을 잘못 밟아 죽이는 일을 피하기 위해 제정되었다고 한다. 불교가 서역으로 전파되는 과정에서, 한겨울에도 실시하게 된 것 같다. 이것이 중국·한국·일본 등에 전파되었고, 현재 한국과 일본에서는 철저하게 하기夏期와 동기冬期에 안거가 실시되고 있다.

안면고와대청산 安眠高臥對靑山

'복잡한 세속을 떠나 은거하여 편안히 누워 청산을 마주한다'는 말이다. 어떤 집착도 없이 번뇌·망상이 일어나지 않고 자유무애한 심경, 본래 진실의 자기로 돌아간 마음의 편안함을 나타낸다.(『오등회원五燈會元』권18)

안분이양복 安分以養福

안분은 안심安心이다. 양복은 복덕, 즉 선행을 쌓는 행이다. 참되고 편안한 마음은 일상생활의 행위 가운데서 실현된다는 것이다. 「칠불통계게七佛通戒偈」의 '제악막작諸惡莫作 중선봉행衆善奉行 자정기의自淨其意 시제불교是諸佛教〔어떠한 악행도 하지 말고 모든 선행을 행하면 스스로 그 마음이 맑아진다. 이것이 모든 부처님의 가르침이다〕'와 같다.

안상 安詳

'거동이 편안하고 고요한 모습'을 말하며, 안상安祥이라고도 한다.

안상삼매 安詳三昧

'詳'은 '祥'으로도 쓰는데, '마음이 안온한 상태가 되어 집중하는 것'을 말한다. 안선安禪이라고도 한다. 또한 좌선에 의해 얻어진 덕을 의미하는 '안락법문安樂法問'을 가리키기도 한다.

안심 安心

'불교의 진리를 믿고 체득한 경지'를 뜻한다. 좌선 등의 수행을 통하여 허망한 마음을 넘어선 본래의 성품을 환히 보고, 실존적인 불안이나 세간적인 견해에 미혹됨이 없는 것을 '안심'이라고 한다. 최고最古의 선문헌인 『이입사행론二入四行論』에 의하면, 벽관壁觀이 안심에 이르는 방법이고, 그것을 내포한 달마의 모든 교설을 '대승안심大乘安心의 법'이라고 한다. 4조 도신道信에게는 『입도안심요방편법문入道安心要方便法門』이라는 저작이 있다. 혜가慧可가 달마를 찾아 '불안한 마음을 구해 달라'고 하였을 때, 달마는 '불안한 마음을 내 보여 보라'라고 한다. 혜가는 당황하였다. 실재하지 않는 불안한 마음에만 고집하고 있었던 것이다. 이때 달마는 '본래 편안한 마음(안심)이지 않았던가'라고 깨우쳐준다.(『경덕전등록』「혜가장」)

안심입명 安心立命

'생과 사를 비롯한 어떠한 일에도 동요됨이 없는 심경'을 뜻하는 것으로, 특히 선종에서는 깨달음의 경지를 표현한 말이다. '입명'은 『맹자』「진심편盡心篇」에 근거한 말로서, 천명天命을 존중하여 그것에 스스로 따르는 것을 말한다. 선종에서 유교의 용어를 폭 넓게 쓰게 된 것은, 송대 이후 사대부계층이 선종의 지지층이 된 이후이다.

안정 眼睛

안정은 눈동자로, '진리의 요체 또는 진수'를 의미한다. 『경덕전등록』「운암담성장」에, 동산양개洞山良价가 운암담성雲巖曇晟에게 "스님께 안정을 구합니다〔就師乞眼睛〕"라고 하였다. 또한 도원道元은 "가을 바람 맑고 가을의 달이 환하게 비추는 산하대지가 불조의 안정이다"라고 설한다.(『정법안장』 권58)

안처무청금 安處撫淸琴

'안정된 장소에서 고요히 거문고를 연주하다.'(육사형陸士衡,「의고시擬古詩」) 먼 여행길에서 고향을 생각하는 마음이 절절하지만 도리어 편안하게 거문고를 타는 모습이다. 생각생각으로 일어나는 마음을 거두고 무심히 음의 소리에 내 맡겨진 유유자적한 선의 경지를 나타내는 말이다.

안처문성 眼處聞聲

'눈으로 소리를 듣다.' 동산양개洞山良价가 스승 운암담성雲巖曇晟의 무정설법無情說法이 의미하는 바를 알고, 이를 찬탄하여 노래한 게偈, "정말 희한하구나, 희한하구나. 무정설법은 부사의하다. 귀로 들으려고 하면 끝내 듣기 어려울 것이니, 눈으로 소리를 들으려고 해야 비로소 알게 될 것이다"(『경덕전등록』「동산장」)의 일부분이다. 무정설법은 언어에 의해 분석적으로 알아지는 것이 아니고, 세계의 실상을 명료히 보는 것에 의해 비로소 알게 된다는 뜻이다.

안하 安下

'갖추다', '준비하다'의 뜻이지만, 선문에서는 '휴식', 즉 쉰다는 뜻이다. "주지가 절을 나가서 객이 되어 안하할 때는, 반드시 시자나 행자 한 사람을 데리고 나가야 한다."(『선원청규禪苑淸規』)

암 暗

'어두운 것.' "어둠은 본래 어둠이라고 있는 것이 아니라, 이름 지어 어둠이라고 한다(暗不自暗 以名故暗)."(『육조단경』)

암중불사인 庵中不死人

암은 '인간의 육신', 불사인은 '불성佛性', '진성眞性'을 말한다. "자신의 진성(본래모습)을 알고자 한다면, 어찌 이 몸뚱어리를 떠나서랴."(「초암가草庵歌」)

암중한타좌 庵中閑打坐

'암중한타좌庵中閑打坐 백운기봉정白雲起峰頂'의 일구이다.(『고존숙어요古尊宿語要』) '암자에서 고요히 좌선을 하고 있으니 저쪽 봉우리 정상에 흰 구름이 피어오른다'는 뜻이다. 여기서 한閑은 '고요히'라는 뜻 외에, '편안히 쉰다'는 의미를 가진다.

암증 暗證

일반적으로 불교 교학자가 선수행을 하는 이를 비난할 때 쓰는 말로, 그들의 깨달음이나 사상이 경론에 근거하지 않음을 뜻한다. 선자禪者의 "불립문자(不立文字; 문자를 떠나), 직지인심(直指人心; 곧바로 마음을 알아야 한다)"의 주장을, 경론을 무시하는 폐단이라고 비판한 것이다. 한편 선가 내에서 올바른 스승의 인가를 받지 않고 함부로 스스로 깨달았다고 하는 것을 뜻하기도 한다. "교학자는 선자를 가리켜 암증이라고 한다."(『선원제전집도서』)

암흑두 唵黑豆

'암'은 손으로 집어 먹는 것, '흑두'는 경전의 문자를 비유하여, '경을 보는 것'을 의미한다. 『경덕전등록』「임제장」에 의하면, 임제의현臨濟義玄이 여름 안거 중에 황벽산에 갔을 때 황벽희운黃蘗希運이 간경하고 있음을 보고, "어떠한 것에도 의존하지 않는 인간이라고 생각했는데, 뭐! 열심히 까만 콩을 집어먹는 화상이지 않은가!"라고 비판하였다.

애착 挨着

'선승의 예리한 질문', 또는 그러한 언동으로 수행자를 계발시키는 것을 말한다. 착은 동사에 붙어서 의미를 강하게 한다.

앵봉춘가성난 鶯逢春歌聲暖

'꾀꼬리는 봄이 되면 노래 소리가 명랑하다.' 이 구는 『괴안국어 槐安國語』에 '꾀꼬리는 따뜻한 봄을 만나면 노래 소리가 부드럽고, 사람은 편안한 때를 만나면 미소를 짓는다'라고 한 말을 바꾼 것이다. 좋은 시절이 되면 새도 노래 소리가 편안한데, 하물며 사람이 마음이 밝으면 웃음이 절로 입가에 번짐은 자연스런 일이다. 이런 따뜻한 시절에 들리는 노래 소리를 듣고 인간의 지극히 평화로운 마음을 시로 적절히 나타낸 것이다.

야래풍설악 목절고암전 夜來風雪惡 木折古岩前

'어젯밤 격한 눈보라로 나무가 바위 앞으로 넘어졌다.'(『선림유취』) 어젯밤 스승의 혹독한 단련을 받아 망상이 완전히 제거되었음을 의미한다.

야로념화만국춘 野老拈花萬國春

'시골 노인 꽃을 드니 만국이 봄이네.'(『임제록』) 이 구 앞에 "한송일색천년별(寒松一色千年別; 차디찬 가운데 소나무 천 년도 변하지 않네)"가 있다. 엄연한 풍경과 한가로운 정경, 혹은 불변不變의 것과 전변轉變하는 것의 대비가 나타난다.

야야몰저선 爺爺沒底船

야야는 '부친'의 뜻이고, 몰저선은 '밑 빠진 배'를 말한다. 불법佛法은 사람의 지식과 이해를 넘어선 것임을 비유하였다. 아버지로부터 물려받은 바닥이 없는 배, 즉 불조佛祖로부터 이어진 불법〔정법안장〕을 뜻한다. 「대지선사게송大智禪師偈頌」에서, 대지大智는 천의의회天衣義懷의 영탑靈塔을 방문하고 "아버지의 밑 빠진 배, 버팀목을 부숴버렸다"고 노래한다. 이 구는 의회가 설두중현雪竇重顯으로부터 불법을 계승하고 융성시킨 후 입적했다는 것을 의미한다.

야정수한어불식 만선공제월명귀 夜靜水寒魚不食 滿船空載月明歸

'밤은 고요하고 물은 차니 물고기는 먹지 않고, 텅 빈 배 가득히 달빛을 싣고 돌아가다.'(『시인옥설詩人玉屑』) 달이 밝고 차디찬 밤, 고기를 낚지 못하고 조용히 달빛을 받으며 돌아가는 어부를 노래하였다. 돌아가는 배에 쌓여 있는 것은 달빛뿐이지만, 마음 역시 텅 비어 교결히 빛나는 달빛과 하나가 된 모습이다. 새벽예불 전 법당에서 종을 칠 때 염불하는 내용 가운데 들어 있는 선구이다.

야호선 野狐禪

'흉내만 내는 선'을 말한다. 야호는 들여우다. 진실한 참선수행은 하지 않고, 또는 깨달음에 도달하지 못했음에도 불구하고, 쓸데없이 방棒과 할喝을 쓰거나 득의에 찬 모습만을 하고 있는 선자禪者를 '야호선을 하는 자'라고 말한다.

약병상치 藥病相治

약은 병을 치료하기 위한 것이고, 건강이 회복되면 약은 필요 없다. 이와 마찬가지로 미혹이라는 병을 치료하여 나은 후에는 약, 즉 깨달음조차 잊어버려야 한다. 이는 미혹함과 깨침을 초월하였음을 말한다. 『임제록』「시중」에, "도 닦는 그대들이여, 부처가 되려고 하지 말라. 삼승三乘·오성五性·원교圓教의 교적教迹, 모두 약병상치일 뿐이며, 또 다른 실법實法도 없다"라고 하였다.

약홍은선 藥汞銀禪

'약홍은'은 수은水銀을 말한다. 은과 비슷하게 생겼지만 진짜 은은 아니다. 참된 선이 아니라 그와 비슷한 선을 상사선相似禪이라고 하는 것과 같다. 초석범기楚石梵琦선사가 말하기를 "나는 또 여러분들에게 묻는다. 무상(無常; 죽음)이 도래했을 때, 태워서 한 덩어리의 재가 될 뿐이다. 이렇게 화내고 기뻐하며, 능히 보고 듣는 것은 어디로 가는가? 이와 같이 참구하는 것은 약홍은선이다. 이 은은 진짜가 아니다. 한 번 불을 가하면 바로 흘러

내린다"고 하였다.(『선관책진』「초석범기선사 시중示衆」) 지엽적인 것에 끄달려 이것이 무엇일까라고 의심하는 선은 참된 선이 아니다. 즉 생과 사를 동일시하여 죽음이 닥쳐도 죽음 역시 삶의 일종이라고 생각, 여여히 무심할 수 있는 선이 참된 선임을 의미한다.

양경상조 兩鏡相照

'두 거울이 서로 비추다.' 한 점의 티끌도 없는 두 장의 거울이 서로 마주한 상황을 나타낸 것인데, 깨달은 자들끼리 서로 호응呼應하는 것을 비유하였다. 『벽암록』 24칙에 위산영우潙山靈祐와 비구니 유철마劉鐵磨의 관계를, "두 거울이 서로 비추어 영상影像을 볼 수 없는 것과 같다"라고 하였는데, 두 장의 거울이 서로 비추는 것처럼 문답이 서로 의기투합함을 설하였다. 이처럼 선종에서는 깨달음을 거울에 비유한다. 마음에 미망의 그림자가 없으면 모든 존재를 있는 그대로 비추는 거울 같고, 욕망·집착이 없는 진실된 마음이 바로 거울이라는 의미이다.

양도 兩刃

'대치하는 두 개의 검'을 말하며, 대립하는 사람이나 물건을 비유한다. 『벽암록』 4칙에는, 덕산선감德山宣鑑과 위산영우潙山靈祐가 서로 문답하는 것을 "양도, 서로 다치다〔兩刃相傷〕"라고 표현한다. 덕산과 위산은 당대의 선장禪匠으로, 두 선승의 선기禪機 대결이 두 개의 검과 같다는 비유이다.

양두구절단 일검의천한 兩頭俱截斷 一劍倚天寒

'두 머리를 함께 잘라 버린 칼, 허공에 스치는 격렬함.' 일검은 반야의 지혜를 비유한다. 무사인 남목정성南木正成은 출진을 앞두고 불안하여, 광엄사의 명극초준明極楚俊선사에게 가서 "마지막 때가 왔습니다. 생사에 임하여 어떤 각오를 하면 좋겠습니까?"라고 여쭈었다. 그러자 명극은 주저 없이 "지금 무엇을 말하는 것이야. 생이다 사다 하는 두 머리를 잘라 버리고, 다만 몸과 검이 하나가 되어 매진하는 것 외에 무엇이 있어!"라고 일갈하였다.(『괴안국어槐安國語』) 생사·선악·득실·애증·고락 이러한 양두에 매여 우왕좌왕하고 있는 것이 현실이다. 미망을 여의고 진실의 세계에 살려고 한다면 선악고락의 분별심을 모두 자르지 않으면 안 된다. 작은 털끝만치라도 걸림이 없게 되면 양두는 모두 사라지고, 대자재의 경지가 열리게 된다는 의미이다.

양매심장약허 良賣深藏若虛

'뛰어난 상인은 좋은 물건은 깊이 감추고 허름한 것만 나열해 놓는다.'(『사기史記』) 옛날 상인들은 장 속에 좋은 물건을 감추고 점포에는 좀처럼 내놓지 않았다고 한다. 그것이 군자의 도처럼 생각되었고 상도商道의 정신이 되었다. 선가에서의 '무일물중 무진장無一物中無盡藏'이라는 말과 유사하다.

양재무사갑리 颺在無事甲裏

양재는 '내던지다, 내버리다'는 뜻인데, 또는 '가라앉다'는 뜻으로 '낙재落在'라고도 한다. '갑리'는 갑중甲中·각리閣裏라고도 하는데 일반적으로 껍질을 말한다. 또한 승당의 궤짝을 말하기도 한다. '무사無事라는 함에 내버려둔다', 즉 '무엇이든 전부 내던져 놓는 것'을 말한다. 『대혜서大慧書』 권26에 "무사갑리에 내던져서는 안 된다"라는 말이 있다.

양풍입초당 涼風入草堂

'한 가닥 서늘한 바람이 초당에 불어오다.' 자연과 일체가 된 모습이다. 『무문관』에 "봄은 백화에 있고 가을은 달에 있으며, 여름은 시원한 바람에 있고 겨울은 눈에 있다"고 말한다.

어경수혼 魚驚水渾

'물고기가 요동치니 물이 흐리다.' 어느 승이 조주종심趙州從諗에게 "어떤 것이 바로 본분의 일〔자신의 본래면목〕입니까?"라고 물으니, 선사는 "나뭇가지가 흔들리니 새가 날아가고, 물고기가 요동치니 물이 흐려졌다"라고 하였다.(『조주록』) 선사는 본분의 일을 그대로 보여주었다. 자신의 본래면목은 사려분별에 따르지 않을 때 드러난다는 의미이다.

어니심천인불식 淤泥深淺人不識

'진흙의 깊고 얕음을 사람들은 알지 못한다'는 뜻이다. 번뇌망상으로 얼마만큼 오염되어 있는지를 스스로 알지 못한다는 의미이다. 『조주록』「인연화유송因蓮華有頌」이라는 게송에, "기이하구나, 돋아난 새싹(根苗), 눈(雪)을 띠로 하고 참 멋지구나. 어느 대代에 서천을 떠났는지를 알지 못한다. 진흙구덩이의 깊고 얕음을 알지 못했다가 물에서 나와 비로소 백련이었음을 알았다"라고 하였다. 이 게송은 진흙에 더럽혀지지 않은 백련을 '번뇌에 더럽혀진 범부도 그 본성은 청정하다'는 것에 비유하여 사람들을 깨달음으로 유도하려는 것이다. 사람들은 자신이 불성을 구족한 것을 알지 못하다가, 참된 진리에 눈뜰 때 비로소 자신이 본래 청정한 본성이었음을 알게 된다는 의미이다.

어묵섭이미 語默涉離微

'말을 해도 안 해도 이미(離微; 진여)로 통한다.'(『무문관』 24칙) 승조僧肇는 "우주 본체는 본래 모든 색상이 끊어진 평등의 체이며 이를 '이離'라고 하며, 현상의 차별로 나타난 용用을 '미微'라고 한다. 평등과 차별이 섞여서 하나로 된 것이 본래청정공本來

淸淨空의 진여이다"라고 하였다.(『보장론寶藏論』「이미체정품離微體淨品」) 말하자면 우주의 본체는 이미離微이며 진여라는 것이다. 이때 '이'와 '미'를 분리해서 해석하는 것이 아니라 한 번에 '이미'라고 읽어야 한다. 결국 말을 해서 뜻을 드러내도, 말을 하지 않고 뜻을 나타내지 않아도 궁극은 모든 것이 진여에서 일어난다는 의미이다.

어행수탁 조비모락 魚行水濁 鳥飛毛落

'물고기가 헤엄치니 물이 흐려지고, 새가 날아가니 새털이 빠진다.'(『벽암록』) 물고기나 새가 알지 못하는 사이에 자취를 남긴다는 의미이다. 스승과 제자의 문답 때, 제자가 수행이 잘 된다는 얼굴을 하고 있어도 스승이 보았을 때는 거동이 참된 것인지 아닌지를 알 수 있다는 것을 의미할 때 이 구를 사용한다.

언단어단 言端語端

'어떤 일을 이러쿵저러쿵 억지로 말로 나타내려고 한다'는 뜻이다. 문맥에 따라 두 가지 용례가 있다. 첫 번째로는, 말할 수 없는 것을 말하려고 해서 그것을 왜곡되게 만드는 것으로, 이는 언어에 떨어지고 언어에 포섭된 상태를 말한다. 예로, 『가태보등록嘉泰普燈錄』「서선문련장西禪文璉章」에 "정월맹춘正月孟春인데 여전히 춥다. 바로 언단어단이다"라고 하였다. 두 번째로는,

본래 말해질 수 없는 것을 딱 들어맞는 말로 나타내는 것을 말한다. 『벽암록』 2칙 「조주지도무난趙州至道無難」의 송頌에 "도에 도달하는 것〔至道〕은 어려울 것이 없다. 언단어단일 뿐"이라는 구는 좋은 예이다.

언망려절 言忘慮絶

'말을 잊고 생각을 끊음'의 뜻이다. 진리·진제眞諦·제일의제第一義諦·실상實相 등은 말이나 사려분별을 넘어선 진리를 나타낸 말이다. 『중론中論』에, "모든 진리의 실상은 마음 가는 곳과 모든 언어마저 끊는다"는 것은 바로 언어도단言語道斷·심행처멸心行處滅을 뜻한다. 길장吉藏의 『삼론현의三論玄義』에도, "제법실상諸法實相은 말을 붙일 수 없고 생각이 끊어진 것"이라고 하였다. 『전심법요傳心法要』에도 나온다.

언어도단 言語道斷

언어로단言語路斷이라고도 한다. '언어표현을 단절하는 것'으로, 언어로서는 진리를 표현할 수 없다는 말이다. 심행처멸(心行處滅; 마음 가는 곳이 끊어짐)과 함께 사용되는 경우가 많으며, 불립문자의 뜻으로 사용된다. 설봉의존의 제자인 보복종전保福從展은 『경덕전등록』에서, "말이 많으면 도를 떠나게 되고 멀어지기 쉽다"고 하고, 언어도단이라는 말조차도 필요없다는 입장을 보인다.

언전불급 言詮不及

'말로 설명을 다할 수 없다'는 이 구는, 진실은 언어표현을 초월한다는 것을 의미한다. 중국 선종에서는 불립문자 또는 이심전심이라는 말을 사용하여, 진실〔깨달음·진리〕은 언어에 의해 개념적으로 파악되지 못함을 강조한다.

업식망망 業識茫茫

업식은 '근본무명으로 인해 깨치지 못하는 마음'을 말한다.『경덕전등록』「앙산혜적장」에 "업식망망으로 본래부터 의지해야 할 것이 없다"라고 하였다.『대승기신론』에서는 오식五識 중 아리야식에 내재하는 근본무명에 의해 식에서 망념이 생기고, 인식의 대상에 집착심이 일어나는 상황을 말한다. '망망'은 넓고 끝없는 모습을 말하는데, 무명 때문에 마음에 망념이 한없이 일어나는 것을 의미한다. 이를 바람에 의해 수면에 파도가 일어나는 것에 비유하여 식랑識浪이라고도 한다.

업식망망 나가대정 業識忙忙 那伽大定

'끝없는 숙업의 의식 그대로인 채, 나가〔大龍〕와 같은 대선정大禪定에 들다'라는 뜻이다.(『무문관』42칙) 업식은 과거의 행위

〔업〕로 인한 과보로서의 망식妄識을 말하며, 망망은 아득히 멀고 넓은 것, 또는 명확하지 않은 모습을, 나가nāga는 용龍을 말한다. 결국 이 말은 생사번뇌를 버리는 것이 아니라 그대로 안은 채 삼매에 든다는 의미이다.

업장본래공 業障本來空

영가현각永嘉玄覺의 『증도가證道歌』에, "깨치면 업장은 본래공이지만, 아직 깨치지 못했다면 다시 숙업의 빚을 갚아야 한다"라고 하였다. '진리를 깨달았다면 업장은 본래 공空임을 체득한 것이지만, 아직 깨닫지 못했다면〔無明〕이전의 업의 대가를 계속 지불하지 않으면 안 된다'는 의미이다.

여금포척서호리 하재청풍부여수 如今拋擲西湖裏 下載淸風付與誰

'지금 서호에 내던지고, 배에 가득 실은 청풍 누구에게 줄까'라는 말이다.(『벽암록』 45칙) '이제 가진 모든 것을 내던져 버리고 텅 빈 배로 상쾌한 바람을 맞으며 달린다. 이 기분을 누가 알까'라는 의미이다. 지금까지 짊어지고 있었던 물질과 감정, 깨달았다고 하는 자만 등을 모두 버리고 나니, 예전에도 불어왔던 청풍이 새삼 상쾌하고 온몸을 감미롭게 느끼게 하여 누군가에게 이 바람의 자비로움을 보이고 싶다는 것을 노래하였다. 완전한 무소유는 자연과 동일함을 의미한다.

여로역여전 如露亦如電

'모든 존재 현상은 이슬 같고 번개와 같다'고 하는 뜻이다. 『금강경』의 "모든 것은 만들어진 것으로, 꿈·환상·거품·그림자 같고, 이슬과 같고 또한 번개와 같은 것, 응당 이 같이 보아야 한다"고 하였다. 사물의 현상은 무자성(無自性; 사물 자체에는 본성이 없다)이며, 공이며, 무상·무아임을 꿈과 환영에 비유하였다. 선종에서는 『금강경』을 중히 여겨 선종어록에 많이 인용한다.

여실지견 如實知見

여실은 '있는 그대로', '그처럼'을 의미하고, 지견은 깨달음의 지혜로서 알고 보는 것을 의미한다. 대표적인 예로 『법화경』 「여래수량품」의 "여래는 삼계(三界; 욕계, 색계, 무색계)의 상相을 여실히 지견한다"를 들 수 있다. 불교에서는 진실을 표시할 때 전통적으로 '그 같이 있는 것'을 의미하는 tathatā나 '사실·존재'를 의미하는 bhūta 등을 쓴다. 그리고 '있는 그대로 보는 것'이란 그 진실을 대상으로 한 행위이며, 석존이 진실을 여실지견〔깨달음〕한 것에서부터 비롯한 양자의 관계〔진실과 행위〕는 밀접한 것임을 알 수 있다. 또한 위 인용문에서의 여실지견은 여래가 설해 보인 진실성을 그대로 확증確證하는 수행이다. 이는 여래 또는 여래와 같은 완성된 지혜를 가진 자만이 할 수 있는 수행이다. 왜냐하면 여래의 지위 이전까지는 미세한 인연이 남아 마음의 흔들림이 있으므로 여실지견이 못된다는 것이다. 『금강경』에 '응작여시관應作如是觀'이라는 말이 있고, 『정법안장』「법화전법화法華轉法華」에는 "청원青原의 불풍佛風 지금까지도 전해지고, 남악南嶽의 법문 세상에 개연開演하니, 모두 여래의 여실지견이다"라는 말이 있다.

여용득수 사호분산 如龍得水 似虎犇山

'용이 물을 얻음과 같고 호랑이가 산을 어슬렁거리는 것과 같다'는 말이다. 용의 위풍은 본래 물속에서 그 본분을 발휘할 수 있고, 호랑이도 마찬가지로 산에 있어야 그 용맹을 발휘한다. 이는 소(所; 대상, 객체)를 얻음으로써 능(能; 본령, 주체)이 발휘됨을 비유한 것이다. 즉 능과 소가 불이不二일 때 자유자재가 되는 것임을 의미한다. 『벽암록』 8칙에, "알(會)면 바로 도중途中에라도 수용한다. 용이 물을 얻은 것과 같고 호랑이가 산을 기대는 것과 같다. 알지 못하면 바로 세제유포(世諦流布; 세간의 이야기들만 가지고 유포하는 것), 저양촉번(羝羊觸藩; 숫양이 뿔로 울타리를 들이받다가 끼어버려 진퇴양난에 빠지는 것), 주수토대(株守兎待; 토끼를 잡으려고 나무 아래서 토끼를 기다리는 것)와 같다." 능소불이임을 깨달으면 모든 것을 받아들일 수 있고 자유자재인데 그렇지 못하면 언제나 좌충우돌로 헛수고만 할 뿐이라는 의미이다. 어록에는 "용은 물을 만날 때 의기양양하고, 호랑이는 산에 있을 때 위풍당당하다"는 말을 많이 사용한다.(『대혜어록』 권6, 『굉지광록』 권1, 『원오어록』 권3)

여탈자재 與奪自在

'주고 뺏는 것이 자유로움.' 진리를 체득한 선승의 제자에 대한 교묘한 지도를 이렇게 말하기도 하고, 그러한 선승의 활달하고 자유자재한 행동을 의미하기도 한다.

연좌 宴座

좌선坐禪·안선安禪과 동의어다. '연宴'은 안락을 의미하며, 몸과 마음을 고요히 하고 편안하게 좌선하는 것을 말한다. 『벽암록』 6칙에, "수보리가 동굴 속에서 연좌함에 모든 천신들이 꽃비를 뿌리며 찬탄한다"라고 하였다.

열반 涅槃

열반은 nirvāṇa(산스끄리트어), nibbāna(빨리어)에 대응한 음역어이다. 의역으로는 멸멸·적멸寂滅·멸도滅度 등이 있다. nirvāṇa에 대응한 nir√vā(불어 끄다)라고 하는 동사어근의 파생어로 보는가, nirvṛti에 대응한 nir√vṛ(덮혀져 있음을 거두어 내다, 해방하다)라고 하는 동사어근의 파생어로 보는가에 따라, 열반에 대한 이해는 달라진다. 전자의 해석에 의하면, 열반은 소멸이라고 이해될 수 있지만, 후자의 해석으로는 열반은 해탈과 동의어이다. 열반은 일반적으로 불교의 이상을 나타내는 말로 본다. 석존이 35세에 불타가 되었을 때 보리〔깨달음〕를 얻었다고는 말하지만, 열반을 얻었다고는 말하지 않는다. 반면 80세 불타의 죽음, 즉 입멸을 열반 또는 반열반(parinirvāṇa)이라고 한다. 따라서 보리와 열반은 불교에 있어서 다른 두 가지 이상理想이다. 열반은 불타의 죽음을 가리키기 때문에 일반적으로 소멸을 의미한다고 이해되고 있다. 결국 불타는 80세에 입멸하셨다고 보는 것이다. 그러나 불타의 죽음에 대해 다른 견해도 있다. 불타는 그 시점에서 육체라고 하는 속박에서 해방되어 자유롭게 되었다고 보는 것이다. 이 견해는 대승불교에서 발전하고 여래장 사상에 있어서 육신과는 다른 법신, 상락아정常樂我淨이 되는 불타라고 하는 관념을 낳았다. 원시불교 이래, 불타의 생전의 열반〔깨달음〕을 유여의열반有余依涅槃이라고 하고, 입멸을 무여의열반無余依涅槃에 들었다고 하는 두 가지 설이 세워졌지만, 여기에도 여의余依라고 보게 되는 육체는 속박이고 불타는 죽음에 의해 육체에서 해탈하여 비로소 최고의 경지에 이르렀다고 하는 생각을 하게 된다. 대승불교가 되면, 열반을 이상으로 하는 견해는 비판을 받았다. 예로, 『중론』 「관열반품」에는 "열반과 세간은 조금도 분별이 없다"라고 하는데, 여기에서 세간이란 윤회〔saṃsāra〕의 역어이기 때문에, 윤회에서 해탈을 의미하는 열반이 윤회와 다르지 않다고 하는 생사즉열반生死卽涅槃 또는 번뇌즉보리煩惱卽菩提라고 하는 사고思考가 성립하였다고 볼 수 있다. 지의智顗의 『마하지관』에는 "생사즉열반"이라는 말이 있고, 또한 『법화현의』에는 "생사즉열반을 체體로 함을 이름하여 정定이라 하고, 번뇌즉보리에 이르름을 이름하여 혜慧라고 한다"라고 하였다. 또한 대승불교에는 윤회에도 열반에도 주하지 않는다고 설명한 무주처열반無住處涅槃의 설도 있고, 『성유식론』에서는 "부주생사열반不住生死涅槃"이라고 설명한다. 어록에는 이러한 대승불교사상이 전반적으로 저변에 깔려 있다.

열반묘심 涅槃妙心

열반은 '적멸' 혹은 '깨달음'의 의미이다. 깨달은 마음은 말로 설명할 수 없고 문자로 나타내지 못하므로 묘심이라고 한다. 열반이란 번뇌의 불길이 완전히 소멸해 버린 세계를 의미한다. 무심의 세계에 든 것이 열반의 세계이며, 그러한 인간의 마음을 달리 표현한 것이 묘심이다. 이러한 묘심의 형태를 '실상무상實相無相'이라고 한다. 결국 진정한 모습은 어떠한 형태도 가지지 않는다는 것이다. 실상무상의 마음을 자각하는 것이 불교의 궁극적 목적이며 이를 위해 수행이 필요하다.

염롱 拈弄

'가지고 놀다, 만지작거리다'의 의미이다. 고인古人의 말을 듣고 그 말의 의미를 자신이 체득한 바에 따라 자유자재로 전개하는 것이다. 『벽암록』 44칙 「평창」에서, 설두는 "이같이 염롱해도 필경 뛰쳐나갈 것"이라고 하였다. 이 말은, 고인의 말에 현혹되어 깊이 생각하거나 말에 집착하는 것이 아니라 그 말 밖에서 이치를 체득한다는 의미이다.

염불 念佛

불佛을 생각하는 것이다. 본래는 정신을 집중하여 불을 사념思念하고 그 신상身相을 관상觀想하는 것을 의미하지만, 점차 불의 명호를 부르는 것〔口稱念佛〕을 뜻하게 되었다. 아미타불에 대한 신앙이 융성하면서 염불의 대상도 모든 불로부터 아미타불로 한정되고, 특히 그 명호를 '나무아미타불'이라고 부르는 것이 염불이라고 알려졌다. 그러나 염불이 본래 가지고 있는 정신집중·선정삼매라고 하는 선적인 요소는, 원시불교에서 지금에 이르기까지 언제나 본질적인 것으로서 총지摠持되어 왔다고 할 수 있다. 원시불전에는, 염불念佛·염법念法·염승念僧·염계念戒·염시念施·염천念天 등의 육념, 즉 육수념六隨念을 설하지만, 이 경우 염의 원어는 anusmṛti(산스크리트어), anussati(빨리어)이다. 대승경전인 『반주삼매경』에는 반주삼매(般舟三昧; 모든 불을 눈앞에서 볼 수 있는 삼매)가 설해져 있는데, 불을 보는 것〔見佛〕이 이상으로서 강조되고 있다. 다만 이 경전에서는 제불 중에서도 아미타불이 중심적인 위치를 차지하고 있다. 즉 "일심으로 염할 것, 하루 낮과 밤, 혹은 칠일 낮밤 모두 그렇게 해야 한다. 그러면 칠일이 지난 이후 아미타불을 보게 된다"라고 하는 경문은 염불에 의한 견불을 설한 것이며, "내 국토에 태어나기를 원한다면, 언제나 나를 염하기를 여러 번, 언제나 염하여 쉬지 말도록 하라. 이와 같이 하면, 내 국토에 태어날 수 있다"라고 하는 경문은, 염불에 의한 극락정토로의 왕생을 설한 것이다. 경문의 '일심' 혹은 '수념守念'이라고 하는 말은 염불삼매의 일종이다.

염불기위좌 念不起爲坐

'염이 일어나지 않는 것이 좌'라는 의미이다. 여기서 염念은 상념想念, 즉 번뇌를 뜻한다. 이 말은 본성이 드러나는 것이 선이라고 하는 의미의 견본성위선見本性爲禪이라는 말과 함께, 하택신회의 좌선관이다.(『신회유집』 호적본) 북종에서 응심凝心·간심看心 등을 중시하고 선정 체험에 몰입하는 경향을 비판하기 위해 제기한 말이다.

염불선 念佛禪

선정과 염불을 병행하여 닦는 수행 형태이다. 불타발다라에 의해 관불삼매觀佛三昧나 반주삼매般舟三昧라고 하는 관상염불이 행해졌고, 오조홍인 문하의 법지·지선·선집 등의 검남파劍南派와 처적·무상·무주·남악승원 및 그 문하도 행한 행적이 있다. 무상無相이 인성염불引聲念佛을 했다고 하지만, 이는 선정의 보조로서 염불을 사용한 것이다. 육조혜능 문하에서는 남양혜충이 염불의 중요성을 강조하지만, 당대에서 염불선을 주장한 선자禪者는 그렇게 많지 않았다. 송대에서는 선과 정토사상의 융합(禪淨融合)의 경향이 강하고, '유심정토唯心淨土 자성미타自性彌陀'라고 하는 것처럼, 내적인 아미타불을 관상하는 것으로서 선과 정토염불이 일체一体로서 실천되었으며, 법안종 영명연수永明延壽의 사상에 현저하게 나타난다. 운문종에서는 천의의회天衣義懷나 제자인 혜림종본·양걸 등이 선정겸수禪淨兼修의 입장을 취하였다. 그 후 원·명·청대의 유심정토사상의 전개와 함께 중국선은 염불선이 주류를 이루었다.

염불수권 拈拂竪拳

염불은 염기불자拈起拂子의 뜻으로 '불자를 들어 보이는 것'을 말한다. 수권은 수기권두竪起拳頭의 뜻으로 '주먹을 세워 보이는 것'이다. 당대唐代의 선자들이 제자를 가르칠 때 사용하는 방편으로, 말로는 그 뜻을 전하거나 표현할 수 없을 때의 행동이다. 『경덕전등록』「석림화상장」에는, "석림이 바로 불자를 들어 올리며 말하기를, '단하의 기기(機)에 떨어지지 말고 한 마디 말해 보라'고 하였다. 그러자 방거사가 불자를 빼앗고 도리어 자신의 주먹을 치켜 올렸다"라고 하였다. 말도 필요 없지만 더욱이 석림이 집착하고 있는 불자마저 없애는 것으로 방거사 자신의 기를 보인 것이다.

염왕면전열철봉 즉금여하면득 閻王面前熱鐵棒 卽今如何免得

'염라대왕 앞에는 벌겋게 달군 철봉이 있다. 어떻게 하면 지금 바로 그것을 피할 수 있을까'라는 뜻이다. 『임제록』에 "이 같이 지내게 되면 언제나 빚만 쌓여 염마 앞에서 뜨거운 철환을 삼켜야 할 날이 있을 것이다"라고 하였다. 마음의 공부를 소홀히 하고 지내는 납자들에게 임제가 크게 경책한 말이다.

염일치초 작장육금신 拈一莖草 作丈六金身

치초는 오미자이지만, 여기서는 '하찮은 한 포기 풀'을 뜻한다. 풀 하나로 장육금신(釋尊像)을 만든다는 말이다. 『벽암록』 8칙에 "어느 때는 풀 하나로 장육의 금신(佛)을 만든다"라고 하였다. '하찮은 범부로 보이지만 중생을 제도하는 불성을 구족하고 발휘한다'는 의미이다.

염화미소 拈華微笑

세존이 영축산에서 설법을 하고 대중에게 한 송이 꽃을 들어 보이니, 그때 모든 사람들은 침묵했지만 마하가섭존자만이 미소 지었다. 이에 세존은 가섭에게 정법안장正法眼藏을 부촉하였고, 이 이야기에서 '염화미소'가 유래하였다.

영성 靈性

'불가사의한 마음의 성품'을 말한다. 『배휴습유문裵休拾遺問』에서 온상溫尙이 "이(理; 진리)를 깨달아 완전히 망념을 쉰 사람은 업을 짓지 않는다고 하지만, 한 번의 수명이 끝나면 그 영성은 어디에 의지합니까?"라고 물었다. 종밀宗密이 답하기를 "모든 중생은 각성覺性을 구유하였고, 그것은 영명공적(靈明空寂; 밝고 텅 비어 고요함)하여 부처와 다를 바가 없다"고 하여, 영성이 근원적인 실체임을 주장한다. 이에 대해 도원道元은 "저 외도의 견해는, 우리들 몸 속에 하나의 영지靈知가 있는데, 지知는 인연을 만날 때 좋고 나쁨을 분별하고 시비를 분별하며, 또한 아프기도 괴롭기도 즐겁기도 하지만, 그 영성은 이 몸이 없어질 때 벗어나 저쪽에 있기 때문에, 만약 저기에 태어나면 오랫동안 없어지지 않고 상주한다고 한다. 저 외도의 견해는 이와 같다"(「변도화弁道話」)라고 하여 영성의 실체가 있다고 보는 것을 비판한다. 근대의 일본 선학자 스즈끼 다이세쯔(鈴木大拙)는 영성을 반야지혜의 무분별의 분별, 무의식의 의식을 의미하는 말로 해설한다.

영지 靈知

'영묘한 인식능력'을 말한다. 우두법융牛頭法融의 『심명心銘』에 "영지, 스스로 비추고 만법은 있는 그대로〔如如〕 돌아간다"고 하는 것처럼, 선종에서는 대개 깨달음에서 작용하는 무분별지(無分別智; 분별을 넘어선 지혜)를 가리켜 영지라고 한다. 특히 하택신회荷澤神會의 '지知'사상을 이은 규봉종밀은 이를 중요시하여, 『도서』에서 "공적한 마음은 영지하여 어둡지 않다"라고 하였다. 한편, 도원道元은 "영지란 외도外道들이 주장하는 불멸의 영혼의 작용"이라고 비판하였다.

영해 領解

'회득會得하는 것', '깨달음을 체득한 것'을 의미한다. 영오領悟·영득領得이라고도 한다.

오가칠종 五家七宗

오가는 당말에서 송초에 걸쳐 번성한 중국 선종의 다섯 종파이다. 위앙종潙仰宗·임제종臨濟宗·조동종曹洞宗·운문종雲門宗·법안종法眼宗을 말하며, 여기에 송대에 들어 분파한 임제종의 황룡파黃龍派와 양기파楊岐派를 더하여 칠종이라고 한다. 중국 선종은 서기 500년 전후, 인도에서 온 보리달마를 초조로 받들지만, 종파로서 확립된 것은 신수(神秀, 606~706)와 혜능(慧能, 638~713)부터라고 한다. 신수와 혜능은 모두 5조 홍인의 문하이지만 신수의 선은 북쪽 지방〔華北〕에서 번성하여 북종이라고 하고, 혜능의 선은 남쪽 지방〔華南〕에서 번성하여 남종이라고 하였다. 규봉종밀의『선원제전집도서』에 의하면 중당中唐 때의 선종은, 우두종·북종·남종·하택종·홍주종 등으로 나뉘어 대단히 융성하였음을 알 수 있다. 당말까지 그 융성을 고수한 것은, 남종의 남악·마조계〔洪州宗〕와 청원·석두계뿐인데, 오가五家는 이 두 계통에서 생긴다. 위앙종은 육조혜능-남악회양-마조도일-백장으로 이어진 백장회해의 법사法嗣 위산영우(潙山靈祐, 771~853)와 그 고족高足인 앙산혜적(仰山慧寂, 807~883)을 개조開祖로 하고, 임제종은 백장-황벽희운-임제로 이어는 임제의현(臨濟義玄, ?~867)을 개조로 한다. 또 조동종은 혜능-청원행사-석두희천-약산유엄-운암담성-동산으로 이어지는 동산양개(洞山良价, 807~869)와 그 고족인 조산본적(曹山本寂, 840~901)을, 운문종은 석두-천황도오-용담숭신-덕산선감-설봉의존-운문으로 이어지는 운문문언(雲門文偃, 864~949)을, 법안종은 설봉-현사사비-나한계침-법안으로 이어지는 법안문익(法眼文益, 885~959)을 개조로 한다. 이 중에서 임제종이 가장 오랫동안 번성하였고, 그 다음은 조동종이다.

오경침상무정우 삼월풍정박명화 五更枕上無情雨 三月風情薄命花

'오경 베갯머리에 무정의 비, 삼월 풍정에 박명한 꽃.' 오경은 오전 4시경이다. "한밤에 깨어보니 무정히 비가 내리고 있네. 삼월의 바람에 모처럼 핀 꽃도 사라져 버리네"라는 의미이다. 고요한 무아지경無我之境에서 들리는 것이라고는 밖에서 부는 빗소리와 꽃잎 지는 소리뿐, 자연과 하나가 되는 선의 경계를 나타낸 말이다.

오구굴방 烏臼屈棒

'오구'는 화상의 이름이고, '굴방'은 맞을 이유가 없는 몽둥이라는 말이다. 오구화상은 자신의 처소를 방문한 어느 납자에게, "정주定州의 불법은 여기와 비교해서 어떤가?"라고 물었다. 납자는 "다를 바 없습니다"라고 말하였다. 이를 들은 오구화상은 "그렇다면 정주로 돌아가라"라고 말하며 몽둥이로 마구 내리쳤다. 맞은 납자는 투덜대면서 나가버렸다. 오구는 "몽둥이를 말없이 달게 받을 놈은 없는가?"라고 말하고 납자에게 몽둥이를 건네주니, 납자는 오구를 두들겼다. 오구가 "가볍게 잘도 치는구나"라고 말하니, 납자는 그 자리에서 예를 갖추고 화상은 크게 웃으며 나갔다.(『벽암록』80칙) 불성의 작용은 사람마다 다르다. 이와 마찬가지로 불법 역시 때와 장소에 따라 나타남이 다르다. 정주의 불법과 같다면 굳이 오구화상에게 올 필요가 없는 것이다. 바꾸어 말하면 불법을 구경거리로서 알 뿐 자신의 불법을 깨치지 않고 헤매는 납자에게 화상은 정신을 차리게 두들긴 것이다. 역시 두들기는 농도도 사람마다 다른 법, 화상의 한 마디에 납자는 그제야 깨우쳤다.

오구도상수 烏龜倒上樹

어떤 사람이 '마조도일이 상당하여 설법도 하기 전에 백장회해가 법좌를 한쪽으로 치워버린 고사故事'의 의미를 묻자, 온량薀良은 "쇠로 된 소를 물려고 하는 모기"라고 대답하였다. 그런데도 이를 이해하지 못하고 재차 묻자 "오구도상수(烏龜倒上樹; 거북이가 뒤로 해서 나무에 오르다)"라고 답하였다. 본래 물에 사는 거북이가 뒷걸음으로 나무 위로 오른다거나 모기가 쇠로 된 소를 문다고 하는, 상식으로는 도저히 이해가 되지 않는 도리로 지도하는 사례가 많다.

오료동미오 悟了同未悟

'진실로 깨달은 자는 깨닫지 않은 것과 같다'는 뜻이다. 진정 깨달은 사람은 깨달았다고 자랑하거나 권위를 세우거나 하지 않으므로, 범부의 눈으로 볼 때 구별이 가지 않음을 의미한다.

오문선 五門禪

『오문선경요용법五門禪經要用法』에 설해진 다섯 가지 좌선관법을 말한다. ① 안반(安般; 수식관數息觀을 닦아 마음을 안정시키는 것), ② 부정관(不淨觀; 죽은 시체를 관하여 탐욕을 없애는 것), ③ 자심(慈心; 부처님의 자비를 생각하여 어리석고 성냄의 마음을 제거하는 것), ④ 관연(觀緣; 연기의 도리를 관하여 아집을 여의는 것) ⑤ 염불(念佛; 부처님을 관하여 마음을 안정시키는 것) 등 다섯 가지의 선정을 말한다.

오미선 五味禪

'취사분별의 영역을 벗어나지 못한 선'을 말한다. 여래선如來禪·조사선祖師禪 등 순일무잡의 최상선最上禪을 일미선一味禪이라고 하는 것과 비교하여 하는 말이다. 『연등회요聯燈會要』의 귀종지상歸宗智常과 고안대우高安大愚의 문답에서, "오미선을 배워 온 대우가 '나의 처소에 있는 것은 일미선이야'라고 하는 귀종으로부터 한 대 얻어맞고 깨달았다"는 이야기가 있다. 오미선은 여러 가지 지견知見이 혼합된 순일하지 못한 선풍을 말한다.

오상어차절 吾常於此切

'나는 언제나 바로 이 자리가 가장 중요하다고 여기지'라는 의미이다.(『동산록洞山錄』) '바로 이 자리'는 선의 세계에서 큰 의미를 가진다. 수행은 좌선만이 중요한 것이 아니라, 밥 짓고, 걷고, 눕는 것 하나하나가 아주 중요한 의미를 가지며, 그 일에 충실하는 것이 선이라는 뜻이다.

오심사추월 벽담청교결 吾心似秋月 碧潭淸皎潔

'내 마음은 푸르고 푸른 못에 맑게 비치는 가을 달과 같다'는 의미이다.(『한산시寒山詩』) 불교에서는 자주 일심一心을 달에 비유한다. 당대의 유명한 시인인 한산 역시 일심을 달에 비유하여, 청정결백하여 교교히 비추는 형상을 노래하였다.

오정심관 五停心觀

어둡고 삿된 마음을 없애는 다섯 가지의 관법을 말한다. 부정관不淨觀·자비관慈悲觀·인연관因緣觀·계분별관界分別觀 혹은 염불관念佛觀·수식관數息觀 등이다. 부정관은 육체나 현상에 부정不淨한 상相을 관하여 탐욕심을 버리는 것, 자비관은 중생에 대한 자비심을 일으켜 노여워하는 마음을 가라앉히는 것, 인연관은 모든 것은 원인과 결과에 의해 생긴다는 도리, 즉 십이인연十二因緣을 관하여 어리석음을 그치는 것, 계분별관은 오온五蘊·십팔계十八界 등을 관하여 사물에는 고정적인 실체가 있다는 견해를 버리는 것, 수식관은 호흡을 헤아려 마음의 산란함을 그치게 하는 것이다. 초기불교 경전에는, 부정을 닦아 탐욕을, 자비를 닦아 진애瞋恚를, 입출식념入出息念을 닦아 심사尋思를, 무상상無常想을 닦아 아만我慢을 끊는 것을 설한다. 부파불교나 선경禪經에서는 오정심관이나 오문선五門禪을 수행의 요체로 삼는다.

오현노백 烏玄鷺白

'까마귀는 검고 해오라기는 희다.' 이 구句는 사물과 형상은 제각각 다르며 거기에는 어떤 것도 서로 구애됨이 없음을 의미한다. 오흑노백烏黑鷺白·오현곡백烏玄鵠白이라고도 한다.

오후각미 悟後却迷

'깨달은 후 도리어 미혹하다.' 깨닫고 나서 그 깨달음에 집착하거나 자만한다면 도리어 본래의 참됨을 잃어버려 다시 미혹해진다는 것을 의미한다.

옥리주인공 屋裏主人公

'옥리'는 집안을 뜻하며, '주인공'이라는 것은 자신 스스로를 말한다. 외적인 권위나 교설에 좌우되지 않고 주체성을 지속하는 인간 본래의 모습을 가리킨다. 옥을 신체, 주인공을 본래성本來性이라고 해석하면, 『임제록』에서 말하는, "적육단상赤肉團上에 일무위一無位의 진인眞人이 있다〔가식이 전혀 없는 본래의 순수한 몸과 마음을 가진, 어떠한 틀에도 벗어난 참된 사람이 있다)"는 것과 같은 의미이다.

올 兀

'올'은 높이 우뚝 솟은 산의 형태를 뜻한다. 선종에서는 '비사량 非思量'으로 좌선하고 있는 모습을 표현하여 올이라고 한다. 즉 "올올히 좌선하여 어떠한 생각도 일체 일어나지 않는 맑은 의식으로서의 선〔兀兀坐定 思量箇不思量底〕"을 의미한다.(『좌선의』) 말없이 의식을 집중하여 오직 앉아 있는 모습을 '올좌부도兀坐不道'라고 하고, 일심불란하게 좌선하는 것을 '올지兀地', '올올지兀兀地', '올이兀爾'라고 한다.

올연무사좌 춘래초자생 兀然無事坐 春來草自生

'(모든 생각을 버리고) 오로지 좌선수행을 하면, 마치 봄이 되어 풀이 나오는 것처럼 (언젠가 깨달을 때가 온다)'의 의미이다.(『경덕전등록』) '올연무사좌'는 '어떠한 반연이나 상념도 모두 버리고 오직 다만 앉을 뿐', 깨달음을 기다리지 않는다는 의미가 내포되어 있다.

올올지 兀兀地

『경덕전등록』「약산유엄장」에, 어느 납자가 약산이 꼼짝없이 앉아 있는 모습(兀兀地)을 보고 오로지 좌선으로 정진 노력하고 있다고 생각하였다. 그래서 약산에게 묻기를 "스님께서는 오로지 앉아 무엇을 골똘히 생각하십니까?" 하니 선사가 말하기를 "어떠한 생각도 없이 생각하네(不思量低思量)" 하였다. 다시 묻기를 "생각이 없는데 무엇을 생각한단 말입니까?" 하니 선사가 답하기를 "생각하는 게 아니네(非思量)"라고 하였다. 약산의 '비사량'은 분별로서의 생각이 아니라 '정려(靜慮; 고요히 의식 흐름을 관하는 것)'이다.

와룡불감지수 臥龍不鑑止水

'와룡은 잠잠한 물에서는 보이지 않는다.' 고요하고 깊기만 한 못에서는 용의 모습을 볼 수 없다는 뜻이다. 선의 안목은 정체됨이 없이 격동·격변하는 가운데 있다는 것을 의미한다. 『벽암록』 97칙 설두중현의 송頌에 있다. 원오극근의 평창評唱은 이를 다음과 같이 부연한다. "조용한 물속에 어찌 용이 잠겨 있을까. … 파도가 소용돌이치는 큰 바다에서만이 모름지기 용이 감추어 있는 것이다"

와월면운 臥月眠雲

'달에 눕고 구름에서 잔다.'(『허당록』) 납자의 수행 모습을 노래하였다. 현실은 무거운 한 걸음 한 걸음이지만 목숨 걸고 인내하여, 몸이 어디에 놓여 있으나 마음은 항상 평화롭고 자유로움을 의미한다.

와해빙소 瓦解氷消

'기왓장이 부서지고 얼음이 녹는다.' 화두의 모든 의단疑團이 막힘없이 풀린다는 의미이다. 무문혜개無門慧開가 말하기를 "남전은 조주의 질문을 받자, 기와가 부서지고 얼음이 녹는 것처럼 의단이 무너져 버려 어떠한 말도 필요 없게 되었다"라고 하였다.(『무문관』19칙)

요로설선 繞路說禪

요로는 '돌아가는 길'을 뜻한다. 선의 핵심을 바로 제시하는 것이 아니라 우회적으로 표현하는 것을 뜻한다. 원오극근은 『벽암록』1칙 「송평창頌評唱」에서 "무릇 송고頌古는 다만 요로로 선을 말하는 것인데, 염고拈古는 대강大綱이며 항목에 따라 안案을 낼 뿐"이라고 하였다. 이는 공안의 핵심을 찌른다고 하는 점에서, 시詩로서 공안을 비평한 송고는 그 문학성 때문에 염고보다 못하다는 것을 지적하였다.

용사이변 납자난만 龍蛇易辨 衲子難瞞

'용과 뱀은 구분하기 쉬워도 납자를 속이는 것은 어렵다.'(『벽암록』12칙) 용과 뱀은 분별하기 쉽지만 선승의 우열은 간단히 결정 나지 않는다. 공부가 얼마 안 된 수행승의 눈에는 모두 도가 있어 보이기 때문이다. 하지만 공부가 익은 역량 있는 선승을 속이는 것은 어렵다.

용타치성인 담설공전정 傭他痴聖人 擔雪共填井

'저 바보같은 성인을 데리고 눈을 짊어지고 와서는 우물을 메운다.' 일본 임제종의 백은혜학白隱慧鶴이 "덕운은 무딘 송곳, 묘봉정상을 내려가길 얼마나 되었나. 저 어리석인 성인을 데리고 눈을 짊어지고 와서는 우물을 메우고 있네〔德雲閑古錐 幾下妙峰頂 傭他痴聖人 擔雪共填井〕"(『독어심경毒語心經』)라고 읊은 게송 중의 한 구절이다. '한고추'는 오래 사용한 송곳으로 끝이 무디어진 것을 말한다. 즉 덕운비구德雲比丘는 깨달음의 경지가 어떤 것인지도 모르는 경지에서 살아가는 부처이다. 그는 묘봉산 아래로 내려가는 일이 없다. 매일 어리석고 정직한 사람과 함께 눈으로 우물을 메우고 있을 뿐이다. 이 구절은 남이 보기에는 바보같이 아무 소용도 없는 행위를 하는 것 같아도 거기에 무한한 성스러움이 있음을 보인다. '어리석은 성인'은 누구일까? 바로 자신이 구족하고 있는 불성이 상념想念에 덮여 있다면 짊어진 눈은 녹을 것이고 또한 어리석게 보이는 짓(수행)은 아예 하지 않을 것이다. 덕운은 오직 묵묵히 수행정진할 뿐 다른 생각이 없음을 담박하게 나타낸 게偈이다.

우과야당추수심 雨過夜塘秋水深

'간밤에 비가 내린 후 둑은 냉랭해진 가을물로 깊어졌다.' 『벽암록』 37칙에 대한 설두중현雪竇重顯의 송頌의 한 구절이다. '비가 지나간 후의 밤풍경은 선명하게 깊고, 못에 담긴 물은 가을색이 짙다'는 의미이다. 마음의 동요가 없이 차분히 가라앉은 모습이다. 설두의 송 전체는 "삼계에 법이 없는데 어느 곳에서 마음을 구하랴. 흰 구름으로 덮개를 삼고 흐르는 샘으로 거문고를 뜯는다. 이 모퉁이 저 모퉁이에서도 사람을 만나는 일이 없고, 간밤에 내린 비로 둑에는 가을색이 짙다(三界無法何處求心 白雲爲蓋流泉作琴 一曲兩曲無人會 雨過夜塘秋水深)"이다. 마음과 대자연의 정경이 일치함을 나타내고, 또 자신의 허허로운 마음을 노래하였다.

우다끽다 遇茶喫茶

'차를 가져오면 차를 마신다.' 조주의 '차를 마시게'라는 공안과 유사하다. 어느 날 용담숭신龍潭崇信이 스승인 천황도오天皇道悟에게 말하기를 "스님 곁에 오고 나서 한 번도 수행에 대한 가르침이 없었습니다. 오늘 가르쳐주시면 안 되겠습니까?"라고 하였다. 천황은 "그런가, 나는 언제나 마음의 수행을 가르쳤는데 말이지"라고 대답하였다. 그러자 용담은 "어떤 것이었습니까?"라고 물었다. 천황은 "그대가 차를 가져오면 나는 그것을 마시고, 식사를 가져오면 잘 받았지 않았나. 또 그대가 인사를 하면 나는 답례하지 않았는가. 이렇게 했는데도 그대는 어떤 것도 가르쳐주지 않았다고 하는가. 만났다면 선 채로 그것을 보아야 해. 보는 것일 뿐 그것에 대해 생각하지는 말게. 생각한다면 바로 그것은 그대 앞에서 사라지고 말 걸세"라고 하였다.

우두선 牛頭禪

중국 선종의 4조 도신道信의 방계인 우두법융牛頭法融을 개조로 한 선이다. 배휴의 「당고규봉정혜선사전법비병서唐故圭峰定慧禪師傳法碑幷序」에 "도신은 정법을 홍인에게 전하여 오조로 삼고, 법융에게 전하여 우두종이라 한다"라고 하였다. 우두종은 법융 이후로 학림현소鶴林玄素, 불굴유칙佛窟唯則, 경산법흠徑山法欽 등이 크게 번성시켰다. 우두종이 달마계와 연결되는 것은 금릉법지金陵法持에게서 비롯된다. 종밀은 달마의 저술로 전해진 『절관론絶觀論』을 법융의 저술로 본다. 그는 다음과 같이 우두종의 특색을 말한다. "우두종에서는 '모든 현상은 꿈과 같고 본래 무사無事하며 심경心境도 본래부터 공적한 것이지, 지금 비로소 공인 것이 아니다. 이러함에 미혹하여 번영과 쇠퇴, 귀함과 천함 등이 실재한다고 본다'라고 한다."(『배휴습유문裵休拾遺問』)

우적성 雨滴聲

세찬 비가 내리고 추녀에서 빗방울 떨어지는 소리가 들리는 어느 날, 경청도부鏡淸道怤선사가 한 납자에게 "문밖의 소리는 무슨 소린고?"라고 물었다. 납자가 "비 떨어지는 소리(雨滴聲)입니다"라고 말하니, 선사는 "중생의 마음이 혼란스러우니 자기를 잃어버리고 사물만 쫓아 다니는군"이라고 말하였다. 스승은 제자의 깨침의 소식을 듣고 싶었는데, 제자가 현실의 세상에서 두리번거리고 있음을 보고 개탄한 것이다. '허당우적성虛堂雨滴聲'이라는 일구가 있다. '허당'은 텅 빈 좌선당을 말하는데, 허당에 홀로 앉아 있을 때, 밖에서 낙숫물 소리가 들려 그 소리와 자신이 하나가 된 경지를 나타낸 말이다.

우주무쌍일 건곤지일인 宇宙無雙日 乾坤只一人

'우주에는 두 개의 해가 없고, 건곤에는 다만 한 사람뿐.'(『오등회원』권14) 우宇는 시간, 주宙는 공간이고, 건은 하늘, 곤은 땅을 말한다. 하늘에 태양이 두 개가 없는 것처럼, 이 천지에는 다만 자신 한 사람뿐이라는 뜻이다. 즉, 우주에 태양이 두 개가 아닌 것과 같이 광대한 세계에는 한 사람의 인간이 있을 뿐이다. 그 한 사람의 인간이 천변만화하여 60억이라고 하는 방대한 수가 된다. 인종과 성격이 모두 달라도 본래는 하나이며, 그 가운데서 전개해 가고 있는 것이다. 다시 말해서 모든 것은 하나의 불심으로 돌아간다. 그것을 '우주에는 두 개의 해가 없고, 다만 건곤 한 사람뿐'이라고 표현하였다.

우죽풍송개설선 雨竹風松皆說禪

'대나무에 부딪치는 빗소리, 소나무 숲 사이로 불어오는 바람소리가 모두 선을 말한다'는 뜻이다.(『대혜어록』) 이러한 자연의 소리는 신심身心이 하나가 되어 적정하지 않으면 들리지 않고, 또한 자연의 소리에 의해 신심이 고요해지기 때문에 이를 '설선說禪'이라고 하였다.

운거산령로 雲去山嶺露

'구름이 걷히니 청산이 드러나다.' 구름이 산 전체를 덮었을 때는 무엇이 있었는지를 몰랐는데, 구름이 흩어지니 산봉우리가 쓰윽 드러났다. 여래장사상에 비유하여 번뇌가 없어지니 본래의 불성이 찬연히 빛난다는 것을 말한다.

운관 雲關

운문의 공안인 '관'을 말한다. 관은 빗장, 잠금을 뜻한다. 취암영참翠巖令參이 하안거를 마치고 수행자들에게 "한 여름 이래 형제를 위해 많은 말을 한 것 같은데, 보라! 나의 눈썹이 남아 있는가?"라고 했을 때, 다양한 대답이 있은 후 마지막으로 동문이었던 운문문언雲門文偃이 "관關"이라고 답하였다. 운문이 제기한 '관'의 일구一句를 가리켜 운문의 관, 즉 '운관'이라고 칭하였다. 일본 선종에서는 최초의 공안을 초관初關, 최후의 난관을 말후末後의 뇌관牢關이라고 한다.

운무심이출수 雲無心以出岫

도연명(陶淵明, 365~427)은 관직을 버리고 귀향한 후 청빈낙도의 생활을 하며 농사짓고 독서하며(晴耕雨讀), 시와 술을 즐겼던 탈속적인 시인이다. '구름은 산속 암굴에서 용솟음치는 듯 나오고'는 무심한 경계에서 본 자연의 웅대함을 노래하였다. 그는 온갖 것이 보장되는 관직을 버리고 풍류삼매에서 지낸 사람이다. 명예욕도 권력욕도 없는 세계를 무심이라고 하며, 그것을 한 조각 구름에 비유한 것이 이 '운무심이출수'라고 하는 아름다운 시이다.(「귀거래사歸去來辭」) 선어로서 많이 사용한다.

운소장공소월학 한청입골불성면 雲掃長空巢月鶴 寒淸入骨不成眠

'구름도 없는 맑고 차디찬 밤하늘 달빛으로 둥지를 튼 학은, 골수까지 스며드는 한기에 잠 못 이룬다'라는 말이다.(『종용록』) 선 수행은 준엄하지 않으면 훌륭한 깨달음을 이룰 수 없음을 의미한다. 적당히 육신을 고단하게 하여 춥고 더움을 체험하는 것은 도리어 몸과 마음을 청정하게 하여 수행을 촉진시킨다는 뜻이다.

운수 雲水

행운유수行雲流水의 약자이다. 수행승을 운수라고 하는데, 구름같이 가고 물같이 흐르는, 자유로이 걸림 없는 삶을 산다고 하여 그렇게 부른다. 『황룡어록黃龍語錄』에는 "중생의 일상사가 구름과 물 같아야 한다. 구름과 물은 그렇고 그러한데〔如然〕사람은 그렇지 않네", 또 『경덕전등록』「담주용산장潭州龍山章」에는 "나는 일찍이 운수가 되었지"라는 표현이 있다.

운수반시 運水搬柴

'물을 긷고 장작을 나르는 것'으로, 선 수행자의 일상생활이 바로 부처의 일이고 행임을 의미한다. 무심히 생활해 나가는 것 자체가 수행임을 말한다. 『신심명염제信心銘拈提』에는, "옷 입고 밥 먹고〔着衣喫飯〕, 물 긷고 장작 나르며〔運水搬柴〕, 모든 대중 함께 일하며〔普請作務〕, 화장실 드나들고〔大小便利〕, 아침에는 일어나고 밤에는 눕고〔晝起夜起〕, 손 씻고 발 닦는 것〔洗手濯足〕, 은혜를 알고 은혜에 보답하는 것〔知恩報恩〕, 바람 불면 부는 대로〔通風露風〕, 또는 중생을 제도하겠다는 생각이 없으며 선도禪道에 참해야 할 일도 없다. 이를 무심무사無心無事의 도인이라고 한다. 이를 무명무행無名無行의 사문이라고 한다"가 있다.

운염염수만만 雲冉冉水漫漫

'구름은 뭉게뭉게 피어오르고 물은 가득히 맑기만 하다.' 『벽암록』 62칙의 본칙에 대한 설두중현雪竇重顯의 게송의 한 구절이다. 운문문언雲門文偃이 "우리들 육신 가운데 진주가 하나 숨겨져 있다"고 한 것에 대해, 설두는 이렇게 노래하였다.

운유유수잔잔 雲悠悠水潺潺

'구름은 유유히 떠 있고 물은 졸졸 흐른다.' 푸른 하늘에는 구름이 움직이는지 멈춰 있는지 모를 만큼 유유히 떠다니고, 물은 잠시도 쉬지 않고 졸졸졸 흘러내리고 있는 자연의 모습을 나타낸 말이다. 동動과 정靜이 상즉相卽한 경지이지만 무심無心이라는 공통된 현상을 나타낸 것이다.

운유평기 雲遊萍寄

'구름이 흐르고 부평초가 바람 부는 대로 움직이는 것.' 한 장소에 일정하게 머무르지 않고 발길 닫는 대로 행각수행을 하는 불도수행자의 생활을 비유한 것이다. '운유'만으로 선승의 행각수행을 의미하기도 한다.

운재영두한불철 수류간하태망생 雲在嶺頭閑不徹 水流磵下太忙生

'구름은 산마루 위에 있어 아주 한가롭고, 물은 계곡 아래 흘러 떨어진다.'(『허당록』) 가을날 푸른 하늘을 보면 저쪽 산마루에 잔잔히 떠 있는 흰 구름은 한가롭고 고요하기만 하다. 한편, 계곡물은 잠시도 쉴 틈 없이 숨 가쁘게 흘러간다. 그렇지만 구름은 스스로 한가롭다고 생각하지 않고, 흐르는 계곡물도 바쁘다고 생각하지 않는다. 이처럼 아무리 한가하거나 바빠도 구름이나 흐르는 물 같을 수 있다면 언제나 고요한 무심의 경지에 이를 수 있다고 한다.

운재청천수재병 雲在靑天水在甁

중당中唐의 문학자 이고李翶는 낭주朗州의 지사로 부임하자, 약산유엄藥山惟儼이라고 하는 고승이 있음을 알고 법문을 들으려 초대하였다. 그러나 몇 번을 요청해도 약산은 응하지 않았다. 어쩔 수 없이 이고는 직접 약산을 방문하였다. 약산은 모르는 척 독경을 계속할 뿐이었다. 무안해진 이고는 "세간의 평판과는 다르군. 그냥 그런 스님이 아닌가?"라고 한 마디 하고 막 돌아가려는데, 약산이 돌아보고 "세간의 소문으로 고승이라고 생각한 것은 당신 자신의 귀를 귀하게 여긴 것이오. 지금 나를 보고 별 볼일 없는 중이라고 한 것은 당신의 눈을 천하게 여긴 것이지 않소이까?"라고 말하였다. 이고가 바로 자신의 그릇됨을 깨닫고 묻기를 "어떠한 것이 도입니까?" 하자 약산이 한쪽 손으로는 하늘을, 다른 손으로는 병을 가리키면서 "알겠소?"라고 되물었다. 이에 이고는 "알지 못하겠습니다"라고 대답하였다. 그러자 약산이 말하기를 "구름은 하늘에 있고 물은 병 속에 있소"라고 하였다. 이고는 비로소 알아차렸다.(『경덕전등록』 권14) 도란 자연이다. 자연은 있는 그대로를 드러낸다. '구름은 하늘에 떠 있고 물은 병에 있다.' 이처럼 당연한 것을 선에서는 자주 말한다. 당연한 일에서 최고의 진리를 자각하라는 선의 가르침이다.

운출동중명 雲出洞中明

'구름이 흩어지니 동굴 내부까지 밝아졌다.' 깨달음이 분명하여 세계가 환히 드러난 모습을 말한다. 『최상승론最上乘論』에 "망념의 구름이 개이니 지혜의 태양〔慧日〕이 바로 드러나다"라고 한 것처럼, '깨달음의 가능성을 사람들이 본래 가지고 있다'는 생각을 시적으로 표현하였다. 본래의 구절은 '구름이 개이니 산등성이 드러나고 구름이 흩어지니 동굴 안이 밝다'이며, 『오등회원五燈會元』에 "구름이 개어 산악이 드러나고 해가 뜨니 하늘의 바다〔海天〕가 푸르다"가 있다.

운토봉 雲吐峰

'구름이 봉우리를 토하다.' 산에 걸려 있는 구름이 움직이니 산봉우리가 보이기 시작했다는 뜻이다. 마치 구름이 봉우리를 토해 내는 것처럼 보인 것이다. 움직이는 것이 구름인가 봉우리인

가. 활달자재한 심경을 나타낸 말이다.

운형수제 雲兄水弟

불도를 닦는 것을 목적으로 하여 수행에 정진하는 승을 말한다. 선종의 수행승들이 법랍法臘에 따라 형과 아우를 지칭하여 이렇게 말한다. 행운유수行雲流水와 같이 한 장소에 오래 머무르지 않고 여러 곳으로 훌륭한 스승을 찾아 돌아다니는 수행승을 뜻한다. 같은 사승師僧 아래서 수행하는 법형제를 지칭할 때는 사형師兄·사제師弟라고 한다.

원각 圓覺

'완전한 깨달음, 즉 부처의 깨달음'을 뜻한다. 원각이라는 용어는 7세기말에 중국에서 성립한 『대방광원각수다라요의경大方廣圓覺修多羅了義經』에서 유래한다. "무상無上의 법왕에 대다라니문이 있고, 이름하여 원각이라고 한다. 모든 청정함인 진여·보리·열반 및 바라밀이 유출한다"라고 하였다. 규봉종밀圭峰宗密은 이 경을 대단히 중시했는데, 그는 "원각에는 완전한 가르침으로서의 원교圓敎와 아주 빠르게 성불〔速疾成佛〕하는 돈오를 합한 원돈圓頓의 의미가 있다"고 하여, 이에 기반하여 본래성불의 이론과 실천을 전개하였다. 혜능의 제자 영가현각永嘉玄覺은 『증도가證道歌』에서, "모든 현상은 무상한 것이며 공이다〔諸行

無常一切空). 바로 이것이 여래의 대원각"이라고 하였다.

원간근간 遠看近看

선관禪觀을 실천하는 관법으로서 '멀리 보기도 가까이 보기도 하는 것'을 의미한다. 북종선의 강요서綱要書인 『대승무생방편문大乘無生方便門』에는, "어디에도 속박됨이 없이〔放曠〕 멀리 보아라. 고르게 허공이 다하는 먼 곳을 보아라"고 설한다. 여기서 간看은 사물을 육안으로 본다는 의미가 아니라 텅 빈 마음으로 응주凝住하는 것을 뜻하며 '견見'의 의미를 내포한다.

원관산리색 遠觀山里色

'멀리 산동네의 정경을 보다.' 산 위에서 건너보면 멀리 골짜기 사이로 산마을이 고요히 품어져 있다는 뜻이다. 맑디맑은 기분으로 바라보는 풍경을 묘사하였다. 본래는 '멀리 보니 산에는 색이 있고 가까이 들어보니 물에는 소리가 없다'(『선림유취禪林類聚』)는 말을 바꾸어 말한 것이다.

원돈지관 圓頓止觀

마하지관摩訶止觀의 다른 이름이다. 『법화경』을 '원돈의 가르침'이라고 하는데, 불교 궁극의 수행관법을 원돈지관이라고 한다. 원돈은 진실의 존재를 몰록 깨닫는 것을 의미하고, 지관은 넓은 의미로 정(定; 선정)과 혜(慧; 지혜)인데, 선정禪定을 실천하여 지혜(반야)가 나타나는 것을 말한다.

원동대허 무결무여 圓同大虛 無缺無餘

'둥근 것이 대허〔태허〕와 같아 모자람도 없고 남음도 없다'는 말이다.(『신심명』) 중국 선종의 제3조 승찬대사가 깨달음의 당체〔無心〕가 원만하고 완전함을 노래하였다. 무일물無一物의 경지인 대허大虛, 결국 허공이나 대공처럼 모자람도 없고 남는 것도 없으며 천지에 가득 차 있어서 그 모습을 찾을 수도 없는 것이다. 물이지만 만지면 물이 없듯이, 진리를 상징한 원은 무시무종無始無終이며 한정된 시공時空이 없음을 의미한다.

원산무한벽층층 遠山無限碧層層

'먼 산은 한없이 첩첩이 푸르다.'(『설두송고』) 『벽암록』 제20칙 본칙에 대한 설두雪竇의 세 번째 송의 한 구절이다. 석양 노을에 비친 조각구름은 유유히 흘러가고, 먼 산은 겹겹이 푸르게 보이는 풍경이다. 깨달음조차도 버린 경지를 노래하였다.

원상 圓相

일원상一圓相이라고도 한다. 중국 선종의 제3조인 승찬은 『신심명信心銘』에서, "둥근 원은 대허〔太虛〕와 같아 모자람도 없고 남음도 없다"라고 노래하였다. 무한하고 끝없는 하늘은 허공이지만, 그것은 무시무종無始無終·무결무여無缺無余라고 표현하였다. '원'은 원만과 통하는 말로, 원어는 maṇḍala이고 우주의 진리를 나타내며, 밀교에서는 깨달음의 경지를 의미하는 말이다. 선승은 참된 실재를 나타내기 위해 종종 원(○)을 그리는데, 진실한 존재를 표현하는 것이다.

원적 圓寂

'한 티끌의 번뇌도 남김없이 완전히 사라진 지멸止滅'을 뜻한다. 석존의 입멸을 말한다. 넓게 쓰여 스님의 죽음을 의미하며, 천화遷化라고도 한다.『경덕전등록』「화암통和庵通선사장」에 "강서에 이르니, 마조 이미 원적하였다"라고 하였다.『소총림청규小叢林淸規』에 의하면, 망승亡僧의 위패에 "신원적모갑상좌각령新圓寂某甲上座覺靈"이라고 기록한다.

원포자귀청장후 조함화락벽암전 猿抱子歸靑嶂後 鳥啣花落碧巖前

'원숭이는 새끼를 품고 청장 뒤로 돌아가고, 새는 꽃을 물고 벽암 앞을 날아간다.' 청장은 푸르고 높은 가파른 산, 벽암은 푸른 암벽을 뜻한다. 어느 승이 협산선념夾山善念에게 "이 협산의 경관은 어떠합니까?"라고 묻자, 협산이 이렇게 답하였다.(『오등회원』「협산장」) 승은 협산의 경치를 물은 것이 아니라 협산의 깨달음의 경지를 물은 것인데, 협산은 경관의 설명으로 답한 것이다.

월백풍청 月白風淸

'달은 하얗고 바람은 상쾌하다.'(「적벽부赤壁賦」) 맑게 트인 가을 하늘에, 달은 교교히 빛나고 밤이 되면 시원한 바람이 불어온다. 무더위를 견디는 수행 후에, 모든 얽매임에서 벗어나 맑은 경지를 얻었음을 표현하였다.

월축주행 月逐舟行

『종용록』 64칙에서 굉지정각宏智正覺은 "달은 돛단배를 따라가 강련江鍊을 맑게 하고, 봄은 풀을 따라 올라 불탄 흔적〔燒痕〕을 푸르게 한다"라고 노래하였다. '달이 돛단배를 따라가다'는 말은, 달이 배를 쫓아가는 것처럼 자유자재한 경지를 의미한다. 봄은 풀을 따라 올라와 푸르게 한다는 것은 대지에 봄이 감추어져 있는 것처럼 시절인연이 되어 본래의 자성이 드러남을 말한다. 이에 대해 만송행수萬松行秀는 "하나와 많음은 서로 걸림이 없고, 감도 머무름도 자유자재하다〔一多無碍 去住自由〕"라고 하였다.

위음이전 威音已前

'위음왕불威音王佛이 이 세상에 출현하기 이전'이란 뜻이다. 위음왕불威音王佛은 『법화경』 「상불경보살품常不輕菩薩品」에 나온다. 위음이란 '끝없이 멀다'는 의미이다. 무한한 과거에 최초로 이 세상에 출현한 부처(공겁空劫 이전의 부처) 그 이전이라고 하는 것은 자기, 또는 세계·우주가 나타나기 이전, 천지개벽 이전을 말한다. 즉 위음왕불이 출현하기 이전이란 모든 사량분별이 끊어지고 완전히 무(無, 非思量)가 되었을 때를 비유한 말이다. 위음이전은 '부모로부터 태어나기 이전', '본래의 모습', '본래면목'과 같은 의미이다.

위음이전사 威音已前事

'깨달음'을 말한다. 선수행에 있어서 모든 사량분별을 끊고 바로 무無가 되었음을 깨달을 때, '위음 이전의 일'이라고 한다.

유록화홍 柳綠花紅

'수양버들은 온통 녹색이며 꽃은 붉다.' 소동파(蘇東坡; 11세기 송대의 시인)는 산천초목이 그대로 진리를 나타내고 있는 모습에 놀라워하며, "유록화홍柳綠花紅 진면목眞面目 명력력明歷歷 노당당露堂堂"이라고 하였다. 아름다운 봄의 정경이 그대로 진리이며, 수양버들도 꽃도 숨기는 것 없이 환하고 당당하게 드러내고 있다는 뜻이다. 사실을 체득하는 것이 '불망어계不妄語戒'의 진실이다. 불망어는 '진실한 말(眞實語)'이다. 모든 존재가 그대로 진실을 말해주고 있음을 여실히 알 때 '불망어계'가 실감 나는 것이다.

유루선 有漏禪

유루는 번뇌를 말한다. '번뇌에 가득 찬 범부가 선정을 하는 것'을 말한다. 구체적으로는 욕계정欲界定·색계의 사선정四禪定·무색계의 사무색정四無色定·사무량심정四無量心定 등을 가리킨다. 유루정有漏定·세간선世間禪이라고도 한다.

유마일묵 維摩一默

'유마의 침묵'이다. '궁극의 진리는 언어로 표현할 수 없다'는 의미이다. 유마거사의 처소에 많은 보살이 방문했는데, 문수보살이 '입불이법문入不二法門'에 대해서 거사의 한 말씀을 청하였다. 이전에 대다수의 보살들은 불이에 대한 설명으로 상대적인 것, 즉 생과 멸, 더러움과 깨끗함은 모두가 둘이 아님을 열심히 설하였다. 마지막에 문수보살은 "모든 현상은 궁극에서는 언설로 설명할 수 없으며(無言無說), 보거나 안다고 할 수 없는 것(無示無識), 모든 문답마저 벗어난 것, 이것을 '입불이법문'이라고 한다"고 하였다. 그리고 나서 유마거사에게 물었으나, 거사는 침묵할 뿐 한 마디도 하지 않았다. 거사는 다만 침묵으로서 불이법문을 나타내 보인 것이다.(『유마경』) 존재와 현상에 대해

『유마경』에서는 불이不二라고 설하였다. 불이不二라는 공空의 실체를 말로 설명할 수 없는 일, 유마는 '고요(默)'로서 나타낸 것이다.

유산완수 遊山翫水

'산에서 놀고 물을 즐기다'는 뜻으로, 사방을 돌아다니며 빼어난 경관을 즐긴다는 말이다. 이 구는 불도수행에 대한 진지함이 결여된 것 같이 보이지만 실제로는 유유자적한 행각의 뜻으로 풀이된다. 앙산혜적仰山慧寂이 어떤 승에게 물었다. "어느 곳을 떠나 왔는가?" 그 승이 답하였다. "이른 새벽에 서천西天을 떠났습니다." 다시 물었다. "왜 그렇게 늦었는가?" 그러자 "유산완수遊山翫水"라고 답하였다.(『연등회요』권8)

유희삼매 遊戲三昧

'유희'는 어디에도 걸림이 없는 마음의 절대적 해방, 즉 마음의 자유로운 의식을 의미한다. 지옥이나 아귀의 세계에 떨어져도 유희의 마음으로 지옥세계를 활보하는 것을 유희삼매라고 한다. 어떤 굴레에 갇혀 있어도 이에 굴하지 않고 유유자적하게 지내는 것을 말한다. 무문혜개無門慧開는 "생사의 끝에서 대자재를 얻고, 육도六道·사생四生 가운데서 유희삼매한다"라고 하였다.(『무문관』 1칙) 다시 말해서 '유희삼매'는 모든 분별의식을 끊고 어떤 일을 당해서도 법의 굴레, 부처의 굴레에서 자재하게 되어 모든 미혹의 세계에서 벗어나는 것을 의미한다.

육불수 六不收

육은 '육식六識'을 의미하며 인간의 감각기관이다. 즉 안眼·이耳·비鼻·설舌·신身·의意 여섯 가지의 육식에 편견과 집착의 장애가 없음을 뜻한다. 운문雲門화상에게 어느 수행자가 "무엇을 법신法身이라고 합니까?"라고 물으니, 운문은 "육불수"라고 말하였다.(『벽암록』 47칙) 법신은 육식으로 인한 사려분별이 모두 걷혀 투명함 그 자체일 때를 말한다. 즉 '무無안이비설신의'일 때가 법신이라고 한다.

융통무애 融通無碍

'선승의 자유자재한 작용'을 말한다. 보통사람은 과거의 경험으로 얻어진 지식에 따라 행동하지만, 그 같은 기성관념은 도리어 방해가 되어 자유로이 행동할 수 없는 것이 많다. 선자禪者는 수행에 의해 모든 관념[망상분별]에서 벗어난 무심으로 살아가므로 언제나 융통무애하다. 이를 『경덕전등록』 「마노라존자장」의 법게에는 "마음은 만 가지 경계에 따라 바뀌고, 바뀐다 해도 언제나 편안하다[心隨萬境轉 轉處實能幽]"라고 하였다.

은완리성설 銀盌裏盛雪

어느 날 한 학인이 파릉巴陵선사에게 "어떤 것이 제바종提婆宗입니까?"라고 묻자, 파릉이 "은그릇 속에 눈이 소복하다"라고 대답한 말에서 유래한다.(『벽암록』 13칙) 제바는 서천 28조 중 제15조인 가나제바迦那提婆존자를 가리키며, 이 학인은 파릉선사의 가풍을 물은 것이다. 이에 대해 파릉은 '은그릇 속에 눈이 소복하다'고 답하였다. 은그릇과 새하얀 눈은 분간이 안 되므로, 이즉불이(二卽不二; 둘이면서 둘이 아닌 것, 즉 평등즉차별·차별즉평등)을 나타낸 것이다. 또 은그릇과 눈의 순백함은 사려분별을 끊은 청정한 경지를 나타낸 것이기도 하다.

음양부도처 일편호풍광 陰陽不到處 一片好風光

'음양이 이르지 않는 곳, 한 조각 좋은 풍광'이라는 말이다. 모든 분별을 제거한 무심의 경지에서 바라보면 곳곳이 아름다운 풍광이라는 의미이다.

음풍일양송 吟風一樣松

'바람으로 노래를 부르는 한 그루의 소나무'라는 말이다.(『한산시寒山詩』) 한산이 머무는 깊은 산의 정경을 말하였다. "수많은 풀은 이슬로 촉촉이 젖어 있고, 소나무는 바람이 불어 일제히 소리를 낸다(泣露千般草 吟風一樣松)." 모든 것을 떠난 고독한 가운데 깨달음의 역력한 경지가 있음을 의미한다.

응심 凝心

'정신을 한 곳에 집중시키는 것'을 말한다. 산란한 마음을 내려놓고 의식을 집중하여 삼매에 드는 형태이다. 보리달마의 '응주벽관凝住壁觀'은 응주하여 관하는 것이다. 응주는 응심을 뜻한다.

응착즉차 凝着卽差

'응착하면 차이가 생긴다.' 응착은 무엇인가 구하려고 하는 마음이 일어나는 것을 말한다. 따라서 '무엇을 구하려고 하면 오히려 그 본질에서 벗어난다'는 뜻이다. 선종에서는 이 말을 자신의 밖에서 부처(불법, 진리)를 구하는 것을 부정하는 의미로 사용한다. 『임제록』에 "이런저런 생각을 굴리면(擬) 바로 차差가 난다"라고 하였다. 공안에 대해 이리저리 계속 굴려 생각한다면 본질과 멀어지는 것을 말한다.

의마심원 意馬心猿

번뇌망상 때문에 산란하고 자제하지 못하는 마음을 '말이 달리고 원숭이가 소란을 피우는 것'으로 비유하였다.

이노백고각지유 狸奴白牯却知有

'들고양이와 흰 소가 도리어 얻었다'라는 뜻이다. 이노는 들고양이, 백고는 힘 좋은 소로서, 불성과는 거리가 먼 축생류들이다. '지유'는 원래 '있음을 알다'는 뜻이지만, 여기서는 '무엇이 있는가'를 도리어 살피는 것을 의미한다. 남전보원南泉普願은 "아주 오랜 옛적에는 어떠한 문자나 개념도 없었다. 부처가 세상에 나오자 이름이 생겼고 상相을 취하였다. … 오조 아래서는 499인이 모두 진리(불법)를 체득하였다. 다만 혜능慧能만이 불법을 얻지 못했는데, 그는 도道를 얻었을 뿐 다른 것은 얻지 못한 것이다"라고 설하였다.(『남전어요南泉語要』) 즉, 부처는 불법을 설하였고, 다른 조사들은 모두 그 불법을 알았는데 육조인 혜능만은 도를 알았다는 것이다. 이노백고의 '지유'는 여기서 말한 혜능의 '도를 얻다'와 동의어로 이해된다. 그렇다면 '고양이, 들소가 도리어 도를 얻었다'는 뜻이 된다.

이화겸접도 매석득운요 移花兼蝶到 買石得雲饒

'꽃을 옮기니 나비가 따라 오고, 돌을 사니 구름을 얻어 풍요롭다.' 꽃을 옮기는 자신은 꽃과 하나가 되고 돌을 사는 자신은 돌과 하나가 되어, 즉 무심하게 되어 자연과 동화됨을 노래하였다.

인인구족 개개원성 人人具足 箇箇圓成

'인인구족'은 '사람마다 모두 완전히 갖추어 있다'는 말이다. '개개'는 '한 사람 한 사람', '이것도 저것도'의 뜻이다. 개개와 같은 표현으로 두두頭頭·물물物物이 있다. '원성'은 원만히 이루어져 있는 것이다. 즉 모든 사람에게 원만히 갖추어져 있는 것, 곧 불성을 의미한다. 『벽암록』 62칙, '운문중유일보(雲門中有一寶; 운문에게 보배 하나가 있다)'의 이야기에는 "때문에 말한다. 천지우주 가운데 보배 하나가, 몸에 은밀히 거두어져 있다"라고 하였다.

인인분상부증흠 人人分上不曾欠

'사람들 누구나 흠잡을 데가 없다'는 말이다. 사람들은 모두 정신적 기능이나 능력을 마음껏 발휘할 수 있다는 뜻이다. 여기에는 본각本覺사상(여래장사상)이 내재되어 있다. 본각이란 본래 갖추어 있는 각성(覺性; 깨어 있는 성품, 불성)이라는 의미이다.

인적위자 認賊爲子

'도적을 아들로 삼다.' 『경덕전등록』 권9에, "이심전심以心傳心, 이를 정견正見으로 삼아야 한다. 밖을 향하여 경계를 쫓는 마음이 되어서는 안 된다. 이는 도적을 아들로 삼는 격이다"라고 하였다.

인지 因地

인위因位라고도 한다. 깨달음을 목적으로 수행하는 단계를 뜻하며, 이 기간의 수행을 인지법행因地法行이라고 한다. 깨달음을 얻은 상태는 과지果地이다.

인평불어 수평불류 人平不語 水平不流

'사람은 공평하면 말이 없고, 물은 평탄하면 흐르지 않는다'는 뜻으로, 분양선소汾陽善昭의 말이다. 분양은 "진리는 늘어나거나 줄어들지 않는데, 왜 시끄럽게 법이 설해졌는가"라고 문제 제기를 하고, 듣고 있던 학인을 대신하여 "사람은 평탄하면 말이 없고 물은 평탄하면 흐르지 않는다"라고 대답하였다.(『분양어록』) 부증불감不增不減의 진리이지만 사상事象에 따라 그 나타남이 다름도 진리임을 설한 것이다.

일 一

일은 만물의 근원으로서, 대우주의 모든 것은 일一로부터 생겨나 일로 돌아간다. 유일절대이고 만법을 투관透關하는 도리이기도 하다. 불교에서의 일一은 자성청정심自性淸淨心·불성佛性이라고도 칭하지만, 선에서는 특히 본래면목·주인공 등으로 부르고, 이를 체득하는 것을 본무本務로 삼는다.

일갈여뢰 —喝如雷

'(선사의) 일갈, 우레와 같다.' 혼비백산할 듯한 우레 같은 스승의 일갈소리는 미혹함을 벗어나 깨달음을 얻도록 하려는, 스승의 제자를 향한 간절한 마음이다.

일격망소지 —擊忘所知

'일격에 모든 것을 망각했다'는 뜻이다. 당말, 향엄香嚴선사는 그의 스승인 위앙潙仰선사가 "부모로부터 태어나기 전의 소식을 한 마디 말해보라"고 했지만 한 마디도 말할 수 없었다. 박식 총명한 향엄이었지만, 그동안 배운 지식이 도움이 되지 못함을 알고, 모든 경론을 싹 태워버리고 행죽반승(行粥飯僧; 아침에는 죽, 낮에는 공양을 짓는 소임)이 되어 18년이나 이 공안을 참구했지만 알 수가 없었다. 그래서 위산선사에게 "저는 우둔해서 정말 모르겠습니다. 스님께서 가르쳐 주시지 않겠습니까?"라고 탄원하였다. 선사는 "말해 주어도 좋겠지만, 그렇게 된다면 그것은 나의 한 마디가 되지 자네 것은 아니지 않는가. 말해 준다면 언젠가 자네는 나를 필시 원망할 걸세"라고 하였다. 향엄은 위산의 곁을 떠나 혜충慧忠국사의 묘지기가 되어 일생을 보내려고 초암을 지었다. 어느 날, 마당을 쓸고 쓰레기를 버리려고 하는 차에 기왓장 한 조각이 대나무에 맞아 '탁!' 하는 소리에 향엄은 홀연히 깨쳤다. 향엄은 감격하여 바로 위산선사의 처소에 가서, 18년간 자신을 위해 한 마디도 일러주지 않은 대자비심에 감사드린다. 그리고 깨달음의 경지를 다음과 같은 게송으로 나타내었다. "단 한 번 부딪침의 소리로 모든 알음알이 끊어지니 다시 더 닦을 것 없구나. 덩실덩실 옛 부처의 길을 넘나드니, 초연悄然하여 어떠한 기機에도 떨어지지 않는다. 이르는 곳마다 자취가 없으니 성색 밖의 위의로다. 시방十方의 도를 아는 이라면 모두 상상上上의 기機라고 하겠지."(『경덕전등록』「향엄지한장」)

일구합두어 一句合頭語

합두는 '종지(宗旨; 가장 으뜸된 가르침)를 이해하는 것'을 말한다. 당대唐代의 선자禪者인 선자덕성船子德誠이 협산선회夾山善會를 지도할 때, "일구합두어 만겁계려궐(一句合頭語 萬劫繫驢橛; 종지를 깨닫게 한 일구라도 그것에 집착하면 영원히 밧줄에 매인 나귀가 된다)"이라고 하였다.

일구흡진서강수 一口吸盡西江水

방거사가 마조도일선사를 예방하고 "만법과 상대相對되지 않는 자, 그는 어떤 사람입니까?"라고 물으니, 마조가 "그대가 서강의 물을 한 번에 다 마신다면 그때 어떤 사람인가를 가르쳐주지"라고 대답하였다.(『방거사어록』) 서강의 물이란 '큰 강물'을 말한다. '서강의 물을 한 입에 다 마신다'라는 것은 '대우주를 마신다'고 하는 뜻으로, 무심무욕無心無慾·천지일환天地一環이 되어 완전히 녹아버리는 경지를 말한다. 그때는 만법과 내가 하나가 되는, 즉 '만법과 상대되지 않는 자'가 되는 것이다.

일기수사일기 一器水瀉一器

『원오심요圜悟心要』에 "한 사발의 물을 다른 사발로 옮기는 것과 같이"라고 하였다. 이것은 불법을 물에 비유하여, 스승과 제자 간에 불법을 전함을 나타낸 것이다. 선가에서는 이를 '사자상승師資相承'이라고 한다.

일기일회 一期一會

'일기'란 '사람이 태어나 죽을 때까지의 기간'을 의미한다. 즉, 사람의 일생을 뜻한다. '일'은 다만 한 번뿐 두 번 다시 돌아오지 않는 것이다. '회'란 모임이란 뜻으로, 사람들이 모여 법회를 갖는다는 의미이다. 다시 말해서 일기일회란 '생에 딱 한 번 만난다'라는 것이다. 이는 차회茶會에서의 마음가짐이나 태도에 대해 사용되는 말이지만, 불교에서도 인생은 무상無常하고 만나면 헤어진다고 하는 의미에서 일기일회라고 한다. 어떤 일에도 일기일회라고 생각하여 전심전력을 다해 일심불란하게 됨을 불교에서는 '삼매三昧'라고 한다.

일념 一念

일념의 원어는 eka-kṣaṇa(一刹那) 또는 eka-citta(一心)이다. 일념은 한 순간의 마음을 의미한다. 특히 염념상속念念相續이라는 말에 의해 표현된 시간적인 연속을 부정하는 돈頓이나 즉卽의 의미로 사용된다. 중국불교에서 일념의 사상 전개에 큰 역할을 한 것이 6세기에 활약한 천태지의天台智顗의 일념삼천一念三千설인데, 『마하지관摩訶止觀』에는 "한 순간의 마음에 삼천의 세계를 구족하고 있다"고 설한다. 이 점은 법장法藏이 『화엄오교장華嚴五教章』에서 돈교頓教, 즉 선종의 설을 "일념도 일어나지 않으면 바로 부처와 동등하다"고 설한 것과 같다.

일대사 一大事

일단사一段事라고도 한다. 일대사는 수행의 목적으로 말하면 깨닫는 것이고, 실천으로 말하면 좌선이다. 『법화경』「방편품」에 "제불세존諸佛世尊은 오직 일대사인연 때문에 세상에 출현하셨다"라고 한 것에서 유래한다. 부처님이 세상에 출현한 목적은 '깨달음을 얻기까지의 과정을 보이고, 지혜를 발휘하여 모든 중생을 깨닫게 하고 구제하는 것'이라고 한다. 선종에서는 스승이 제자에게 불도의 요지를 전하는 종이를 '일대사훈결一大事訓訣'이라고 한다.

일대사인연 —大事因緣

'일대사를 위한 인연'을 말한다. 불교에서의 일대사(一大事; 가장 큰 일)는 성불득도(成佛得道; 開悟)와 중생제도(衆生濟度; 敎化)이다. 따라서 일대사인연이란 그러한 일대사를 위한 수행, 참선 등을 뜻한다. 불가에서는 승려가 출가한 이유를 '일대사인연'이라고 한다.

일립속중장세계 반승당내자산천 —粒粟中藏世界 半升鐺內煮山川

'한 알의 벼 속에 세계가 감추어져 있고, 반 되 정도의 솥가마에 산천이 삶아진다.' 선인인 여동빈呂洞賓이 황룡회기黃龍誨機선사에게 "한 알의 벼 속에 광대무변한 세계가 들어 있고, 아주 작은 솥가마에 산하대지가 삶아진다"는 의미를 묻고 깨달음을 얻었다고 전한다.(『오등회원』권8) 결국 이원적, 상대적으로 취하기 쉬운 우리 인간의 마음을 단절하고 절대적인 무無의 작용을 나타낸 것이다.

일묵여뢰 —默如雷

'침묵이 우레와 같다'는 뜻으로 『유마경』 「입불이법문품」에 나온다. 모든 상대적 대립을 초월한 진실을 말이나 문자가 아닌 침묵에 의해 보인 것으로, 문수보살이 유마거사에게 불이不二법문에 대해 물은즉, 유마거사는 묵묵히 아무 말을 하지 않았다.

이에 문수보살이 감탄하였음을 기록한 것이다. 선의 공안 가운데 하나이다.

일물불장래 一物不將來

'한 물건도 가지고 올 것이 없다'는 말은 유무有無의 상대개념을 넘어선 절대무絶對無의 경지를 나타낸다. 선에서는 '무일물無一物', '무심'이라고 하는 경지도 버리라고 한다. '방하착', '다만 버릴 것'이라고 딱 잘라 버리는 것이 선이다. '본래 한 물건도 가지고 올 것이 없다'는 것은 그대로 '무소주無所住의 마음'을 칭하는 것이다.

일미 一味

일미는 순수·무구無垢·불변이라는 의미가 있다. 스승으로부터 제자에게 가르침이 전해질 때 '일미사병一味瀉瓶'이라는 말을 쓴다. 병의 물이 한 방울도 남김없이 다른 병으로 옮겨짐을 비유하였다. 또한 일미선一味禪이라는 말이 있다. 순수무구의 선이라는 의미이다. 도달해야 할 목적이 없는 선, 선 그 자체가 최상의 수행임을 뜻한다. 달마가 인도에서 전해온 대승불교의 선, 즉 여래선이야말로 일미선이라고 하였다.(『영평대청규永平大淸規』상)

일미선 一味禪

'일미'는 '여래의 가르침은 때·장소·사람에 따라 설하는 방식이 다르지만, 바닷물의 맛이 어디에서나 같은 것처럼, 그 본뜻은 하나이다'라는 의미이다. 일미선은 순일무잡한 가장 뛰어난 선을 말한다.

일미진중입삼매 一微塵中入三昧

'일미진'이란 눈에 보이는 물질의 최소단위이다. 이 구는 80권본『화엄경』권14의 "일미진 가운데에서 삼매에 들어 모든 미진정微塵定을 성취한다"에 나온다. 미진정이란 일미진에 염정染淨의 모든 사물이 존재하는 모습을 관찰하는 삼매를 말한다. 『벽암록』50칙에, 운문문언과 어느 납자와의 문답에서 "납자가 운문에게 묻기를, '어떤 것이 미진삼매입니까?' 하니, 운문이 말하기를 '발우 속에 밥, 물통 속에 물'"이라고 하였다. 운문은 구체적인 일상생활에 응하여 미진삼매의 내용을 설한 것이다.

일봉운편편 쌍간수잔잔 一峰雲片片 雙澗水潺潺

'봉우리 위로 구름 흘러가고 계곡 사이로 물이 흐르네.' 불성을 깨달은 사람이 자연의 정경을 보면 모두 부처의 모습으로 보인다는 게송이다.

일산행진일산청 —山行盡—山靑

'한 산을 넘으면 또 푸른 산이 있다'라는 말이다. 당대 시인 나업 羅鄴의 「행차行次」에 나오는 말이다. "종일 먼 길, 다시 짧은 길. 한 산을 넘으니 또 푸른 한 산이 있네." 가도 가도 산이다. 산을 넘는 것을 노고라고 생각하지 않고, 치솟은 산을 바라보는 여유로움이 나타나 있다. 그러한 기분을 수행이나 인생의 노정에 비유하였다.

일성뇌진청풍기 —聲雷震淸風起

'천둥치며 쏟아지는 비가 그치니 한 줄기 서늘한 바람이 분다'는 뜻이다.(『벽암록』) 뇌성벽력의 천둥과 빗소리에 모든 번뇌·망상이 씻겨서 청정무구의 깨달음을 얻은 경지를 나타낸 것이다. 번뇌·망상의 불꽃은 좀처럼 꺼지지 않는다. 벼락이 치고 퍼붓는 폭우에 모든 것이 쓸려가는 것처럼, 맹렬하고 엄한 수행으로 망상이 더 이상 일어나지 않는 청정심이 됨을 말한다.

일성입산월 —聲入山月

'어떤 소리가 산에 걸려 있는 달빛 속으로 들어가네'라는 뜻이다. 일성이 목탁소리인지 새소리인지 종소리인지 모르나, 그 소리가 산에 걸려 있는 하얀 달빛 속으로 울려 사라지는 모습을 그렸다. 정적한 산중을 나타낸 말이다. 종지문宗之問의 시에 "객은 취하고 산월山月은 고요하네. 원숭이 울고 강에 비치는 나무는 깊기만 하다"고 하였다. 자연의 현상 그대로가 선임을 의미한다.

일수춘풍유양반 남지향난북지한 —樹春風有兩般 南枝向暖北枝寒

'나무 한 그루에도 불어오는 춘풍이 두 가지가 있네. 남쪽으로 뻗은 가지는 따뜻한 바람이, 북쪽 가지는 찬바람이.' 나무 한 그루에도 남북쪽으로 뻗힌 가지에 바람의 차고 더움의 차가 있듯이, 깨달음의 경지에 이르렀다고 해도 깨달음이 구체적인 작용으로 되면 사람에 따라 각각 천차만별로 나타난다는 의미이다.

일신여운수 —身如雲水

'일신이 운수와 같다.' 운수는 '행운유수行雲流水', '천운도수穿雲渡水'에서 온 말이다. 스승을 찾아 온 나라를 돌아다니며 행각하는 수행승을 운수라고 하지만, 여기서는 지나가는 구름과 흐르는 물처럼 자유로운 것을 뜻한다.

일심 —心

『대승기신론』에서는, 현상세계를 보고 듣고 이에 따라 움직이는 마음을 '심생멸문心生滅門'이라 하고, 움직이지 않는 마음을 '심진여문心眞如門'이라고 한다. 심心을 둘로 보는 것이 아니라 심진여문 내에 생멸문이 있다고 하며 이러한 마음을 '일심'이라고 한다. 이 같은 일심사상은 선종에서도 적용되는데, 특히 선종에서 일심은 부처님의 마음이 그대로 역대 조사들의 마음으로 전해진 것을 말하며, 결국 이 일심을 깨닫기 위해 수행하는 것이다.

일심불생 만법무구 一心不生 萬法無咎

'일심이 되어 작의적 분별로서의 집착과 시비하는 마음이 일어나지 않으면 만법에 어떤 허물도 없다'는 의미이다.(『신심명信心銘』) 여기서 '일심불생'은 어떤 마음도 생기지 않는다는 것이 아니라, 부동심不動心이 된 일심一心이면 분별의식에 동요됨이 없다는 뜻이다. 만법은 삼라만상, 즉 우리의 일상생활이다.

일엽낙지천하추 一葉落知天下秋

'잎새 하나가 떨어지니 천하에 가을이 멀지 않았음을 안다'는 의미이다. 사소한 현상에서 불법의 전체가 나타남을 말한 것이다. 『경덕전등록』「쌍천사관雙泉師寬장」에, 어떤 승이 "주장자를 치켜세우는 뜻은 무엇입니까?"라고 묻자 사관이 이 말로 대답하였다. 치켜든 주장자를 생각해서는 안 되고, 주장자를 든 것에 불법이 모두 있음을 말하였다. 선가에서는 아무렇지도 않는 작은 현상이 커다란 변화를 일으킨다는 상징적 표현으로 사용한다. 전미개오轉迷開悟의 순간과도 의미가 통한다.

일예재안 공화난추 —翳在眼 空華亂墜

'눈에 티끌이 들어가면 꽃 같은 환영이 어지럽게 떨어지는 것처럼 보인다.'(『경덕전등록』) 조금이라도 마음속에 집착하는 것이 있으면 여러 가지 망상이 일어난다는 의미이다.

일우윤천산 —雨潤千山

'한 방울의 비, 천산을 적시다.' 작은 빗방울에 옷이 젖겠냐고 생각했는데, 어느새 흠뻑 젖어 있는 것과 같다. 불법을 자우慈雨에 비유한 표현이다. 어떤 것도 구별하지 않고 한결같이 은혜를 주는 모습을 말한다. 또한 한 가지의 진리가 만상에 응현應現하는 것을 뜻하기도 한다. '일우보윤주사계(一雨普潤周沙界; 한 방울의 비가 두루 이 세계 전체를 적시다)'라고 하는 것과 같다. 『법화경』「약초유품藥草喩品」에는 "일우소윤 이제초목각차별(一雨所潤 而諸草木各差別; 똑같은 비에 젖지만 모든 초목은 제각각 차별이 있다)"라는 말이 있다. 비는 고루 내리지만 초목은 젖는 것이 제각각 다른 것처럼, 같은 법을 들어도 근기에 따라 차이가 있음을 뜻한다.

일원상 —圓相

남전보원南泉普願선사는 땅바닥에 일원상을 그리고는 이를 가리키며 "말했다가는 바로 그르친다"라고 하였다. 일원상은 단순한 원을 가리키는 것이 아니라, 원전圓全·원만圓滿함을 의미한다. 즉 우주만상의 본체·근원을 표현한 것이다.

일월성신심 日月星辰心

일월성신은 모두 객관적 존재이지만, 이러한 것과 마음을 하나로 보았을 때(主客一體) 그것은 모두 마음에 따라 나타난다는 것을 의미한다.

일월재천영인중수 一月在天影印衆水

'하나의 달이 하늘에 있지만 그림자는 모든 물에 떨어진다'는 말이다.(『원오어록』) 하늘에 빛나는 달은 하나이지만 수많은 강과 바다에 그 그림자는 무수히 떨어져 있다. 어록에는 '일불출세각좌일화(一佛出世各坐一華; 한 분의 부처님이 세상에 나타나셨지만 그 결과 모든 연화좌에 부처님이 앉아 계시구나)'라는 어구가 이어진다. '국수월재수(掬水月在手; 한 움큼 물을 뜨니 달이 손안에 있네)'라고 하는 것과 같다.

일이삼 一二三

'수를 세는 동작'을 말한다.(『방거사어록』) 지나치기 쉬운 사물의 본질이나 당연한 일을 정중히 가리켜 보이는 친절한 행위를 말하기도 한다. 또는 역으로 사물을 헤아리는 분별의 무의미함을 가리킬 때의 표현이라고도 볼 수 있다.

일일부작 일일불식 一日不作 一日不食

당대 선사인 백장회해百丈懷海의 말로, 선 수행자에게 주는 교훈이다. 백장선사는 팔십 고령이 되었어도 매일 운력運力에 참여하였다. 제자들이 운력을 그만두길 청했지만 듣지 않았다. 어느 날 제자들은 선사의 농기구를 모두 감추었고 선사는 운력을 하지 못하였다. 그러자 선사는 식사도 하지 않고 좌선만 할 뿐이었다. 이유를 물으니, 선사는 "하루 일하지 않으면 하루 먹지 않는다"라고 대답하였다. 제자들은 잘못을 빌고 도구를 드렸고, 선사는 바로 운력에 나갔다.(『오등회원五燈會元』) 백장의 이러한 정신은 선원생활의 청규가 되었으며, 나아가 율종에 속해 지내던 선원이 선종으로 독립하는 계기가 되었다.

일일천진 일일명묘 ——天眞 ——明妙

'모두 천진하고 모두 명묘하다.' 천진은 순수한 성품을 말한다. 황벽희운黃檗希運의 『완릉록宛陵錄』에 "천진한 성품, 본래 미혹함이나 깨달음이 없다"라는 말이 있다. 본래 『동산록洞山錄』에서 '천진이묘天眞而妙'라고 한 것을 부연한 표현이다.

일자관 一字關

'선의 종지를 나타내는 한 자(一字)'를 말한다. 법안문익法眼文益은 『종문십규론宗門十規論』에서 운문문언의 선을 "소양韶陽은 함개절류(函蓋截流; 소주의 운문의 선풍은 그릇과 뚜껑이 딱 맞는 것처럼 적당히 넘어가는 일 없이 수행자를 이끈다)"라고 평하였다. 운문은 갈喝·로露·격骼·눌肭 등 한 글자로 불법을 표현하며, 선 수행을 점검할 때 한 글자를 내 보이고 학인은 이를 통해야만 하였다. 이를 '일자관'이라고 한다. 이 같은 운문의 선은 문자선文字禪이나 선문학의 형성에 크게 영향을 주었다. 지금 선원에서 행해지는 상당법문上堂法問이나 법어에서, 자주 간단한 말이나 일갈一喝이 사용되는 것은 운문선의 경향이라고 생각된다.

일자불설 一字不說

'석존이 깨달음을 얻고 나서 열반에 들기까지 한 마디도 법을 설하지 않았다'고 하는 의미이다. 궁극적 진리는 언어로 표현될 수 없으며 문자를 떠난 것이기 때문이다. 이러한 사상의 입장은 『유가사지론瑜伽師地論』「보살지菩薩地」의 진실의품眞實義品에서 '모든 존재는 언어표현을 넘어선 자성(一切法離言自性)'이라는 설에 의해 확립되고, 특히 유식唯識사상·여래장如來藏사상에서 중요시되었다. 또한 『능가경楞伽經』의 "나는 어느 날 밤 홀연히 최정각最正覺을 얻은 후 열반에 이르기까지 한 말도 하지 않았다"라는 구절을 근거로, 중국 선종에서는 교외별전·불립문자를 종지로 하였다.

일자선 一字禪

일자관一字關이라고 한다. 다만 한 글자만으로 선의 요지를 나타낸 것이다. 특히 운문문언은 학인의 물음에 대한 대답을 언제나 한 글자(一字)로 나타냈으므로 일자선을 운문종의 종풍이라고 말한다.

일자출가 구족생천 一子出家 九族生天

'집안에 한 사람이 출가하면 구족이 천계에 태어난다'는 말이다. 같은 표현으로서 '일자출가 구족해탈(一子出家 九族解脫; 집안에 한 사람이라도 출가하면 구족이 해탈한다)'이라는 말이 있다. 『동산어록』「사북당서辭北堂書」에서 경전의 말씀으로 인용하고 있다.

일전과서천 一箭過西天

'화살 하나가 바로 서쪽으로 날아가 버렸다'는 말이다. '지금 여기서 잡아야 할 한 순간의 기회를 놓쳐 눈앞에서 허망하게 지나가 버렸다'는 뜻이다. 취봉翠峰이 임제에게 묻기를 "황벽선사는 무슨 언구言句로 사람들을 가르칩니까?" 임제가 답하기를 "황벽선사에게는 언구가 없다" 그러자 취봉이 다시 묻기를 "어째서 없는 것입니까?" 임제가 답하기를 "설사 있어도 지금 거론할 바는 아니다." 그러자 취봉이 재차 "여하간 들려주십시오" 하고 재촉하였다. 임제가 말하기를 "화살 하나, 서천으로 가버렸군"이라고 하였다.(『임제록』「행록」) 임제는 황벽선사에게는 사람에게 보이는 것 같은 그런 법은 없으며 그것이 황벽의 선이라고 말하였다. 그러나 취봉은 그 뜻을 알지 못하고 집요하게 황벽의 가르침을 보여 달라고 하였다. 그래서 임제는 "그대가 잡았어야 할 것이 이미 눈앞을 지나가 버렸어"라고 일축하였다. 진리의 깨침은 직접 체험해야 될 뿐 말로 설명이 안 됨을 말하고, 이를 일러 주었는데도 불구하고 설명해 달라는 것은 이미 깨침의 세계와 멀어졌음을 의미한다.

일조불명산갱유 —鳥不鳴山更幽

'새 한 마리도 울지 않는 산중 더욱 고요하네.' 적적한 산중을 표현한 말이다. 왕안석王安石의 시에 "바람이 불어 꽃잎마저 떨어지고 새가 우니 산중은 더욱 고요하네"라고 하는 것과 반대의 표현이다. 고요함도 시끄러움도 외계에 있는 것이 아닌, 스스로의 마음에 따른다는 의미이다.

일척안 一隻眼

사람들은 보통 두 개의 눈을 가지고 있는데, 이마 한가운데에 눈 하나가 더 있는 것을 뜻한다. 그것은 일체의 사물을 투명히 내면까지 볼 수 있는 지혜의 눈으로, 깨달음의 경지에 이른 사람을 "일척안을 구족했다"고 한다.(『벽암록』 8칙) 일척안을 정문안頂門眼·정안正眼·심안心眼·명안明眼·금강안金剛眼이라고도 한다.

일천추 一天秋

'하늘 가득 가을색이 만연한 모습'을 말한다. 일은 하나이지만 전체를 나타내므로, 일천은 만천滿天이라고 하는 것과 같다.

일초직입여래지 一超直入如來地

영가현각의 『증도가』에 나오는 말이다. 오랫동안 미혹했던 것이 한 순간에 바로 부처의 세계로 드는 것을 뜻한다. 그 경계에 도달한 사람은 미오迷悟에 집착하지 않고 자유자재하기 때문에 부처의 세계로 직입直入할 수 있다.

일촉파삼관 一鏃破三關

'한 화살촉으로 세 겹의 관문을 쏘다.'(『경덕전등록』) 강궁剛弓에 비할 만한 훌륭한 역량을 나타낸 말이다. 하나의 공안을 투과하면, 수많은 공안이 모조리 관통된다는 의미이다. 이 구를 이어 "화살(箭後)의 길 분명하다"란 구가 있다. 유사한 표현으로 '일전사삼관一箭射三關'이 있다.

일출해천청 日出海天淸

'해가 뜨니 바다도 하늘도 밝고 맑다.'(『오등회원속략五燈會元續略』) 여기서 태양은 불성을 비유하고, 그것이 나타남에 따라 번뇌의 구름은 사라지고 깨달음의 세계가 현전하다는 것을 뜻한다.

일합상 一合相

piṇḍa-grāha에 대한 구마라집鳩摩羅什의 역어譯語이다. 상相은 상상想과 같이 '집착'이라는 의미이다. 모든 것을 하나의 전체로 보고, 그것을 실유實有라고 고집하는 것이다. 구마라집 역『금강반야바라밀다경』에 "세계를 실제로 있는 것으로 보지만 이것은 다만 일합상(한 덩어리)이다. 일합상이지만 실로 일합상이란 없는 것이라고 여래는 말한다. … 단 범부는 그 일(일합상)에 탐내고 집착(貪着)한다"라고 한다. piṇḍa는 '신체·사람'이라는 의미도 있기 때문에 중연화합(衆緣和合; 모든 인연으로 모아진 것), 즉 인연으로 모아진 인간의 신체에 대한 집착도 포함된다.

일행삼매 一行三昧

원어는 ekavyūha-samādhi이다. 일상一相삼매·일상장엄삼매라고도 한다. '진여평등의 이치를 관찰하는 삼매'를 말한다. 『문수설반야경文殊說般若經』 하에 "법계는 한 모습(一相)이며 법계를 묶는 이것을 일행삼매라고 한다"라는 것에 근거한다. 『대승기신론』 권2에서는 진여삼매를 기술하면서 "다시 이 삼매에 들기 때문에 바로 법계의 한 모습을 안다. 말하자면 모든 부처의 법신과 중생의 몸이 평등무이平等無二가 됨을 일행삼매라고 이름한다"라고 하였다. 중국 선종 제4조인 도신道信은 "일행삼매에 든 자는, 현상계는 차별상이 없음을 안다"고 설하고, 혜능 역시 『육조단경』에서 "선지식들이여, 일행삼매는 어느 곳에서나 행·주·좌·와 언제나 일직심一直心을 행하는 것이다"라고 하였다.

일호천중혈 一毫穿衆穴

'털끝 하나로 모든 구멍을 뚫는다'는 뜻이다. 하나를 들어 모든 것을 이해하는 뛰어난 능력이나, 한 마디 말로 불법의 모든 것을 표현하는 교설 등을 가리킨다. 『회당조심어록晦堂祖心語錄』의 '독대장경讀大藏經'이라는 게송에는 "털끝 하나로 모든 구멍을 뚫고, 모든 구멍은 털끝 하나로 전부 수습된다"라고 하였다.

일화개오엽 —華開五葉

달마대사가 제자인 혜가慧可에게 준 전법게(傳法偈; 정법안장을 전하는 게송) 중의 세 번째 구이다. 대사는 "내가 본래 이곳에 온 뜻은 불법을 전하여 미혹함을 구하기 위해서이다. 한 줄기 꽃에서 다섯 꽃잎이 날 것이니 결국 불과佛果는 자연히 이루어질 것"이라고 하였다.(『소실육문집少室六門集』) '한 꽃에서 다섯 잎이 열린다'라는 말에는 두 가지 뜻이 있다. 하나는 '한 마음에 다섯 가지의 지혜가 열린다'는 의미이고, 또 하나는 '다섯 잎이 중국 선종의 오파五派를 뜻한다'는 것이다. 즉 달마대사가 자각한 마음의 꽃이 다섯 종파로 나누어짐을 표현하여 '일화에서 오엽이 열리다'라고 한다.

일화개천하춘 —花開天下春

'한 송이 꽃이 피니 천하에 봄이 왔네.'(『허당록』) 꽃 한 송이가 피어 다른 곳을 둘러보고서 만천하에 봄이 와 있음을 알았다는 말이다. 이 말은 깨달음을 얻은 사람의 눈에는 산천초목 모두가 부처이고 현실 그대로가 정토라는 의미이다.

일회일체회 —會—切會

'하나를 알면 저절로 모든 것을 알 수 있다'고 하는 말이다. 순간의 계기에 의해 진실을 깨달으면 바로 그 자리에 세계 전체가 진실로 가득한 것으로 전환해 버리고, 거기에는 이미 진리와 지혜, 대상과 정신이라고 한 자타의 구별이 없음을 말한다.

임운 任運

'자연 그대로, 거기에 어떠한 작위적인 것도 덧붙여지지 않은 것'을 말한다. 단지 되어가는 대로 맡긴다는 뜻으로도 풀이한다. 선에서는 특히 『임제록』에 "단지 연緣에 따라 과거 업이 소멸한다. 자연스럽게 옷을 입고, 가고 싶으면 바로 가고, 앉고 싶으면 바로 앉는다"라고 하였다. 『경덕전등록』 권6에 "색은 공하다는 것을 알아 태어남을 알면 바로 불생不生이다. 만약 이러한 마음을 알게 되면 바로 때(緣)에 따라 옷 입고, 밥 먹고(着衣喫飯) 할 것이다. 성태(聖胎; 佛性)를 오랫동안 길러 자연히(任運) 때가 되면, 새롭게 어떤 일을 당해서 내 가르침을 받아들이는 일이 있을 것이다"고 하는 것처럼, 인간의 습관화된 이해를 버리고 불법의 모든 작용에 맡기는 것이 임운이다. 또한 『도서都序』에서는 "도는 바로 이 마음, 마음으로 또한 마음을 닦는다. 악도 또한 이 마음, 마음으로 역시 마음을 끊는다. 끊지 않고 닦지 않을 때, 즉 임운자재할 때가 비로소 해탈이다"라고 하였다.

임종정념 臨終正念

임종할 때, 마음이 산란함이 없이 고요하고 고요한 상태(正念)

를 의미한다. 정념은 선에서 말하는, 마음이 전도顚倒·산란散亂하지 않는 고요함을 의미한다.

입실 入室

선원에서 선장禪匠이 수행자를 한 사람씩 자신의 방으로 들게 해서, 공안에 대한 견해나 수행의 진척을 점검하는 일을 말한다. 입실참선·입실독참入室獨參이라고도 한다.

자

자가당착 自家撞着

'이치에 닿지 않는다'는 말이다. 자신의 말이나 행위, 또는 스스로의 존재가 모순됨을 뜻한다. 오랫동안 바깥으로만 눈을 돌려 불법佛法을 구한 자신의 잘못된 모습을 빗대어 하는 말이다. 『선림유취禪林類聚』에는 "수미산은 높아 봉우리는 보이지 않고, 큰 바닷물은 깊어 바닥이 보이지 않는다. 흙을 채로 쳐 쓰레기를 들어내도 찾아볼 곳이 없다. 돌이켜 생각해 보니 자가당착일 뿐"이라고 하였다.

자결 咨決

'의문이 해결된 것'을 뜻한다. 수행승이 고덕古德이나 방장方丈에게 불법에 대해 물어서, 그것이 해결되는 것을 의미한다. 『연등회요』 권15 「백운수단장白雲守端章」에 "내일 입실해서 그 일을 자결하라"라는 구가 있다.

자기면목 自己面目

면목은 얼굴 형태나 눈을 말하지만, 선에서는 '자기의 진실된 모습'을 가리킨다. 『경덕전등록』 「몽산도명장蒙山道明章」에 의하면, 도명이 육조가 된 혜능을 쫓아가니, 혜능은 "그대가 만약 자신의 면목을 반조한다면 비밀은 그대 곁에 있을 걸세"라고 가르쳤다고 한다. 깨달음은 비밀한 곳에 있는 것이 아니라 자기 본래의 모습을 철저히 볼 수 있을 때, 바로 거기에 깨달음이 현현顯現한다는 말이다.

자안시중생 복취해무량 慈眼視衆生 福聚海無量

'자비의 눈으로 중생을 보니, 복이 모인 바다는 한없다.'(『법화경』 「관세음보살보문품」) '복취'는 모든 선행에 의해 얻어진 복덕을 말한다. 또한 복이 쌓여져 있음을 바다에 비유하고, 그것 또한 무량無量·무수無數·무한無限한 것을 '해무량'이라고 한 것이다. 관음보살이 대자비의 눈으로 일체중생을 보니 모든 중생에게는 큰 바다처럼 복덕이 무한·무량하다는 의미이다.

자정기의 自淨其意

'칠불통계(七佛通戒; 일곱 부처님이 지킨 계)'의 게偈 가운데 일구다. 즉 "모든 악을 짓지 말고〔諸惡莫作〕 모든 선을 봉행하라〔衆善奉行〕. 스스로 마음을 청정히 하는 것〔自淨其意〕, 이것이 모든 부처님의 가르침이다〔是諸佛敎〕." 불교가 무엇인가에 대한 답은 이 칠불통계에 있다. 선을 봉행하기 위해서는 '자정기의'가 중요하다. 불교의 수행은 바로 이를 위한 것이다.

작가 作家

'노련함·명수'라는 뜻으로서, 선적禪籍에서는 제자를 지도하는 수완이 뛰어난 선승을 말한다. 『임제록』「행록行錄」에는 "작가는 정말 다른 데가 있군"이라는 말이 있다.

작무 作務

보청普請이라고도 한다. 좌선이나 간경 외에 청소나 채밭을 가꾸는 일 등의 노동을 가리킨다. 선종에서는 작무를 중요한 수행의 하나로 여긴다. 위아래 모두 함께 일을 균등히 하는 것도 수행의 한 방편으로 본다.

잠행밀용 潛行密用

동산양개의 『보경삼매寶鏡三昧』에 나오는 말이다. 잠행은 지적

知的 이해를 뜻하는 것이 아니라, 스스로의 생활 그 자체가 불도 佛道의 행이라는 의미이다. 밀용은 잠행과 같은 뜻으로, 다만 의식적·작위적 행이 아니라 자신의 심신心身을 살펴 조용히 행동하는 것을 말한다. 이를 불행佛行이라고도 한다.

장안일편월 만호도의성 長安一片月 萬戶擣衣聲

'장안의 한 조각 달, 집집마다 다듬이 소리.' 이백의 시 「자야오가子夜吳歌」에 있는 구절이다. 장안에 뜬 달빛이 마을을 비추고, 집집마다 다듬이 소리가 들리는 고즈넉한 풍경을 노래하였다. 이 시는 원정나간 남편을 그리워하는 아내의 심경을 나타낸 것이라고 한다. 그러나 선의 세계에서는, 달과 만호를 하나로 보아 '세상에 나타나는 모든 사물은 하나'라는 평등 속에서의 차별을 노래하였다. 달빛과 다듬이 소리가 둘이 아닌 하나로서 조화를 이루는 광경, 바로 선의 세계이다.

장자장법신 단자단법신 長者長法身 短者短法身

'긴 것은 긴 법신이고 짧은 것은 짧은 법신'(『선림유취禪林類聚』)이라는 말로, 모습이 크거나 작거나 불성은 누구에게나 평등하다는 의미이다. '법신'은 '불성으로 빛나는 부처'를 뜻한다. 깨달은 자의 눈으로 세계를 보면, 모든 것은 있는 그대로 제각기 광명으로 빛난다는 것이다.

재장보단 裁長補短

'긴 것을 잘라 짧은 것에 더하다'는 말로, 여분이 있는 것을 잘라 부족한 것에 보충한다는 뜻이다. 설두중현雪竇重顯이 법안문익法眼文益과 덕산연밀德山緣密에 대해 다음과 같이 평하였다. "두 노숙老宿이 비록 긴 것을 잘라 짧은 것을 보충하고, 무거운 것은 버려서 가벼운 것에 더한 것은 잘 하였지만, 덕산도 아직 멀었다는 것을 알아야만 한다."(『명각明覺선사어록』) 서로 마음의 공부를 잘 챙겨주는 듯하지만 덕산은 크게 부족함을 말한 것이다.

저개 這箇

'이것'이라는 의미로, 자개者箇·차개遮箇·차개遮个·저개這个라고도 한다. 저這만으로 이것이라는 뜻을 나타내는 것은 거의 없고, 저저(這底; 이것)·저리(這裏; 여기·거기)·저변(這边; 이곳)·저회(這回; 이번) 등 다른 글자와 함께 사용한다. 예로『경덕전등록』「남전보원장」에 "스승이 구자(毬子; 공)를 들어 납자에게 묻기를, 저것〔那箇〕은 이것〔這箇〕과 어떤가?"라고 하였다.

저리 這裏

'여기', '거기' 등 가까운 장소를 의미한다. 자리者裏·차리遮裏·자리赭裏와 같다. 대어對語로서 나리(那裏; 저쪽)가 있다.

저변 這辺

저쪽(那辺)에 대해 '이쪽'이라는 말로 쓰인다. 선문헌에서는 문자대로의 의미 외에, 이쪽은 차안此岸의 현실세계, 저쪽은 피안彼岸의 이상세계를 가리킨다. 『경덕전등록』 「용천경흔장」에 "경흔이 말하기를 '그 답은 아직 이쪽의 차원을 넘어서지 않았네. 그것을 넘어선 저쪽의 소식은 어떤가?'"라고 하였다.

적골역지 赤骨歷地

'적'은 적나라赤裸裸, 전부 드러낸 모습이다. '골역'은 '미끈하다', '쭉 빠졌다'는 의태어이고, '지'는 접미어이다. 어떠한 틀에서도 벗어나, 있는 그대로 감출 것이 하나도 없는 자유자재한 진실인, 즉 무위진인(無位眞人; 어떠한 격이나 틀에서 벗어난 사람)의 모습을 나타낸 말이다.

적면당기 覿面當機

'기회, 장소, 상대를 불문하고 틈을 두지 않고 바로'라는 뜻이다. 상대를 대하자마자 신속하게 작용하는 것을 말한다. 적면은 '목전', '눈앞'을 뜻한다. "이 공안은 드러났다가(出) 숨기도 하고(入), 잡혔다가(擒) 달아나기도 하고(縱), 바로 눈앞에서 재빠르게 제시된다.(공안을 홀연히 깨달아 가는 상황) 그러나 유무나 득실이라고 하는 상대적 견해에 떨어지는 일이 전혀 없이, 이것이야말로 현묘한 작용이라고 할 수 있다."(『벽암록』 56칙) 학인이 선문답이나 또는 선사에게서 공안(화두)을 받아 화두에 집중하여 공부해 나가는 과정에서 어느 순간 홀연히 화두와 하나가 되어 화두가 풀리는 순간을 말한다. 이러한 '순간을 만날 때'를 '적면당기'라고 한다. 선어에서는 기機라는 용어를 많이 사용한다. 기관(機關; 종지宗旨를 파악하도록 하는 관문, 장치), 기기상응(機機相應; 스승과 제자의 선문답이 서로 딱 맞을 때), 기근(機根; 소질, 능력), 기선(機先; 내적인 의지나 힘이 발동하려고 하는 조짐) 등이 그것이다.

적멸 寂滅

마음이 편안한 것, 번뇌가 사라진 마음의 정적靜寂, 깨달음의 경지, 열반 등을 뜻한다. 『열반경』에는 "적멸을 낙으로 삼는다(寂滅爲樂)"라는 말이 있는데, 이것은 윤회의 고통을 벗어난 궁극의 안락을 나타낸다. 대승불교에서는 '제법은 본래 적멸상공寂滅相空'이라고 설하는데, '모든 존재는 본래 정적靜寂하여 그 상이 텅 비다'라는 의미이다. 한국에서는 주로 승려의 죽음을 시적示寂이라고 하는데, 완전한 해탈의 경지에 들었다고 하는 의미에서 적멸이라는 용어를 쓴다.

적시소인 지과군자 賊是小人 智過君子

'도적은 하천한 자이지만 그 지혜는 도리어 군자보다 낫다'는 말이다. 선자禪者의 파격적인 계략을 칭한 말이다. '정당하지는 않지만 훌륭하다'는 뜻과 '훌륭하지만 정당하지 않다'고 하는 뜻이 모두 내포되어 있다. 『임제록』 「행록行錄」에 위산이 앙산에게 묻기를, "괭이는 황벽의 손에 있었는데 어째서 도리어 임제에게 빼앗겼는가?"라고 물었다. 앙산이 말하기를, "도적은 소인이지만 지혜는 군자보다 낫습니다"라고 하였다. 이 말은 스승인 황벽의 괭이를 임제가 빼앗았다는 말인데, 앙산이 임제를 칭찬한 것이다.

적심 赤心

진심·자비스런 마음을 뜻한다. '적심편편赤心片片'은 진심으로 가득한 것, 즉 자비심이 넘치는 것을 의미한다. 원오극근圓悟克勤은 어떤 승이 "선지식이란 어떤 사람입니까?"라고 묻자, "적심편편"이라고 대답하였다.(『원오어록』)

적육단 赤肉團

심장 또는 육신을 뜻하지만, 선가에서는 진성·주인공·불성을 의미한다. 『임제록』에 "적육단상(赤肉團上; 참된 주인공으로 갖추어진)에 일무위진인(一無爲眞人; 어떠한 틀에서도 벗어난 참된 사람)이 있다. 언제나 그대들 면전에서 출입한다. 아직 확실하지 않은 자는 잘 보아라, 보아라"라고 한다. 임제는 적육단이나 일무위진인을 다름 아닌 주인공, 즉 진인眞人으로 본다. 말하자면, 불성을 보려고 하거나 깨달은 자를 보려고 한다면 일상생활에서 있는 그대로 살아가는 사람이 바로 '그'라는 것이다.

적적상승 的的相承

'조사祖師에서 조사로 명확하게 불법의 깨달음이 상속되는 것'을 뜻한다. 적적은 '확실하게'라는 말이다. 적적상승嫡嫡相承이라고도 한다. 『임제록』 「시중示衆」에 "그대들, 산승의 불법은 적적상승하여 마곡·단하·도일·여산·석공으로부터 한 길로 전해져 온 것이며, 천하에 두루 미친다"고 하였다.

적체 覿体

'통째 또는 전체'라는 뜻이다. 운문문언雲門文偃의 적체전진(覿体全眞; 전체가 모두 진실이다)이라는 말이 알려져 있다. 『운문광록』에서 운문문언이 말하기를 "응화신應化身의 말씀이 바로 법신의 말씀이며, 또 그것을 적체전진이라고 부른다"라고 하였다. 『원오어록圜悟語錄』 권9에, "운문이 말하기를, 주장자를 보고 다만 주장자라고 하고 집을 보고 집이라고 하는 것, 이를 적체전진이라고 한다"라고 하였다. 드러나 있는 모든 사상事象은 진실 그대로라는 의미이다.

전경전심 轉境轉心

전경은 '마음이 대상을 자재로 부리는 것', 전심은 그 반대로 '대상에 마음이 좌우되는 것'을 뜻한다. 전경전심은 외경外境인 객체와 마음인 주체가 일체로 되어 자유자재한 경지를 나타낸다. 『오등회원』에 "마음은 경계에 따라 나타나고 경계는 마음에 따라 일어난다"라고 하였으며, 또한 동서同書의 "마음이 미혹하면 법화法華에 굴려지고, 마음이 깨달아지면 법화를 굴린다"는 말도 같은 뜻이다. 『육조단경』에도 보인다.

전광삼매 電光三昧

전광은 '번개 같은 빛'을 말한다. 즉 전광은 일순간에 모든 것을 비추는 것이며, 이러한 작용의 삼매를 전광삼매라고 한다. 『대지도론』에 "이 삼매에 머물러 모든 삼매를 비추는 것이 전광과 같아서, 이를 전광삼매라고 한다"라고 하였다.

전광석화 電光石火

섬전광閃電光 격석화擊石火라고도 한다. 번개나 돌을 쳐서 나는 불꽃처럼, '아주 빠른 것'을 비유하는 말이다. 또한 시간의 찰나를 뜻하기도 한다. 선사들의 선기禪機를 이렇게도 비유한다. 『벽암록』 26칙 송頌에, "조사의 영역을 누비는 천리마, 그 자재로운 교화 방법이 예측불허이네. 전광석화와 같은 응기응변의 전환, 감당하기 어려운 사람이 와서 범의 수염을 잡네"라고 하였다. 같은 칙의 「평창」에 "설두가 말하기를, 전광석화, 응기응변의 전환이라고? 이 승(백장)은 격석화 같고 섬전광 같은데, 다만 약간의 응기응변이 있음을 노래하는군"이라고 하였다. 이것은 어느 승이 백장회해에게서 특별한 가르침을 구하려고 했는데, 아예 그러한 망상을 쫓아버리는 말이다. 백장의 선풍은 천공을 내달리는 천마와 같이 자유자재하고 몽환자재하다. 백장의 처소로 힘을 겨루고자 온 승은, 마치 호랑이 수염을 만지러 온 것 같다고 한다. 백장의 수완이 심상치 않음을 격찬하였다.

전구색학 塡溝塞壑

어느 납자가 조산본적曹山本寂선사에게 "무엇이 불법의 큰 뜻입니까?"라고 물으니, 조산은 "도랑을 막고 구덩이를 덮는다"라고 대답하였다.(『경덕전등록』 권17) 불법은 멀리 높은 데 있는 것이 아니라, '천지사방에 깔려 있는 것이 불법'이라는 의미이다.

전기 全機

'기'는 작용을 뜻한다. 어록에서는, 있는 그대로 나타남을 전기현全機現이라고 한다. 전 인격을 다하여 자재무애한 의식의 작용이다. 『원오어록』 권17에, "생生도 또한 전기현, 사死도 또한 전기현"이라고 한다. 생사를 대립 개념에서 보는 것이 아니라 살아 있을 때는 삶만으로 철저히 살아가고 죽음일 때는 죽음만으로 철저히 응대하는 것으로서, 상대를 끊고 상호 장애함이 없는 것을 의미한다. 바로, 지금, 이 자리에서 철저히 살아가는 것이 그대로 해탈이라는 것을 '전기투탈全機透脫'이라고 한다.

전미개오 轉迷開悟

'미혹함이 바뀌어 깨달음이 열리다.' 미혹함으로 인해 깨달음을 체득한다는 의미이다. 미혹함과 깨달음은 동전의 양면임을 뜻한다. 그러나 이 문구의 전轉은 즉卽이 아니다. 미혹함을 미혹함이라고 아는 것에 의해 도리어 깨달음의 환상에서 벗어나는 것이라고 할 수 있다. 바로 여기에 전轉의 의미가 있다.

전범입성 轉凡入聖

'범부가 성인(부처・보살)이 되다.' 미혹한 범부가 깨달음을 얻음을 의미한다. 역으로, 전성입범轉聖入凡은 '깨달음에 집착하지 않고 세상에 나아가 교화하는 것'을 뜻한다.

전삼삼후삼삼 前三三後三三

문수文殊가 무착無著에게 묻기를 "근래 어디를 떠나왔는가?" 무착이 답하기를 "남방에서 왔습니다." "남방의 불법은 어떠한가?" "말법末法의 비구라도 계율을 지키는 자들이 더러 있습니다." "얼마나 되는가?" "3백명이나 5백명쯤 됩니다." 이번에는 무착이 문수에게 묻기를 "이곳은 어떻습니까?" 문수가 답하기를 "범인도 성인도, 선인도 악인도 모두 섞여서 옥석을 분간할 수 없다." "그 수는 얼마나 됩니까?" "전삼삼후삼삼이다."(『벽암록』35칙 「본칙」) 무착은 오대산五台山에 참예參詣한 선사이고, 문수보살은 일체공一切空을 자각한 지혜를 상징한다. '전삼삼후삼삼'에서, 삼삼은 무한한 수라는 뜻이며 전·후는 말 그대로 앞·뒤다. 문수는 범인凡人·성인聖人·선인善人·악인惡人이 모두 평등한 인격을 갖추고 불법의 수행자가 아닌 사람이 없다는 것을 말한 것이다.

전신독로 全身獨露

전신은 '본질 그대로', 독로는 '홀로 개체로서 나타나다'는 뜻이다. 사량분별이 없는 본래의 면목을 드러낸다는 의미이다. 『원오어록』에 "이처럼 곧바로 끊고 오롯이 앉아, 정라라淨裸裸 적쇄쇄赤灑灑(몸과 마음이 하나가 된 맑고 투명한 것을 형용한 말), 본래모습이 드러나다"라고 하였다. 또 『굉지광록』에서 굉지정각宏智正覺이 어떤 학인에게 묻기를 "그대는 어느 곳에서 눈이 맞았는가?"라고 하자 그 학인이 답하기를 "만상萬象 가운데 전신독로입니다"라고 하였다. 굉지의 질문은 혼미한 마음에서 벗어났는가를 물은 것이며, 학인은 우뚝 드러나 있음을 말한 것이다. 즉 마음이 환히 밝아 만상이 또렷이 보인다는 것이다.

전전상주 箭箭相拄

'두 사람이 활을 쏘아 공중에서 촉끼리 서로 충돌하는 것'을 뜻한다. 전봉상치箭鋒相値·전봉주箭鋒拄라고도 한다. 선종에서는 스승과 제자, 또는 같은 수좌들끼리 선문답으로 서로 겨루는 것을 이렇게 표현한다.

전죄성불 轉罪成佛

『금강경』의 죄업소멸에 대한 이야기를 종밀이 해석한 말이다. '금생에 업신여김을 받는 것에 의해 전생의 죄가 소멸되어 바로 성불한다'는 의미이다. 『종용록』 58칙 · 『벽암록』 97칙의 공안이다. 본칙은, 『금강경』의 "이 사람은 전생의 죄업이 있어서 마땅히 악도에 떨어져야 하는데, 금세의 사람들에게 업신여김을 받는 것으로 전생의 죄업이 소멸된다"라는 구절이다. 『금강경』에서는 이에 따라 무상정등각이 얻어진다고 한다. 그러나 만송행수萬松行秀는 평창에서, "규봉종밀은 이 경을 잘못 보고 전죄성불이라고 하였다. 보리와 번뇌는 불이不二, 생사와 열반도 불이不二이다"라고 하였다. 만송은 종밀이 죄가 소멸되어 성불한 것이라고 한 것을 질책하였다. 죄는 무자성임을 종밀이 보지 못했다는 의미이다.

전주일경 專注一境

'좌선할 때 마음을 한 곳에 집중하는 것'을 말한다. 심주일경心注一境과 동의어이다.

전차후옹 前遮後擁

'앞도 뒤도 꽉 막혔다'는 의미이다. 『벽암록』 62칙 「송착어頌着語」에 "오른쪽으로도 왼쪽으로도, 가려고 해도 앞도 막히고 뒤도 막혀 옴짝달싹할 수 없구나"라고 하였다. 참선 중 공안을 들고 그 공안에 대한 의심으로 꽉 찼을 때, 의심과 공안이 하나가 되어 조금도 움직일 수 없을 때의 상태를 말한다.

전후제단 前後際斷

앞뒤의 시간적인 연결을 절단하여 현재의 절대적 가치를 중요시하는 것을 의미한다. 구마라집 번역 『유마경』에, "모든 진리는 말로 설명할 수 없고, 말에 의해 알 수 없고, 모든 문답에서 떠난 것이다. 이는 전후제단하기 때문이다"라고 하였다. 또한 지의의 『마하지관』에 "일체의 법은 모두 불법佛法임을 믿고, 앞도 없고 뒤도 없고 또한 사이마저도 없다"라고 하는 말도 전후제단과 같은 뜻이다. 이 용어는 선가에서 많이 사용하는데, 과거나 미래에 구애됨이 없이 바로, 지금, 이 자리가 가장 중요함을 나타낼 때 쓴다.

절골환부 折骨還父

'신체를 아버지에게 돌려주다.' 비사문천毘沙門天의 아들 나타那吒태자가 자신의 골육을 부모에게 돌려주고, 본래의 몸을 드러내어 설법했다고 한다. 이를 토대로 '부모미생시(父母未生時; 부모로부터 태어나기 이전)' 혹은 '조짐미맹(兆朕未萌; 싹이 트기 이전)'이라는 말이 '본래면목'을 나타내는 의미로 사용된다.

절단중류 截斷衆流

중류는 '끊임없이 떠오르고 유동하는 의식'을 뜻한다. 즉 잡념·망상이 그렇다는 것이다. 이를 단절하여 정지靜止시키는 것을 말한다. 절단과 직절直截은 어록에 많이 나오는 용어이다. 『벽암록』 21칙에 "만약 이 중류를 절단하면 천리만리"라고 한다. '천리만리'는 눈에 걸리는 것 없이 환하게 길이 뻗혀 있음을 뜻한다. 이 말을 역으로 생각하면, 쓸데없는 생각에 집착하고 있다면 한 발자국도 옮기지 못하고 만다는 의미이다. 『신심명』의 "도를 이룸에는 다만 미움과 사랑을 끊어야 하고 그렇게 된다면 통연명백洞然明白이다"라는 말과 같은 의미이다.

절차탁마 切磋琢磨

학문이나 덕행을 힘써 닦는 것을 말한다. 정진精進의 의미이다. 불교에서는 선의 가르침을 실천하는 것을 bhavana라고 하고, 이것을 수행·수습(數習; 계속해서 닦는 것)·훈습(薰習; 닦음이 몸에 익혀진 것)이라고 번역한다. 수행에 온몸을 다해 절차탁마하여 게을리 하지 않는 것을 의미한다.

절후재생 絶後再甦

'목숨을 던져 새롭게 목숨을 얻는 것'을 뜻한다. 절후재소絶後再蘇라고도 한다. 자신의 번뇌·집착을 놓았을 때, 비로소 새롭게 목숨을 얻어 소생한다는 뜻이다. 『경덕전등록』「영광원진장永光院眞章」에 "던진 말이 털끝만큼이라도 잘못되면 고향[본래의 자신]에서 만 리나 멀어진다. 벼랑에 매달려 있는 손을 놓고 스스로 받아들여야, 죽은 후에 다시 소생하여도 너를 속일 수 없다"라고 하였다.

점심 點心

'공심(空心; 허공 같은 마음)에 점을 찍는 것'을 의미한다. 보통 '마음에 점찍는 것'이라고 한다. 일반적으로 정해진 식사 이외의 간단한 식사, 또는 일상의 세 끼니 중 낮 시간대의 식사를 말하기도 한다.

점즉부도 點卽不到

점은 '부른다'는 뜻이니, '불러도 오지 않음'을 말한다. 도즉부점到卽不點과 대구對句가 된다. 『경덕전등록』 「흥화존장장興化存獎章」에, 존장이 어느 날 학인을 부르니, 학인이 '예'라고 대답하였다. 존장이 말하기를 "불러도 오지 않는구나"라고 하였다. 또 다른 학인을 불렀다. 학인은 '예'라고 대답하였다. 존장은 말하기를 "오니 부르지 않는다"라고 하였다. 여기서 점즉부도는, 스승이 '아무개야~'라고 불러 '예'라고 해도, 시자는 응답했지만 대응할 만한 상대가 아니고, 더구나 정곡을 찌를 만한 말도 있지 않다고 생각하는 것이다. 도즉부점은 대응이 될 만한 학인이므로 부를 필요조차 없다는 것이다. 이와 공통되는 일화가 있다. 혜충이 어느 날 시자를 불렀다. 시자는 '예'라고 대답하였다. 이 같이 세 번 부르고 똑같이 대답하였다. 그러자 혜충이 말하기를, "내가 그대를 등졌다고 생각했는데 오히려 그대가 나를 등지고 있군"(『경덕전등록』 「남양혜충장」)이라고 하였다.

정당임마 正當恁麼

'바로 이 같이'라는 말이다. 정당은 '바로'·'확실히'·'마땅히', 임마는 '이처럼'·'그처럼'의 뜻이다. 정당임마인正當恁麼人은 '바로 이 같은 사람'이라는 의미이다.

정라라적쇄쇄 淨裸裸赤灑灑

'걸친 것 하나 없이 발가벗은 것'을 뜻하지만, 선어로서는 번뇌나 망상이 모두 떨어져 나간 경계를 말한다. 어떤 승이 관계灌溪의 말을 들어 운문에게 묻기를, "시방의 벽이 다 허물어지고 사면의 문 역시 없고 정라라적쇄쇄하여 잡을 곳이 없을 때는 어떻게 할까요?"라고 하자 운문이 답하기를 "그렇게 말하기는 쉽지만 거기서 나오기는 어렵네"라고 하였다.(『연등회요聯燈會要』「운문문언장」)

정법안장 正法眼藏

'불법의 진수'를 뜻하며, '부처의 가르침을 보는 눈을 가지고 있다'는 뜻이다. 석존이 가섭존자에게 법을 전수할 때, "나의 정법안장을 가섭에게 전한다"라고 하였다. 또 임제의현이 입적하려고 할 때 법좌에 기대어 말하기를 "내가 죽은 후에 나의 정법안장을 없애서는 안 된다"라고 하니, 제자인 삼성三聖이 나와서 말하기를 "어찌 감히 스님의 정법안장을 없애겠습니까?"라고 하였다. 그러자 임제가 말하기를 "나중에 어떤 사람이 너에게 그것을 묻는다면, 그에게 뭐라고 답하겠는가?" 하니, 삼성이 곧바로 '할!'이라고 하였다. 그러자 임제는 "나의 정법안장이 이 눈먼 당나귀 때문에 없어질 줄을 누가 알겠는가?" 하고는, 그대로 입적하였다.(『임제록』) 임제의 정법안장을 흉내만 내는 삼성,

삼성은 자신의 정법안장을 끝내 보이지 못하였다.

정심 淨心

'마음이 맑은 것', '마음을 맑히는 것'을 의미한다. 『육조단경』에 "선지식이여, 모두 마음을 맑게 하여 마하반야바라밀을 염하라"고 하며, 또한 "보리는 자성을 근본으로 하며 마음이 흔들리면 이는 망념이 된다. 정심은 망념을 알아채고 다만 올곧으면 세 가지 장애(三障)가 없다"라고 한다. '청정한 본래의 마음'을 의미하는 명사로도 쓴다.

정전백수자 庭前柏樹子

어느 날, 한 납자가 조주趙州선사에게 "달마가 인도에서 온 뜻이 무엇입니까?"라고 물으니, 선사가 "뜰앞의 잣나무〔庭前柏樹子〕"라고 답하였다.(『무문관無門關』) 이 구는 여기서 유래한다. 중국 하북성河北省의 조주趙州에는 잣나무가 많다. 조주선사가 말한 잣나무는 단지 나무를 말하는 것이 아니라, '자기와 잣나무가 하나가 된 것'을 말하는 것이다. 사물과 자신이 하나가 되는 것, 즉 무심의 당체當體가 되는 것이 달마조사가 서쪽에서 온 뜻임을 가르치고 있다.

정정 靜定

'마음이 고요하여 편안한 것', '잡념을 끊고 무념무상의 경지에 드는 것'을 말한다. 『치문경훈緇門警訓』「상봉불심재선사좌선의上封佛心才禪師坐禪儀」에 "무릇 좌선은 단심정의端心正意해야 하며, 허심虛心으로서 간결히 해야 한다. … 마음을 정정靜定히 하여 정념체관正念諦觀, 바른 의식으로 세밀히 살펴보아야 한다. '좌'는 이 마음을 아는 것이고, 이 마음을 반조하게 한다"라고 하였다. 또한 『보조국사법어普照國師法語』「시종본선인示宗本禪人」에도 "마음의 체는 태허太虛와 같고, 이는 정정靜定의 경지여서 설사 경풍미동境風微動하여 옛것에 잡혀도 머무르지 않아야 한다"라고 하였다.

제일의 第一義

'최고의 진리'라는 뜻이다. 제일의제第一義諦·승의제勝義諦·승제勝諦 모두 동의어다. 언어표현이 가능한 세속의 진리〔世俗諦〕에 반해, 말이나 사려분별을 떠난 최고의 진리를 의미한다. 양무제가 "어떠한 것이 성제제일의(聖諦第一義; 최고의 성스러운 진리)입니까?"라고 묻자, 달마는 "확연무성(廓然無聖; 모든 존재는 본래 텅 빈 공이므로 확연하여 성스러움이나 속됨이 없다)"라고 대답하였다.(『벽암록』1칙·『종용록』2칙)

조고각하 照顧脚下

'발 아래를 살피라'는 뜻이다. 남북조시대 각명覺明선사는 어느 납자가 "조사가 서쪽에서 온 뜻이 무엇입니까?"라고 물었을 때, "발 아래를 살펴라"라고 말하였다.(『선림유취禪林類聚』권20) 부처님의 가르침은 멀리 있는 것이 아니라, 지금 바로 여기에 있음을 지적한 것이다.

조고렬비목 照顧捩鼻木

'열비목을 조고하라.' 조고는 조고照故라고도 쓴다. 열비목은 '소의 코를 뚫는 나무'이다. 소 코에 꿴 나무를 사용하여 소를 끈다. 『종용록』 70칙 「본칙」에, 진산주進山主가 수산주修山主에게 묻기를 "생生이 즉 불생不生이라는 성질을 잘 아는데도 어째서 생에 집착하는 것입니까?"라고 하자, 수산주가 답하기를 "죽순은 결국 대나무가 된다. 지금 대쪽으로 사용해도 되지 않겠나"라고 하였다. 육신에 집착하지 않지만 육신을 버리지도 않은 채 자유롭게 살아가는 것도 좋지 않은가라는 의미이다. 그런데 진산주의 물음에 대해 행수行秀는 착어著語에서 '열비목을 조고하라'고 하였다. '소의 열비목을 보라'는 것은 자신의 본성을 저버리고 타인에게 끌려다니고 있지 않은가 살펴보라는 뜻이다.

조도 鳥道

'새 외에는 지날 수 없을 정도로 아주 좁고 험난한 길'을 말한다. 동산양개洞山良价는 수행승을 지도하는 수단으로 조도鳥道·현로玄路·전수展手의 세 가지 길을 설하였다. 새가 공중을 날아가도 자취를 남기지 않는 것처럼, 불도수행도 어떠한 자취도 남기지 않는 자유무애한 것이어야 함을 말하였다. 몰종적(沒蹤迹; 종적을 감춤), 단소식(斷消息; 소식을 끊음)이라고도 한다.

조복 調伏

몸과 마음을 가지런히 하여 고요히 하는 것을 말한다. 본래 자신의 몸과 마음이 잘못되어 있는지를 살펴 이를 다스려 올바른 상태로 바로 잡는 것을 뜻한다. 독을 약으로 삼는 것처럼 자신의 번뇌를 다스려 굴복시킨다는 의미가 있다. 적의敵意가 있는 자를 교화하여 믿게 만드는 것을 의미할 때도 조복이라고 한다.

조사선 祖師禪

혜능 문하의 남종선南宗禪의 선풍을 뜻한다. 마조도일馬祖道一 이후에 일어난 선으로, 선은 좌선에만 있는 것이 아니라 일상적인 행동에도 있다고 본다. 조사선이라는 말은 위산영우潙山靈祐가 처음 말했으며, 『능가경』에서 최고의 선으로 간주한 여래선如來禪보다도 우월하다고 한다. 『경덕전등록』 「앙산혜적장」에

"그대는 다만 여래선만을 얻었지 조사선은 아직 멀었구먼"이라고 하였다. 그러나 중국선을 전체적으로 조사선이라고 하는 입장도 있다.

조사심인 祖師心印

인印은 도장을 말하며, 도장을 찍으면 언제나 같은 모양이 나타나는 것처럼, 조사의 깨달음은 모두 같은 구경究竟의 경지라는 것이다. 석존으로부터 부촉된 마하가섭 이후 조사들 사이에 대대로 전해져 온 불법은 동일한 것임을 의미한다.

조용 照用

조는 사물의 본체이며, 용은 본체의 작용이다. 임제의현은 수행자의 능력에 따라 사조용四照用을 세우고, 사구四句에 의해 모든 작용과 진실을 설명하였다. 네 가지 조용은 선조후용先照後用·선용후조先用後照·조용동시照用同時·조용부동시照用不同時이다. 『임제록』에는 보이지 않지만 명대明代의 『고존숙어록古尊宿語錄』에 처음 보이며, 『인천안목人天眼目』 권1에는 임제가 사용한 선수행 지도의 수단으로 나타나 있다.

조원일적수 曹源一滴水

'조원의 한 방울 물.' '조원'은 중국 산동성山東省에 있는 조계曹

溪의 원류를 말한다. 조계산曹溪山 보림사寶林寺에서 육조혜능이 설법했으므로, 그 지명을 따 혜능을 '조계'라고 한다. '일적수'는 한 방울의 물이라는 말로, 물이 한 방울 한 방울 떨어지는 것을 혜능의 선법이 전승되는 것에 비유하였다. 선에는 차사문借事問이라는 말이 있는데, '어떠한 사항을 빌어 그중 하나를 묻고 그것에 대해 답하는 문답'을 말한다. '차사문답借事問答'이라고도 한다. "어떤 것이 조원의 일적수입니까?", "개에게도 불성이 있습니까?"라는 것이 바로 차사문이다.

조지등시화 반숙이다시 早知燈是火 飯熟已多時

'등에 불이 있음을 알았었다면 이미 밥은 지어졌을 텐데'라는 뜻이다.(『무문관』6칙) 옛날 중국에 한 어리석은 사람이 해가 저물어 밥을 지으려고 솥가마를 보니 아궁이에 불씨가 없으므로, 등燈에 불을 붙여서 멀리 떨어진 이웃집으로 불씨를 구하러 갔다는 일화가 있다. 자신이 들고 있는 등불에 불이 있음을 모르는 어리석음, 즉 자신이 바로 부처임을 모르는 중생을 비유하였다.

조차심시도 造次心是道

'조차심이 바로 도'라는 말이다. 조차는 '내려놓지 못한 분주한 모습'을 말한다. '끊임없이 바쁘고 분망한 것도 도'라는 뜻이다. 천제석(天帝釋; 천왕)이 남양혜충국사에게 묻기를 "도란 무엇입니까?" 국사가 답하기를 "조차심이 도라네." 천제석이 또 묻기를 "조차심이란 무엇입니까?" 그러자 국사는 손가락으로 이것저것 가리키면서 말하기를 "이것은 반야대般若臺, 저것은 진주망眞珠網" 하니 천제석이 예배하였다.(『정법안장』「심불가득心不可得」) 도가 따로 있는 것이 아니라 삼라만상이 그대로 도임을 의미한다.

졸객무졸주 卒客無卒主

'졸객에게 졸주가 없다.' 졸은 '돌연히', '부산스러운', '갑자기'라는 뜻이다. 졸객은 '예고 없이 갑자기 찾아온 손님'을 말한다. 졸주는 졸객을 대응하는 주인을 말한다.『종용록』2칙「달마확연」에, "빛나는 달밤, 그에게 던진 칼을 손대지 않는 자가 없다. 졸객에게 졸주가 없다. 설사 괜찮다고 해도 정말로 괜찮은 것은 아니다"라는 구절이 있다. 돌연, 인도에서 온 달마가 양 무제를 만나 문답했지만, 결국 양자의 기연이 맞지 않았던 연유를 말한 것이다.

종교 宗敎

일반적으로 '사상적 견해〔宗〕를 드러낸 가르침〔敎〕'을 말한다.『벽암록』5칙「수시垂示」에는, "무릇 종교를 확립하고 부연하려면 반드시 그 기량이 넓고 영특하고 지혜로운 자라야 한다"라고 하였다. 종교라는 말이 선종 문헌에 처음으로 나온 것이다. 이때의 종교는 선의 가르침을 뜻한다.

종문입자불시가진 從門入者不是家珍

'문으로 들어온 것은 집안의 보배가 아니다.'(『설봉雪峰어록』) 남에게서 얻어진 것은 보배가 아니며, 육근六根을 통해 알게 된 것은 진실한 것이 아니다. 진리의 체득이란 일상생활 속에서 절대적 수행을 통해 자각하는 것이지, 다른 곳으로부터 쉽게 얻어지는 것이 아님을 의미한다.

종지 宗旨

'근본 가르침'을 말한다. 하택신회荷澤神會의 『보리달마남종정시비론菩提達磨南宗定是非論』에 "오늘 말한 것은, 천하의 학도자學道者를 위해 시비를 분명히 하려는 것이며, 천하의 학도자를 위해 종지를 정하려는 것이다"라고 하였다. 신회는 당시 보리달마 이후 선종의 주류였던 북종선北宗禪이 잘못된 선임을 주장하고 이와 반대의 입장에서 남종의 선사상을 말하였다. 이를 남종선의 종지라고 하는데, 이처럼 학파나 종파에서 각각 주장하는 근본 가르침을 종지라고 한다.

종풍 宗風

'각 종파의 주장'을 말한다. 선종에서 '오가(五家; 潙仰宗·臨濟宗·曹洞宗·雲門宗·法眼宗)의 가풍'이라고 할 때 이는 각각의 가르침이 서로 다른 것을 뜻한다. 어떤 승이 임제에게 "스님은 어느 집안의 곡曲을 노래하고, 종풍은 누구로부터 이어받았습니까?"라고 묻자 임제가 답하기를 "나는 황벽黃檗의 처소에서 세 번 묻고 세 번 얻어맞았다"라고 하였다.(『임제록』) 황벽의 가풍을 나타낸 말이다.

좌간운기시 坐看雲起時

'앉아서 구름이 뭉게뭉게 일어나는 것을 본다.'(왕유王維 「종남별업終南別業」) "행도수궁처(行到水窮處; 돌아다니다 물이 끝나는 곳에 다다르고)"의 대구이다. 산중을 소요하다 보면 물이 흘러 끝나는 곳에 이르게 되고, 앉아서 허리를 펴고 무심히 구름을 바라본다는 내용이다. 자연과 일체화한 경지이다.

좌구성로 坐久成勞

'오래 앉아 있어서 피곤하다'는 말이다. 어떤 승이 향림징원香林澄遠선사에게 "조사가 서쪽에서 온 뜻은 무엇입니까?"라고 묻자, 징원선사는 "오래 앉아 있으니 피곤하군"이라고 대답하였다.(『벽암록』 17칙) 이때 피곤하다고 한 것은, 할 일을 다 해서 이

제 더 이상 구할 것이 없는, 쉬겠다는 자신의 상태를 표현한 말이다. 한편 스스로 어디서 왔는가를 찾지 않고 늘 밖으로 두리번거리는 모습을 억누르기 위한 우회적인 대답이다.

좌석운생납 첨천월입병 坐石雲生衲 添泉月入瓶

'돌에 앉으면 구름은 가사에서 피어오르고, 샘물을 뜨니 달은 항아리에 있다'는 말이다. 대자연과 하나되어 살아가는 모습이다. 즉 자연과 일체가 된 깨달음의 경지이다. 납衲은 스님의 옷을 말하는데, 납의衲衣라고도 한다. 수행자가 반석 위에서 고요히 선정에 들 때, 구름은 그 주변에 피어오르고, 샘물을 항아리에 담으니 달이 거기에 떠 있음을 의미한다. 결국 깨달음이란 자연에 동화하는 것, 자연과 하나가 되는 것임을 노래하였다.

좌수월도량 수공화만행 坐水月道場 修空華萬行

'수월도량에 앉아 공화의 만행을 닦는다'는 말로, 수행을 자연에 비유하였다. '도량'의 본래 의미는 '석존이 깨달음을 얻은 장소'를 말하며, 보리수 아래의 금강좌金剛座를 가리킨다. '공화'는 마음이 미혹해서 가공의 존재, 즉 번뇌·망상 등을 실재라고 보는 것을 뜻한다. 이러한 번뇌의 상념을 끊고 무심으로 행하는 것을 '공화의 만행을 닦는다'라고 한다. 물이나 달같이 무심이 되어 자유무애한 경지에서 모든 것을 공空이라고 달관하여 집착에서 떠난 행을 말한다.

좌일주칠 座一走七

좌는 좌坐라고도 쓴다. 좌선을 말한다. '앉는 것과 분주히 돌아다니는 것의 비율은 1대 7'이라는 의미이다.(『원오어록』) 거의 앉을 여가가 없음을 말한다. 깨달음의 경지에 이른 사람이 하화중생하는 모습이다.

좌정규천 坐井窺天

'우물 속에 앉아 하늘을 보다.' 광대무변한 세계를 범부의 얕은 견해로 본다는 것이다. 견해가 협소한 것이 우물 속의 개구리와 같다는 의미이다. 『허당록』에 "금옥金玉이 부딪치는 소리, 풀이 썩어 개똥벌레가 되네. 우물 속에 앉아 하늘을 엿보니, 진흙탕 속에 가시가 있네"라는 구절이 있다. 얕고 좁은 소견으로는 광대한 세계를 알 수 없음을 빗대어 말한 것이다.

좌탈입망 坐脫立亡

좌탈은 '단좌端座, 즉 바른 자세로 단정히 앉아 좌선한 채로 입멸한 것'을 뜻하며, 입망은 선 채로 입멸한 것을 말한다. 좌탈은 좌망坐亡·좌화坐化라고도 한다. 『경덕전등록』에 "어느 스님이 말하기를 '화상은 백년 후 어느 곳으로 향해 가시는지요?'라고 하자 선사가 말하기를, '가만, 가만' 하고는 말을 마치자 좌망했다"고 한다. 좌탈이나 입망은 모두 생사자재의 경지를 보인 말이다.

죄성불가득 罪性不可得

'죄의 본성은 찾을 수 없다'는 말이다. 『유마경』에는 "그의 죄성은 안에도 있지 않고 밖에도 있지 않고 중간에도 있지 않으며, 부처님이 말씀하신 바와 같이 마음이 더러우면 중생도 더럽고, 마음이 깨끗하면 중생도 깨끗하다"라고 하였다. 즉, 죄란 마음에서 일어난 것이며, 마음은 본래 공空하므로 죄의 본성 역시 공함을 말하고 있다.

주산고안산저 主山高按山低

정원의 돌 배치에는, 주산主山·안산按山·보산輔山이라고 하여 이들의 자리를 중요시한다. 주산은 높게 만들고 안산은 조금 떨어져 낮게 만든다. 보산은 주산 좌우에 두어 보좌하는 듯이 배치한다. '높은 산은 높고, 낮은 산은 낮은 것'이라는 것은, 선가에서 말하는 '있는 그대로〔自然法爾〕'라는 의미와 같다. '자연은 높고 낮음이 그대로 어우러져 조화를 이루고 상호보완하며, 각자 그 역할을 한다'는 것을 정원의 돌 배치에 비유하였다.

주인공 主人公

당대 서암산瑞巖山에 살던 사언師彦화상은 매일 자기 자신에게 "주인공아!"라고 부르고, 다시 자신이 "예"라고 대답하고는 "마음이 항상 밝아 있어야 하네", "예", "언제나 어느 때나 사람을 속여서는 안 되네", "예"라고 말했다고 한다.(『무문관』 12칙) 자신이 본래 주인공이지만 자신을 주인공이라고 부르고, 그리고는 자신이 대답한다. 스스로 바른 생각이 이어지도록 경계하고, 다짐하는 모습이다.

죽밀불방류수과 산고기애백운비 竹密不妨流水過 山高豈礙白雲飛

'대나무가 조밀하게 자라도 물은 그것에 방해 받지 않고 그 사이를 흘러가며, 산이 아무리 높아도 흰 구름은 장애됨이 없이 날아간다'는 말이다.(『선림유취』) 대나무·물·산·구름 등의 자연은 그대로 무심이다. 따라서 어떤 것에 방해받거나 무엇을 방해하지 않는다. 결국 자아라고 하는 것을 잊어버린 무심의 행위에는 그것을 방해하는 어떤 것도 없다는 의미이다.

죽영소계진부동 竹影掃階塵不動

'대 그림자가 계단을 쓸어도 티끌은 움직이지 않는다.'(『가태보등록嘉泰普燈錄』) 아무리 어지럽고 미혹한 번뇌가 일어나도 그 근본의 일심一心은 절대 부동이라는 의미이다. 아무것도 배우지 못한 조원祖元선사가 절에서 한 스님이 이 구를 읊는 것을 듣고 출가를 결심했다고 한다. 이 구 뒤에 '월담천저수무흔月潭穿底水無痕'이 계속된다. 즉 '달빛은 연못을 뚫었지만 물에는 흔적이 없다'는 말이다. 역시 물을 부동의 일심〔眞如〕에 비유하였다.

줄탁동시 啐啄同時

"행각인(行脚人; 운수납자)은 모름지기 줄탁동시의 눈을 가져야 하고, 줄탁동시의 모습〔用〕이 있어야 바로 납자라고 말할 수 있다."(『벽암록』16칙) 알이 부화할 때, 병아리가 안에서 껍질을 쪼는 것을 '줄'이라 하고, 어미 닭이 밖에서 쪼는 것을 '탁'이라고 한다. 줄과 탁이 숨이 맞아 동시에 같은 자리를 쪼아야 병아리가 껍질을 깨고 나오듯이, 스승과 제자가 서로 호흡이 일치했을 때 제자는 깨달음의 기연機緣을 만난다고 한다.

즉무심무진장 卽無心無盡藏

'바로 무심이며 무일물無一物이지만, 거기에 무진장의 보배가 숨어 있다.' 『무심론無心論』에 "알지 못하네, 무심은 바로 모든 것으로서, 적멸 역시 무심인 것을"이라고 하였다. '무일물중무진장無一物中無盡藏'이라는 말을 다르게 표현한 것이다.

즉사이진 卽事而眞

'일이 바로 참된 것'이라는 의미이다. '사물의 현상 혹은 존재가 그대로 진실'이라는 말이다. 승조의 『조론』「부진공론不眞空論」의 말미에, 모든 것이 참됨에 대한 전거로서 "경에 말씀하시길, 참된 절대의 장場이 따로 있는 것이 아니라 모든 장이 제법(諸法; 진리)이 있는 곳이 된다. 참됨을 떠난 장이 없으며, 일마다 모두 참됨[觸事而眞]이다"라고 하였다. '즉사이진'은 '촉사이진'에서 유래한다. 이 말은 삼론·천태·화엄·진언 등에서 사용하고 있지만 진언밀교에서는 다르게 해석한다. 일반적으로 교학에서는 나타나 있는 사물[事]과 이법理法인 도리[理]의 관계에 대해, 사물은 이치에 의해 존재하고 이치를 그대로 받아들인다고 하여 이치[理]에 역점을 두지만, 진언밀교에서는 '현상이 그대로 이법'이라고 하는 성상법이性相法爾의 입장, 즉 현상의 절대성을 중시한다.

즉심시불 卽心是佛

'다름 아닌 자신의 마음이 그대로 부처 혹은 부처의 마음이다'는 뜻이다. 이 말은 원래 『관무량수경』의 "그대들이여, 마음에 부처를 떠올릴 때, 이 마음이 바로 삼십이상三十二相 팔십종호八十種好이며, 이 마음이 부처를 짓고 이 마음이 바로 부처이다. 모든 부처들의 정변지해正遍知解는 심상心想에서 생긴다"라는 구절에서 유래한다. 선종에서는 신회의 『단어壇語』에 "다만 불심을 가리킨다면 즉심시불이다"(『신회화상유집』 호적본)라고 하였고, 『경덕전등록』「사공본정장司空本淨章」에 '즉심시불'이 무엇인가에 대한 대답으로 "부처는 마음으로 인한 깨달음이고, 마음은 부처로서 나타난다"고 하였다. 또한 『경덕전등록』「대매법상장」에서 "대매가 마조에게 묻기를 '어떤 것이 부처입니까?' 하니, 마조가 말하기를 '즉심시불'이라고 하였다. 그러자 대매는 바로 깨달았다"라고 하였다. 마조는 '즉심시불'의 경직된 이해를 없애기 위해 '비심비불非心非佛'이라고 설하기도 하였다.

즉심즉불 卽心卽佛

대매大梅화상이 "부처란 무엇입니까?"라고 물었을 때, 마조馬祖선사는 "즉심즉불(卽心卽佛; 있는 그대로의 마음이 바로 부처다)"이라고 대답하였다.(『무문관』 30칙) 이 말은 마조가 '평상심이 도'라고 한 말과 같은 의미이다. 평상심이란 시비, 분별, 집착 없는 본래마음이다. 마조로서는 시비와 분별이 있는 마음은 평상심이 아닌 것이다. 일상에서 살아가는 모든 일에 충실하여 거짓이나 오염이 없는 마음이 평상심이다. 따라서 평상심이 부처, 즉 '즉심이 바로 부처'라는 것이다.

즉처개진 卽處皆眞

'어떤 곳이라도 그대로 모두 진여의 나타남이며, 진실 아닌 것이 없다'는 말이다. 같은 취지의 말로 『조론』 「부진공론不眞空論」에서 볼 수 있는 입처즉진立處卽眞·촉사이진觸事而眞이 있고, 또한 즉사이진卽事而眞(『마하지관』, 『법화현의』)·입처개진立處皆眞(『임제록』 「시중」)이 있다. 즉 모든 사물과 현상에 보편적인 진리가 있다고 보는 것으로 진리의 보편성과 현실 긍정적인 사고가 드러나는 주장이다. 삼론종이나 화엄종에서도 이 말을 사용한다.

증계즉통 證契卽通

'즉통'은 하나가 모든 것에 통하는 것, 즉 골고루 미치는 것을 말한다. '증계'는 스승과 제자의 깨달음이 계합되어 하나가 된 것을 뜻한다. 따라서 스승과 제자의 깨달음이 딱 맞아 한 몸이 되어 불법의 전승이 성립하는 것을 말한다.

증오 證悟

불법을 듣고 이해하고 이론적으로 학습하는 것이 아니라 직접 체험하는 것을 뜻한다. 개오開悟·계오契悟라고도 한다. 『조당집』 「오관산순지장五冠山順之章」에 "중생이 몰록 성지(性地; 불성)를 증오한다면 여기에 머물지 않는다"라고 하였다.

지념정려 止念靜慮

지념은 '마음의 움직임을 정지停止하는 것', 정려는 '마음을 집중하여 숙고·명상하는 것', 즉 선정禪定을 말한다. 지념정려는 생각이나 분별하는 마음의 작용을 정지시키는 선을 뜻한다. 인도 불전에서는 제4선을 가리킨다. 중국 선종에서는 북종선에서 행해졌으며 남종선 측으로부터 비판의 대상이 되었다.

지도무난 유혐간택 至道無難 唯嫌揀擇

중국 선종 3조 승찬僧璨선사의 선의 진수를 표현한 말로, 『신심명』 첫머리에 나오는 구이다. '지도'는 불심佛心·불도佛道를 가리키고, '무난'은 어렵지 않다는 말이다. '간택'은 선택이다. '본래의 불심으로 돌아가는 것은 어렵지 않다. 다만 분별을 일으켜 그것에 집착하지 말라'는 의미이다. 조주趙州선사는 특히 이 구를 좋아하여 자신이 사는 곳을 '지도암至道庵'이라고 하였다.

지목행족 智目行足

'지혜의 눈과 수행의 발'이라는 말이다. 『대지도론大智度論』에서, "청량의 연못에는, 눈이 있고 발이 있으면 모두 들어간다"라고 하였다. 천태종에서는 가르침을 설한 교문敎門을 지목智目이라고 하고, 관심수행觀心修行하는 관문觀門을 행족行足이라고 한다. 양자를 모두 닦는 것이 이상적인 수행이라고 한다.

지불시도 智不是道

'지는 도가 아니다.' 여기서 도는 깨달음을 뜻한다. 남전보원南泉普願의 말이다. 남전은 마조도일의 '즉심시불卽心是佛', '평상심시도平常心是道'를 받아들이면서도, 이것에 반대하여 "불시심不是心, 불시불不是佛, 불시물不是物"이라고 하였다. 도에는 어떤 것도 내포되거나 붙이거나 설명될 수 없다는 의미이다. 『무문관』에 "남전이 말하기를, 심불시불心不是佛 지불시도智不是道"라고 하였다.

지월 指月

지는 가리키는 손가락, 즉 부처님의 가르침을 비유한 것이고 월은 진리를 뜻한다. '진리를 가리키는 손가락을 보아서는 안 되고, 진리 자체를 보아야 한다'는 의미로 많이 사용된다. 『장자莊子』「잡편雜篇」의 "그물은 물고기를 잡기 위해서이므로, 물고기를 잡으면 그물을 잊어야 한다. 올무는 토기를 잡기 위해서이니 토끼를 얻으면 올무를 잊어야 한다〔筌者所以在魚, 得意而忘筌. 蹄者所以在兎, 得兎而忘蹄〕"는 것과 같은 취지이다.

지재목전심무처 只在目前尋無處

'지금 목전에 있어서 찾을 것이 없다.' 즉 '눈앞에 역력히 나타나 있는데 찾을 필요가 있겠는가'라는 의미이다. 어떤 승이 홍선유관興善惟寬선사에게 묻기를 "도는 어디에 있습니까?" 그러자 유관이 답하기를 "단지 눈앞에 있다"(『경덕전등록』「흥선유관선사조」)라고 하였다.

지족 知足

『불유교경佛遺敎經』에는 수행자가 지켜야 할 여덟 가지 덕목, 즉 '팔대인각八大人覺'을 설하고 있는데, 지족은 그중 하나이다. "족하다는 것을 아는 자는 빈곤해도 마음이 편안하지만, 족한 줄 모르는 자는 부유해도 언제나 불안하다. 지족한 자는 부유하고 안락하고 평온하다"고 하였다. 팔대인각이란 소욕각少欲覺·지족각知足覺·원리각遠離覺·정진각精進覺·정념각正念覺·정정각正定覺·정혜각正慧覺·무희론각無戲論覺 등이다.

직심시도량 直心是道場

어느 날 광엄동자廣嚴童子가 시끄러운 비야리성을 떠나 수행에 적합한 장소로 막 옮기려 할 때 유마거사가 왔다. 동자가 "어디에서 오시는 것입니까?"라고 물으니, 거사는 "도량에서요"라고 답하였다. 놀란 동자가 "도량이라~? 그것은 대체 어디에 있습니까?"라고 물으니, 거사는 "직심이 바로 도량이지요"라고 답하였다.(『유마경』) 직심은 분별·망상·혼란·산만 등이 아닌 순수한 마음이며, 바로 이 마음을 가지면 도량이라는 의미이다.

『유마경』에서 유마거사는 언제나 "번뇌를 끊지 않고 열반을 얻는다"라고 한다. 즉 번뇌가 들끓고 있을 때 열반의 세계를 얻게 된다는 것이다. 희로애락의 마음이 기연機緣이 되어 그 근원의 일심一心을 구하게 된다는 뜻이다.

직약제법즉사이진 直約諸法卽事而眞

'모든 현상을 유심히 살피면 일마다 진리이다.' "사리불이 즉사이진(事理不二 卽事而眞; 현상과 이치는 하나이며 일마다 진실이다)"이라는 말을 단적으로 바꾼 말이다. 밖에서 구할 것이 아니라 순간순간 스스로의 자세를 중요시하라는 뜻이 담겨 있다.

직지단전 直指單傳

직지는 '곧바로 가리켜 보이는 것', 단전은 '오직 순수하게 전하는 것'을 뜻한다. 교학대로 이해하는 것이 아니라 교학을 토대로 직접 깨달아 그대로 전하는 선종 법맥의 입장을 의미한다. 단전직지單傳直指라고도 한다.

직지인심 直指人心

'곧바로 본심·본성을 가리키는 것'을 말한다. 문자·말 등의 어떤 것에도 근거하지 않고, 내면의 순수한 자기를 응시하고 직관적으로 그것을 꿰뚫는 것을 말한다. 선종의 종지宗旨이다.

직투만중관 부주청소리 直透萬重關 不住青霄裡

임제의현臨濟義玄과 삼봉평三峰平화상의 문답에 나오는 말이다.(『임제록』) '만중의 관'이란 여러 겹의 관문이다. 옛날 중국에서 황하의 범람을 막기 위해 상류에 있는 용문산을 세 단계로 계단식의 벽을 치고 물이 흐르도록 했는데, 이를 용문의 삼급三級이라고 하며, 어떠한 것도 근접할 수 없을 정도의 폭포가 되었다고 한다. 이 삼급으로 된 폭포를 잉어가 뛰어오르면, 잉어는 바로 용이 되어 하늘에 오르고 하늘에서도 멈추지 않는다는 말이다. 결국 '몇 겹의 관문을 통과해서 목표에 도달할지라도, 거기서 멈추지 않고 앞으로 나아가야 한다'는 무한한 향상을 의미한다.

직하승당 直下承當

직하는 '그대로', '단도직입으로', '생각할 겨를도 없이 바로'라는 의미이다. 승당은 '받아들여 잇다'는 말이다. 불조의 가르침을, 한 그릇의 물을 다른 그릇으로 그대로 옮기는 것처럼, 그대로 증득하여 이를 계승해 나가는 것을 말한다.

진금포 眞金鋪

'순금을 파는 점포'를 말한다. 『조당집』「약산유엄장」에 도오원지道吾圓智가 운암담성雲巖曇晟에게 보내는 편지가 있는데, "언제까지나 그곳에 있을 텐가. 깨달을 수 없는 백장회해 곁에 있지 말고 어서 약산유엄 곁으로 오게나"라는 글 중에 '석두石頭는 진금포요, 강서江西는 잡금포'라는 구절이 있다. 석두-약산 계통이야말로 순금을 파는 점포이고 강서마조-백장의 계통은 잡화상에 지나지 않는다는 말이다. 결국 석두희천石頭希遷계의 선을 장려하는 말이다.

진루선 盡漏禪

진루는 '탐·진·치의 번뇌가 다했다'는 의미이다. 모든 번뇌가 끊어진 선정으로, 아라한의 수행의 하나이다. 『수행도지경修行道地經』에 "진루선을 얻으면 안은安隱한 정거천淨居天과 같다"고 하였다.

진미래제 盡未來際

'미래제가 다하도록'이라는 것으로, 성불의 발원이나 보살행을 발원할 때, '미래가 모두 끝날 때까지, 즉 영원하고 오랜 시간 동안'이라는 의미로 쓴다. 미래제는 내세를 가리키는 것으로 미래 영겁·장래 다가올 무한한 시간·시간적 제약을 넘어선 상태를 뜻한다. 예를 들어, 60권 『화엄경』 권19에는 "저는 진실로 미래제가 다하도록 보살행을 닦겠습니다"라고 하였다. 선문헌에서는 스승이 제자를 독려할 때나 법의 호지護持를 권장하는 문맥에서 많이 사용한다.

진산 晉山

'새로 주지가 되어 그 사찰에 정식으로 들어가는 것'을 말하며, 진산進山이라고도 한다.

진옥니중이 眞玉泥中異

'빛나는 구슬은 진흙 속에 있어도 빛난다'는 말이다. 진옥은 불성佛性을 뜻하며, 번뇌·망상으로 비유되는 진흙에 덮여 있어도 불성은 빛을 발하고 있음을 의미한다. 『유마경』의 '진흙 속에 핀 연꽃'과 같은 뜻이다.

진중 珍重

선종에서 상당설법을 마무리하면서 대중에게 인사하는 말로, '듣느라고 수고했다'는 정도의 뜻이다. 중국 선원에서는 방장이 상당해서 설법할 때 대중학인은 서서 경청하였다. 아침에는 '불심不審'이라고 한다. 『임제록』에 "믿음의 근기가 약한 자들, 벌써 하루해가 지났군. 오래 서 있느라고 수고했어〔久立珍重〕. 신념이 없는 자는 아무리 서 있어도 좋을 날이 없어. 내내 서 있어봐"라고 하였는데, 이는 공부를 잘못하고 있는 대중을 안타까운 마음으로 힐난하면서 인사하는 것이다.

집마 什麼

'무엇'의 뜻이다. 시집마是什麼는 '무엇이지?'라는 말이다. 시심마是甚麼도 같은 뜻이다.

집마물임마래 什麼物恁麼來

문구 그대로 '어떤 물건이 이처럼 왔는가'라는 뜻이다. 남악회양南嶽懷讓이 육조 혜능慧能을 찾아뵙자, 혜능이 묻기를 "어떤 물건이 이렇게 온 것인가?"라고 하였고, 회양은 "설사 어떤 물건이라고 해도 맞지 않습니다"라고 답하였다. 말로 설명할 수 없는 본래의 자신을 '집마물'로 나타냈다.

차야일륜만 청광하처무 此夜一輪滿 淸光何處無

'이 밤, 둥글고 푸른 달빛, 비추지 않는 곳은 어디냐?'(『허당록』)
'일륜만'은 '둥근 보름달'을 뜻한다. 달빛은 어느 한 곳에만 비추는 것이 아니라 온 천지에 가득히 비춘다는 말이다. 이는 달빛이 공평하게 사방에 비추는 것을 강조한 말로, 부처님의 자비는 공평무사하여 모든 이들에게 비추고 있다는 뜻을 내포한다.

차좌끽다 且坐喫茶

'잠시 앉아서 차를 들게.' 상대방의 긴장을 풀어주려는 의도로 하는 말이다. 임제의현이 젊은 시절 행각하던 중 삼봉三峰의 평平화상 처소에 들러 성급히 문답(법거량)을 해 보려고 미사어구와 난해한 언구로 계속 말하였다. 그러자 평화상이 "그대의 물음은 어째 그리 대단한가"라고 하여 말을 막고서는, "자, 앉아서 차 좀 들게"라고 하여 푸근히 임제를 받아들였다는 고사이다.(『임제록』)

차화 茶話

중국 선종 사원에서 수시로 행해지는 설법을 '차화'라고 한다. 주지가 편안한 기분으로 자신의 방에서 차를 마시면서 수행승들에게 생각나는 대로 설법하는 것을 말하며, 야간의 차화를 별도로 야화夜話라고 한다. 한국의 선방에서도 방선放禪 후 도반과 더불어 차를 마시면서 공부에 대한 이야기를 나누기도 하고, 선방의 유나維那·선원장·주지의 방에서도 차를 마시면서 법담을 한다. 한편 '차 마시러 가십시다'라는 말도 공부한 살림살이를 편안하게 터놓고 말해 보자라는 의미가 있다.

착어 着語

하어下語라고도 한다. 선어록의 본칙이나 게송 아래에 붙여진 짧은 평〔短評〕을 말한다. 고칙古則에 자유롭게 선기禪機를 넣은 말로, 『벽암록』, 『종용록』 등의 주요한 구성 요소이다.

착의끽반 着衣喫飯

'옷을 입고 밥을 먹는 것.' 당연하고 일상적인 일을 말하지만,

'이 일이 바로 불법을 실현하는 것이다'고 하는 선의 입장을 단적으로 표현한 말이다. 『마조어록』에는 "옷 입고 밥 먹는 것, 서로 편하게 이야기하는 것, 육근六根의 운용 등 모든 행동거지가 다 법성"이라 하고, 『임제록』에도 "불법은 공을 들일 곳이 없다. 다만 평소에 아무 일이 없으면(平常無事) 된다. 뒷간에 가서 변 보고 오줌 누는 것, 옷 입고 밥 먹고 피곤하면 바로 자는 것이다. 어리석은 사람은 나를 보고 웃겠지만 지혜 있는 자는 이를 곧바로 안다"라고 한다. 그러나 이러한 자세가 수행부정론修行否定論으로 빠질 위험성이 있으며, 실제로 그러한 방향으로 나아가기도 하였다. 중국 송대에는 이미 그러한 퇴폐적인 언행이 보여, 『임간록林間錄』에는 "착의끽반하는 것도 선의 필경이지 않고, 아시송뇨(屙屎送尿; 대·소변의 일)도 또한 필경이지 않다"라고 하여, 퇴폐해 가는 선풍을 경고하였다.

찰간 刹竿

탑 앞이나 대웅전 아래에 세우는 장대를 말하는데, 제일 위에는 보주寶珠를 달아놓는다. 사찰에서 설법이나 특별한 법요식이 있을 때 기(旗; 당幢 혹은 번幡이라고 함)를 매달아 알리는 역할을 한다. 아난阿難이 가섭迦葉에게 물었다. "석가모니께서 금란을 전한 것 외에 따로 전한 것이 있습니까?" 그러자 가섭이 "아난아!" 하고 불렀고 아난이 응답하였다. 이에 가섭이 말하기를 "문 앞의 찰간을 넘어뜨려라"라고 하였다.(『조당집』「대가섭장」)

찰찰상설 刹刹常說

찰은 '국토'를 뜻하여, '국토가 언제나 설법하고 있다'는 말이다. 어떤 승이 남양혜충南陽慧忠에게 무정설법無情說法의 전거典據에 대해 묻자, 남양혜충이 답하기를 "『화엄경』에 이르기를 '찰이 설하고 중생이 설하고 삼세일체三世一切가 설한다'고 하였다."(『조당집』) 이 말에 근거한 것이 『의운록義雲錄』의 "진진삼매塵塵三昧로 좌상座床에 기대어 찰찰상설의 곡조를 읊는다"이다. 국토란 세상이며 현상이다. 모든 현상계는 있는 그대로 진리를 보이고 있음을 의미한다.

참선변도 參禪辯道

'좌선수행을 행하거나 공안공부에 힘쓰는 것'을 의미한다. 변도라는 것은 '도를 분별한다'는 뜻으로, 불도에 정진하는 것을 말한다.

창천 蒼天

'푸르고 푸르러 맑기가 한없는 하늘'을 뜻한다. 선문헌에서는 '비애와 낙담, 한탄을 나타내는 감탄사'로 쓰이는 예가 많다. 『벽암록』 12칙에는 "육긍대부陸亘大夫가 크게 울면서 말하기를, 아이고 아이고!〔蒼天蒼天〕 선사께서 세상을 떠나신 지 오래 되었구나"라는 구절이 있다.

창하유청풍 窓下有淸風

'창 밖에 부는 맑고 상쾌한 바람.' 탁 트여 통풍이 잘 되는 창 아래, 먼지 하나 없는 맑은 바람이 부는 정경이다. 한 티끌의 번뇌도 일지 않는 맑은 마음의 경지를 말한다.

척리달마 隻履達磨

'한 쪽 신발을 멘 달마'를 뜻한다. 북위北魏의 사절로 인도에 갔던 송운宋雲이 돌아오는 도중에, 파미르고원에서 한 쪽 신발을 멘 괴이한 승을 만났다. 그 보고를 들은 황제가 달마의 묘를 파 보니 한 쪽 신발만이 남아 있어서, 인도로 돌아간 승려가 달마임을 알았다고 한다.(『경덕전등록』「달마장」)

척수음성 隻手音聲

"한 쪽 손을 내 보게. 이 손에서 미묘한 소리가 나는데 이를 척수음성이라고 한다네. 그 음성을 들어 보게."(『백은화상전집白隱和尙全集』) 보통 양쪽 손이 맞부딪쳐야 소리가 난다. 한 쪽 손에서 어떻게 소리가 나올까. 이는 일본 백은白隱선사가 창안한 유명한 공안이다. 이 공안은 분별과 상대적 관념을 버리고 절대적 인식의 입장을 요구하는 것이다. 한 쪽 손에서는 어떠한 소리도 나오지 않지만, 그 나오지 않는 소리를 듣는 것이 화두이며 백은의 선이다.

천각비공 穿却鼻孔

『벽암록』 57칙에 "이리가 범을 누르고 콧구멍을 뚫어버렸다"라고 하였다. 콧구멍에 노끈을 넣어 휘젓는 것, 또는 콧구멍을 벌렸다는 것이다. 선사가 수행자를 지도하는 수단으로, 모든 것을 허용하여 자유롭게 하는 방행放行과, 수행자의 아견(我見; 공부를 했다는 교만, 아만)을 빼앗아서 꼼짝 못하게 하는 파주(把住; 잡아서 숨도 못 쉬도록 내리 누르는 것)가 있다. 천각비공은 보통 파주의 수단에 비유한다.

천강동일월 만호진봉춘 千江同一月 萬戶盡逢春

'천강에는 하나의 달이 비추고, 만호는 모두 봄을 만난다.'(『선림유취』 18) 즉 어떤 강에도 달은 평등하게 비추고 대저택이든 가난한 초가집이든 봄은 어디에나 스며든다는 의미이다. 대자연이 이처럼 공평무사한 것처럼, 부처님의 자비도 차별 없이 똑같으며 광대무변하다는 표현이다. 또한 달과 봄을 불성으로 비유하여 삼라만상에 불성을 구족하지 않는 것이 없다고 보기도 한다.

천과촉루 穿過觸髏

'촉루를 뚫고 나가다.' 촉루는 본래 눈이 없는 것을 말하는데, 여기서는 '눈이 없는 자, 사물이 보이지 않는 자'를 비유하였다. 천과촉루란 눈이 없거나 보지 못하는 자를 완전히 넘어트리는 것, 또는 보지 못하는 자를 완전히 생명을 잃게 하는 것을 말한다. 『종용록』 24칙 「송평창頌評唱」에 "설두는 발 아래만 탐관貪觀하여 촉루를 뚫고 지나가는 것을 알지 못한다"고 하였다. 설두는 자신의 안목에만 치우쳐 있어서 촉루가 되어 버렸고, 이를 알고 넘어트리는 것을 알지도 분간도 못하고 있다는 의미이다.

천리동풍 千里同風

'천 리나 되는 먼 장소에도 같은 바람이 분다.'(『벽암록』 20칙) '어느 곳이든 어떤 사람이 살든 선자禪者는 풍격이 변하지 않고 모두 같다'는 의미이다.

천리만리동풍 千里萬里同風

'천리만리 같은 바람'이라는 말로(『경덕전등록』 「현사사비장」), '천리동풍'이라고도 한다. 천리만리 떨어져 있어도 부는 바람은 어디에서나 같다는 의미이다. 선종은 임제종, 조동종을 비롯한 많은 유파流派가 나타나지만, 초조 보리달마 이래 그 근본은 시공간을 넘어선 일여一如임을 말한다.

천봉세도악변지 만파성귀해상소 千峰勢到嶽邊止 萬派聲歸海上消

'천 개의 봉우리의 위용도 최고봉에는 이르지 못하고 만 갈래 소리도 큰 바다로 돌아가 사라진다'는 말이다. 수많은 위엄 있는 산봉우리라고 해도 최고봉 앞에서는 그 위용이 드러나지 않고, 수많은 강과 계곡과 호수와 냇물도 바다에 이르러서는 그 차이가 사라지듯이, 이 세상에는 수많은 종류의 차별이 있지만 이를 모두 추구해 보면 하나로 귀착한다는 의미이다.(『연송집聯頌集』하)

천성도이청 泉聲到耳淸

'냇물소리 귀에 들려 맑아지다.' 냇물소리가 들리니 마치 귀를 씻어주는 것처럼 맑아진다는 의미이다.『보등록』의 "귀에는 냇물소리, 눈앞에는 산색〔耳底泉聲眼前山色〕"과 같은 뜻이다.

천성부전 天聖不傳

천성이란 오랜 세월에 걸친 역대의 불조佛祖를 말하고, 그러한 불조가 깨달은 경계는 누구도 말로 전수傳授할 수 없다는 것이다.『전광록傳光錄』「천동여정天童如淨선사장」의 염제拈提에, "동산洞山이 말하기를, '불향상佛向上의 일을 체득하여도 사사롭게 이야기하지 말라'고 하였다. 학인이 묻기를 '이 말은 무슨 뜻입니까?' 하니 동산이 말하기를 '말한다면 납자들은 듣지 않는다'"라고 하였다. 또한 반산盤山이 말하기를, "향상의 일로一路[깨침], 천성이 전하지 못한다"라고도 하였다. 동산도, 반산도 '진리는 절대로 언어로 말할 수 없음'을 보이고 있다.

천연 天然

'자연', '천성', '인위적 조작이 없는 것'을 뜻한다. 천연자성신天然自性身은 태어나면서부터 본래 부처임을 의미한다. 본래성불本來成佛과 같은 말이다.

천제일상월하 天際日上月下

'저 먼 하늘에 해가 뜨고 달이 지다.'(『벽암록』) 천제는 '하늘 끝 아득히 먼 장소'를 말한다. 이 구절의 다음은 "함전산심수한(檻前山深水寒; 난간 앞에는 깊은 산, 차디찬 물)"이라고 하였다. 지금 눈앞에 나타난 현상을 표현하였다.

천지미분이전 天地未分以前

'하늘과 땅이 분리되기 이전'이란 말로, '부모미생이전(父母未生以前; 부모로부터 태어나기 이전)', '공겁이전(空劫以前; 천지가 성립하기 이전)' 등과 같은 뜻이다. 이 말에는 자신의 본래면목은 무엇인가라는 의미가 내포되어 있다.

천지여아동근 만물여아일체 天地與我同根 萬物與我一體

'천지와 나는 같은 뿌리, 만물과 나는 한 몸'이라는 뜻이다. 남전보원南泉普願 문하에 육긍대부가 있었다. 어느 날 대부가 "승조僧肇선사가 '천지와 나는 동근이며, 만물과 나는 한몸'이라고 한 말은 대단히 훌륭한 것 같습니다"라고 하니, 남전은 뜰 앞에 핀 목단꽃을 가리키면서 "대부, 세상 사람들은 이 꽃을 꿈속에서 보고 있어요"라고 말하였다.(『벽암록』40칙) 천지만물이 동일한 근원이고 본체라는 것은 무심·무아·공의 진실에서의 깨달음이다. 그러나 그러한 공에서의 집착도 벗어나야 진정한 깨달음임을 남전이 일깨워준 것이다.

천진무작 天眞無作

천진은 '본래의 순수한 모습', 무작은 '인위적이고 조작된 것이 아닌 자연스런 작용'을 뜻한다. 즉 '본래 그대로의 모습'을 의미한다. 이 말은 『수심결修心訣』에 있지만 어록에는 이러한 의미의 용어가 다양하게 나온다. '운수반시(運水搬柴; 물 긷고 나무 나르고)', '화홍류록(花紅柳綠; 꽃은 붉고 버들은 푸르다)' 등이다.

천진이묘 天眞而妙

'있는 그대로가 아주 훌륭하다.' 천진은 '있는 그대로 무구無垢한 것'을 말한다. 인위적인 것이 전혀 없는 것을 본래 천진의 모습이라고 한다. 동산양개洞山良价가 말한 "천진하여 묘함, 미오迷悟에 속하지 않는다"(『보경삼매가寶鏡三昧歌』)에서 유래한다. 또한 『원오어록』에 "천진한 자성, 본정묘명本淨妙明하다"라고 하였다.

철두철미 徹頭徹尾

'처음부터 끝까지 남김없이'라는 말이다. '철두'만으로 깨달음을 의미한다. 『경덕전등록』 권19에 "금생에 철두를 얻지 못하면 내생에도 사람 몸을 벗어날 수 없으니, 이 문중에서만이 겨우 힘을 덜 수 있을 것이다"라고 하였고, 『대혜어록』에는 "생사마근生死魔根, 단칼에 쳐부순다. 바로 이때가 철두의 시절"이라고 하였다.

철사횡고로 鐵蛇橫古路

불안청원佛眼淸遠의 말이다. 오조법연五祖法演선사가 문하인 불감佛鑑·원오圓悟·불안佛眼 세 사람과 밤길을 걷고 있었는데, 갑자기 등불이 꺼져 버렸다. 그러자 법연이 세 사람에게 한 마디씩 해보라고 하자, 불안이 말하기를 "철로 된 뱀이 옛길을 지나갑니다"라고 하였다.(『대혜종문무고』) 철로 만들어진 뱀이라야 지나갈 수 있을 만큼 길이 거칠어 가는 사람이 별로 없다는 말로서, 수행의 길이 험난함을 나타낸다. 또는 '고로'를 암暗, '철사'

를 명明이라고 하여 '평등 가운데 차별을 보였다'고 보는 견해도 있다.

철선수상부 鐵船水上浮

'뜨지 못하는 철선이 물에 뜨다.' 있을 수 없는 일이 일어난 것을 말한다. 『방거사어록』에 "살려고 하면 죽을 것이야. 죽을 것 같을 때 마음을 완전히 내려놓는 것, 이때를 알았다면 철선이라도 물에 뜨네"라고 하였다. 선의 극의極意는 불가사의에 있다. 상식에 잡혀서는 체득할 수 없다는 것을 반어反語로 한 말이다.

철수환가 撤手還家

'손을 놓고 집으로 돌아가다.' 철수撤手는 '무엇인가를 붙잡고 있다가 놓는 것'을 의미한다. 여기서 '가家'는 '자신의 본분', '있는 그대로의 진실의 모습'을 뜻한다. 귀중한 것·올바른 것에 대한 편견과 집착을 놓아버리고 본래의 참된 자기로 돌아가는 것을 말한다. 『굉지광록』권7에 "오랜 세월 길에서 서성거렸던 사람, 이제야 손을 놓고 집으로 가게 되었다"라고 하였다. 수행자가 오랫동안 자신의 본분을 저버리고 밖에서 구하려고 애를 쓰다가 문득 모든 것을 놓아 버리고 자신의 본래 모습으로 돌아갔음을 뜻한다.

철우생석란 鐵牛生石卵

'철로 만들어진 소가 돌로 된 알을 낳다'라는 말인데, '있을 수 없는 것', '사람의 이해로서는 도저히 용납이 안 되는 일'을 뜻한다. 『건국정국속등록建國靖國續燈錄』「자수서장資壽捿章」에, "어떤 것이 불법의 뜻입니까?"라고 묻자 스승이 "철우가 석란石卵을 낳았다"라고 답하는 장면이다. 우둔한 중생이 불법을 안다는 것은 바로 철우가 석란을 낳는 것처럼 불가능하다는 의미이다.

청규 淸規

청은 '청정대해중淸淨大海衆', 규는 '규거준승規矩準繩'의 뜻으로, 선원에서 수행의 규범을 말한다. 행사의 의례, 대중의 소임과 역할, 법요의 차례 등을 정한 것이다. 당唐대에 선종이 한 종파로 독립하고 독자의 규칙을 제정해 가는 과정에서 생겨났으며, 백장회해가 정한 『백장청규百丈淸規』가 최초이다. 그러나 이 청규는 현존하지 않고 그 일부가 「선문규식禪門規式」(『경덕전등록』 권6) 및 「백장규승송百丈規繩頌」(『선원청규禪苑淸規』 권10)에 남아 있을 뿐이다. 그 후 장로종색長蘆宗賾의 『선원청규禪苑淸規』(1103), 무량종수無量宗壽의 『입중일용청규入衆日用淸規』(1209), 중봉명본中峰明本의 『환주암청규幻住庵淸規』(1317), 동양덕휘東陽德輝의 『칙수백장청규勅修百丈淸規』(1338) 등이 전한다. 청규에는 불도수행이나 행사가 지역적·정치적인 영향을 받아 변화한 것이 나타나 있다.

청산백운중 青山白雲中

'청산이 흰 구름 속에 있다.' 청산이 흰 구름에 싸여 있는 정경으로, 이 둘은 종종 불가분의 관계를 나타낼 때 쓰인다. 『오등회원』에 "청산은 백운의 아버지, 백운은 청산의 아이. 백운이 종일 기대도 청산은 이 모두를 알지 못한다"라고 하였다.

청산상운보 青山常運步

'청산은 움직이는 것 같지 않지만 언제나 한 걸음 한 걸음 나아간다'는 의미이다. 운문문언雲門文偃의 '동산수상행東山水上行'과 같은 뜻이다. 모든 대립을 넘어선 깨달음(空)의 세계에는 시간·공간·이동이라는 개념이 들어갈 수 없다. 이러한 대립을 끊은 세계를 제시하기 위해 상식을 뒤집는 표현을 썼다. "부용도해芙蓉道楷가 법상에 올라 잠시 침묵한 뒤 말하기를 '청산은 언제나 발걸음을 떼고, 석녀는 밤에 아이를 낳았구나' 하고는 바로 법상에서 내려왔다."(『가태보등록嘉泰普燈錄』「부용도해장」)

청산원부동 백운자거래 青山元不動 白雲自去來

'청산은 본래 부동하고 흰 구름만이 오고 가네.'(『오등회원五燈會

元』) 우리의 본성(佛性·眞性·如來藏)은 본디 부동하여 그 자취가 태산과 같으나, 인연 따라 언제나 애증·희비·득실·시비 등의 망상·번뇌가 구름처럼 오고 간다는 것이다. 본래부동의 본성을 밝혀 백운 같은 번뇌가 일어나고 사라져도 이에 휘둘리지 말 것을 가르친다.

청송뢰 聽松籟

물을 끓일 때 나는 소리가 다양하게 들리는 것처럼, 솔바람이 살랑거리는 소리는 이 세상의 속진俗塵을 떠난 말할 수 없는 별세계別世界를 나타낸다. 마음이 열렸을 때 이 같은 맑고 맑은(淸澄) 바람소리를 느낄 수 있음을 의미한다.

청요요백적적 淸寥寥白的的

'요요'는 아득하고 원대遠大한 것, '적적'은 '명백한 것'을 의미한다. 『대혜어록大慧語錄』에 '절대적인 깨달음의 경지'를 나타내는 말로 쓰였는데, 청색의 기품과 백색의 환함으로 표현하였다.

청천굉벽력 晴天轟霹靂

'맑은 하늘에 날벼락'이라는 말인데, 흔히 '청천벽력'이라고 한다. 천둥 치고 번개 치는 소리를 선종에서는 스승이 제자를 각성시킬 때 행한다. 주먹을 휘두르거나 방·할棒喝도 이에 해당한다. 『금강경』의 금강金剛의 원어인 vajra는 낙뢰落雷를 뜻하는데, 벽력과 같은 뜻이다. 경명의 원뜻은 '번뇌를 없애는 낙뢰'라는 의미로, 깨달음을 이끄는 작용을 나타낸다.

청천백일 靑天白日

'푸른 하늘에 태양이 찬란하게 비추고, 하늘은 맑아 구름 한 점도 없는 모양'을 말한다. 마음에 거짓이 없는 본래 자기를 뜻한다. 『벽암록』 4칙 「수시垂示」에 "청천백일, 다시는 동쪽을 가리켜 서쪽이라고 하지 않는다. 시절인연, 역시 병에 따라 약을 준다"라고 하였다.

청청취죽 靑靑翠竹

우두산牛頭山 원袁선사의 물음에 대한 선배대덕의 말로 "푸르고 푸른 취죽은 모두 법신이며, 울창한 황화는 반야 아님이 없다〔靑靑翠竹總是法身, 鬱鬱黃華無非般若〕"(『신회어록神會語錄』)라고 하였다. 이 구는 법신설법法身說法·무정설법無情說法·초목성불草木成佛에 관계되는 것인데, 불성佛性사상에 이어진다.

청탁병탄 淸濁倂呑

'맑고 탁함을 함께 삼키다.' 범인과 성인이라는 이원적인 대립이 없이, 엄하고 힘든 수행 끝에 표표飄飄한 경지가 되었다고 해도 끊임없이 스스로를 경책하여 잡념이 끼어들 틈이 없는 수행자를 '청탁을 동시에 삼킨 선자'라고 한다. 한산·습득을 두고 하는 말이다.

청풍명월 淸風明月

'청풍'은 마음까지 상쾌하게 시원스레 부는 바람을 뜻하며, '명월'은 환하고 밝은 달을 말한다. 선에서는 번뇌·망상을 불식한 무아·무심의 경지를 의미하는 것으로서, 구름 한 점 없는 청명한 심경[불심·불성]을 나타낸다.

청풍불명월 淸風拂明月

'청풍이 명월을 털다.'(『인천안목』) '명월은 청풍을 털다'의 대구對句이다. 가을 밤하늘에 밝게 빛나는 달이 걸려 있고, 땅에는 서늘한 가을바람이 부는 정경이다. 번뇌는 물론 깨달음의 의식조차도 떨쳐버린 맑고 맑은 본래무일물本來無一物의 경계를 말한다.

체로금풍 體露金風

한 납자가 운문문언雲門文偃화상을 시험하고자 묻기를 "나무의 시든 잎이 떨어졌을 때 어떻습니까?" 하니, 운문이 "체로금풍"이라고 대답하였다. 납자는 늦가을, 낙엽이 뒹구는 정경을 보고 빗대어 번뇌·망상의 티끌이 완전히 벗겨진 심경에 대해 물은 것이다. 운문 역시 가을의 경치에 비유하여 '가을바람에 완전히 드러났다'고 하였다. '체로'는 '완전히 드러난 것', '금풍'은 가을바람을 뜻한다. 가을은 오행설(五行說; 木·火·土·金·水)에서 보면 금에 해당한다. 가을바람에 낙엽이 져 나무가 앙상하게 된 것처럼, 엄격한 수행으로 번뇌·망상이 완전히 걷혔음을 말한 것이다.

체용불이 體用不二

'체와 용이 본질적으로 하나'라는 뜻이다. 체는 실체·본체, 용은 작용·현상을 의미하며, 양자가 상관적인 것을 나타내는 경우에 사용하는 논리이다. 체와 용이 불리부즉不離不卽한 관계임을 설한 것은 5~6세기의 불교문헌이다. 특히, 삼론종을 비롯하여 천태종·화엄종·선종 등 6세기 이후 중국불교에서 많이 사용되었다. 이외에도 비슷한 개념으로 본本·말末, 질質·용用, 적寂·용用, 본本·적迹 등이 있다.

체전지기 掣電之機

체는 '끌어당김', 체전은 '전광석화電光石火와 같이 순간적으로 번쩍이는 번갯불'로, '체전지기'는 '번개와 같은 기機'를 뜻한다. 선사가 민첩하게 수행승을 지도하는 모습을 나타낸다. "체

전의 기, 쓸데없는 생각에 잠길 뿐이네."(『벽암록』 37칙)

초고초금 超古超今

'과거와 현재라는 시간을 초월한 영원한 존재'를 뜻한다.

초목무정본래합도 草木無情本來合道

'초목은 무정하므로 본래 도에 맞다.' 초목에는 사량분별의 마음이 없기 때문에 도라고 할 수 있다는 뜻이다. 『절관론絶觀論』에 "초목은 무정하니 본래 도에 맞고, 실체가 없는 무아無我이므로 살생을 꾀하지 않는다"라고 하였다. 이러한 사상이 초목성불설草木成佛說의 토대가 되고, 이후 선종에 커다란 영향을 주게 된다.

초목성불 草木成佛

'풀이나 나무 등의 비정(非情; 감정을 갖지 않는 것)도 불성을 가지며 모두 성불한다'는 말이다. 무정성불·비정성불이라고도 한다. 『열반경』의 실유불성悉有佛性설을 근거로 '사상事象은 그대로 불성의 나타남'이라고 하였다.

초목황엽안귀남 草木黃葉雁歸南

'초목은 누런 잎이 되고 기러기는 남쪽으로 날아간다.'(「추풍사

秋風辭」) 대자연의 운행運行을 보인 것으로, 시절인연을 뜻한다.

초발심시 변성정각 初發心時 便成正覺

'깨달음을 이루려고 하는 맨 처음의 결심이 바로 깨달음을 이룬다'는 뜻이다.(『화엄경』) 어떤 일이든 처음의 결심이 대단히 중요하고, 어떠한 것이라도 처음의 뜻으로 밀어 붙이면 반드시 이루어진다고 하는 의미이다. 절집에서는 '처음 출가하여 행자(초심자) 기간을 거칠 때 공부가 다 된다'는 말이 있다.

초종초격 超宗超格

종宗은 종의宗義의 요체를, 격은 격식格式을 말한다. 지금까지 일반적으로 생각하고 있던 견식見識과 격식을 뛰어 넘은 경계, 즉 깨달음에 이른 자를 의미한다.

촉루이안정 髑髏裏眼睛

'해골 속의 눈동자'로, 향엄지한香嚴智閑의 말이다.『경덕전등록』「향엄지한장」에, 어떤 학인이 묻기를 "어떠한 것이 도입니까?"라고 하니 향엄이 말하기를, "고목에서 들리는 용의 울음소리"라고 하였다. 학인이 말하기를 "모르겠습니다"라고 하니, 향엄이 다시 말하기를 "해골 속에서 번쩍이는 눈동자"라고 하였다. 도(깨달음)는 말로서 이해하거나 알게 되는 것이 아님을 우회적으로 표현한 말이다. 도는 스스로의 체험이며, 남이 말하는 것을 듣고 알았다는 것은 남의 체험을 그대로 베낀 것에 불과하다는 뜻이다.

총지 總持

총지는 dhāraṇī의 의역어이다. 음역은 다라니陀羅尼이다. dhṛ〔보유하다〕라는 동사어근에서 만들어진 dhāraṇa의 여성명사형이며, 행위·기억의 보존이라고 하는 원뜻을 가진다. 특히 대승불교에 있어서는 법을 마음에 두어 잊지 않게 하는 것이나, 이를 위해 독송하는 주구呪句·수행자를 수호하는 능력을 가진 장章·구句 등을 의미한다.

최상승선 最上乘禪

규봉종밀은 『선원제전집도서禪源諸全集都序』에서, 선을 외도선外道禪·범부선凡夫禪·소승선小乘禪·대승선大乘禪·최상승선最上乘禪으로 분류하였다. 보리달마의 선을 최상승선이라고 한다. 이 선은 '우리 자신은 본래 청정하며, 본래 번뇌도 없고, 청정한 지혜를 구족하였음'을 닦아(修) 체득하는 선을 말한다. 여래청정선如來淸淨禪이라고도 한다.

추상이율기 秋霜以律己

'가을의 서리같이 자신에게 엄한 계율'이라는 뜻이다. '춘풍이 접인(風以接人; 봄바람같이 사람을 대하다)'의 대구對句다. 수행자의 깨달음의 길은 추상같은 계율로 스스로를 단련하는 것임을 의미한다.

축착개착 築著磕著

'부딪치는 것'을 뜻한다. 축은 '쌓는 것'이며, 개는 '돌이 서로 부딪치는 것'이다. 착著은 동작을 나타내는 말에 붙이는 조사이다. 공안참구를 전념으로 계속하여 온몸으로 선의 핵심에 부딪히는 것을 의미한다. 『대혜서』「답증시랑」 제3에 "다만 마음을 한 곳에만 두면 얻지 못하는 것이 없습니다. 시절인연이 도래하면 자연히 축착개착하여 한 번에 깨달을 것입니다"라고 하였다.

춘래초자청 春來草自靑

'봄이 오면 풀이 저절로 푸르다.' 만법은 시절인연에 따라 변화한다는 의미이다. 어떤 승이 운문문언선사에게 묻기를 "무엇이 불법의 대의입니까?" 하니, 문언이 답하기를 "봄이 오면 풀이 저절로 푸르다"라고 하였다.(『경덕전등록』 권19 「운문문언장」) 또 권30 「남악라찬화상가南嶽懶瓚和尙歌」에는 "만법 모두 그러하니 본래부터 무생無生, 올연히 아무일 없이(無事) 앉아 있다.

봄이 되니 풀이 저절로 푸르구나"라고 하였다.

춘색무고하 春色無高下

'춘색은 고하가 없다.'(『보등록』) "춘색은 고하가 없어도 꽃가지는 장단이 있다〔春色高下無 花枝自短長〕"라고 하여, 평등과 차별이 혼연한 가운데 진리가 있음을 표현한 구절이다.

춘입처처화 春入處處花

'봄이 되니 곳곳에 꽃'이라는 말이다. '봄이 온갖 숲에 드니 곳곳에 꽃이, 가을이 만 가지 물에 스미니 집집마다 달〔春入千林處處花 秋沈萬水家家月〕'이라고 하는 대구對句의 앞부분을 다섯 자로 줄였다. 봄이 숲속 구석구석에까지 스며들어, 가는 곳마다 꽃이 현란하게 피어 있다는 뜻이다. '본래 자기'가 완전히 눈앞에 드러난 상태를 의미한다.

춘재일지중 春在一枝中

'봄은 나뭇가지에 있다.' 나뭇가지에 싹이 트기 시작하니 벌써 봄이 주변에 두루 퍼져 있음을 아는 것이다. '이화일지춘(梨花一枝春; 배꽃의 한 가지에 봄이)', '일화개천하춘(一花開天下春; 꽃 한 송이 피니 천하가 봄이다)'라는 구와 같은 뜻이다. 일즉다一卽多의 사사무애법계事事無礙法界를 의미한다.

춘풍춘수일시래 春風春水一時來

'봄바람과 봄물은 일시에 온다.'(백낙천 「부서지府西池」) 시 전체의 대의는 '겨울이 끝날 때 곳곳에 그 조짐이 보인다. 누가 예측이나 했겠는가. 지금 봄바람과 봄이 일시에 온 것을'이다. 엄동의 시련을 겪은 후, 홀연히 좋은 세계가 열린 모습을 뜻한다. 각고의 수행 끝에 열린 깨달음의 세계를 나타낸 말이다.

출무문입무호 出無門入無戶

'나갈 문도 없고 들어갈 방도 없다.' 나오고 들어가는데 문이나 방이라고 하는, 막힌 것이 전혀 없는 것을 뜻한다. 자유자재한 경계를 말한다.

출신활로 出身活路

'모든 속박에서 해방된 자유자재한 경지에 드는 것'을 말한다. 또한 깨달음의 경지마저 초탈한 자재한 행동을 말한다. 이러한 경지에 든 자의 자유활달한 모습을 '출신'이라고 한다.

취모용료급수마 吹毛用了急須磨

'취모의 검'이라는 말이 있다. 칼을 털 가까이에 들이대기만 해도 바로 털이 잘라질 정도로 아주 날카로운 검을 말한다. 이 검은 모든 망상·번뇌를 자르기도 하지만 잘못하면 자기 자신을 죽이는 위험한 검이기도 하다. 이것을 선문에서는 태어날 때부터 가지고 있는 '반야般若의 지검智劍'에 비유한다. 어떠한 명검이라도 언제나 갈고 닦지 않으면 둔한 검이 되어 버린다. 이처럼 반야의 지검도 방심하면 바로 망상·집착에 덮여 본래의 광택을 잃게 되는 것이다. '모름지기 갈다〔須磨〕'는 것은 수행한다는 의미이다. 깨달았다고 방심하면 바로 미혹의 세계에 다시 떨어지니 매일매일 그 깨달음의 거울을 닦아야 한다는 것이다.

취상존견지류 取相存見之流

취상존견이란 '형상에 집착하고 자신의 견해에 고집하는 것'이며, 류는 이러한 무리를 뜻한다. 『능가사자기楞伽師資記』에 달마의 가르침으로 "마음이 평화롭고 말수가 적은 지식인들은 믿지 않음이 없고, 형상에 집착하고 견해가 뚜렷한 자들은 비방하기 시작했다"라고 하였다.

측량 測量

불교에서는 사물의 양을 알 수 없을 때, 이를 추리하거나 예측하는 것을 '측량'이라고 한다. 사량思量·분별과 동의어이다. 선종에서는 특히 측량이 미혹함을 생기게 하는 원인이 된다고 한다. 모든 망상·망념을 놓는 것이 수행이기 때문에, 측량 역시 단절해야 하는 것 중의 하나이다.

치생산업시불도 治生産業是佛道

치생산업은 '세간의 생업'을 말한다. '세간의 생업도 불도의 실천'이라는 뜻이다. 『법화경』에 나오는 말이다. 『대혜어록』에 "치생산업은 모두 정리正理에 따르고 실상과 서로 위배되지 않는다"라고 하였다.

치인유호야당수 癡人猶戽夜塘水

'어리석은 남자는 지금도 밤이 되면 저수지의 물을 퍼 올린다.' (『벽암록』) 이 앞의 구는 '삼급랑고어화용(三級浪高魚化龍; 삼급이나 되는 높은 물결을 타고 올라 물고기가 용이 되다)'으로, 등용문의 이야기이다. 묵묵히 범부의 어리석은 듯한 일에서 선기禪機를 본다는 의미이다.

치초좌 蓷草坐

'여래좌'를 말한다. 치초는 오미자五味子이다. 풀 하나에 다섯 가지 맛을 갖춘 것처럼 오위설五位說은 본래 하나임을 비유하고 차별즉평등差別卽平等, 상대즉절대相對卽絶對를 나타낸 것이다.

카

쾌마일편 快馬一鞭

'쾌마'는 준마駿馬라고도 하는데 '하늘을 나는 것 같이 무섭게 달리는 우수한 말'을 뜻하고, '일편'은 한 번의 채찍질을 말한다. '쾌마는 한 번의 채찍질로 질주한다'는 의미이다. 훌륭한 수행승은 스승의 말 한 마디에 깨닫는다는 것을 뜻한다. 『경덕전등록』「남원도명南源道明장」에, "'쾌마, 한 번의 채찍〔快馬一鞭〕, 쾌인, 한 마디의 말〔快人一言〕, 물을 일이 있으면 몇 번이라도 물어 보고 물을 일이 없으면 각자 편히 쉬도록'. 법좌에서 바로 내려오다"라고 하였다. 이와 비슷한 표현으로 "쾌마, 채찍의 그림자를 본다〔快馬窺鞭影〕"라고 하는데, 이것은 '쾌마는 채찍의 그림자만을 보아도 질주한다'라는 뜻이다.

쾌재 快哉

어느 날 동서양당東西兩堂이 고양이를 둘러싸고 큰 소란을 피웠다: 남전보원南泉普願은 그 고양이를 잡아들고 잘라버렸다. 일견 잔혹하지만 원오극근圓悟克勤이 이 이야기를 듣고 "쾌재(快哉; 잘했어)"라고 소리쳤다. 바깥세상의 존재에 대한 집착을 끊어버리고 본래의 면목을 취하도록 한 방편이다.

타개 打開

'풀다', '열다'라는 뜻이다. 선가에서 개오開悟·대오大悟·제도濟度를 뜻하는 말이다. 『대혜어록』에 "그런 뒤, 자신의 창고를 열어 자신의 가재家財를 들어내 모든 이를 구제하였다"라고 하였다. 즉 깨달은 후 온몸으로 모든 이들을 교화하였다는 의미이다.

타니체수 拖泥滯水

'진흙을 끌어와 물을 막는다.' 진흙과 같은 번뇌망상에 개의치 않고, 도리어 온몸으로 동화同化하여 중생을 교화하는 것을 뜻한다. "대장경과 같이 허다한 경전이나 주석으로도 미치지 못하고 훌륭한 선승도 자신을 구제하지 못한다. 이 같을 때 어떻게 하면 구할 수 있으랴. 불자佛字를 내세우면 불佛에 끄달려 몸을 움직일 수 없고, 선자禪字를 사용하면 선이라고 말한 자신이 창피하다."(『벽암록』 2칙) 이러지도 저러지도 못하는 번민에 빠진 수행자가 어느 날, 그 번민마저 껴안고 스스로를 구제하는 동시에 교화하는 것을 '타니체수'라고 한다.

타성일편 打成一片

'이분법적이고 상대적인 것이 융화하고 용해되어 하나가 되는 것'을 뜻한다. 『원오어록』에 "세법世法과 불법佛法이 타성일편 됨을 싫어해서는 안 되네"라고 하였다. 또, 간화선법에서는 화두와 화두를 드는 자신이 하나가 되는 그 자리를 '타성일편'이라고 한다.

타장소 打掌笑

'손뼉을 치며 웃다.' 『임간록林間錄』에는 "매번 임간(林間; 산중)의 뛰어난 사람들과 손뼉을 치며 청담淸談한다"라고 하였다. 크게 긍정하는 모습이다.

타초경사 打草驚蛇

'풀을 쳐서 뱀을 놀라게 하다'라는 뜻이다. 선사가 학인을 교화하는 것을 비유한 표현이다. '뱀을 놀라게 한다'는 것은 가볍게 주의를 주거나 우회적으로 경책하는 것을 의미한다. 『굉지광록』4에 "알아도 또한 풀을 쳐서 뱀을 놀라게 하고, 알지 못하면 또한 돈을 태워 귀신을 끈다"라고 하였다. 회득(會得; 깨달아 마쳤다)했다고 하여 자만할까봐 경종하고, 회득하지 못하겠다고 퇴굴심을 낼까봐 이를 이끌기 위해 좋은 방편을 사용한다는 것이다.

탁발 托鉢

행걸行乞이라고도 한다. 선종에서의 중요한 수행의 하나이다. 무심한 마음으로 타인에게 음식물을 얻고, '다만 수행을 위해서 임을 새기고 공경히 받는 행'을 중요시하였다. 석존 재세시부터 있었다. 원래 발우를 가지고 세간의 집들을 돌아다니며 밥을 얻는 행이었지만, 현재는 쌀이나 금전 등을 얻는 경우가 많고, 가까이 도는 것을 근발近鉢, 멀리까지 나아가 도는 것은 원발遠鉢, 편도 20킬로미터 이상은 대원발大遠鉢이라고 한다. 선종에서는 탁발을 수행의 한 방편이라고 명시하였으나, 오늘날 조계종에서는 사이비 승려들의 행실을 근절하기 위해 금지하고 있다.

탄지 彈指

'엄지와 중지를 마찰시켜 소리를 내는 것'을 말한다. 소리를 내는 것은 각성覺醒·경각警覺을 나타낸다. 선가에서는 탄지삼하彈指三下라고 하여 세 번 소리 내어 졸고 있는 자를 깨우거나, 방앞에서 탄지하여 자신의 방문을 알리거나, 변소의 부정不淨을 제거하기 위해 사용한다.

탈저통 脫底桶

'밑이 빠진 통'을 말한다. 탈저통이나 한고추(閑古錐; 끝이 무디어진 송곳)는 어디에도 쓸모없는 것이지만, 선가에서는 수행자가 탈저통, 한고추 같은 자가 되어야 한다고 강조한다. 철저히 깨달은 자의 심경은 보통사람으로는 도저히 헤아려 볼 수 없고 더구나 바보처럼 보인다는 뜻이 내포되어 있지만, 한편으로는 수행자가 어디에도 걸림이 없는 무애자재한 경지를 얻어야 한다는 의미도 된다.

탈체 脫體

'신체에 대한 애착을 버리고 활발하게 살아가는 상태'를 뜻한다. 모든 것에 대한 집착을 떠나 본성이 완전히 드러나 더 이상 감출 것이 없는 것을 말한다. "경청鏡清이 말하기를 '몸을 벗어나는 것은 오히려 쉬우나, 탈체를 말하기는 어렵다〔出身猶可易, 脫體道應難〕'라고 하였다."(『벽암록』 46칙 「본칙」) 즉 깨닫기는 쉬우나 깨달음을 말로 표현하기는 어렵다는 의미이다.

통신시수안 通身是手眼

'온몸이 바로 손이 되고 눈이 된다'는 뜻이다. 주체와 객체가 대립이 없이 하나가 된 경지를 말한다. 『벽암록』 89칙에, 운암雲巖이 사형인 도오道吾에게 묻기를 "대비보살은 수많은 손과 눈으로 무엇을 하는 것입니까?" 도오가 말하기를 "밤중에 손등으로 베개를 찾고 있는 것이겠지." 운암이 말하기를 "알겠군요." 도오가 말하기를 "넌 무엇을 알았다는 것이냐?" 운암이 말하기를 "온몸(徧身)이 손과 눈입니다." 도오가 말하기를 "대단한 말을 한 것 같은데, 다만 팔할만을 말했을 뿐이다." 운암이 말하기를 "사형은 어떤 것입니까?" 도오가 말하기를 "온몸(通身)이 손과 눈이다"라고 하였다. 편신, 통신 모두 몸뚱어리 전체를 말하지만, 통신은 몸 전체를 철저히 살피고 있는 것을 뜻한다.

통자하래 痛自何來

'아픔은 어디서 왔는가?' 현사사비玄沙師備의 말이다. 사비가 설봉의존雪峰義存을 떠나 다른 선사에게 참구하기 위해 산 정상까지 왔을 때, 잘못하여 발을 접질렀다. 너무나 아픈 나머지 그는 '이 몸은 있지 않은데, 아픔은 어디서 오는가?' 이렇게 탄식하고는, 설봉에게 돌아갔다. 그러자 설봉이 "왜 변참遍參하러 가지 않는가?" 하고 물으니, 사비가 답하기를 "달마는 동토東土에 오지 않았고, 2조二祖는 서천西天에 가지 않았습니다"라고 대답하였다.(『조당집』) 현사는 깨달음을 구하기 위해 밖으로 나갔다가 깨달음은 밖이 아니라 스스로에게 있음을 체득하고 제 자리로 돌아온 것이다. 달마와 2조의 행동은 오고 감이 현상으로 나타나 보이지만 깨달음 자체는 오고 감이 없다는 의미이다.

투관파절 透關破節

'마디마디를 부수고 관문을 투과하다.' 절은 대나무 마디를 말한다. 수행에 방해가 되는 집착이나 쓸데없는 사량분별을 완전히 버리고 깨달음을 얻는다는 의미이다. 관과 절은 난관難關을 뜻한다.

투기 投機

스승의 기機와 제자의 기가 서로 계합하는 것을 말한다. 스승과 제자의 마음이 서로 감응함으로서, 마음이 열려 깨닫는 경우를 투기라고 한다. 마음은 변화무상하여 형체도 색도 없고 한 곳에 정주하지도 않으며 무엇이라고 잡을 수도 없다. 그러한 마음과 마음이 계합하는 것을 의미한다.

투체탈락 透体脫落

'전체를 관통하여 완전히 벗어나 버린다'는 뜻이다. 도원道元의 『정법안장』「불성」에 있는 말이다. 탈락은 본래 단추가 떨어져 나간 것을 뜻한다. 「불성」에 "실유悉有인 중생은 쾌변난봉快便難逢이다"라고 하였다. 실유는 바로 중생을 말하며, 쾌변난봉은 '제시간에 대는 쾌속선을 만나기 어렵다'는 뜻이다. 여기서 말하는 쾌변난봉은 빨리 달려가 둑을 내려가지 않으면 제시간에 쾌속선을 만나기 어렵다고 하는 선종의 착어着語에 사용되는 술어이다. 이 구句를 이어서 도원道元은 "실유를 깨닫는 것이 어렵다는 것을 알면, 실유는 투체탈락한다"라고 한다. 투체탈락은 몸에 집착하는 어떠한 것에서도 벗어날 때를 의미한다. 쾌속선을 만나기 위해 목숨을 걸고 뛸 때, 뛰는 자신과 배, 이 둘을 모두 잊은 채 달리기만 하는 것에 비유한 것이다.

투탈 透脫

'빠져 나가다, 꿰뚫다, 관통하다'라는 의미이다. 『임제록』「종윤서從倫序」에서는 "자취를 남기지 말고 현관玄關을 투탈하라"고 한다. 마음의 흔들림이 없이, 또한 어디에도 걸림이 없이, 공안을 들면 공안에 집중하여 이를 관통하여 벗어나야 한다는 뜻이다. 또한 『종용록』 11칙에서는 "투탈무의透脫無依가 병"이라 하는데, '공안을 꿰뚫어 더 이상 어디에도 의지할 것이 없다는 생각도 병이다'는 의미이다.

특우생아 特牛生兒

약산유엄藥山惟儼과 학인의 문답에 나오는 말이다. 약산이 "특우(수컷 소)가 아이를 낳기 전까지 불법을 말하지 않겠다"라고 말한 것에 대해, 학인이 "특우가 아이를 낳았으니 말씀해 주시오"라고 대들었다. 그러자 약산이 "등불을 가지고 오라"고 명하자, 학인은 물러났다고 한다.(『경덕전등록』 14) 수컷 소가 아이를 낳을 때는 아무리 기다려도 오지 않는다. 결국 '말로 불법을 알거나 볼 수 없다. 즉 말로는 깨닫지 못한다'는 뜻이다.

파

파경부중조 破鏡不重照

'깨진 거울은 다시 물건을 비출 수 없다'는 의미이다. 깨달은 자는 다시 미혹할 일이 없다는 뜻으로 쓰인다. '낙화난상지(落花難上枝; 떨어진 꽃잎은 더 이상 가지로 돌아가는 일이 없다)'와 대구對句가 되는 구절이다. 『경덕전등록』 「화엄휴정장」에, "묻기를 '크게 깨달은 자는 왜 다시 미迷하지 않습니까?' 휴정이 말하기를 '거울이 깨지면 더 이상 비출 수 없다. 낙화는 가지에 다시 붙기 어렵다'"라고 하였다. 또 『허당록』 「보은광효사어록」에, "학인이 묻기를 '보니까, 어째서 백 가지 새들이 꽃을 물어 붙이지 않는지요?' 지우가 말하기를 '거울이 깨지면 다시는 비출 수 없다. 떨어진 꽃잎, 가지에 붙기 어렵다'"라고 하였다.

파란삼리포청풍 破襴衫裏包淸風

'파란삼'은 '찢어진 옷'이란 뜻이다. '찢어진 옷을 입고 있지만, 기분 좋은 맑은 바람을 품고 있다'는 뜻이다. 비록 누추하고 해진 옷을 입고 있지만, 물욕이나 애증에 물들지 않은 청정한 본성을 가지고 있음을 뜻한다.(『오등회원五燈會元』)

파목표 破木杓

나무로 된 국자가 깨지면 쓸 수 없는 것처럼, '쓸데없는 물건'을 말한다. 『종용록』 38칙에 "도적을 아들로 삼고 노예를 사위로 삼는다. 파목표가 어찌 조상의 해골일 수 있으며, 당나귀의 안장턱 또한 아버지의 아래턱은 아니다"라고 하였다. 우리가 애써 쓰다듬고 챙기고 존귀하게 여기고 보물처럼 생각해도 이 모든 것이 보잘것없는 것이라는 말이다.

파상삼매 破相三昧

무상삼매無相三昧라고도 한다. 백팔삼매 중의 하나이다. 파상과 같은 뜻인 무상無相은 형태나 모습이 없다는 것이 아니라 실재하지 않는 것을 의미한다. 따라서 파상삼매라고 하는 것은 '집착·차별이 있는 어떠한 형상도 실재하지 않는다'고 관하는 삼매를 뜻한다.

파수동귀 擺手同歸

'팔을 흔들고 함께 돌아가다.' 파수는 '손을 크게 흔들다'는 뜻이다. 마음이 맑고 고요하며 어디에도 걸림이 없을 때, 이러한 마음의 자유로움을 팔로 흔들어 보이는 광경이다. 『허당록』에, 산문을 가리키며 "이 산에는 길이 없다. 문에 이르는 자는 누구인가. 알면 손을 흔들고 같이 돌아가자. 그렇지 않으면 나를 따라오라"라고 하였다. '문 없는 문을 통과할 수 있다면, 나한과 함께 손을 흔들고 같이 돌아간다'고 하는 의미이다.

파자소암 婆子燒庵

'노파, 암자를 태우다'는 『연등회요』 권29 「망명존숙장亡名尊宿章」에 있다. "옛날 한 노파가 어느 암주에게 공양 올리기를 20년, 언제나 소녀를 시켰다. 소녀도 어느 덧 처녀가 되었다. 그러던 어느 날, 노파는 소녀에게 공양을 올리고 나서 수행승을 포옹하도록 시켰다. 소녀가 포옹하면서 "이럴 때 어떻습니까?"라고 물으니, 수행승은 "고목이 차디찬 바위에 기대어, 추운 겨울인데 따뜻한 기운이 없는 것과 같다"라고 대답하였다. 소녀가 이 말을 노파에게 말하니, "내가 20여 년간 단지 속한俗漢을 시봉했다는 말인가!" 탄식하고는, 수행승을 내쫓아버리고 암자를 불태웠다고 한다. 이 일화는 공안이 되었고, 선에서의 깨달음은 생동하는 모든 것을 끊고 무미건조한 것에 있다는 잘못된 생각에 집착하는 것을 경계하는 의미이다.

파초혜 破草鞋

'찢어진 짚신', '헤진 신발'을 뜻한다. 어떠한 역할도 할 수 없는, 이용가치가 없는 것을 말한다.(『벽암록』 12칙) 우리가 평소 가지고 있는 지식은 인생의 궁극적 가치에 어떠한 도움도 되지 않고, 도리어 방해가 되는 것이므로 헌신짝처럼 버려야 한다는 의미이다. 파초혜의 가르침과 같이, 쓸데없는 지식을 버리고 자기를 부정하는 공空·무無의 진리로부터 비로소 본래면목이 나타나는 것이다.

팔각마반공리주 八角磨盤空裏走

'팔각의 마반이 공중으로 날아가다.' 어떤 승이 운문문언雲門文偃에게 묻기를 "법신法身이란 무엇입니까?"라고 하자, 운문이 답하기를 "육근에 다 수용할 수 없다"라고 하였다.(『벽암록』 47칙 「본칙」) 위의 본칙에 대한 원오극근圓悟克勤의 착어着語의 일부이다. "팔각형으로 다듬어진 절구가 공중으로 날아간다"라는 것은, 아집을 부숴버리고 종횡무진으로 작용하는 파격적인 경지를 말한다.

팔풍취부동 八風吹不動

'사람의 마음을 미혹하게 하는 여덟 가지 바람이 불어도 절대 움직이지 않는다'는 뜻이다. 여덟 가지 바람이란, 이익되게 하는 것〔利〕, 뜻에 어긋난 것〔衰〕, 비난하는 것〔毁〕, 명예로운 것〔譽〕, 바로 눈앞에서 칭찬하는 것〔稱〕, 가까이서 비난하는 것〔譏〕, 몸과 마음을 괴롭게 하는 것〔苦〕, 몸과 마음을 기쁘게 하는 것〔樂〕 등이다.

평상심시도 平常心是道

마조도일馬祖道一・남전보원南泉普願의 말로, '일상생활의 마음이 도'라는 의미이다. 『경덕전등록』에, 마조선사가 대중에게 말하기를, "도는 닦는 데 있지 않으니 다만 오염되지 말라. 무엇을 오염이라고 하는가. 만약 살고 싶고 죽고 싶은 마음이 있고, 조작되거나 취향趣向이 있으면, 이는 모두 오염이 된다. 만약 곧바로 그 도〔깨달음〕를 체득하고자 한다면 평상심이 도다. 평상심이라는 것은 이른바 조작이 없고, 옳고 그른, 또한 취하고 버리는 것이 없고, 끊고 이어지는 것도 없고, 범부니 성인이니 하는 것도 없는 것을 말한다. 경에 말씀하기를, '범부의 행도 아니고 성현의 행도 아닌 것이 보살의 행이다'고 하였다. 다만 지금 행・주・좌・와 응기접물應機接物, 이 모두가 도가 된다"라고 하였다. 응기접물은 '대상의 근기에 따라 대처하는 것'을 의미한다.

포석투하 抱石投河

자명초원慈明楚圓의 말로, '무거운 돌을 안고 강에 몸을 던진다'는 말이다. '구해내기 어렵다'는 뜻이다. 일시적인 깨달음의 경지에 집착하는 것을 경계한 말이다. 『천성광등록』「자명초원장」에, "묻건대, 한 번에 얻어 영원히 얻을 것이 없을 때 어떠합니까?" 초원이 말하기를, "돌을 안고 강에 떨어지는군"이라고 하였다.

포장규굴 抱贓叫屈

'훔친 물건을 감추고는 도리어 억울하다고 소리치다'는 뜻이다. "대낮에, 찾거나 구함은 절대로 피해야 한다. 더구나 '부처가 무엇인가'를 묻는 것은 훔친 물건을 감추고 사실이 아니라고 소리치는 것과 같다."(『무문관』 30칙) 자신이 본래 부처인 줄 모르고 밖에서 부처를 구하려고 하거나, 자신이 어째서 부처인가라고 의심하는 것을 부정하는 의미로 쓰인다.

표전 表詮

긍정하는 것·긍정적 판단·긍정적으로 표현하는 것 등을 말한다. 차전(遮詮; 부정적·역설적 표현)의 대구對句이다. 『종경록』 권25에 "즉심즉불, 이것은 표전이다. 곧바로 그것을 표시하여 자신의 마음을 친증親證한다"라고 하였다. 스스로 즉심즉불임을 알고 즉시 체득해야 한다는 의미이다.

풍광일일신 風光日日新

'풍광이 날로 새롭다.' 선어로서 '본지풍광 본래면목本地風光本來面目'(『벽암록』)이라고 할 때는 '깨달음의 모습'을 말한다. 돌아가야 할 본래 장소, 그 광경이다. 그러나 그것도 또한 고정된 것이 아니라 '일신일신일일신日新日新日日新'(『원오어록』)인 것이다. 『원오어록』에는 다시 '초목에서 빛나는 빛은 날로 새롭다〔草木秀發光輝日新〕'라고 하였다. 나날이 변하는 영원한 모습을 뜻한다.

풍광형추초 우취작경지 風狂螢墜草 雨驟鵲驚枝

'바람이 불어 개똥벌레는 풀 위에 떨어지고, 갑자기 비가 내리니 가지에 앉아 있던 까치가 놀라 날아간다.' 자연풍광을 노래하였다. 자연을 보고, 자연을 느끼고, 사물을 보고, 보는 그 마음까지 느낀다. 분별의 생각을 거두고, 있는 그대로 보는 '응작여시관應作如是觀'의 모습이다.

풍류 風流

선인先人이 남긴 자리, 또는 시적 감각을 뜻한다. 원오극근의 말에 "풍혈연소風穴延沼는 명명백백한 것을 얻어 시적 풍아風雅를 갖추고 있는 듯하지만, 결국 도중에 한 마디 말을 해 버렸다(궁극적인 깨달음에 이르지 못했다)"라는 구절이 있다.(『원오어록』)

풍번 風幡

"육조 혜능慧能이 광주 법성사法性寺에 이르렀을 때, 두 납자가 법요를 알리는 깃발이 바람에 펄럭이고 있음을 보고 '깃발이 움직인다', '바람이 움직이는 것이다'라고 논쟁하고 있는 것을 보았다. 그때 혜능은 '바람도, 깃발도 움직이는 것이 아닌, 그대들의 마음이 움직인다'라고 하였다."(『무문관』 29칙) 마음을 주체라고 한다면 깃발이나 바람은 객체이다. 현상의 움직임을 인식하는 것은 마음이며, 마음의 인식이 현상을 분별하는 것이다. 이 같은 현상에 대한 의식의 분석이 유식唯識이며 선은 유식이 전개되는 근원이다.

풍성상주 風性常住

'바람이라는 성질(본질)은 바람으로서 체감되지 않아도 언제나 존재하고 있다.' 모든 중생에게 불성이 존재하고 있어도 느끼지 못함을 비유하였다. 『오등회원』 권3 「마곡보철장」에, "학인이 묻기를, '바람은 언제나 있는데(風性常住), 화상께서는 무엇 때문에 부채를 부치십니까?' 보철이 말하기를, '그대는 다만 풍성상주만을 알지 무처부주(無處不周; 어느 곳이든 두루하지 않는 곳이 없다)는 알지 못하네'라고 하였다. 그러자 학인이 또 묻기를 '어떤 것이 무처부주의 도리입니까?' 보철은 다만 부채를 흔들고 있을 뿐이었다"라고 하였다. 학인은 바람이 언제나 있다는 것에 집착하고 있는 반면, 보철은 바람이 있고 없음의 사려분별을 떠난 경지에 있다는 뜻이다.

풍송단운귀령거 월화류수과교래 風送斷雲歸領去 月和流水過橋來

'바람은 조각구름을 산마루로 돌려보내고, 달은 흐르는 물에 비추어 다리를 지나간다.' 산중의 아름다운 정경을 노래하였다. 바람이 불면 작은 구름은 저 멀리 산마루로 날아가고 밤에는 고결한 달빛이 계곡물에 비치며, 계곡의 달은 일그러졌지만 그대로 빛을 머금은 채 다리를 지나 흘러간다. 행각하는 수행자가 잠시 계곡의 가장자리 바위에서 무심히 바라보며 읊은 시이다.

풍전한 風顚漢

'일상의 궤도를 벗어난 몰상식한 행동을 하는 자'를 말한다. 여기서 한漢은 속어로서 '~놈'이다. '이상한 놈·거친 놈'을 의미한다. 황벽희운선사가 젊은 날의 임제의현이 자신을 스승으로 여기지 않고 격한 태도를 보인 것을 평한 말이다. 나중에 임제원에 머문 임제를 늘 따라다니며 기이한 행동을 보인 보화普化의 모습을 이렇게도 말하였다. 그러나 선종이 교단으로서 종파성을 높이고 세속화하는 과정에서 이러한 가풍은 비판받게 된다.

풍취부동천변월 설압난최간저송 風吹不動天邊月 雪壓難摧澗底松

'바람이 불어도 흔들리지 않는 천공에 빛나는 달, 눈이 쌓여도 꺾이지 않는 산골짜기 소나무.'(『가태보등록』 16) 어려움과 싫고 곤란한 일이 있어도 결코 흔들리지 않는 수행자의 신념과 의지를 나타낸다.

피모대각 披毛戴角

'전신이 털로 덮여 있고 뿔이 돋아 있는 동물'을 말한다. 사려분별도 없고 깨달음도 모르는 동물이 되어 수행하는 것을 말한다. 조산본적曹山本寂의 삼종타(三種墮; 披毛戴角, 不斷聲色, 不受食)의 하나이다. "초심에 명합冥合하여 있음을 알다"(『선림승보전』 「조산장」)라고 하였다. 생각이 혼잡하지 않고 깨달아야 한다는 사량분별에 집착하는 일이 없는 동물과 같은 존재가 되어 수행하는 것을 말한다. '이류중행異類中行'이라는 말과 같다.

피부탈락 皮膚脫落

피부는 '번뇌 등의 쓸데없는 것', 탈락은 '번뇌와 같은 속박에서 해방되는 것'을 말하며 해탈과 같은 뜻으로 쓴다. 『열반경』 권39에, 부루나 바라문이 말하기를 "큰 마을 밖에 사라림이 있고 그 가운데 나무 한 그루가 있는데, 그 나무는 껍질·가지·잎이 차례로 모두 탈락하고 오직 열매만이 남았다. 여래도 역시 그와 같다. 소유하고 있는 것이 모두 사라지고 오직 진실법(空)만이 남는다"에서 유래한다.

하어 下語

고칙〔공안〕 혹은 어떤 구절에 대해 자신의 견해를 보이거나 해석함을 말한다. "향림은 바로 그때, 자신의 견해를 드러내는 말을 했다〔香林當時 也下語呈見解〕."(『벽암록』 17칙)

한도인 閑道人

어디에도 얽매이지 않고 거짓됨도 없는 자유무애한 경지를 얻은 수행자를 말한다. 영가현각永嘉玄覺의 『증도가證道歌』에 "그대는 보았는가, 절학무위絶學無爲의 한도인을. 망상을 거두려 하지 않고 참됨도 구하려고 하지 않는다"라고 하였다. 배움마저 끊고 꾸밈도 없으며, 열반을 구해야겠다는 욕심도 버린 도인, 이런 자를 현각은 '한도인'이라고 하였다.

한면고와대청산 閑眠高臥對靑山

'옆으로 드러누워 산을 바라보다.' 위산영우는 "내일 오대산의 법요에 갈 겁니까?"라는 유철마劉鐵磨의 물음에 아무렇게나 누워버렸다고 한다. 이 이야기를 듣고 풍혈연소는 "노장은 할 일 없이 빈둥거리며 옆으로 드러누워 먼 산을 바라보았군(老倒疎懶無事日 閑眠高臥對靑山)"이라고 평하였다.(『벽암록』 24칙) 깨달음의 예리함마저 사라진 위산潙山의 경계를 말한다.

한선포고목 寒蟬抱枯木

'죽을 매미가 고목을 품다.' 여름이 다 가고 결국은 죽을 매미가 나무에 기대어 힘을 다해 노래하는 모습을 말한다. 목숨의 존귀함과 무상無常을 생각하게 한다.

한송일색천년별 야노염화만국춘 寒松一色千年別 野老拈花萬國春

'한겨울 소나무 천년이 지나도 한결같이 빛나고, 촌노인 세상 가득한 봄 속에서 느긋이 꽃을 즐기네.'(『임제록』) 대자연의 부동不動한 모습이다. 아무 일도 일어나지 않는 고요한 세계에서 느긋하게 지내는 평화로운 경지를 의미한다.

한수담여람 澜水湛如藍

어떤 승이 대룡大龍화상에게 "색신은 없어지지만, 파괴되지 않는 법신은 어떤 것입니까?"라고 묻자, 대룡화상이 "산꽃이 피니 비단 같고, 한수는 맑기가 쪽빛과 같다"(『벽암록』 82칙)고 한 말에서 유래한다. 한수는 '계곡 사이로 흐르는 물'을 뜻한다. 물은 색깔이 없지만, 맑은 못에 물이 가득 고이면 깊은 남빛을 띤다. 변화 가운데 불변의 진리가 있음을 나타낸 말이다.

한시한살사려 열시열살사려 寒時寒殺闍黎 熱時熱殺闍黎

'추울 때는 춥게 지내고, 더울 때는 덥게 지내라'는 뜻이다. 사려는 승려의 존칭이다. '살'은 죽음을 뜻하지만, 여기서는 의미를 강하게 하기 위해 붙인 접미사이다. 어느 승이 동산양개선사에게, "춥거나 더울 때 어떻게 이를 피할 수 있을까요?"라고 물으니, 동산은 "춥지도 덥지도 않는 곳으로 가지 그래?"라고 답하였다. 그러자 그 승이 다시 묻기를 "어떠한 곳이 춥지도 덥지도 않는 곳인가요?" 동산은 "추울 때는 그대를 춥게 내버려 두고, 더울 때는 그대를 덥게 내버려 둬"라고 답하였다.(『벽암록』 43칙) 춥고 더움을 분별하게 되면 더욱 참을 수 없게 되므로 추우면 그냥 추워하고, 더우면 그대로 더워하는 것이 한서寒暑를 피하는 방법이라는 것이다.

한운포유석 상월조청지 寒雲抱幽石 霜月照淸池

'찬 구름은 고요히 돌을 껴안고, 서리 내린 밤 달은 맑은 연못을 비추다'는 말이다. 차디찬 밤에 구름은 고요히 돌 언저리를 품은 듯하고, 서리가 내린 밤 달은 교교히 연못을 비춘다고 하는 만추晩秋의 밤풍경을 묘사하였다. 오랫동안 수행한 도인의 심경을 노래하였다.

한좌 閑坐

'모든 망념을 버리고 조용히 좌선하는 것'을 말한다. 한閑은 '무의미한·쓸데없는·시시한' 등의 뜻을 갖는다. 어느 날 약산유엄藥山惟儼선사가 좌선하고 있을 때 석두石頭가 이를 보고 말하기를 "그대는 여기서 뭘하고 있느냐?" 약산이 답하기를 "아무 것도 하지 않습니다." 석두 "그렇다면 한가로이 앉아 있는 게로군." 약산 "한가히 앉아 있다면, 그것은 하는 것입니다." 석두 "그대는 하지 않는다고 했는데, 무얼 하지 않는다는 것이냐?" 약산 "천성千聖도 알지 못합니다."(『경덕전등록』「약산유엄장」) 이 문답은, 먼저 석두는 약산이 공부가 되어 있는가를 점검한 것이며, 약산은 자신의 망념이 사라지고 오롯이 청정심으로 지속되고 있음을 밝히고, 만약 성인이 이를 안다면 망념이 일어나 발각된 것이라는 의미이다.

한좌청송성 閑坐聽松聲

'고요히 앉으면 소나무에 부는 바람 소리만이 들린다.' 맑은 귀에는 맑은 소리가 들려오는 것이다. 인경일치人境一致로 정적 가운데 있는 편안한 자세를 뜻한다.

한화일장 閑話一場

한화는 '쓸데없는 말'을 뜻한다. 일장은 '일막一幕', '한 자리'라는 말이다. 『임제록』에 "대장부들이여, 주主·적敵을 논하고 시是·비非를 논하며, 색色과 재財를 의론하는 등 쓸데없는 말로 세월을 보내지 말라〔論說閑話過日〕"고 하였다. 수행자들에게 쓸데없는 생각으로 날을 지새우지 말라고 경계한 말이다.

한회고목 寒灰枯木

'불씨조차도 없는 차디찬 재와, 더 이상 싹이 틀 리가 없는 완전히 말라버린 나무'라는 뜻이다. '번뇌나 망상이 끊어진 마음'을 말한다.

할 喝

당唐대 선승들은 제자에게 진리를 체득하게 하고 불법을 전하기 위해, 문자나 말을 떠나 단지 큰 소리로 '할'을 하였다. 소리가 엄청나게 컸으므로 어느 납승은 귀가 먹을 정도라고 한다. 진리는 스스로 깨쳐야지 머리로 생각해서 알려고 하는 것은 절대 안 됨을 '할'로써 대신 말한 것이다. 한문의 음은 '갈'이지만, 선가에서는 '할(하알~)'이라고 읽는다. 마조도일馬祖道一선사가 백장회해百丈懷海에게 '할'을 한 것이 최초이다. 또 임제선사가 수행자를 지도할 때 자주 '할'을 사용했음은 유명하다.

함개상응 函蓋相應

'그릇과 뚜껑이 한 치도 어긋남이 없이 딱 맞는 모양'을 말한다. 스승과 제자의 경계가 합치合致한 모양, 또는 일〔개개의 현상〕과 이치〔사물의 본질〕가 계합한, 즉 사리불이事理不二를 의미한다. 『참동계參同契』에 "일이 어긋남이 없으면 그릇과 뚜껑이 맞는 것 같고, 이치에 맞으면 화살과 촉이 맞는 것 같이"라고 하였다.

함원전리문장안 含元殿裏問長安

'장안에 있는 궁전인 함원전에 살면서 장안이 어디에 있는지를 묻다.' 자신의 불성을 보지 못하고 밖에서 부처를 구한다는 뜻이다.(『인천안목人天眼目』上)

함전산심수한 檻前山深水寒

'난간 앞에는 깊은 산 차디찬 물.' 난간 앞에 서니 깊은 산이 크게 솟아 있고 차디찬 물이 흘러내리고 있는 정경을 나타낸 것이다. 『벽암록』제2칙「조주지도무난趙州至道無難」에 대한 설두중현의 게송의 한 구절이다. 궁극의 입장을 상징적으로 노래하였다.

함호지기 陷虎之機

'호랑이를 함정에 빠트릴 정도의 근기'를 말한다. 선자禪者가 상대를 대처할 때의 파격적인 수완을 뜻한다. 『천성광등록』권8 「황벽희운장」에 앙산仰山이 "그렇지 않네. 황벽黃蘗에게는 호랑이도 어찌할 수 없는 기기機가 있음을 알지 못하면 안 되네"라고 하였다.

해고불견저 인사불유심 海枯不見底 人死不留心

'바다가 말라 그 바닥을 보지 못하고, 사람은 죽어도 마음을 남기지 않는다'는 뜻이다.(『연등회요』권13) 본래 두순학杜荀鶴의 감우시感寓詩의 한 구절이다. 불不은 '종終', 유留는 '지知'로 해석한다. 바다 전체가 말라버렸을 때, 해저海底는 바닥이 아니기 때문에 바다를 보지 못하는 것이고, 그것과 같이 사람이 죽을 때에는 마음을 남기지 않는다는 의미이다.

해신지귀부지가 海神知貴不知價

'해신은 보물이 귀한 줄은 알아도 그 가치는 알지 못한다'(『벽암록』)는 의미이다. 자신에게 가치를 헤아릴 수 없는 보배〔佛性〕가 있음을 알았지만, 그 가치를 알지 못하는 자를 비유하였다.

해월징무영 海月澄無影

'해월은 맑아 그림자가 없다.' 밝은 달이 바다에 영롱히 비치니, 달은 맑고 푸르게 빛나 달그림자가 없다는 말이다.(『임제록』) 우리의 불성은 언제나 빛나 있어서 본래 상념이 없다는 의미이다.

해인삼매 海印三昧

큰 바다가 고요할 때면 모든 것이 환히 보이는 것처럼, 부처의 깨달음에는 모든 것이 진실로 드러남을 의미한다. 해인정海印定이라고도 한다. 원어는 sāgara-mudrā-samādhi이다. 『화엄경』에서 설한 석존의 삼매를 뜻한다.

행각 行脚

수행자가 깨달음을 추구하여 '한 곳에 정착하여 머물지 않고 여러 곳을 편력하는 것'을 의미한다. 그냥 무작정 돌아다니는 것이 아닌, 선지식을 만나 자신의 공부를 점검받거나 또한 여기저기 다른 대중과 더불어 수행하면서 자신의 정진을 살피며 수행을 쌓아가는 모습을 말한다. '행각안行脚眼'은 행각의 수행으로 행각자의 견식見識이 뛰어남을 말한다.

행다 行茶

'다린 차를 차례대로 분배하는 것'으로서, 선원에서 대중이 정해진 자리〔行茶位〕에 나열해 앉아 차를 마시는 의례를 말한다. 『선원청규禪苑清規』에는, 행다는 산중의 개산조開山祖의 기일이나 축일에 행한다고 하였다. 『선원청규』 권5에는 행다의 의례가 상세히 설명되어 있다.

행리 行履

'행'은 몸으로 행하는 것이며, '리'는 실천하는 것을 뜻한다. '일상적인 행위'를 말하는데, 선승이 수행하는 모습을 의미한다. 어떤 승이 법안문익法眼文益에게 묻기를 "하루 종일 어떠한 행리를 하면 도와 상응할 수 있겠습니까?" 그러자 법안이 말하기를, "취하고 버리는 마음이면 잘못 속임이 된다."(『경덕전등록』 「법안문익장」) 분별을 일으키는 마음이면 스스로 속이는 일이 된다는 것이다. 수행상에서의 행리는 몸으로의 행과 마음이 일치되는 것을 의미한다.

행발 行鉢

선원의 규칙〔清規〕에 따라 발우를 사용하여 식사하는 것을 말한다.

행역선좌역선 어묵동정체안연 行亦禪坐亦禪 語默動靜體安然

'행도 선, 좌도 선, 말하고 침묵하고 움직이고 쉬는 것도 선이다.'(『임제록』) 일상생활이 모두 선, 즉 수행이 된다는 말이다. 선의 본체는 부동不動이다. 부동의 선을 '체안연體晏然'이라고 한다. 그러나 부동의 체의 경지에서는 움직이는 것도 모두 선이 되는 것이다.

행운유수 行雲流水

'구름은 가고 물은 흐른다'는 이 말은 자연의 모습을 뜻하지만, 선가에서는 선자禪者를 '운수雲水'라고 부른다. 구름은 바람 따라 움직이고 물은 끊임없이 흐르는 것처럼, 한 곳에 정착하지 않고 자유로이 오고 가며 선지식을 찾아 나서기도 하고 홀로 암자에서 수행하는 모습을 의미하지만, 한편은 선자의 마음의 상태를 말하기도 한다. 집착과 분별과 시비를 버린 자재무애한 마음을 뜻한다.

행자 行者

출가하여 승려로서 갖추어야 할 언행과 사찰의 잡무 등을 배우는 이를 말한다. 승려의 모습이지만 아직 출가득도出家得度하지 않은 승려이다. 선문에서는 육조혜능이 행자의 몸으로 인가를 받은 일화가 유명하다.

향남견북두 向南見北斗

'남쪽을 향해 북두를 본다.'(『운문광록』상) 어느 승이 "초楚를 등지고 오吳를 향한다면 어떠합니까?"라고 질문했을 때, 운문문언雲門文偃이 답한 말이다. 상식의 세계에서 벗어나지 못하는 사람에게는 불합리한 말이지만, 선에서는 합리성이나 추론을 버린 초논리적 입장에 서서 절대의 세계로 직입直入한다.

허공가철선 虛空駕鐵船

'허공에 매달린 철선을 타고 여기저기 돌아다닌다'는 뜻이다.(『오등회원五燈會元』) 부대사傅大師의 어록에는 "철선수상부(鐵船水上浮; 철선을 물에 띄우다)"라는 말도 있다. 철선이란 원래 '물에 띄우지 못한다'는 의미의 말인데, 철선이 허공에 매달린다는 것은 더더구나 생각할 수 없는 것이다. 다시 말해서 상식으로는 도저히 납득이 가지 않는다는 말이다. 그러나 상식은 분별심의 세계이다. 이원대립의 분별의 마음을 깨지 않으면 부처의 마음이 나타나지 않는다. 본래의 마음이 나타났을 때의 세계는 상식을 깬 세계, 상식을 초월한 세계이다. 그러므로 '허공에 철선을 맨다'는 기묘한 말을 할 수 있는 것이다.

허공리정궐 虛空裏釘橛

'허공에 말뚝을 박다.'(『임제록』) 쓸데없는 일, 불가능한 일을 한다는 의미이다. 도리어 그러한 일에 진실로 몰두해 가는 것을 말하는 경우도 있다.

허공소점두 虛空笑點頭

'허공이 웃으며 수긍했다'는 의미이다.(『가태보등록嘉泰普燈錄』) 허공은 절대진리인 공空·무일물無一物의 경지이다. 이 공의 경지를 알기까지, 즉 허공이 웃으며 수긍할 때까지 수행을 계속해야 함을 의미한다.

허명자조 虛明自照

『신심명』의 "허명으로 스스로 비출 뿐, 마음으로 애쓰지 않는다〔虛明自照 不勞心力〕"라는 구절이다. 깨달음의 경지는 차별과 분별을 끊은 평정하고 일여한 세계이기 때문에, 걸림이 없는 마음의 경지를 '허명'이라고 하였다. 『조주록』에 "묻건대 옛말에 '허명자조'라는 말이 있는데, 어떤 것이 자조인가?"라고 하였다.

허위반연사 虛僞攀緣事

'허망한 일에 집착하는 것'을 말한다. 원래 유식唯識의 용어이다. 반연은 망상에 의한 잘못된 행위를 말한다. 『유가사지론瑜伽師地論』에서는 망상과 언어의 관계를 분석하고 있는데, 진리는 언어로 표현될 수 없지만, 언어에 의하지 않으면 나타낼 수 없는 것이다. 그렇지만 그 언어에 의해 또한 여러 가지 망상이 생긴다. 이와 같이 망상이 허위인 것을 '허위반연사'라고 한다. 선에서는 허망반연虛妄攀緣·반연망상攀緣妄想 등의 말을 자주 쓴다.

현관 玄關

현은 '검음·속이 깊음·고요함'이라는 의미가 있고, 관은 '관문關門·관소關所'를 뜻한다. 현玄에 대해 『노자』 제1장에 '현은 더욱 현하여 중묘衆妙의 문〔玄之又玄 衆妙之門〕'이란 말이 있다. 현은 바닥을 알 수 없는 깊은 내면의 세계·적정의 세계를 의미하며, '중묘의 문'은 삼라만상이 출현하는 문을 말한다. 다시 말해서 깊은 진리의 세계는 자연현상을 낳는 문이라는 것이다. 따라서 현관은 깨달음·번뇌·선·악·지옥·정토·성인·범부 등 삼라만상이 출현하는 유현幽玄의 문을 말한다. 특히, 선종에서는 미묘한 도리로 들어가는 입구를 의미한다. 『경덕전등록』 권28에 "현관을 계착啓鑿하고 반야의 묘문을 열다"라고 하였다. 이는 깨달음으로 이끌기 위한 공안을 뜻한다. 불교일반의 용어로는 '법문'이 여기에 해당할 것이다.

현덕심 玄德心

현덕은 심오深奧한 덕, 또는 천지현묘의 이치를 말한다. 현덕심은 그러한 것을 체득한 마음을 의미한다.

현성공안 現成公案

이 세계의 사상(事象; 존재와 현상)은 스스로 실천을 통해 불법佛法을 나타낸다는 말이다. 이 구句는 도원道元이 저술한 『정법안장正法眼藏』 권1의 제명題名이기도 하다. 현실을 철저히 긍정하는 선사상의 전통적인 해석에 근거하면서, 거기에 실천의 중요성을 강조하는 내용으로 도원선道元禪의 특징을 잘 보여준다.

현애철수 懸崖撤手

'벼랑에 매달린 손을 놓다.' 이 구 뒤에 '절후재소絶後再蘇'라는 구가 나온다. 즉 앞뒤 생각이 끊어질 때 다시 소생한다는 의미이다. "백척간두진일보百尺竿頭進一步"와 같은 뜻이다. 더 이상 오를 수 없는 벼랑이지만 다시 오르려고 손을 떼면 아래로 떨어져 목숨을 잃고, 그냥 그대로 매달려 있으면 손에 힘이 없어져 역시 떨어지는, 어찌 할 도리가 없을 때 '자 어떻게 해야 할까'라는 공안이다. 이 공안은 절대적 안심安心이란 모든 집착·분별을 놓았을 때 비로소 얻어지는 것임을 가르친다.

혈맥 血脈

가르침이나 계율이 스승에게서 제자로 끊어짐이 없이 전수되는 것을 말한다. 몸의 혈관에 비유하여 부처, 보살로부터 그 피를 받은 것이라고 생각하여 혈맥이라고 하며, 불자佛子나 석자

釋子라고 하는 표현도 석존과 제자가 하나의 가족이라는 생각에서 친자관계를 나타낸 것이다. 또한 혈맥상승血脈相承·사자상승師資相承·적적상승嫡嫡相承·구결상승口訣相承이라고 하며, 선종의 33조사〔마하가섭~육조혜능〕가 그 예이다. 초기선종의 문헌인『혈맥론』은 바로 이러한 선종의 이심전심以心傳心으로 형성된 법사法嗣관계를 밝힌 것이다.

형연독탈 불여물구 迥然獨脫 不與物拘

'홀로 멀리 벗어나 있어 어떤 것에도 구속받지 않는다'는 뜻이다.(『임제록』) 즉, 인생의 어떠한 난관도, 내부에서 일어나는 어떤 번뇌도, 주체성이 확립된 사람에게는 아무 걸림이 없다는 의미이다. 대무애인大無礙人의 경지이다.

혜업 慧業

혜는 지혜를 뜻한다. 혜업은 깨달음의 지혜를 닦는 수행, 또는 그 실천을 말하며, 혜행慧行이라고도 한다. 교학에서는 지계·선정·지혜의 삼학三學의 순으로 닦는 것을 주로 하지만, 선에서는 선정에 모든 것을 포함시킨다.

호구리횡신 虎口裏橫身

'호랑이 입 속에 눕다.' 목숨을 잃을 정도의 위험에 처한 것을 비유한다.『벽암록』5칙「수시垂示」에, "만약 밝은 눈을 갖춘 자라면 한 점도 그를 속일 수 없다. 만약 속였을 때는 호랑이 입 속으로 몸이 들어가 목숨을 잃는 경우가 있다"라고 하였다.

호란 胡亂

당송唐宋대의 속어로, '엉터리·무책임한'이라는 뜻이다. 남악회양南嶽懷讓이 대중에게 묻기를 "마조가 대중을 위해 설법을 하였느냐?" 대중이 답하기를 "이미 대중을 위해 설법을 하였습니다." 회양 왈 "그런데 소식을 가져오는 사람이 하나도 없구나." 대중이 아무도 대답하지 못하였다. 그래서 회양은 한 승을 보내며 말하기를 "가서 마조가 법상에 오를 때 단지 그에게 '어떠합니까?' 하고 묻고는, 그의 대답을 기억하고 오너라"라고 명하였다. 그 승이 가서 회양의 지시대로 하니, 마조가 답하기를 "엉터리〔胡亂〕로 시작해서 벌써 30년, 소금과 장醬맛은 그대로다"라고 하였다.(『경덕전등록』「남악회양장」) 스승 회양에 대한 감사함을 속으로 감추고 선자禪者로서 자립하고 있음을 보인 것이다.

호란좌 胡亂坐

호란좌는 불납차不臘次라고도 한다. 승당에서는 당초唐初부터 법랍에 따라 장유長幼나 좌차(座次; 납차)를 결정해 왔지만, 그

납차를 무시하고 앉을 때 '호란좌'라고 말한다. 선종 사원에서는 직위에 따라 앉는 차례(席次)를 결정하지만, 직위가 바뀔 때 새로 앉는 순서(席順)가 결정되기까지 잠정적으로 예전의 자리에 앉아 석차가 혼란한 것도 호란좌라고 한다.

호래호현 한래한현 胡來胡現 漢來漢現

모든 것을 깨끗이 관조하는 반야지般若智의 작용을 말한다. 이 구는 조주종심趙州從諗이나 설봉의존雪峰義存의 말로 잘 알려졌다. 『현사광록玄沙廣錄』에 의하면, 설봉이 "내 처소는, 한 면이 오래된 거울(古鏡)과 같이, 호인胡人이 오면 호인을 비추고, 한인漢人이 오면 한인을 비춘다네"라고 말하였다. 한 승려가 "맑은 거울(明鏡)이 오면 어떻습니까?"라고 물으니, 설봉은 "호胡·한漢 모두 숨는다"라고 답하였다. 이를 들은 현사사비는 "백잡쇄(百雜碎; 와장창 부서진다)"라고 하였다. 거울에 거울을 비추면 무엇이 나타날까? 설봉은 무無라고 했지만 현사는 거울마저 없어짐을 보인 것이다. 조주는 이 구를 거울 대신 명주明珠의 작용에 비유한다.

호리유차 천지현격 豪釐有差 天地懸隔

중국 선종 제3조 승찬僧璨의 『신심명信心銘』중의 한 구인데, '털끝만큼의 차가 있으면 천지만큼 벌어진다'라는 의미이다. 이 명

銘의 앞 구절이 "도에 이름은 어렵지 않으니 오직 간택하지 말라. 다만 좋고 미워함이 없다면 마음은 텅 비어 명백하다〔至道無難 唯嫌揀擇 但莫憎愛 洞然明白〕"이다. 분별〔간택·애증〕만 놓아 버리면 저절로 도〔진리〕는 쉽게 터득된다는 것이다.

호사불여무 好事不如無

'좋은 일도 없음만 못하다.' 즉 좋은 일이라고 해도 없는 쪽이 더 낫다는 의미이다. 운문雲門이 대중에게 말하기를, "사람들에게는 모두 광명이 있다. 보려고 해도 보이지 않고 어둡고 아득하다. 무엇이 광명인가?" 대중들은 대답이 없었다. 그러자 스스로 대신해서 말하기를 "승당僧堂, 불전佛殿, 주고廚庫, 삼문三門", 또 말하기를 "좋은 일도 없음만 못하다"라고 하였다.(『삼백칙三百則』 81칙) 좋다는 것은 이미 분별에 의해 나타난 감성이다. 차별의 세계를 보이는 것이다. 좋다, 나쁘다라는 분별 이전의 본래 밝아 있는 본성은, 즉 빛은 어디에도 비추고 있는 것이다. 태양이 삼라만상을 환히 비추고 있는 것처럼. 따라서 운문은 빛에 의해 현상세계 어디에도 환히 보인다고 하였다.

호설편편 불락별처 好雪片片 不落別處

방거사가 약산유엄藥山惟儼 곁을 떠날 때에 약산이 열 명의 선객禪客으로 하여금 문 앞까지 전송하게 하였다. 거사가 하늘의 눈을 가리키며 말하기를 "눈은 펄펄 내리지만, 그 하나하나는 다른 곳에 떨어지는 것이 아니구나." 그때 전숲선객이 있어 말하기를 "어디에 떨어지는 것입니까?" 하니, 거사가 손바닥으로 때렸다. 그러자 전선객이 말하기를 "엉터리 짓을 해서는 안 됩니다." 방거사 "그대는 남들이 선객이라고 하겠지만, 염라대왕이 가만히 놔두지 않을 것이다." 그러자 전선객이 말하기를 "당신이라면 어떻게 하겠습니까?" 거사가 또 손바닥으로 때리며 말하기를 "눈이 있어도 장님과 같고, 입이 있어도 벙어리로구나"라고 하였다.(『벽암록』 42칙 「본칙」) 눈이 펄펄 내리면 산천을 분간 못할 정도로 하얗게 되어 은색의 세계가 된다. 눈은 하나하나 각각이지만, 떨어지는 곳은 모두 한 곳, 하나의 은빛 세상을 이룬다. 즉 불교에서 말하는 일미평등一味平等을 나타낸 것이다. 거사는 선객이 자신의 공부가 없이 말머리에 분별하는 것을 크게 못마땅하게 여기고 질책하였다.

호수적 적수호 胡鬚赤 赤鬚胡

백장회해의 "호인〔북방사람들〕의 수염만이 빨갛다고 생각했는데, 또 다른 빨간 수염이 달린 호인이 있네"(『종문통요집宗門統要集』「백장회해장」)라는 말에서 유래하였다. 같은 유類의 사람이 또 있다는 것을 나타낸 말이다. 호수적과 적수호는 표현은 다르지만 모두 '빨간 수염이 달린 호인'을 말하며, 불이동일不二同一

한 것을 의미하는 비유이다.

호중일월장 壺中日月長

『허당록』의 "단지 연못 위에 복숭아가 있음을 알 뿐, 항아리 속의 일월이 길다는 것을 알지 못한다〔只知池上蟠桃熟, 不覺壺中日月長〕"라는 구절의 일부이다. '호중'은 병 속을 말하며, 별천지 또는 선경仙境을 의미한다. '일월장'은 유구무한을 뜻하는 것으로서 시간적 제약을 초월하고 있음을 뜻한다. 자각한 세계에 들면 이미 거기에는 시간, 공간을 넘어서 버린 세계가 있음을 말하는 것이다. 세간 일에 대한 집착에서 벗어난 깨달음의 경계에 비유한다. 『후한서後漢書』「방술전方術傳」에 다음과 같은 일화가 있다. 중국 후한시대에 여남汝南의 관리인 비장방費長房이 있었다. 한 노인이 이 마을에서 약을 팔고 있었는데, 그는 점포 앞에서 언제나 큰 항아리 하나를 놓고 있었으므로 호공이라고 불렸다. 그런데 그는 점포를 닫으면 매일 그 항아리 속으로 들어가 버리는 것이었다. 이를 본 장방은 이상하게 생각하고 호공과 친해져 드디어 그의 안내를 받으며 함께 항아리 속으로 들어갔다. 속으로 들어가니 어마어마하고 화려한 궁전이 있었는데, 장방은 호공의 성대한 향응을 받고 지내다가 한참 후에 집으로 돌아왔다. 집으로 돌아와 보니 이미 많은 세월이 흘렀고 집안사람들은 모두 노인이 되어 그를 보더니 놀라워하였다. 결국 호공은 선인仙

人이었고 장방은 그로부터 선술仙術을 받은 것이었다.

혹종지식 혹종경권 或從知識 或從經卷

'선지식을 가까이하여 가르침을 듣고 경전을 배우는 것'을 의미한다. 모든 글이나 말, 실제와 현상에서 불법을 깨달아야 한다는 뜻이다. 『마하지관』 권1 「대의장大意章」에 있다. 선지식의 가르침과 경전에 근거해야 비로소 깨달음도 있고 불법도 관觀할 수 있다는 말이다.

혼신 渾身

전신全身을 말한다. 어느 수행승이 육왕홍통育王弘通에게 묻기를 "무엇이 화상의 가풍입니까?" 그러자 홍통이 답하기를 "온몸이 오 푼어치도 안 되네"라고 하였다.(『경덕전등록』 권20 「육왕홍통장」) 가풍은 그 사람의 사상이나 품격을 의미하는데, 몸뚱어리 자체가 아무런 가치가 없는데 더구나 가풍을 말하겠느냐라는 의미이다. 이런 뜻 외에도 '혼신渾身이 눈(몸뚱어리 전체가 눈)', '혼신이 진흙탕(渾身泥水; 몸뚱어리 전체가 무명·오염덩어리)' 등의 용어가 있다.

혼신니수 渾身泥水

'온몸이 진흙투성이가 된 것'을 뜻한다. 『벽암록』 9칙 「조주사문趙州四門」에 "조주, 풀 속으로 들어가 사람을 찾는데, 알지 못하는 사이에 온몸이 진흙투성이가 되다"라고 하였다. 성인이 범부 속에 들어가 범부가 되어 교화함을 의미한다.

홀연염기 忽然念起

홀연은 '돌연히'라는 뜻이다. 『대승기신론』 「심생멸문心生滅門」에 "심성은 언제나 무념이기 때문에 이름하여 불변不變이라고 한다. 그러나 일법계一法界에 이르지 못한 까닭에(우주 삼라만상의 실상을 아직 깨치지 못함) 홀연히 생각이 일어남을 무명이라고 한다"라고 하였다. 이 경우의 홀연염기는 무명無明을 말한다. 무명은 범부의 분별심이나 차별심이다.

홀이 忽爾

'순식간에'로, '홀연忽然'과 같은 뜻이다. 『종경록宗鏡錄』 권22에 "방龐거사가 막 입멸하려고 할 때 딸 영조靈照가 '순식간에' 아버지 (입멸의) 자리에 올라 그대로 좌망(坐亡; 앉아서 죽음)했다"고 한다. 딸의 이러한 높은 깨달음의 경지에 방거사는 크게 감탄하였다. 이 이야기는 방거사보다 딸이 먼저 깨쳤다는 것을 의미한다.

홍로상일점설 紅爐上一點雪

'난로 위의 한 줌의 눈.' 일본 임제종의 월암종광月菴宗光선사가 발대득승拔隊得勝선사에게 말하기를 "칼로 목을 베려 할 때 한 마디 일러라"라고 하자, 득승이 답하기를 "난로 위, 한 덩어리의 눈"이라고 하였다. 월암이 "그것이 녹았을 때는?"이라고 묻자 발대가 "비와 눈, 서리와 얼음은 각각 다를지언정 녹아버리면 같은 계곡의 물"이라고 답하였다. 여기서 불씨가 빨갛게 타오르는 화로는 불심佛心·불성佛性에, 눈은 번뇌·망상에 비유하였다. 빨갛게 타는 화로에 한 점의 눈이 떨어지면 바로 없어지는 것처럼, 불심·불성이 확연할 때는 번뇌·망상이 일어난다고 해도 바로 사라지는 것을 말한다. 본래의 청정무구한 심성에는 번뇌·망상이 붙을 수 없음을 의미한다.

화개접자래 花開蝶自來

'꽃이 피니 나비가 저절로 날아온다.' 꽃은 무엇이라고 말하지 않는데 자연히 나비가 모여든다는 말이다. '복사꽃은 아무 말도 하지 않는데 그 아래 저절로 오솔길이 생겼다'고 하는 뜻과 같다. 도력이 높은 수행자는 은둔해 있어도 후학들이 배움을 청하여 찾아온다는 의미이다.

화경청적 和敬淸寂

다도茶道의 원칙이나 진수를 의미하는 어구이다. '화'는 온화함을 뜻하는데, 번뇌의 근본인 삼독三毒이 제거된 마음상태를 의미한다. '경'은 공경함을 뜻하지만, 잡념·망상이 없는 일심불란의 심경이며 삼매를 의미한다. '청'은 맑음을 뜻하는데, 탁함과 비교한 맑음이 아니라 대립을 초월한 근원적, 절대적인 맑음을 의미한다. '적'은 편안과 안정됨을 뜻하는데, 소음과 대립된 의미가 아니라 절대적 고요를 말하며, 공空이나 무無와 통한다. 이 어구는 선의 무심의 세계와 같은 것이다.

화광동진 和光同塵

부처와 보살이 지智·덕德을 갖추고 세속의 세계에서 중생을 교화·제도하는 것을 말한다. '화광'은 고매한 품성과 재지才智를 갖춘 것을 뜻하고 '동'은 동화同化이며, '진'은 번뇌의 오염으로 물든 세간을 의미한다. 『노자』 4장·56장에 "빛으로 온화하게 하고 세상과 함께 한다(和其光 同其塵)"라는 말에서 유래한다.

화니합수 和泥合水

'화광동진和光同塵'과 같은 의미이다. 부처님이 지혜의 빛을 숨기고 세간에 들어가 자비심으로서 중생과 동화하고 구제하는 것을 말한다. 반대로 '수행자가 세속 번뇌에 물들어 있음'을 진흙이 물에 섞인 것에 비유하여 비난하는 말이기도 하다.

화두 話頭

선종에서의 수많은 고칙古則·공안公案 중 수행자가 하나를 택하여 공부로서 삼을 때 이를 화두라고 한다. 원래 '두'는 명사에 붙는 접미사로 별 뜻이 없으므로, 화두는 '이야기', '말'을 의미한다. 『대혜어록』 권22에 "의심이 아직 부숴지지 않았으면 오직 고인이 도에 들어간 화두를 보라"라고 하였다.

화로두무빈주 火爐頭無賓主

'화롯가에는 주인과 손님이 따로 없다.'(『경덕전등록』) 추운 날 화롯가에 둘러앉아 불을 쬐는 사람들은 주인과 손님의 구별 없이 모두 따뜻함만을 느낀다는 것을 말한다. '무빈주無賓主'란 '차별이 없는 평등'을 말한다. 반대는 '빈주역연賓主歷然'으로 '평등하면서도 차별이 있는 것'을 말한다.

화리동지두 靴裏動指頭

'신발 속에서 발가락을 움직인다.' 신발 속에서 발가락을 꼬물거려도 다른 사람이 눈치채지 못한다는 말이다. 바꾸어 말해서, 불법은 홀로 자신만이 깨달아 아는 것으로 다른 사람과 함께할 수도 없고, 자신의 공부를 다른 사람이 알 수도 없다는 의미이다. '냉난자지(冷暖自知; 마시는 물이 차고 따뜻한 것은 마시는 사람만이 알 뿐)'와 같은 말이다. 『대혜보각선사어록』에, 대혜가 말하기를 "두 늙은이가 신발 속에서 발가락을 비록 잘 꼬물거리는 것 같지만"이라고 하였다.

화리연화 火裏蓮花

'불길 속에 연꽃이 피어 있다'는 뜻으로, '상식을 초월한 것'에 비유한다. 『유마경』에 "불길 속에 연꽃이 피는 것은 희유한 일이다. 오욕五欲 가운데서 선정을 행하는 것도 그와 마찬가지다"라고 하였다.

화목과종초 花木瓜種草

대혜종고의 문하를 말한다. 선주(宣州, 안휘성)는 중국에서 유명한 오이 산지인데, 대혜는 그 고장 사람이다. 따라서 대혜를 '화목고花木杲'라고도 하며, 그의 법을 이은 제자들을 '화목과종초'라고 부른 것이다.

화병 畵餠

'그림으로 그려진 떡'이라는 말이다. 어떤 도움도 되지 않는 것을 비유한다. 『경덕전등록』「향엄지한장」에는 "그림의 떡은 배고픔을 채우지 못한다"라고 하였다. 『허당록』의 "떡을 그려 허기를 채운다"는 말은 실효성이 없는 헛된 위안을 의미한다. 그러나 도원道元의 『정법안장』 「화병」에는, 화병을 무의미한 것으로 생각하지 않고 그리는 행위를 중시하며, 그것이 세계를 성립시키는 요소가 된다고 말한다.

화사수무영 花謝樹無影

'꽃도 지고 나무에 그림자마저 없네.' 선수행으로 번뇌도, 다른 어떤 것도 모두 없어져 버린 심경을 말하였다. 사謝는 '사라지다, 물러가다'라는 의미이다. 구 전체의 의미는, "지금까지 아름답게 핀 꽃도 사라져 버렸고, 날도 저물고 나무의 그림자마저 이제 보이지 않는구나"라는 말이다. 이 경우 꽃은 불화佛花, 나무는 보리(菩提; 지혜)를 비유하는데, '깨달음의 꽃도 보리의 그림자도 보이지 않는다'고 하는 것은 깨달았다고 하는 사실에도 사로잡히지 않는 자유로운 심경을 비유하였다.

화상 和尙

고덕高德 스님들에 대한 존칭이다. 처음에는 수계受戒 때의 삼사三師에 대한 호칭이었으나, 이후 지도하는 모든 스님을 가리킨다. 중국 초기의 전등록인 『조당집祖堂集』에는 달마를 비롯하여 모든 선승의 항목에 '~화상'이라고 하였다.

화지자단장 花枝自短長

'꽃가지는 스스로 짧고 길다.'(『보등록普燈錄』) '춘색春色은 고하高下가 없어도 꽃가지는 단장이 있다'의 뒷 구이다. 봄은 차별이 없지만 꽃가지에는 스스로 길고 짧음이 있다. 오히려 각각 장단이 있음으로서 전체가 정리된 모습으로 보인다. 평등과 차별, 여기에서 훌륭한 조화의 세계를 볼 수 있다.

화하반일객 花下半日客

'꽃 아래서 시간 가는 줄 모르는 객.' 이때 반일은 한나절이 아니라 시간이 빨리 지나가는 것을 뜻한다. 백거이白居易의 시에 "꽃 아래서 돌아갈 일을 잊는 것은 아름다운 경치 때문"이라는 말이 있다. 꽃의 자태를 보고 망아忘我의 경지가 되어 시간 가는 줄 모르고 바라보고 있는 것을 노래하였다. 자연 속에서 유희삼매하는 모습이다. 백거이는 당唐 중기를 대표하는 시인으로 향산거사라고 불렸다. 마조의 제자로 여러 선사들과 교유하였으며, 유관, 신조 등 선사들의 비문을 찬술하기도 하였다.

화홍개우주 花紅開宇宙

'붉은 꽃에 우주가 열리다.' 『선림유취禪林類聚』에 "홍륜당우주(紅輪當宇宙; 붉은 태양에 우주)"라는 구가 있다. 홍륜은 태양을 뜻한다. 여기서도 화홍은 태양을 말하겠지만, 그대로 '한 송이 붉은 꽃'이라고 해도 좋을 것이다. 그것이 시간과 공간을 관통하여 빛나고 있는 모습이다. 광명삼매光明三昧를 의미한다.

확연무성 廓然無聖

달마대사를 궁궐에 초대한 양나라 무제는 "불법에 귀의하고 나서 참으로 많은 일을 했는데 어떤 공덕이 있소이까?"라고 물었다. 달마는 "무공덕(無功德; 공덕이 없소)"이라고 했고, 다시 무제는 "어떤 것이 불교의 가장 근본이 되는 것이오?(聖諦第一義)"라고 물었다. 이에 대해 달마는 "확연무성(廓然無聖; 모든 것은 텅 비어 성인조차 없소)"이라고 잘라 말하였다.(『벽암록』1칙) 선의 진수를 보이는 대화이다. 무제가 진리에 집착하여 이원적이고 상대적 인식에 빠져 있자, "본래 최고의 종교적 가치는 '성스럽다, 속되다'라고 하는 개념조차 없음"을 달마가 갈파하였다. 무심無心의 절대적 경지에서 하는 일은 공덕이라는 말조차도 붙일 수 없다고 달마는 말한다. 공덕을 헤아리는 것은 속제(俗諦; 중생계)이다.

환단일립 점철성금 還丹一粒 点鐵成金

'환단 한 알, 철을 부으니 금이 되다.' 환단은 선약仙藥을 말한다. 진실한 한 마디가 미혹에 빠진 사람을 곧바로 깨달음으로 전환시키는 것을 비유하였다. 『종용록』 43칙 「시중」에 "환단 한 알이 철을 다듬으니 금이 된다. 이치에 닿는 한 마디 말에 범부가 성자로 된다"라고 하였다. 여기서 환단은 불성이다. 각고의 수행으로 불성이 드러난다는 의미이다.

환아불성래 還我佛性來

환은 '빌려주었던 것이 본인에게 돌아오는 것'을 뜻한다. 나에게 불성이 돌아왔다, 즉 불성이 드러난다는 말이다.(『정법안장』「불성」) 수행하는 도중에 자연히 불성이 눈앞에 드러난다는 것, 즉 불성을 문제 삼아 수행하지 않았는데 불성이 은연중에 나타났다는 것이다. 깨달음은 홀연히 체득되는 것이기 때문에 24시간 헛되게 보내지 말라고 하는 의미가 내포되어 있다.

환화공신즉법신 幻化空身卽法身

영가현각永嘉玄覺의 『증도가證道歌』 첫머리에 "그대들은 보지 못하는가〔君不見〕. 배워야 할 것도 없고 할 일도 없어져 버린 한가한 도인을〔絶學無爲閑道人〕. 그는 망상을 없애려고도 않고, 진리를 구하려는 일도 없다〔不除妄想不求眞〕. 무명의 본래 성품이 그대로 불성이고〔無明實性卽佛性〕, 허깨비인 빈 몸이 그대로 법신이다〔幻化空身卽法身〕"라고 하였다. '환화공신즉법신'이란 우리들의 현실의 몸이 그대로 궁극적으로는 절대의 공空인 법신이라는 의미이다.

활계 活計

생계·생업을 뜻한다. 어떤 승이 분양선소汾陽善昭에게 묻기를 "어떤 것이 화상의 활계입니까?" 하자, 선소가 답하기를 "평소 붙잡지 않고, 오호五湖의 대중을 공양하는 것이다"라고 하였다.(『분양어록』) 어떤 일에도 편견과 분별로 집착하지 않고 마음을 편안히 갖는 일로 살아간다는 의미이다. 또 '귀신굴 속에서 활개를 짓다(向鬼窟裏作活計)'는 말은 '미혹의 심경을 깨달음이라고 착각하여 안주하는 것'을 말한다.

활발발지 活鱍鱍地

'활기가 있는 모습'을 나타내는 말이다. 깨달음을 얻은 선자가 기성旣成의 개념 등에 얽매이지 않는 무애자재함을 표현하였다. 『임제록』에 "바로 지금, 청법인들은 무형무상無形無相·무근무본無根無本·무주처無住處로서 활발발지를 몸 전체로 느껴야 한다"라고 하였다.

활연대오 豁然大悟

활연이란 '마음의 미혹함이 말끔히 거두어진 것'을 말한다. 따라서 활연대오는 얽혀 있던 어두운 마음이 환히 열려 크게 깨달음을 얻는 것을 의미한다.

활인검 活人劍

'사람을 살리는 칼'이라는 말인데, 뛰어난 선사가 학인을 지도할 때 사람을 살리고 죽이기를 자유자재로 한다는 것을 뜻한다. 『벽암록』12칙에 "살인검, 활인검은 바로 상고上古의 풍규風規가 되었고, 지금도 역시 가장 긴요하다. 만약 죽고자 한다면 한 털끝도 다치지 않고, 살고자 한다면 목숨을 잃을 것이다"라는 말이 있다. 스승의 죽이고 살리는 자유자재한 지도는 지금 시작된 것이 아니라 예부터 선가의 가풍이었으며, 본래면목을 찾아 들어 가다가 더 이상 꼼짝하지 못하는 죽을 지경에 이르렀을 때 스승이 '살짝' 건드려주어 크게 살려낸다는, 즉 깨닫게 한다는 의미이다.

활작략 活作略

작략은 방법·수단을 뜻한다. 선사는 수행자를 지도하기 위해 여러 가지 수단을 가지는데, 활작략은 수행자의 상태에 들어맞는 적절한 교화수단을 말한다.

황초리횡신 荒草裏橫身

'거친 풀숲에 드러눕다'는 이 구는, 깨달은 자가 다시 번뇌 투성이의 세계에 들어와 일체중생과 동고동락한다는 의미이다. 보살의 자비를 나타낸다.

회광반조 回光返照

'회'는 전환의 뜻이고, '광'은 광명, 즉 불심·불성·본심을 가리킨다. '반조'는 석양이 비치는 것을 의미하는데, 밖으로 구하는 마음을 안으로 향하여 본심·불성을 밝힌다는 의미이다.

회득 會得

'명료히 확실하게 이해하는 것'을 뜻한다. 단지 지식이나 아는 것만이 아닌, 지해(知解; 지적 이해)와 체해(體解; 실천적 이해) 양자가 혼연일체가 된 참된 요해了解를 말한다. 황벽희운黃檗希運의 『완릉록宛陵錄』에 "무위無爲의 법문을 회득하고자 한다면, 단지 무심無心을 알라"라고 하였다.

회통 會通

'다양한 교설의 서로 모순되는 것들을 융화시켜서 적합하고 융통성 있는 해석으로 귀착시키는 것'을 말한다. 여산혜원廬山慧遠의 『대승대의장大乘大義章』에, "만약 그 뜻을 회통하지 못한다면 바로 두루 미치는 학설을 알지 못하는 것이다"라고 하였다. 부처나 조사의 한 말씀을 체득體得하여 널리 모든 존재와 현상의 이치를 알며 그 밖의 어떠한 말씀이라도 융해할 수 있음을 의미한다.

회하 會下

선장禪匠을 따라 수행하는 무리를 뜻한다. 회중會中과 같은 말이다. 다도에서는 사중社中이라고 한다.

회호불회호 回互不回互

'인식의 주체와 대상이 서로 관계하면서 각각의 입장을 확립하는 모습'을 말한다. 회호는 인식하는 자기와 대상이 되는 모든 존재가 상호작용하여 겹겹이 만나면서 활동하는 것을 말한다. 때문에 사물과 사상事象 전체가 차별됨이 없이 하나가 되는 진실상을 나타내고 있음을 뜻한다. 불회호는, 반대로 모든 사물과 사상이 독자적인 입장이나 모습에서 성립·전개하고 있는 것을 말한다. 각각 절대인 진실상으로 존재함을 뜻한다. 개념의 상대성이나 사상의 관계성이 무애자재하게 갖추어 상호 모순되지 않음을, 면산서방面山瑞方의 『참동계취창參同契吹唱』에서 "회호중불회호回互中不回互 불회호중회호不回互中回互"라고 하였다. 회호불회호는 세계의 현상이다. 존재하는 모든 것은 각각 독립된 존재로 보이지만 실은 관계 속에서 존재한다. 네트워크나 시너지 효과라는, 현대인들이 중요시하는 인간관계는 말할 것도 없으며 과학문명의 새로운 개발이나 변혁에서도 회호불회호를 볼 수 있다.

횡설수설 橫說堅說

'여러 가지 방편을 사용하여 자유자재로 설법하는 것'을 뜻한다. 본래 석존의 일대설법一代說法을 의미한다.

효운유수 曉雲流水

'새벽 구름, 흘러가는 물'의 뜻으로, 자연의 정경을 노래하였다. 『선림유취禪林類聚』의 "하늘은 흰 구름과 함께 새벽이 되고, 물은 밝은 달빛에 섞여 흘러간다"를 간략히 표현한 것이다.

후백후흑 侯白侯黑

후백·후흑은 촉나라 복건성에 살았던 기지機智가 풍부한 도적들이었다고 한다. 어느 날 운문雲門이 건봉乾峰에게 말하기를 "스님의 말씀을 듣고 싶습니다." 건봉이 답하기를 "나의 처소에 도달했는가?" 그러자 운문이 말하기를 "그렇다면 제가 늦은 것입니까?" 건봉이 답하기를 "그런 것 같네." 그러자 운문이 말하기를 "후백이라고 생각했는데, 후흑이었군요" 하였다.(『종용록』 40칙 「운문백흑」)

훈풍자남래 전각생미량 薰風自南來 殿閣生微凉

'훈풍이 남쪽에서 불어오니 전각에는 부드러운 바람이 인다'는 말이다. 번뇌망상의 뜨거움이 사라지고 분별집착의 더러움이 씻긴 청량한 경지를 나타낸 말이다. 당의 문송제文宋帝가 "인개고염열 아애하일장(人皆苦炎熱 我愛夏日長; 사람들은 모두 더위에 지쳐 있어도 나는 긴 여름날을 좋아한다)"라고 한 것에 대해 유공권柳公權이 답한 연시連詩이다. 이 시는 선문禪門에서 자주 인용되는데, 대혜종고가 원오극근에게 묻기를 "예부터 수많은 훌륭한 부처가 이 세상에 출현했다고 하는데, 이 부처님은 어디에서 나오셨습니까?" 원오가 답하기를 "이것 봐, 바람이 본당으로 불어오니 아아, 시원하지 않는가!" 여기서 대혜는 바로 깨쳤다고 한다. 한 가닥 맑은 바람으로 시원한 것처럼, 진리의 세계에서 부처님이 나오셨다고 하는 의미이다.

휴헐 休歇

휴식·헐식歇息·유유자적 등을 말한다. 『임제록』「시중示衆」에는 "그대는 산승의 입 속의 말에 놀아나지 말고, 휴헐하고 무사無事히 지내도록 하라"고 하였고, 『벽암록』 19칙에는 "대장부는 지금 있는 그대로에서(卽今直下) 휴헐하여, 몰록 모든 인연을 쉬고 생사의 흐름을 넘는다"라고 하였다.

흑백미분 黑白未分

'흑백으로 아직 나누어지지 않은 것'이라는 말로, 미분은 구별이 생길 조짐이 보이지 않는 것을 뜻한다. 『오등회원五燈會元』

「법운선본장法雲善本章」에 "다만, 흑백으로 아직 나누어지지 않을 때는 어떤가?"라는 공안이 있다.

흑칠통 黑漆桶

말 그대로 '까맣게 칠한 통'이다. 어두움 속에서는 흑칠통이 보이지 않는다. 이와 같이 분별망상이라는 어둠 속에서는 참된 실상, 즉 흑칠통이 드러나지 않는 것이다. 『용문청원龍門淸遠어록』에 "흑칠통 속에 황금색이 숨어 있다"고 하였다. 참된 황금빛 부처가 무명의 범부에게 구족 되어 있다는 것을 의미한다.

흠치노호 欠齒老胡

'이 빠진 늙은이'로, 인도에서 온 달마를 가리킨다. 호인胡人은 중국 북방에 사는 오랑캐를 말하며, 전설에 의하면 달마는 교학승의 박해 때문에 화를 삼키느라 이가 빠졌다고 한다. 이것은 당시 교학에 빠져 있던 승려들의 달마에 대한 비판이 상당했음을 시사하는데, 흠치노호는 달마선을 상징하는 말이 되었다.

부록1. 선 관련 등사·어록

부록2. 선사상 관련 연표

부록3. 중·한·일 선 관계 지도

부록4. 선종 법계도

부록 1. 선 관련 등사·어록

『가태보등록』 嘉泰普燈錄

남송南宋대 운문종계의 뇌암정수(雷庵正受, 1146~1208)가 편찬하였다(1204). 공안에 대해 염고拈古·송고頌古를 붙였다.

『간화결의론』 看話決疑論

고려 보조지눌(普照知訥, 1158~1210)의 저서이다. 독특한 선풍을 제창한 지눌이 교학자의 지해知解의 병을 차단하고, 간화의 참뜻을 밝히기 위해 지은 책이다. 그의 만년의 저술로서, 내용적으로는 『법집별행록절요병입사기法集別行錄節要幷入私記』를 잇고 있다. 화두를 참구할 때 범해서는 안 되는 잘못을 십종병十種病으로 정리하고, 선을 체중현體中玄·구중현句中玄·현중현玄中玄의 삼현문三玄門으로 체계화하였다. 그의 다른 저서인 『원돈성불론圓頓成佛論』과 함께 그가 입적한 후 제자인 진각혜심眞覺慧諶에 의해 발견되어, 1215년에 간행되었다.

『경덕전등록』(30권) 景德傳燈錄

영안도원永安道原의 찬술이며, 송 경덕원년(1004)에 성립되었다. 과거칠불過去七佛에서 법안문익의 법사法嗣에 이르기까지 1,701명의 전기를 수록하였다. 일반적으로 '선의 1,700공안'이라고 하는 것은 이 인원수에 근거한 것이다. 기타 『전심법요傳心法要』, 『신심명信心銘』 등의 저술이나 게송도 수록되어 있다. 내용의 구성은 권1, 2는 과거칠불에서 서천의 조사, 권3~5는 보리달마에서 육조혜능의 제자까지, 권6~13은 남악회양의 법손, 권14~26은 청원행사의 법손, 권27~30은 각 조사의 찬贊이나 염어(拈語, 평론)·잠(箴, 교훈) 등으로 되어 있다. 원래 도원은 『조당집』, 『보림전』 등의 등사를 집대성하여 이를 찬술했지만, 후에 대장경에 편입될 때 양억楊億·이유李維·왕서王曙 등의 관신官臣에 의해 대폭 개정되었음을 자서自序에서 밝히고 있다.

『고존숙어록』古尊宿語錄

명초明初, 남경南京에서 개판改版하는 대장경을 위해 편찬된 선어록집이다. 현재 유포된 것은 명말의 가흥장본嘉興藏本을 저본으로 한 것으로, 37가家 48권으로 되어 있다.

『관심론』觀心論

당대 북종선의 대표적인 강요서綱要書이다. 『관심파상론觀心破

相論』 또는 『파상론파相論』이라고도 한다. 8세기 전반에 북종계 사람들에 의해 찬술되고 그 후 신수神秀에 위탁되었을 것이라고 본다. 내용적으로는 여래장사상을 근저로 마음을 관찰하는 관심수행에 의해 망상이 없이 모든 것이 진여임을 깨달아야 한다는 것이다. 다른 모든 수행법이 이 관심수행에 포함되므로 이를 철저히 행할 것을 강조한다. 이 책을 통해 북종사상의 특징을 알 수 있다.

『괴안국어』(7권) 槐安國語

백은혜학白隱慧鶴이 짓고 일락一諾이 편집, 원로元魯·종실宗實이 교정하여 관연寬延3년(1750)에 간행하였다. 대덕사大德寺의 종봉묘초宗峰妙超의 어록에 백은이 평창, 착어를 붙인 것이다. 명치明治18년에 재판될 때, 산강철주山岡鐵舟·대덕사목종大德寺牧宗의 서序, 퇴경退耕의 발跋, 전을全乙의 후서後序가 붙여졌다. 제1권~제4권에 수시垂示·상당上堂, 제5권·제6권에 송고頌古, 제7권에 염고拈古·소감所感을 싣고 있다.

『굉지선사어록』宏智禪師語錄

중국 남송 초기의 조동종계 굉지정각宏智正覺의 어록이다. 『굉지선사광록宏智禪師廣錄』, 『굉지록宏智錄』이라고도 한다. 조동종의 교의인 변정오위설偏正五位說에 관한 상세한 염평拈評이

기술되어 있다.

『금강반야바라밀경』金剛般若波羅密經

6~8세기에 걸쳐 6종의 한역漢譯이 있다. 산스크리트 원전은 중국·티베트·한국·일본·투루판·킬키트 등으로 전파되었다. 인도에는 무착無著, 세친世親의 주석서가 있다. 선종에서는 『금강경』의 한 구절인 "응무소주이생기심應無所住而生其心"이 유명하여 선禪의 심경心境의 대명사라고도 할 수 있다. 육조혜능은 사가私家에서 이 구절을 듣고 바로 홍인에게 출가하였으며, 이후 남종선 사상의 근간이 된다. 한국의 강원이나 선방에서는 조석으로 이를 독경하며, 일반불자 역시 이 경전을 많이 독송한다.

『금강삼매경』金剛三昧經

북량北涼시대의 역자 불명의 경전으로서, 보리달마의 이입설二入說을 근거로 했지만 현장玄奘의 신역新譯 용어를 사용하고 있기 때문에 7세기 반에 성립한 위경으로 본다. 내용은 이입理入·행입行入의 이입二入을 설하고, 수일守一로서 여래선如來禪에 들 것을 설한다. 선종을 비롯한 당대의 많은 학파에서 읽혀졌고, 신라 원효의 주석인 『금강삼매경론金剛三昧經論』도 널리 알려졌다. 당시의 불교교리를 정리한 강요서綱要書라고 할 수 있다.

『남양화상돈교해탈선문직료성단어』南陽和上頓教解脫禪門直了性壇語

하택신회(684~758)의 선사상과 북종 신수계 선을 비판한 내용이 게재된 선적이다(8세기 전반). 선사상의 대표적 표현 형태인 '어록'이 신회에 의해 처음 완성되었다는 의미를 가진다.

『능가사자기』楞伽師資記

선종사의 가장 초기에 성립한 선종사서이다(초당 때인 713~716년으로 추정). 보리달마가 『능가경』(4권)의 정신을 전법한 것을 토대로, 달마의 위로는 구나발타라求那跋陀羅, 아래로는 혜가~승찬~도신~홍인~신수라고 하는 계보를 제시한다. 당시 선행 문헌인 달마의 『이입사행론二入四行論』, 도신의 『입도안심요방편법문入道安心要方便法門』, 정각淨覺의 스승인 현색玄賾의 『능가인법지楞伽人法志』 등을 인용하고 있다. 전통적인 선정주의禪定主義를 기조로 하면서 지사문의指事問義로서 깨달음의 견처見處를 보이는 등 크게 주목할 만하다. 이는 나중에 공안선의 기초가 된다.

『대비심다라니』大悲心陀羅尼

당唐, 가범달마伽梵達磨 역의 『천수천안관세음보살광대원만무애대비심다라니千手千眼觀世音菩薩廣大圓滿無礙大悲心陀羅尼』(대정장20에 수록)에 포함되어 있다. 『대비주大悲呪』라고 약칭된다. 이 다라니는 관세음보살이 중생안락을 위해 설한 것으로서, 이를 독송하는 자는 다라니의 공덕으로 광대무변한 보리심을 발하고 일체중생을 제도하고 세간의 팔만사천의 병을 치유하며, 악귀를 물리치고 외도를 제압한다고 한다. 한국 사찰에서는 부처님께 사시마지공양과 재를 봉행할 때 독송하며, 특히 다라니주만을 되풀이하는 기도정근도 행해지고 있다.

『대승기신론』大乘起信論

중국·한국·일본불교에 커다란 영향을 준 여래장사상의 대표적인 논서이다. 한역으로는 진제眞諦 역과 실차난타實叉難陀 역이 있다. 그러나 산스크리트 원전이나 티베트 역도 없고, 인도 불교 문헌에 인용도 없으므로, 중국에서 찬술된 것이 아닐까 의문시된다. 일심一心을 진여문眞如門과 생멸문生滅門으로 나누고, 특히 본각本覺·무념無念·이념離念의 주장은 선종에 강한 영향을 주었다. 원효의 『대승기신론소大乘起信論疏』는 한국 제방의 각 승가대학에서 교재로 삼고 있다.

『대승무생방편문』大乘無生方便門

신수찬神秀撰으로 되어 있지만 신수 문하에서 만든 강요서이다(8세기 전반). 관심觀心이라는 수행법의 의의를 문답 형식을 통해 여러 가지로 설명하고 있다. 관심의 수행은 동산법문의 수심守心을 계승하면서 염불도 중요한 구성요소가 된다. 그러나 서방왕생의 사상은 보이지 않는다. 특히 관심석觀心釋은 경전에 대한 특이한 주석법으로서(심관석心觀釋이라고도 한다), 북종선에서 특히 중시되었던 것이다. 이것은 경전의 글자나 구절들을 모두 자기 마음속의 사상事象에 대입하여 이해하려는 방법이다. 이는 관심에 의한 깨달음의 체험을 중요시하면서 경전의 권위를 수용하여 경전 상에서의 깨달음을 독자적으로 해석하고 이 양자를 조정해 가며 설명하는 형태이다.

『대혜서』大慧書

혜연慧然(생몰미상)이 편찬하였다(1166). 대혜종고가 관료들에게 준 서간을 모은 책이다. 조동종계의 묵조선을 엄하게 비판함과 동시에 원오극근에게 계승된 공안을 사용한 수행법을 더욱 구체적으로 제시하였다.

『대혜어록』(30권) 大慧語錄

간화선을 집대성한 대혜종고大慧宗杲의 어록이다. 『대혜보각선사어록大慧普覺禪師語錄』이라고도 한다. 이 어록은 대혜의 법사法嗣 온문蘊聞이 총집하고, 개인의 어록으로서는 처음으로 입장入藏되었다(1171). 30권은 크게 다섯 부분으로 나누어진다. 권

1~6은 경산徑山·육왕산育王山 등에서의 어록이며, 권7~12는 강서운문江西雲門·복주양서福州洋嶼·천주운문泉州雲門에서의 어록, 운거수좌료병불雲居首座寮秉拂, 송고頌古, 게송偈頌, 찬불조讚佛祖 등이다. 권13~18은 보설, 권19~24는 법어, 권25~30은 편지글이다. 권25~30은 별간본으로 하여 『대혜서大慧書』로서 읽혀지고, 간화선의 성격을 여실히 보인다.

『돈오대승정리결』 頓悟大乘正理決

중국 선종 북종계 마하연摩訶衍의 사상과 티베트에서 일어난 사무엘종론의 내용을 알기 위한 기초자료이며, 마하연의 속제자俗弟子 왕석王錫에 의해 편집되었다. 내용의 구성은, 왕석의 서문·문답편·티베트왕에게 보낸 상표문上表文·마하연의 행실行實 등이고, 그중 문답편에는 인도계 불교〔漸門派〕와의 대론에서 종론의 논점을 명시하고, 종론에서는 중국선이 승리했다고 한다. 마하연이 주장하는 핵심은 유불성有佛性과 이상離相에 있는데, 그는 『금강반야경』의 "리일체제상離一切諸相(想) 즉명제불則名諸佛"이라고 하는 경문에 의해 상相을 떠나면 불성이 드러나 바로 성불한다고 하는 돈오를 설했다.

『돈오요문』 頓悟要門

당대唐代 8세기 대주혜해大珠慧海의 어록이다. 명초(明初, 1374)

묘협妙마이 혜해의 찬술인 『돈오입도요문론頓悟入道要門論』과 『경덕전등록』「혜해전」 및 「대주혜해화상어大珠慧海和尚語」를 기본으로 하고, 부록으로 보리달마의 「안심법문安心法門」을 더하여 편집·간행했다. 혜해는 마조도일의 법사法嗣이며 논서의 형태로 돈오를 설명한다. 그는 단계적으로 깨달음에 이르는 것이 아니라 즉시卽時에 이르는 것이라고 역설한다. 선사상을 교학적으로 설명하되 난해하지 않아서 선학의 개론서를 보는 것 같다. 본서에는 『유마경』, 『금강경』 등이 많이 인용되어 있어, 혜해의 교학 배경에는 반야사상이 존재함을 알 수 있다. 또한 하택신회의 『신회어록』, 『단어』의 인용이 많아 그의 사상에 신회의 영향이 현저함이 나타나 있다.

『마조대적선사어록』馬祖大寂禪師語錄

마조도일(馬祖道一, 709~788)의 설법을 모은 책이다. '평상심시불', '즉심즉불' 등의 선사상이 중심이 된다. 그의 선을 칭하여 '마조선', '대기대용선大機大用禪'이라고 한다.

『명각어록』明覺語錄

설두중현(雪竇重顯, 980~1052)의 어록이며 『설두어록』이라고도 한다. 명각선사는 설두의 시호諡號이다. 여하경呂夏卿의 「명각대사비명明覺大師碑銘」(1065)이 전하는 칠집七集, 즉 「동정어록洞庭語錄」,「설두개당록雪竇開堂錄」,「폭천집瀑泉集」,「조영집祖英集」,「송고집頌古集」,「염고拈古」,「설두후록雪竇後錄」을 원형으로 한다.「송고집」과「염고」는 원오극근이 수시垂示·평창評唱을 붙여서, 각각 『벽암록』, 『격절록擊節錄』으로 간행함으로써 선문禪門에 널리 유포되었다.

『무문관』無門關

임제종 양기파의 무문혜개(無門慧開, 1183~1260)가 편집한 공안집이다. 48칙의 공안에 무문이 평評과 송頌을 붙였다. 제1칙 조주무자趙州無字 공안은 수행자의 최초의 관문으로서 알려졌으며 간화선의 대표적인 공안이다. 『무문관』의 후서後序에는 소정紹定원년(1228)이라는 연호가 기록되어 있다. 무문의 생존 시에 이미 여러 번 간행되었다.

『방거사어록』(3권) 龐居士語錄

당대 방온(龐蘊, ?~808)의 약전略傳과 문답, 시와 게송을 모아 우적于頔이 편집하였다. 현존하는 것은 명明의 숭정崇禎10년 (1637)에 다시 간행된 것이다. 방온은 유학儒學을 업으로 삼았지만 나중에 선으로 돌아섰고, 석두희천 등 많은 선승에게 참구한 뒤 결국 마조도일의 문하가 된다. 상권의 전기는 『조당집』, 『경덕전등록』에도 수록되고, 중하권의 게송은 『종경록宗鏡錄』

에 인용되는 등 오랜 전승傳承을 볼 수 있다.

『배휴습유문』裵休拾遺問

규봉종밀이 자신에게 귀의한 재상 배휴(797~870)와 선에 대해 문답한 것을 기록한 문헌이다.

『벽암록』碧巖錄

북송北宋대의 설두중현雪竇重顯이 백칙의 공안을 선별하여 송頌을 붙인 『설두송고雪竇頌古』를, 원오극근이 제창한 것이다. 책명은 본래 『불과원오선사벽암록佛果圜悟禪師碧巖錄』이다. 각 칙에 대해 먼저 수시垂示하고 그 뒤 『설두송고』의 본칙(고칙공안)과 송頌에 원오가 착어著語와 평창評唱을 덧붙인 형식으로 되어 있다(착어는 一語一句에 대한 寸評이고 下語라고도 한다. 평창은 강설·논평을 말한다). 원오의 평창에는 마조선의 기조基調인 무사無事와 작용즉성作用卽性의 설에 대한 비판이 보이고, 당대선唐代禪에서 송대선宋代禪으로의 사상적인 흐름을 읽을 수 있다.

『보경삼매』寶鏡三昧

중국 조동종 동산양개洞山良价의 찬술이다. 원명은 『보경삼매가寶鏡三昧歌』이다. 고려본 『경덕전등록』과 『동산어록』 등에 수록되어 있으며 운문의 형식이다. 북송의 각범혜홍覺範慧洪이 신주

(信州; 강서성) 백화엄白華嚴의 한 노승으로부터 얻어서, 『선림승보전禪林僧寶傳』(1331) 「조산본적장曹山本寂章」에 수록한 것이 가장 오래된 것이다. 동산이 스승인 운암담성雲巖曇晟에게서 전해 받았다는 설도 있으므로, 운암의 찬술이라는 주장도 있다. 미迷·오悟, 명明·암暗이라고 하는 대립된 상相이 보경 위에서는 조금도 장애되는 것 없이 절묘한 관계를 이루고 있음을 설하고 있다.

『보교편』輔敎編

불일설숭佛日契嵩의 저작(1061)으로서, '유선일치儒禪一致'설을 밝히기 위한 저술이다. 불교의 오계五戒·십선十善과 유교의 오상五常이 본래 일치하는 것이며, 유교는 세상을 다스리고 불교는 마음을 다스리는데, 마음을 다스리는 것으로 세상을 다스리는 것이 완성될 수 있다고 주장하는 등, 불교가 유교보다 뛰어남을 강조한다. 한편 국왕과 대신들에 의해 불법이 존재한다는 국가권력을 긍정하는 자세를 취하기도 한다. 1061년 인종에게 바쳐졌는데, 구양수歐陽脩와 이구李覯는 이 책을 읽고 불교비판을 그만두었다고 전한다.

『보리달마남종정시비론』菩提達磨南宗定是非論

하택신회가 혜능을 정통으로 만들기 위해 '서천(인도)의 계보',

'전의설傳衣說', '남돈북점설' 등을 창안하여 수록·편찬한 문헌이다.

『보림전』寶林傳

지거(智炬, 생몰년 미상)가 편집(801)하였다. 본래 제목은 『대당소주쌍봉산조후계보림전大唐韶州雙峰山曹侯溪寶林傳』이다. 전체 10권이지만 현재 권7·9·10의 3권이 결락되었고, 권2는 『성주집聖胄集』으로 보충한 것이다. 내용은 서천28조에서 동토6조를 거쳐 마조도일과 석두희천에 이르는 전법의 계보를 말하고, 각 조사별로 상세한 언행을 기록하고 있다. 『성주집』, 『조당집』, 『경덕전등록』, 『전법정종기』 등 후대 등사 서술의 기초가 된다. 전법게傳法偈를 제시한 것은 『육조단경』에서 시작된 것이지만, 그것을 모든 조사들에게 확대하고 있는 점이 주목된다. 당나라 말기 설봉의존의 제자 남악유경(南嶽惟勁, 생몰년대 미상)에 의해 『속보림전續寶林傳』(10세기 초)이 편찬된다.

『보장론』寶藏論

열반무명涅槃無名 등 승조僧肇의 사상이 나타나기 때문에 승조의 저술이라고 하지만, 노자의 사상에 덧붙여 화엄사상과 선종의 영향이 보이기 때문에 중당中唐 이후의 위작으로 본다. 선종에서 많이 인용된다. 진공眞空을 논하는 「광조공유품廣照空有

品」, 본래 청정한 본체에 대해 이離와 미微라고 하는 두 개의 입장에서 검토하는 「이미본정품離微本淨品」, 모든 사람은 열반의 성질을 가지고 있다고 하여 그것을 진일眞一이라 하고, 이를 알지 못해 망념에 의해 미혹한 제법이 생긴다고 하는 「본제허현품本際虛玄品」 등으로 구성되어 있다. 진일眞一은 이름을 넘어서 있고 불이不二이며 수행에 의해 얻어지는 것이 아니라고 한다.

『선가귀감』 禪家龜鑑

조선시대 서산대사로 알려진 청허휴정(淸虛休靜, 1520~1604)의 저서이다. 만력萬曆7년(1579)에 간행하였다. 고려의 경經·론論·조祖·록錄 50부 중에서 참선공부에 있어서 긴요한 어구를 뽑고, 선교일치의 입장에서 각 어구에 주석을 붙였다. 전체의 구성은, ① 원리론原理論: 일물一物로서 우주의 근본원리를 밝힘. ② 불조론佛祖論: 불조의 공덕 등을 3부분으로 나누어 기술. ③ 선교론禪教論: 불어佛語는 교教요, 불심佛心은 선禪이라는 전제하에 교를 버리고 선에 들어갈 것을 주장. ④ 방법론方法論: 공부하는 방법을 지도하는 한편, 화두 등 12부분으로 나누어 서술. ⑤ 결론: 다시 원리를 들어서 끝을 맺고 있다.

『선관책진』 禪關策進

운서주굉雲棲袾宏이 참선에 뜻을 둔 수행자에게 구도의 의지를 장려하는 것을 목적으로 편찬한 것이다. 선법으로 간화선을 주로 하고 염불선의 입장도 함께 보여주고 있다. 구성은 2집集으로 나누어져 있는데, 전집前集은 「제조법어절요제일諸祖法語節要第一」, 「제조고공절략제이諸祖苦功節略第二」로 되어 있고, 후집後集은 「제경인증절략諸經引證節略」으로 여러 경전과 논서에서 인용된 34가지 예가 수록되어 있다.

『선림승보전』禪林僧寶傳

각범혜홍(覺範惠洪, 1071~1728)이 당송唐宋대의 고승들 중 주로 임제종 황룡파黃龍派 선승들의 깨달음의 기연과 행장 등을 정리한 전등사서傳燈史書이다.

『선림유취』禪林類聚

원대元代의 선준善俊·지경智境·도태道泰가 함께 편집한 공안집이다(1307).

『선문강요집』禪門綱要集

고려 진정대사眞靜大師 천책天頙의 저서이다. 선문의 요점을 모아 기술한 책으로, 조선 중종 26년(1531)에 지리산 철굴암鐵窟庵에서 간행하였다. 전체는 삼성장三聖章·이현화二賢話·일우설一愚說·산운편山雲篇·운문삼구雲門三句의 5장으로 구성된다.

앞의 셋은 임제종의 강요이고, 뒤의 둘은 운문종의 강요이다. 특히 삼현삼요三玄三要·삼구三句를 해석함에 있어서, 조선시대 후기에 백파긍선白坡亘璇과 초의의순草衣意恂 등에 의해 행해진 삼종선三種禪 논쟁의 발단이 되었다.

『선문보장록』 禪門寶藏錄

고려 내원당內願堂 진정선사眞靜禪師 천책天頙이 편찬하였으며, 1293년 간행하였다. 천책에 대해서는 ① 백련사白蓮社 제4세第四世인 진정국사眞靜國師 천책(天頙, 1206~?, 천태종승)설, ② 보감국사寶鑑國師 혼구(混丘, 1251~1322, 조계종승)설이 있다. 중국과 한국의 고금의 선서 중에서, 특히 교외별전의 도리를 설한 장구章句 85칙을 뽑아서 선종과 교종의 관계를 밝히고 있다. 「선교대변문禪敎對辨門」, 「제강귀복문諸講歸伏門」, 「군신숭신문君臣崇信門」의 3편으로 구성되고, 권미卷尾에 몽암거사蒙庵居士 이혼李混의 발跋을 붙이고 있다. 각 칙마다 인용경전이나 선적을 밝히고 있는 것이 특징이다.

『선문사변만어』 禪門四辨漫語

조선시대 초의의순(草衣意恂, 1786~1866)의 저서로, 1913년 간행하였다. 백파긍선이 지은 『선문수경禪文手鏡』의 내용을 하나하나 비판하고, 선문의 근본문제를 서술한 책이다. 의순은 긍선의 삼종선三種禪을 '근기의 우열에 따라 선을 3단계로 차등화시킨 것'이라고 비판하고, 대신 이종선二種禪을 주장하였다. 즉, 그는 사람을 기준으로 조사선祖師禪과 여래선如來禪으로 나누고, 법을 기준으로 조사선은 교외별전의 격외선格外禪, 여래선은 모든 의리를 포괄하는 의리선義理禪으로 구분하지만, 이는 방편상의 구분일 뿐 우열을 나눈 차별적 판석判釋이 아님을 강조하였다.

『선문수경』禪文手鏡

조선시대 백파긍선(白坡亘璇, 1767~1852)의 저서이다. 선문 5종의 강요와 어구를 임제의현의 삼구三句에 배대配對하여 설하고 도시圖示한 책이다. 긍선은 선을 조사선·여래선·의리선의 삼종선三種禪으로 설명하였는데, 이에 대해 초의의순草衣意恂이 선을 3종으로 나누는 것을 비판하여, 조사선과 여래선·격외선과 의리선의 사변四辨을 중심으로 사상을 전개하였다. 이후, 설두유형(雪竇有炯, 1824~1889)이 『선원소류禪源溯流』에서 긍선을 옹호하고, 우담홍기(優曇洪基, 1822~1881)가 『선문증정록禪門證正錄』에서 의순을 옹호하는 등 100년에 걸쳐서 논쟁이 전개되었다.

『선문염송집』禪門拈頌集

고려 진각국사眞覺國師 혜심(慧諶, 1178~1234)이 문인인 진훈眞訓 등과 함께, 『경덕전등록』 등의 등사와 어록에 기초하여, 석가모니로부터 중국 선종 제21세인 장령수탁長靈守卓의 제자인 육왕개심育王介諶에 이르는 불조의 기연 1,125칙을 뽑고, 이에 대한 고래古來의 염고拈古・송고頌古・보설普說・소참小參 등을 붙인 책이다. 말하자면, 당송唐宋시대 선종의 공안염송公案拈頌의 집대성으로서, 송대에 편찬된 『종문통요宗門統要』와 편집의 성격이 같다. 그러나 종종 『종문통요』에 보이지 않는 기연이나 염송을 포함하고 있다. 후대에 많은 주석서가 간행되었는데, 각운覺雲의 『염송설화拈頌說話』 30권, 일연一然의 『선문염송사원禪門拈頌事苑』 30권, 혼구混丘의 『중편염송사원重編拈頌事苑』 30권, 편자불명의 『선문염송기禪門拈頌記』 3권, 『염송사기拈頌私記』 1권 등이 있다.

『선원제전집도서』禪源諸詮集都序

규봉종밀圭峰宗密의 저술이다. 『선원제전집』 100권은 사라지고 총서總序에 해당되는 서문만이 남아 있다. 『기신론』에 의한 돈오점수론頓悟漸修論 및 교선일치敎禪一致사상을 주장한 것으로서 중국의 선사상에 커다란 영향을 끼쳤다. 내용 가운데 교의 삼교三敎와 선禪의 삼종三宗을 각각 대비시키고 '전수전간全收全

揀'의 논리를 전개했다. 교의 불어佛語와 선의 불심佛心을 본각의 자성에 귀일시키고, 교에서는 『원각경』, 선에서는 남종의 하택신회가 가장 뛰어남을 주장했다. 달마계선을 포함한 모든 선을 다섯으로 분류했는데, 외도선·범부선·소승선·대승선·최상승선이 그것이다. 이중 달마가 전한 선을 최상승선이라고 했으며, 그 이유는 '돈동불체(頓同佛體; 우리는 본래부처의 체와 같다)'이기 때문이라고 한다.

『선원청규』禪苑淸規

숭녕崇寧2년(1103)에 간행되었으며, 『숭녕청규』라고도 한다. 장로종색이 편집하였으며 현존하는 청규 중 가장 오래되었다. 선종에서 청규를 가장 먼저 제정한 것은 백장회해의 「백장청규百丈淸規」이지만 현존하지 않고, 다만 『선원청규』 권10 「백장규승송百丈規繩頌」에서 그 일부를 볼 수 있다. 내용의 구성은, 수계로부터 시작하여 수행자의 기초지식, 총림의 모든 행사·직책·간경·재공양, 승려의 기본적 진퇴, 편지받기, 주지의 요양, 변소 사용법, 승려의 장의葬儀, 주지의 입원과 퇴원 등 당시 총림의 궤범을 망라한다. 현재 한국의 수행도량에서는 이를 토대로 하여 청규를 제정한다.

『설두송고』雪竇頌古

설두중현(雪竇重顯, 980~1052)이 옛 조사들의 고칙古則 100개를 정리하고 여기에 송을 붙여 만든 책이다. 후에 원오극근이 여기에 수시, 평창, 착어를 더해 『벽암록』(1125)을 지었다.

『속고승전』(30권) 續高僧傳

당唐나라 도선道宣이 편집하였다. 양梁나라 혜교慧皎의 『고승전』에 이어서, 양초梁初부터 당의 정관貞觀19년에 이르는 144년간의 고승 340인의 전기傳記와 160인의 부전付傳으로 이루어져 있다. 『고승전』을 『양고승전梁高僧傳』이라고 하는 것에 대해서, 『당고승전唐高僧傳』이라고도 한다. 역경譯經·의해義解·습선習禪·명률明律·호법護法·감통感通·유신遺身·독송讀誦·흥복興福·잡과雜科의 10편으로 나누어져 있다.

『수능엄경』(10권) 首楞嚴經

상세히는 『대불정여래밀인수증료의제보살만행수능엄경大佛頂如來密因修證了義諸菩薩萬行首楞嚴經』이다. 8세기 초, 중국에서 성립한 경전이다. 내용은 여래장, 본각 등이 강조되고 깨달음의 마음과 번뇌심의 양면을 설한다. 7권에 있는 긴 밀주密呪는 능엄주楞嚴呪라고 하여 단독으로 독송된다. 이 경은 선종·천태학파·염불문에서 널리 읽혀지고 있다. 한국 사찰에서는 능엄주를 독송하고, 특히 안거 때 수행의 무사성취를 기원하는 독송 기간을 별도로 정하여 행하기도 한다.

『수심결』修心訣

보조지눌의 저술로, 『고려국보조국사수심결高麗國普照國師修心訣』이라고도 한다. 즉심시불卽心是佛의 주장에 근거하여 마음을 밝히고 닦는 것을 설한 저술이다. 머리말에 "윤회를 면하고자 하면 부처를 구해서는 안 된다. 부처를 구하고자 한다면 부처는 바로 이 마음이다"라고 하였다. 마음은 세존이 설한 여래원각묘심如來圓覺妙心이며, "이를 알지 못하고 마음을 떠나 밖에서 부처를 구하고자 해서는 안 된다"라고 한다. 특히 지눌은 종밀의 설을 많이 받아들이고 있는데, 그의 저술에는 『선원제전집도서禪源諸詮集都序』의 인용이 곳곳에 보인다. 『수심결』에 "무릇 도에 드는 문은 많지만 돈오점수의 두 문을 벗어나지 않는다", "공적영지空寂靈知의 마음은 그대의 본래면목이다"라고 하는 것 등이 그것이다. 또한 지눌은 근기를 문제로 하여 방편설로 미혹한 자를 이끌고, 정혜定慧 등의 설도 전개하고 있다.

『수심요론』修心要論

본래의 제목은 『도범취성오해탈종수심요론導凡趣聖悟解脫宗修心要論』으로 홍인弘忍의 저작이다. 한국본은 '최상승론最上乘論'

이라는 이름으로 전해지고 있다. 제명에서 말해 주듯 '범인을 인도하여 해탈로 이끌기 위한 수심의 길을 제시한 요론'이다. 홍인의 제자 법여法如계에서 전해져 온 강요서이며, 동산법문東山法門의 사상을 가장 충실하게 전하는 문헌이다. 법여는 중원中原지역에 동산법문을 전했으며, 이 책의 성립은 신수 문하의 북종선이 권위를 확립하기 이전이라고 본다. 내용은 '자심自心'을 본래청정하고 불생불멸한 것, 즉 진심眞心·정심淨心이라고 하며, 이를 '지켜야 한다(守)'고 강조한다. 수심守心이 모든 수행 중 가장 근본이 되며, 이를 '열반의 근본', '도에 들어가는 요문', '12경전의 근본', '삼세제불의 조祖'라고 하였다. 문헌에는 수심을 위한 좌선의 방법을 상세히 소개하고 있다. 홍인의 선법은 나중에 신수神秀의 점오선漸悟禪과 혜능慧能의 돈오선頓悟禪의 발단이 되었다.

『신심명』信心銘

승찬僧璨의 저술이라고 하는 전승은 백장회해(749~814) 이전에는 찾을 수 없으므로, 그의 저작이라고 신뢰하기는 어렵다. 『경덕전등록』에 수록되어 있다. 운문의 형식으로, 보리달마가 전한 종지宗旨인 일심一心과 자신의 본래의 마음이 동일하며, 인간의 자의적인 분별·취사를 버릴 때 깨달음의 경지가 나타난다는 것을 노래한 것이다. 앞머리에 있는 "지도무난至道無難 유혐간택唯嫌揀擇〔도에 이름은 어렵지 않다, 다만 간택을 하지 않는다면〕"은 당대 중기부터 조주종심 등의 조사들이 좋아하였고, 또한 공안으로 채택될 정도로 널리 알려졌다.

『신회어록』神會語錄

20세기 초, 돈황에서 발견된 하택신회의 어록이다. 호적본胡適本『신회화상유집神會和尚遺集』에 수록되어 있다. 자신의 본성이 무상無相임을 자각하는 것이 깨달음이라고 하는 '돈오'사상을 역설하고, 특히 좌선 실수實修는 아무 소용이 없는 것이라고 강조한다. 『남양화상문답잡징의』라고도 한다.

『십우도』十牛圖

곽암사원廓庵師遠이 편찬(12세기)하였다. '본래의 자기'를 소에 비유하고, 도망친 소를 다시 끌고 오는 과정을 선수행에 비유하여 열 가지 그림으로 나타낸 것이다. 내용이 평이하면서 선수행의 전체 과정을 조망할 수 있으며, 인간의 마음을 일원적으로 파악한 것이 이 책의 특징이다. 이 외에 운문종 원통법수圓通法秀의 제자인 보명普明(생몰년 미상)의 『십우도』도 있다.

『야선한화』夜船閑話

일본 임제종 백은혜학白隱慧鶴이 과도한 수행으로 인해 병이 들어, 이를 치유한 방법에 대해 쓴 문헌이다(1757). 백은은 병이 났을 때, 경도京都의 백유진인白幽眞人을 방문하고, 내관內觀의 비법을 익혀 신심身心을 회복하고 대오했다. 구체적인 방법으로는, "산보소요散步逍遙하는 데 힘쓰고, 배를 비우고 공복일 때 정실靜室에 들어가 단좌묵연하고 수식관數息觀을 하라." 이를 실행하면서 심기心氣를 하복下腹에 충족시키고 신심이 피로하면 '연유煉乳를 사용하는 법'을 행한다. 연유(소나 양의 젖을 익힌 것, 치즈)를 머리 위에 올려놓고, 그것이 신체 하부를 축축히 젖게 하여 양 어깨, 양 팔, 양 젖가슴, 흉부, 폐, 위장, 등골, 꼬리뼈, 발바닥까지 내려 보낸다. 이처럼 백은은 기氣를 단련시키는 것에서 신심을 건강하게 하는 신선장생불로神仙長生不老의 신술神術을 익혀, 선병이나 피로상태의 수행승을 구하고 그 목적을 달성시키기 위해 스스로의 체험을 토대로 본서를 찬술했다.

『역대법보기』 歷代法寶記

선종 초기 등사의 하나이다. 중국 성도成都를 중심으로 전개한 검남계劍南系의 선의 계보를 남종으로 묶고, 그 정통성을 주장하는 점에 특징이 있다. 서천29조설西天二十九祖說・전의설傳衣說 등 새로운 전설을 주장하여, 이후 선종 등사의 형성에도 커다란 영향을 미쳤다. 계보는 정중사무상淨衆寺無相・보당사무주保唐寺無住가 중심이고, 특히 무주의 기록이 많은 부분을 차지한다.

『영평광록』(10권) 永平廣錄

『도원화상광록道元和尙廣錄』이라고도 한다. 권1은 전혜詮慧 편집의 흥성사興聖寺어록, 권2는 회장懷奬 편집의 대불사大佛寺어록(나중에 영평사永平寺로 개칭), 권3~7 가운데 권3·4를 회장이, 권5~7을 의연義演이 편집하여 영평사어록이 된다. 이상은 법당에서의 상당어록이다. 상당은 아침에 행해지는 선종사원의 정식 설법이다. 권8은 회장 편집의 소참小參과 법어法語이다. 소참이란 만참晩參이라고도 하는데 법당이나 방장에서 밤에 행해지는 것으로 훈계訓戒를 중심으로 한 형식이 갖추어지지 않은 설법이다. 권9는 전혜 등이 편집한 송고頌古로서 90개의 고칙공안을 싣고 있다. 권10 역시 전혜 등이 편집한 진찬眞讚(불조찬佛祖讚)·자찬自讚 및 게송이다.

『영평청규』永平淸規

상세히는 『일역조동초조도원선사청규日域曹洞初祖道元禪師淸規』, 『영평대청규永平大淸規』라고도 한다. 관문寬文7년(1667), 광소지당光紹智堂이 도원 찬술의 청규 중 한문체의 6편을 편집·간행한 것이다. 각 편은 본래 단독으로 성립하였다. 「전좌교훈典座敎訓」은 가정嘉禎3년(1237) 흥성사에서 찬술한 것으로, 전좌의 마음가짐을 기록했다. 「변도법弁道法」은 대불사시대(1244~1246)의 찬술로서 수행승의 승당생활을 기술하였으며,

「부죽반법赴粥飯法」은 영평사시대(1246년 이후)의 찬술로서 수행승의 식사작법을 기술한 것이다. 「대대기오하사리법對大己五夏闍梨法」은 관원寬元2년(1244)의 찬술로서 선배승에 대한 후배의 마음가짐을 기술한 것이다. 「지사청규知事淸規」는 관원4년(1246)의 찬술로서 6가지 중요한 소임과 그 마음가짐, 그리고 그 역할에 관한 조사들의 이야기를 열거하였다. 전체의 구성을 다른 청규와 비교해 볼 때, 일상생활을 불도佛道로 보는 도원 독자적 견해가 농후하게 반영되어 있다.

『오가정종찬』五家正宗贊

남송南宋대에 무준사범無準師範의 제자인 희수소담希叟紹曇이 지었으며, 보우寶祐2년(1254)에 간행하였다. 보리달마로부터 5가의 각 종파에 이르는 조사 74인의 약전略傳과 각 종파의 종풍, 강요를 밝히고, 사륙문四六文 형식의 찬송贊頌을 싣고 있다.

『오등회원』(20권) 五燈會元

남송, 보우寶祐원년(1253)에 대천보제(大川寶濟, 1179~1253)가 편찬하였다. 일설에는 보제 문하의 혜명慧明 찬술이라고도 한다. 오등은 『경덕전등록』, 『천성광등록』, 『건중정국속등록』, 『연등회요』, 『가태보등록』의 다섯 권을 말한다. 회원이란 이러한 다섯 권의 내용을 조정하여 일원一元으로 회요會要한 것이라는 의미다. 과거칠불에서 서천조사27조, 동토의 육조에서 청원青原 문하의 16조인 광효심光孝深과, 남악南岳 문하의 17조인 덕산자연德山子涓까지 조사들의 전기를 싣고 있다. 송말원초에 원래의 목판은 전란으로 소실되었지만, 원元의 지정至正24년(1364)에 중간重刊하고 이후 명·청대에도 계속 간행되었다.

『운문광록』(3권) 雲門廣錄

중국 선종의 오가칠종五家七宗 중 운문종의 파조派祖인 운문문언雲門文偃의 어록으로 수견守堅이 편찬하였다. 설봉의존의 법을 잇고 광동성廣東省에서 개법한 운문은 일자관一字關이라고 하는 단언촌구短言寸句나 '화약란花藥欄', '건(간)시궐乾屎橛' 등의 말로 불법을 표현하고, 또는 수행자에게 질문하고 대신 답하는 대어代語 등의 방법으로 독특한 선을 고취하였다. 훗날 북송대에 공안선이 발전할 때 높은 평가를 받게 되었다. 그 어록을 집대성한 것이 『운문광록』이다.

『원각경』圓覺經

완전한 서명은 『대방광원각수다라요의경大方廣圓覺修多羅了義經』이다. 당 장수長壽2년(693) 불타발타라佛馱跋陀羅가 번역했다고 하는 설도 있지만, 현재로서는 7세기말에 성립한 중국 창작 경전(僞經)이라는 설이 유력하다. 본경은 부처의 깨달음을 원만한 깨달음〔大圓覺〕이라고 표현하고, 그 깨달음을 얻기 위해서는 어떻게 실천해야 그 심경心境으로 취입趣入할 수 있을까를 11명의 보살의 질문에 답하는 내용으로 되어 있다. 이 경이 유명하게 된 것은 종밀宗密의 많은 주석서 때문이다. 대표적인 것은 『원각경대소圓覺經大疏』와 그 주석서인 『원각경대소초圓覺經大疏鈔』이다. 마지막 11번째인 원각보살이 부처님에게 "불멸후 말세의 수행자가 이 원각의 가르침에 근접하기 위해서는 어떻게 하면 좋을까요"라고 질문한 것에 대해, 부처님은 말세의 하근 수행자를 위해 도량을 운영하고 구체적으로 예참(예불과 참회의 의식)을 행할 것을 권했다. 종밀은 그 의식을 『원각경도량수증의圓覺經道場修證儀』에서 상세히 기술한다. 그는 이 경에 나오는 본래성불의 일구一句를 선원禪源·심성心性·진성眞性·일심一心 등의 용어로 바꾸고, 교학의 근본에 근거하여 절대적으로 경전에 의거한 교학과 경전으로부터 자유로운 입장에 있는 선종을 일체화하는 교선일치설敎禪一致說이나 유교·도교·불교의 삼교三敎는 본질적으로 동일함을 주장하는 삼교일치론三敎一致論을 전개하여 후대에 커다란 영향을 미쳤다. 『원각경』과 『수능엄경』, 『대승기신론』은 상관관계를 가지면서, 중국 송대 이후 불교흐름의 하나를 형성하였다.

『원오심요』園悟心要

『벽암록』의 평창評唱자인 원오극근(圜悟克勤, 1063~1135)의 어록이다. 원오는 처음 교학을 배웠으나 이후 선문禪門에 들어 행각하다가 오조법연의 문하에 들어 대오大悟, 사법嗣法하였다. 제자로는 대혜종고 등이 있으며, 임제종臨濟宗 양기파楊歧派를 크게 발전시켰다.

『육조단경』六祖壇經

혜능의 제자 법해法海가 기록한 것이며, 소주韶州 대범사大梵寺에서 선의 요체를 말한 내용이다. 선사상의 중심이 『능가경』에서 혜능 이후 『금강경』으로 옮겨졌음을 알 수 있고, 이는 남종선 사상의 기조가 된다. 또한 파격적인 것은, 혜능이 홍인 아래서 유발有髮로 대중과 함께 했으며 미수계자로서 8개월간 방앗간에서 작무했다는 것과, 그러한 가운데 득오得悟하고 사법嗣法한 것은 남종선의 특색을 보이는 동시에, 당시 달마 전통의 능가계에 정면 도전하는 종파로서 등장했다는 사실이다. 단경은 여러 본本이 현존한다. 최초의 문헌은 1923년 돈황문서 중에서 발견된 사본寫本 『육조단경』(당말에서 송초에 초사抄寫한 것)이며, 이것과 대조하여 그 이전에 유통되었던 원元대의 종보宗寶에 의한 『단경』은 많이 변용되었음을 알 수 있다. 나중에 일본 이시카와(石川) 대승사大乘寺, 나고야(名古屋市) 진복사眞福寺에서도 단경의 초본抄本이 발견되었다. 이러한 제본諸本의 대조적 연구로 단경의 변천 역사를 알 수 있으며, 단경의 변천사는 바로 선종의 사상과 역사의 변화를 반영한 것임을 알 수 있다.

『이입사행론』二入四行論

7세기 후반에 성립하였으며, 선문헌 및 어록으로 최초이다. 조선시대 간행본에는 『보리달마사행론菩提達磨四行論』으로 되어 있다. 내용은 보리달마와 그의 문하들의 설로 이루어져 있다. 이입사행二入四行 부분은 「보리달마약변대승입도사행菩提達磨略弁大乘入道四行」이라는 제목으로 『경덕전등록』 권30에 수록되어 있다.

『인천안목』人天眼目

임제종 대혜파의 회암지소晦巖智昭가 편집하고 자서自序를 붙여 간행했다(1188). 중국선에서의 오가五家의 종요宗要를 알게 하기 위해 각파의 조사가 제창한 종강宗綱을 게재하고, 이에 대한 여러 선덕의 염제게송拈提偈頌을 수록하였다. 이후 중수重修(1258), 교수校修(1317)하였고, 명明의 홍무원년洪武元年(1368)에 간행한 고려본에서는 6권본으로 장정裝幀되고, 오가의 순서도 임제·운문·조동·위앙·법안으로 배열이 변한다. 권5·6에는 오가 이외에 「종문잡록宗門雜錄」이 첨가되었다.

『임제록』臨濟錄

임제의 제자 삼성혜연三聖慧然이 찬술하고 흥화존장興化存獎이 교감校勘한 임제의현臨濟義玄의 어록이다. 현행본은 선화宣和2년(1120) 원각종연圓覺宗演의 중간重刊으로서, 마방馬防의 서序·상당上堂·시중示衆·감변勘弁·행록行錄·비문碑文으로 된 정연한 형태를 갖추었다.

『전법보기』傳法寶紀

두비杜朏에 의해 찬술(720)된 북종계 문헌으로서, 초기 선종사의 해명에 커다란 영향을 끼친 등사이다. 정각淨覺의 『능가사자기楞伽師資記』(715)와 함께 현존하는 최고最古의 등사燈史이며, 보리달마에서 신수神秀에 이르는 사람들의 전기傳記가 게재되어 있고, 신수의 제자들도 언급하고 있는 것은 두 등사가 일치하고 있다. 그러나 당시 두 등사는 서로의 존재를 알지 못한 것 같은데, 그것은 내용이 서로 일치하지 않기 때문이다. 본서의 특색으로서는, 홍인과 신수의 전기 사이에 두비 자신이 사사師事한 법여法如의 전傳이 넣어져 있다는 점이다. 이후 이 책은 등사의 기원으로서의 영향력을 발휘하였다. 특히 하택신회의 북종 비판의 원인이 된 것도 이 책이며, 따라서 선종사에서의 의의가 크다고 하겠다.

『전법정종기』(11권) 傳法正宗記

송대 불일설숭(佛日契嵩, 1007~1072)의 저술로 1061에 성립, 간행은 1064년이다. 『경덕전등록』(1004)과 『천성광등록』(1029)의 설을 계승하여, 과거7불에서 서천28조, 동토6조의 선종의 전등傳燈을 논하고, 육조혜능 이후의 분파에 대한 계보도 제시한다. 『출삼장기집出三藏記集』, 『보림전寶林傳』, 『속법기續法記』 등을 논거로 『부법장인연전付法藏因緣傳』, 『속고승전續高僧傳』 등의 설을 논파하고, 교리의 해석을 주로 한 교가敎家의 선종 비난에 답하기도 하였다. 권10에는 「전법정종정상도傳法正宗定相圖」와 「전법정종론傳法正宗論」을 기술하여 선종 전통의 정당성을 주장한다. 또한 선의 입장에서 유불도儒佛道의 삼교일치三敎一致를 주장한 『보교편輔敎編』 6권과 함께 본서를 인종仁宗 황제에게 상주하고 『송녕만수宋寧萬壽대장경』에 수록된다.

『전심법요』 傳心法要

『전심법요』와 『완릉록宛陵錄』을 합해서 일반적으로 『전심법요傳心法要』라고 한다. 황벽희운(黃檗希運, ?~850)의 제창提唱을 당唐의 재상인 배휴(裵休, 790~870)가 기록한 것이지만, 다른 제자들에 의해 기록된 것도 수록되어 있다. 전체적으로 유심唯心사상을 논리적으로 전개한 내용이다. 배휴의 서문(857)과 전후 3단의 설법, 제자의 물음에 대답한 6단의 설법, 상당설법 등으로 구성되어 있다. 『완릉록』에는 배휴와 황벽의 문답 15단과 상당법문 1단이 게재되어 있다. 한국에서는 『선문촬요禪門撮要』에 수록되어 1908년(융희隆熙2년)에 출판되었다.

『절관론』絶觀論

우두법융(牛頭法融, 594~657)의 찬술로 전해져 왔지만 법융 자신의 저작은 아니다. 우두종의 조사로 법융이 모셔진 이후에, 그에 가탁되어 출현한 우두종의 강요서이다. 우두종이 쇠퇴한 후 달마에게 가탁되어 '달마찬'으로 되어 있는 문헌도 있다. 내용은 입리入理 선생과 제자 연문緣門이라는 두 명의 가공인물을 내세우고, 그들의 문답에 의해 수행자를 '절관絶觀'의 경지로 이끌어가는 것으로 구성되어 있다. 불생불멸과 생멸의 관계에 대한 활발한 대화의 진행이 이 논의 특색인데, 이 양자의 상즉相卽·상관相關을 밝히는 데 있어서 반야공관般若空觀을 근거로 하고 있다. 그것은 단순한 논리의 세계에 머무는 것이 아니라 여여부동한 절관을 생생한 동적인 인간의 삶을 통하여 체현해 보이려는 점에서 선서로서의 가치가 있다. 우두종의 사상으로 무정유불성설無情有佛性說을 살펴볼 수 있는 귀중한 저작이다.

『정법안장』正法眼藏

일본 도원道元의 저서이다. 도원의 『정법안장』에는 두 종류가 있는데, 하나는 일본고어로 쓰인 것이고 다른 하나는 한자로 쓰인 것이다. 후자는 중국선자들의 300가지 이야기를 모은 것(『300칙』이라고 통칭)이다. 우리가 보통 『정법안장』이라고 하면 일본고어로 쓰인 것을 가리키는데, 이 『정법안장』100권은 도원이 수행생활을 해나가면서 차례로 찬술한 것이다. 송에서 귀국한 도원은 먼저 천동여정天童如淨으로부터 배운 「좌선의坐禪儀」를 비롯한 「현성공안現成公案」 등을 찬술(1233)하는데, 교토(京都)에 머물 때 이미 45권을 찬술하였다고 한다. 44세에 교토를 떠나 에치젠(越前)으로 가서도 35권 가까이 찬술하였다. 만년에는 12권의 『정법안장』을 초고草稿하고 건장5년(1253) 정월 6일에 마지막 「팔대인각八大人覺」으로 『정법안장』의 찬술을 마무리한다.

『조계대사전』曹溪大師傳

혜능의 전기이며 건중2년(781)에 성립했다. 이 시기는 남종선을 융성시킨 마조도일과 석두희천의 만년에 해당된다. 한편 강남에서는 우두선牛頭禪의 최성기이다. 또한 달마에서 혜능에 이르는 6대조사의 비문이 만들어진 『역대법보기歷代法寶記』(774)의 성립 직전이며, 뒤를 이은 『보림전』의 출현기이다. 이 책의 사상적 특징은 불성佛性사상이다. 견성・명견불성明見佛性・번뇌즉보리・입정시유무심入定時有無心 등의 어구에서 보이는 것처럼, 마음의 당체는 무심이며 곧 불성이라는 것이다. 또한 좌선에 대한 부정적인 견해는 달마선종의 특질을 새롭게 형성시키는 계기가 된다. 특히 수계授戒 상황에 대해 상세히 기술하고 있어서, 삼사칠증三師七證이 나열되는 것은 선종문헌으로서 보기 드물다. 선문에서의 수계의 중요성을 보인 것이다.

『조당집』祖堂集

선종사서禪宗史書이다. 952년 천주(泉州, 복건성)의 초경사招慶寺에서 정수淨修선사 문하의 정靜·균筠 두 선덕이 편집하였다. 고려 고종 32년(1245)에 조조彫造된 해인사판이 현존한다. 내용은 과거7불, 서천28조, 동토6조에서 청원문하 8세, 남악문하 7세 등 259인의 기연機緣의 어구語句를 기록했다. 『경덕전등록』에서는 볼 수 없는 위앙종, 조동종, 설봉의존 교단의 모습과 신라·고려의 선의 동향 등을 살필 수 있다.

『조주록』趙州錄

당대 말기 남악회양 문하의 선승인 조주종심趙州從諗의 어록이다. 그의 사후에 성립, 여산 서현보각선원棲賢寶覺禪院의 징제澄諟가 상정詳定한 것이며, 송의 소흥紹興초년(1131년)에 『고존숙어요古尊宿語要』4권에 수록되었다.

『종경록』(100권) 宗鏡錄

법안종 제3세 영명연수(永明延壽, 904~976)의 저서이다. 오월吳越 충의왕忠懿王의 요청으로 송 건륭2년(961)에 성립했다. 『심경록心鏡錄』, 『종감록宗鑑錄』이라고도 한다. 이 책의 취지는 근본진리로서의 일심一心을 거양하고 해명하는 것이며, 널리 모든 교설을 인증引證하여 원만한 믿음을 확립시키려고 한 것이다. 인도나 중국의 경론·선어록·계율서·민간서적에 이르기까지 두루 섭렵하고 화엄·천태·법상·삼론 등의 사상을 인용해서, 이를 선에 융합시켰다. 송판대장경에 수록됨에 따라, 불교학계는 물론 송학宋學 등에도 영향을 미쳤다.

『종문십규론』宗門十規論

법안종의 개조 법안문익(法眼文益, 885~958)의 저술이다. 중국 선종의 흐름을 오가칠종五家七宗이라고 하는데, 오가를 최초로 분류한 저서이다. 먼저 육조혜능 다음에 청원행사와 남악회양의 두 파로 나누고, 덕산·임제·위앙·조동·운문 등이 각각 종풍을 세우고 교화의 수단을 확립하여 그 특색을 보이고 있음을 설한다.

『종문연등회요』宗門聯燈會要

송宋대 회옹오명晦翁悟明이 편찬하였다(1183년). 조통祖統을 정리한 일종의 등사燈史이다.『경덕전등록』(1004),『천성광등록』(1036),『건중정국속등록』(1101),『종문연등회요宗門聯燈會要』,『가태보등록』(1204) 등은 성립된 시기의 연호를 제목의 처음에 붙이고 대장경에 편입하였기 때문에 '오등록五燈錄'이라고 총칭된다.

『종문원상집』 宗門圓相集

고려 정각국사靜覺國師 지겸(至謙, 1145~1229)이 여러 대가들이 선에 관해 쓴 기록에서 170칙을 뽑아서 수록한 책이다. 특히 원상圓相을 강조하는 위앙종 계통의 언구를 많이 싣고 있는데, 9세기에 활약한 순지順之의 사상도 기록되어 있다. 지겸은 속성이 전田씨이고, 전남 영광 출신이다. 11세에 출가해서 사충嗣忠에게 득도하고, 뒤에 승과에 급제하였다. 외전外典에 능통했고, 광종光宗과 고종高宗 때 왕사를 지냈다. 무신정권의 집권자였던 최충헌의 아들을 비롯한 사대부의 자제들이 그의 문하에 출가하였다.

『종용록』(6권) 從容錄

굉지정각이 고덕古德의 백칙 공안에 송頌으로 요지를 붙인『굉지송고宏智頌古』에, 만송행수萬松行秀가『벽암록』의 체재와 같이 시중示衆·착어着語·평창評唱 등을 부가한 것이다.『종용암록從容庵錄』이라고도 한다. 만송이 당시 연경(燕京, 지금의 北京)의 보은원報恩院에서 종용암從容庵을 짓고 은거하던 차에, 원의 태조를 받든 담연거사 야율초재耶律楚材의 부탁을 받고 찬술한 것이며, 암실의 이름을 따서 책명으로 하였다.

『좌선의』 坐禪儀

『선원청규禪苑淸規』 권8에 수록되어 있다. 저자인 장로종색長蘆宗賾은 송대宋代 사람으로 속성은 손씨이다. 운문종 6대 장로응부長蘆應夫의 법을 잇고, 진정부眞定府 홍제원(洪濟院, 지금의 河北省)에 살면서 『청규』 10권을 저술했다. 나중에 진주(眞州, 지금의 江蘇省) 장로사長蘆寺로 옮겼다. 내용은, 우선 좌선할 때의 몸가짐에 대해서 설명하고, 다음에 좌선의 구체적 방법과 좌선을 행하지 않는 일상생활에서도 좌선 때와 같이 마음을 두는 방법을 가르치고 있다. 한국 선원에서는 종색의 『좌선의』를 몸에 익힌다.

『중봉화상어록』(30권) 中峰和尙語錄

원元대에 활약한 임제종 파암파破庵派 중봉명본中峰明本의 어록으로서, 참학문인參學門人인 북정자적北庭慈寂이 편집하였다.

『증도가』證道歌

영가현각(永嘉玄覺, 675~713)이 지었다. 자신의 깨달음의 요체를 운문고시韻文古詩로 노래한 것이다. 『영가진각대사증도가永嘉眞覺大師證道歌』, 『진단성자대승결의경震旦聖者大乘決疑經』, 『최상승불성가最上乘佛性歌』, 『견도성가見道性歌』라고도 한다. 불교사상의 핵심인 중관에서 유식에 걸쳐 여래장사상을 이끌어 철저히 공의 이념과 실천을 설명하고, 여래장의 입장에서 자성自性·법성法性·법신法身 등을 해석함을 볼 수 있다. 후대 선문헌에 많이 인용되었고, 선사상의 전개에도 커다란 영향을 미쳤다.

『진심직설』眞心直說

고려 보조지눌(1158~1210)의 저서로, 희종 즉위원년(1205)에 간행하였다. 선교일치의 입장에서 종밀宗密·연수延壽의 설을 계승하여, 제종의 교의를 종합하였으며, 일종의 불교개론서이다. 진심정신眞心正信·진심이명眞心異名 등 15절로 구성되고, 경론經論·조석祖釋·조록祖錄 등에서 경문을 인용하여, 모든 사람이 본래 갖추고 있는 심성心性과 미망迷妄의 근원을 해명하고, 수증修證의 순서와 방법을 제시하였다. 현존하는 판본에는 권수卷首에 지눌의 자서自序와 성화成化5년(1469)에 문정文定이 쓴 중각서重刻序가 있다. 그러나 최근에는 금金의 승려인 정언政

言의 저술이라는 주장도 제기되고 있다.

『참동계』 參同契

석두희천石頭希遷의 저술로, 『경덕전등록』에 수록되어 있다. 승조僧肇가 찬한 『조론肇論』이나 위魏의 도가道家인 백양伯陽의 『참동계』를 보고 작성했다고 볼 수 있다. 내용은 차별의 현상계 〔參〕와 평등일여의 세계〔同〕가 원융하는 도리〔契〕를 나타낸 것이다. 동산양개의 저서인 『보경삼매寶鏡三昧』와 함께 청원青原 이래 조동종의 종지를 설한 성전이다.

『칙수백장청규』 勅修百丈淸規

원元대인 1335년, 백장산의 주지 동양덕휘東陽德輝가 순종順宗의 칙명을 받아 편집하고, 소은대소笑隱大訢가 교정한 것이다. 백장청규의 정신을 존중하면서 『선원청규禪苑淸規』, 『총림교정청규총요叢林校定淸規總要』, 『선림비용청규禪林備用淸規』 등을 자료로 해서 집성하여, 1338년에 완성했다. 『칙수백장청규』는 전국 선종사원에서 규칙의 기준이 되고 선승의 생활규범이 되었으며, 명대에도 권위를 가지고 계속 이행되었다. 구성은, 축리祝釐・보은報恩・보본報本・존조尊祖・주지住持・양서兩序・대중大衆・절납節臘・법기法器의 9장으로 이루어져 있는데, 여기에 백장의 탑명塔銘・백장고청규서百丈古淸規序・선원청규서禪苑淸

規序·함순청규서咸淳清規序·지대청규서至大清規序가 붙여졌다. 선종 사원의 일상 행사에서 선승의 수행자세에 이르기까지 상세히 기록되어 있다.

『한산시』 寒山詩

당대, 천태산에서 은거한 한산자寒山子의 시집이다. 풍간豊干·습득拾得의 시를 더하여 편집한 것으로, 『삼은시집三隱詩集』이라고도 한다. 내용은 몰락한 지식인의 실의와 비애, 서민적인 도덕설교, 산중에서 은둔생활의 즐거움, 타락한 세간이나 불교계에 대한 풍자 등 극히 다양하기 때문에, 동일한 인물 또는 동일한 시기의 작품으로 보기엔 어렵다. 그 가운데는 남악회양과 마조도일의 '마전작경磨塼作鏡'의 고사故事를 노래한 시와, 중당中唐기 이후의 마조계 선사상을 반영했다고 볼 수 있는 시도 몇 수 보인다. 시집으로보다는 선적禪籍으로 취급된다.

『허당록』 虛堂錄

남송南宋대 허당지우(虛堂智愚, 1185~1269)의 어록이다. 허당은 임제종 양기파楊岐波 운암보암運庵普巖의 법제자로 남악회양南岳懷讓의 20세손이다.

부록 2. 선사상 관련 연표

- 이 年表는 본 사전의 내용과 관련하여 2000년까지 간략하게 정리한 것이다.
- *는 선종사를 중심으로 한 연표를 보다 효율적으로 이해하기 위해 각 시대별 상황 주요인물을 게재하였다.
- 인물의 순서는 몰년을 기준으로 하였으며, 인물명 뒤에 編·著 등을 표기하였

서기	중국	한국	일본
550년 이전	*불교, 중국에 전하다(서기전 100) *安世高, 낙양에 오다(147) 竺法護(239~316) 鳩摩羅什(350~409) 慧遠(334~416) 慧皎(497~554):『高僧傳』 *보리달마, 중국에 도래, 禪을 전하다(538) 菩提達磨(5~6세기 전반)	*前秦王 符堅으로부터 고구려 불교전래(372) *東晉으로부터 백제 불교전래(384) *고구려로부터 신라 불교전래(450) *신라 法興王(514~539재위): 불교융성, 중국에 유학승을 보내 불전연구 *백제의 謙益, 인도에서 돌아와 律部 譯出. 百濟律宗의 祖(526) *백제 聖明王이 일본에 佛像·經卷·幡蓋 등을 보냄(538)	*백제, 일본에 최초로 불교를 전하다(538)
551 ~600	楊衒之(~547~):『洛陽伽藍記』 *隋 文帝: 불교부흥(581), 隋의 三大法師~慧遠·智顗·吉藏 慧可(487~593) 智顗(538~597):『法華文句』, 『法華玄義』,『摩訶止觀』등	*신라, 黃龍寺 창건(566) *고구려 惠慈, 일본에 건너가 聖德太子의 스승이 됨(595)	*백제왕, 五經·易·曆·醫의 博士를 보내다(554) *善信尼 등을 백제로 유학시키다(588)

601 ~650	•唐 高祖(재위 618~626): 불교를 국가적으로 지원 僧璨(?~606): 『信心銘』 吉藏(549~623, 嘉祥大師)	•고구려 慧灌, 일본에 삼론종을 전함(625) 圓光(?~630): 589년에 陳 유학 •法朗(생몰년미상): 632~646년에 入唐. 4조 道信의 법을 전함, 최초의 선종 전래 慈藏(생몰년미상): 636~643년에 唐 유학	•聖德太子(574~622): 『三經義疏』 등 •백제 觀勒, 일본에서 僧正이 됨(623)
651 ~700	道信(580~651) •玄奘(602~664): 629~645에 인도 유학. 『大唐西域記』, 『海深密經』, 『成唯識論』, 『大般若經』 등 76부 1347권 譯出 道宣(596~667): 『續高僧傳』 弘忍(601~674): 『修心要論』 窺基(632~682): 『大乘法苑義林章』 •『達摩四行論』성립(7세기후반) •『金剛三昧經』성립(7세기후반) •『圓覺經』성립(7세기말)	•신라, 삼국통일(676) •元曉(617~686): 『大乘起信論疏』, 『金剛三昧經論』 등 •圓測(613~695): 『解深密經疏』	•道昭(629~700): 처음으로 火葬 실시
701 ~750	•『首楞嚴經』성립(8세기초) •『寒山詩』성립(7~8세기경) 神秀(?~706): 『觀心論』 法藏(643~712): 『華嚴五敎章』, 『妄盡還源觀』 등 慧能(638~713): 『六祖壇經』, 『金剛經解義』 •義淨(635~713): 695년에 인도와 남해여행에서 돌아옴. 『大唐西域求法高僧傳』, 『南海寄歸內法傳』 •禪의 계보 형성 永嘉玄覺(675~713): 『證道歌』 •『楞伽師資記』성립(713~716頃)	•義湘(625~702): 화엄을 전래 •慧超: 인도를 순례하고 唐 安西에 도착(727)	•行基(668~749): 천황·황후에게 수계. 東大寺건립 추진 •東大寺大佛(743~749)

469

	•『傳法寶紀』성립(720頃) 普寂(651~739) 靑原行思(673~741) 南嶽懷讓(677~744)		
751 ~800	•후기밀교 성립(8세기 이후) 荷澤神會(684~758): 『神會語錄』, 『菩提達磨南宗定是非論』, 『壇語』 등 道璿(702~760):『梵網經論』 •鑑眞(688~763): 일본에 四分律宗을 전함 •안록산의 亂(755~763) 발생 •『歷代法寶記』성립(744 이후) 保唐無住(714~774) •馬祖道一(709~788) 『馬祖語錄』 石頭希遷(700~790):『參同契』 •『頓悟大乘正理訣』성립(794 이후) •사무엘宗論(794) 카마라실라(8세기 후반): 『中觀光明論』,『修習次第』 摩訶衍(생몰년미상) 大珠慧海(8세기경):『頓悟要門』	•靜衆無相(684~762): 728년 入唐. 靜衆寺(四川省 소재)를 중심으로 활약. 馬祖道一과 관계.	•鑑眞(688~80 763): 754년 唐에서 도래. 東大寺 戒壇院 건립 •奈良불교 6宗 성립
801 ~850	•禪의 五家七宗성립(800년 이후) •『曹溪寶林傳』성립(801) 龐蘊(?~808):『龐居士語錄』 藥山惟儼(744~827) 南泉普願(748~834) 澄觀(738~839): 『華嚴隨疏演義鈔』 •圭峰宗密(780~841): 『禪源諸詮集都序』,『原人論』 등 黃檗希運(?~850경):	•9세기 九山禪門 개창 •道義(생몰년미상): 西堂智藏을 사법(821). 迦智山門 개창 •洪陟(생몰년미상): 西堂智藏을 사법. 實相山門 개창 •眞鑑慧昭(774~850): 滄洲神鑑을 사법.	•最澄(767~822): 『守護國界章』, 『山家學生式』,『顯戒論』 •空海(774~835): 『秘藏寶鑰』 등

	『傳心法要』,『宛陵錄』 •武宗이 道士 趙歸眞을 투입하여 廢佛毁釋(845, 會昌廢佛)		

851
~900
	潙山靈祐(771~853)
	•臨濟義玄(?~866):『臨濟錄』
	洞山良价(807~869):
	『寶鏡三昧』
	仰山慧寂(807~883)
	•趙州從諗(778~897):『趙州錄』
		•慧徹(785~861):
		  西堂智藏을 사법.
		  桐裡山門 개창
		•玄昱(787~868):
		  章敬懷暉를 사법.
		  鳳林山門 개창
		•道允(798~868):
		  南泉普願을 사법.
		  獅子山門 개창
		•道憲(824~882):
		  4祖道信의 법손.
		  曦陽山門 개창
		•無染(800~888):
		  麻谷寶徹을 사법.
		  聖住山門 개창
		•梵日(810~889):
		  鹽官齊安을 사법.
		  闍崛山門 개창
			•入唐八家~神會의 저술 등
			  선문헌 전래
			最證(767~822)
			空海(774~835)
			圓行(799~852)
			圓仁(794~864)
			常曉(?~867)
			惠運(798~869)
			宗叡(809~884)
			圓珍(814~891)
			•光定(779~858):
			『傳述一心戒文』

901
~950
	雪峰義存(822~908):
	『雪峰語錄』
	玄沙師備(835~908):
	『玄沙廣錄』
	雲門文偃(864~949):
	『雲門廣錄』
	•거란, 遼 건국(916~1124)
		行寂(832~916): 石霜慶諸
		  사법
		慶猷(871~921): 雲居道膺
		  사법
		•利嚴(866~932): 雲居道膺
		  사법. 須彌山門 개창
		麗嚴(862~930): 雲居道膺
		  사법
		•고려, 한반도통일(936)
			瓦屋能光(?~933):
			  洞山良价 嗣法

951
~1000
	•唐滅, 五代十國(907~960) 성립
	•靜・筠:『祖堂集』편찬(952)
	•宋(北宋) 건국(960~1127)
	•宋 太祖: 불교부흥, 易經院을
	  설립하여 불전번역. 대장경
	  開版이 이루어짐,
	  5048권(蜀版).
		•고려 4대 光宗,
		  僧科개설(958)
		璨幽(869~958): 投子大同
		  사법.
		•諦觀(?~970):
		『天台四敎儀』등
		均如(923~973):
			禪喜(?~955)
			寬空(883~972)

471

	法眼文益(885~958) •惠昕本『육조단경』성립(967) 永明延壽(904~975): 『宗鏡錄』, 『萬善同歸集』등	『敎分記釋』, 『旨歸章記』 등 大悟坦文(900~975) •僧36인, 永明延壽에 수학(991)	
1001 ~1050	•贊寧(919~1001): 『宋高僧傳』편찬(988) 永安道原(생몰년미상): 『景德傳燈錄』편찬(1004) •宋의 출가 통제 강화(1010) 汾陽善昭(947~1024) •李遵勖(생몰년미상): 『天聖廣燈錄』편찬(1036) 慈明楚圓(986~1039) 楊岐方會(992~1049)	寂然英俊(930~1014) 圓空智宗(930~1018) •顯宗(1010~1031 재위) 때 고려초조대장경간행 시작(5048권)	慶滋保胤(?~1002) 奝然(?~1016) 源信(941~1017): 천태승 道長(965~1027)
1051 ~1100	•契丹大藏經 완성(1059년경), 5048권 •雪竇重顯(980~1052): 『頌古百則』, 『明覺語錄』 黃龍慧南(1002~1069) 佛日契崇(1007~1072): 『傳法正宗記』, 『輔敎篇』 白雲守端(1025~1072) 歐陽修(1007~1072) 周敦頤(1017~1073) 程明道(1032~1085) 司馬光(1019~1086) 東林常總(1025~1091) •宗永: 『宗門統要集』편찬(1093) 大潙慕喆(?~1095) 晦堂祖心(1025~1100)	景德爛圓(999~1066): 화엄종승 •契丹에서 대장경을 보내옴(1063) •초조대장경완성(1083) 慧炤(생몰년미상): 坦然의 스승	成尋(1011~1081)
1101 ~1150	•佛國惟白(생몰년미상): 『建中靖國續燈錄』편찬(1101) 蘇軾(1036~1101) 眞淨克文(1025~1102) •長蘆宗賾(생몰년미상):	•義天(1055~1101): 『新編諸宗敎藏總錄』편 집. 고려천태종의 祖. 李資賢(1061~1125): 『禪機語錄』, 『布袋頌』등	

	『禪苑淸規』편찬(1103) 五祖法演(?~1104) 程伊川(1033~1107) 蘇轍(1039~1112) 開福道寧(1053~1113) 死心悟新(1043~1114) •여진족, 金 건국(1115~1234) 佛鑑慧懃(1059~1117) 芙蓉道楷(1043~1118) 佛眼淸遠(1067~1120) •宋, 남쪽으로 천도(南宋, 　1127~1279) 覺範慧洪(1071~1128): 　『石門文字禪』등 趙宗慧方(1073~1129) •圜悟克勤(1063~1135): 　『碧巖錄』 虎丘紹隆(1077~1136) 無示介諶(1080~1148)	逢渠學一(1052~1144) •金富軾: 　『三國史記』편찬(1145)	
1151 ~1200	•福州版大藏經 　성립(開元寺本)(1151) 眞歇淸了(1089~1151) 宏智正覺(1091~1157): 　『宏智錄』 •大慧宗杲(1089~1163): 　『大慧語錄』,『正法眼藏』등 應庵曇華(1103~1163) 豁堂慧遠(1103~1176) •『人天眼目』간행(1188) •『古尊宿語錄』간행. 明初에 新編 •儒佛道 三教融合 성행 朱子(1130~1200): 性理學성립	廣智之印(1102~1158) 默庵坦然(1070~1159): 　「淸平寺文殊院重修碑」 　등 圓覺德素(?~1174) •知訥: 八公山 居祖寺에서 　定慧結社 시작(1190)	西行(1118~1190) •鎌倉幕府성립(1192) 覺阿(1143~?) 大日能忍(12세기말)
1201 ~1250	•電庵正受(생몰·년미상): 　『嘉泰普燈錄』편찬(1202) 松源崇岳(1132~1202) 佛照德光(1121~1203) 月林師觀(1143~1217)	•普照知訥(1158~1210): 　『修心訣』등. 修禪社 1세 •覺訓: 　『海東高僧傳』편찬(1215) 圓眞承迴(1187~1221)	•榮西(1141~1215): 　『興禪護國論』, 　『喫茶養生記』 •道元, 如淨을 面授하다 明全(1184~1225)

	天童如淨(1162~1227): 『如淨語錄』 取律楚材(1190~1244) 北礀居簡(1164~1246) 萬松行秀(1166~1246): 『從容錄』,『請益錄』 無準師範(1177~1249) ・五山十刹制 성립	靜覺至謙(1145~1229): 宗門圓相集 ・眞覺慧諶(1178~1234): 『禪門拈頌』, 修禪社 2세 ・몽고침략, 초조대장경 소실(1232) ・『祖堂集』개판(1245) 圓妙了世(1163~1245): 천태종승	・道元, 宋에서 귀국(1227)
1251 ~1300	・大川普濟(1179~1253): 『五燈會元』편찬(1252) 海雲印簡(1202~1257) 無門慧開(1183~1260): 『無門關』 偃溪廣聞(1189~1263) 物初大觀(1201~1268) ・志磐(생몰년미상): 『佛祖統紀』편찬(1269) 虛堂智愚(1185~1269): 『虛堂錄』 雪庭福裕(1203~1275) 兀庵普寧(1197~1276) 蘭溪道隆(1213~1278): 『大覺語錄』 ・元, 중국통일(1279~1368) 無學祖元(1226~1286) 大休正念(1215~1289) 寂圓(1207~1299)	・再彫大藏經 완성(1251), 6529권 清眞夢如(?~1252): 修禪社 3세 眞明混元(1190~1271): 修禪社 4세 ・眞靜天頙(1206~1277): 『禪門寶藏錄』 圓悟天英(1215~1286): 修禪社 5세 ・一然(1206~1289): 『三國遺事』, 『重編曹洞五位』등 圓鑑冲止(1216~1293): 修禪社 6세	・道元(1200~1253): 일본 曹洞宗 開創(1227). 『普勸坐禪儀』, 『正法眼藏』,『永平清規』 등 ・親鸞(1173~1262): 『教行信證』등. 圓爾(1202~1280): 『聖一國師語錄』 懷奘(1198~1280): 『正法眼藏隨聞記』 ・日蓮(1222~1282): 『立正安國論』 一遍(1239~1289): 『一遍上人語錄』 無關普門(1212~1291) 東山湛照(1231~1291) 白雲慧曉(1228~1297) 心地覺心(1207~1298) 無外如大(1223~1298) 寒嚴義尹(1217~1300)
1301 ~1350	鏡堂覺圓(1244~1306) 西礀子曇(1249~1306) 一山一寧(1247~1317): 『一山國師語錄』 ・中峰明本(1263~1323): 『幻住庵清規』,『中峰錄』 雲外雲岫(1242~1324)	慈覺晶悅(1235~1315?) 慧鑑萬恒(1249~1319) ・無極混丘(1251~1322): 『重編拈頌事苑』등 浮庵雲默(생몰년미상): 『釋迦如來行蹟頌』(1328)	無象靜照(1234~1306): 『興禪記』 南浦紹明(1235~1308): 『興德寺語錄』등 痴兀大慧(1229~1312): 『十牛訣』 高峰顯日(1241~1316)

	靈山道隱(1255~1325) 古林淸茂(1262~1329) 無見先覩(1265~1334) 明極楚俊(1262~1336) •德輝: 　『勅修百丈淸規』편찬(1338頃) •念常: 　『佛祖歷代通載』편찬(1341) 淸拙正澄(1274~1339): 　『大鑑淸規』 東明慧日(1272~1340) 元叟行端(1255~1341) 笑隱大訢(1284~1344) 曇芳守忠(1275~1348) 竺仙梵僊(1292~1348)		瑩山紹瑾(1264~1325): 　『傳光錄』 義雲(1253~1333) •鎌倉幕府멸망(1333) 足利尊氏, 將軍이 　되다(1338) 宗峰妙超(1282~1337): 　『大燈國師語錄』 恭翁運良(1267~1341) •五山十刹의 序列을 　재편(1342) 遠溪祖雄(1286~1344) 慈雲妙意(1274~1345) 雪村友梅(1290~1346) •虎關師鍊(1278~1346): 　『元亨釋書』,『濟北集』 明峰素哲(1277~1350)
1351 ~ 1400	卽休契了(1269~1351) •石屋淸珙(1272~1352): 　太古普愚의 스승 天如惟則(1286~1354) 孚中懷信(1280~1357) 千巖元長(1284~1357) •平山處林(1279~1361): 　白雲景閑의 스승 無印大證(1297~1361) 了庵淸欲(1288~1363) 東陵永興(1285~1365) •明, 중국통일(1368). 불교를 　보호하면서 교단통제를 　강화하다 楚石梵琦(1296~1370) 覺原慧曇(1304~1371) 無夢曇噩(1285~1373) •『頓悟要門』간행(1374) 愚庵智及(1311~1378) 怒中無慍(1309~1386)	覺眞復丘(1270~1356): 　修禪社 13세 拙菴衍溫(?~1358) •白雲景閑(1298~1374): 　『白雲和尙語錄』, 　『佛祖直指心體要節』 •懶翁慧勤(1320~1376): 　『懶翁和尙語錄』 龜谷覺雲(1318?~1383?) •太古普愚(1301~1386): 　『太古和尙語錄』 圓明沖鑑(1274~1388) 木庵粲英(1328~1390) 幻庵混修(1320~1392) 正智智泉(1324~1395) 南田夫目(1320~1398) 釋宏(1320~1399) •李朝, 한반도통일(1392). 　朝鮮으로 호칭	•夢窓疎石(1275~1351): 　『夢中問答集』, 　『臨川家訓』, 　『夢窓國師語錄』, 　『西山夜話』등 無極志玄(1282~1359) 關山慧玄(1277~1360) 孤峰覺明(1271~1361) 峨山韶碩(1276~1366) 祇陀大智(1290~1366) 　『大智禪師偈頌』 寂室元光(1290~1367) 徹翁義亨(1295~1369) 太源宗眞(?~1371) •足利義滿, 五山十刹 　확립(1368) 中巖圓月(1300~1375): 　『東海一漚集』, 　『佛種慧濟禪師語錄』등 授翁宗弼(1296~1380)

	全室宗泐(1318~1391)		拔隊得勝(1327~1387): 『和泥合水假名法語』 •義堂周信(1325~1388): 『空華集』,『義堂錄』 春屋妙葩(1311~1388) 龍湫周澤(1308~1388) 無文元選(1323~1390) 通幻寂靈(1322~1391) •足利義滿, 北山山莊(金閣)造營(1397) 月泉良印(1319~1400) 源翁心昭(1329~1400)

1401
~1450
	呆庵普莊(1347~1403)
	圓極居頂(?~1404)
	岱宗心泰(1327~1415)
	獨庵道衍(1335~1418)
	南石文琇(1345~1418)
	雪軒道成(1352~1432)
	虛白慧旵(1372~1441)
	海舟普慈(1355~1450)
		無學自超(1327~1405):
		  조선창업에 일조
		珍山(?~1427)
		高峰法藏(1351~1428)
		•涵虛己和(1376~1433):
		  『顯正論』,
		  『金剛經五家解說誼』등
		慧菴尙聰(생몰년미상)
		桂庭省敏(생몰년미상):
		  『桂庭集』
		千峰卍雨(생몰년미상):
		  『千峰集』
			絶海中津(1336~1405):
			  『絶海和尙語錄』,
			  『蕉堅稿』
			空谷明應(1328~1407)
			愚中周及(1323~1409)
			了庵慧明(1337~1411)
			白崖寶生(1343~1414)
			石屋眞梁(1345~1423)
			•岐陽方秀(1361~1424):
			  『碧巖錄不二鈔』
			吉山明兆(1352~1432)
			如仲天閏(1365~1440)

1451
~1500
	俱空契斌(1383~1452)
	寶峰明瑄(?~1472)
	無方可從(1420~1483)
		慧覺信眉(생몰년미상):
		  『月印釋譜』편찬(1458)
		燈谷學祖(생몰년미상):
		  楡岾寺중창(1467)
		學悅(생몰년미상):
		  落山寺중창
		如庵一雲(생몰년미상):
		  興天寺舍利塔중수(1442)
		•金時習(생몰년미상):
		  『曹洞五位要解』,
		  『十玄談要解』등
		碧溪正心(생몰년미상)
			養叟宗頤(1376~1458)
			南英謙宗(1387~1460)
			金春禪竹(1405~1470頃)
			川僧慧濟(?~1475)
			一休宗純(1394~1481):
			  『狂雲集』,『自戒集』,
			  『下炬集』
			•足利義政:
			  東山山莊(銀閣)의
			  造營을 시작(1482)
			雪江宗深(1408~1486)
			蓮如(1415~1499)

			悟溪宗頓(1416~1500)
			景川宗隆(1425~1500)
1501 ~1550	虛白文載(1452~1524?) ・王陽明(1472~1528): 陽明學 　수립 無聞明聰(?~1543)	碧松智儼(1464~1534): 『碧松集』	村田珠光(1423~1502) 東陽英朝(1428~1504) 特芳禪傑(1419~1506) 雪舟等楊(1420~1506) 一華碩由(1447~1507) ・기독교, 일본에 전래(1549)
1551 ~1600	宗鏡宗書(1500~1567) 雲谷法會(1500~1579) 無趣如空(1491~1580) 大千常潤(?~1585) 蘊空常忠(1514~1588) 慈舟方念(?~1594)	虛應普雨(1515~1565): 『虛應堂集』 慶聖一禪(1488~1568) ・芙蓉靈觀(1485~1574) ・임진왜란 발발(1592)	武野紹鷗(1502~1555) 策彥周良(1501~1579) ・茶道(1571) 村田珠光, 　千利休, 南坊宗啓, 　小堀政一 등 ・室町幕府 멸망(1573) ・織田信長(1534~1582) ・豊臣秀吉(1536~1598), 　일본통일(1590) ・千利休(1522~1591)
1601 ~1650	・明의 4大師: 袾宏, 眞可, 德清, 　智旭 紫柏眞可(1543~1603): 『阿彌陀佛贊』 ・萬曆版大藏經(明本) 개판(1605) ・북경에 천주당 건립 幻有正傳(1549~1614) ・雲棲袾宏(1535~1615): 『禪關策進』, 『緇門崇行錄』, 『竹窓隨筆』, 『自知錄』 如惺: 『大明高僧傳』편찬(1617) 無明慧經(1548~1618) ・憨山德清(1546~1623): 『圓覺經直解』, 『憨山語錄』, 『憨山大師夢遊錄』 등 湛然圓澄(1561~1627) 無異元來(1575~1630) 晦台元鏡(1577~1630) 大隱圓修(1575~1635)	・清虛休靜(1520~1604): 『禪家龜鑑』, 『禪敎釋』, 『禪敎訣』 등 暎虛海日(1541~1609) ・松雲惟政(1544~1610): 『四溟堂大師集』, 『奮忠紓難錄』 등 浮休善修(1543~1615): 『浮休堂大師集』 靑梅印悟(1548~1623) 霽月敬軒(1544~1633) 奇巖法堅(1552~1634) ・鞭羊彦機(1581~1644): 『鞭羊堂集』 松日應祥(1572~1645) 逍遙太能(1562~1649) 中觀海眼(1567~?)	・德川家康(1542~1616), 　將軍이 되다 ・江戸幕府 성립(1603) ・江戸幕府, 기독교 　금지(1612) ・「五山十刹諸山法度」 　제정(1615) 以心崇傳(1569~1633) 澤庵宗彭(1573~1645): 『不動智神妙錄』 ・天海版대장경(일본최초) 　開版(1637~1652) ・학교(檀林・學寮・學林) 　설립, 　學僧배출(1640년경) 一絲文守(1608~1646)

477

	漢月法藏(1573~1635) 密雲圓悟(1566~1642) •清, 중국통일(1644). 　불교통제강화 山茨通際(1608~1645) 雪嶠圓信(1571~1647) 見如元謐(1579~1649)		
1651 ~1700	遠門淨柱(1601~1654) •藕益智旭(1599~1655): 　『教觀綱要』,『大乘止觀釋要』 　등 箬庵通問(1604~1655) 永覺元賢(1578~1657) 萬如通微(1594~1657) 覺浪道盛(1592~1659) 雪峰亘信(1603~1659) 道者超元(?~1660) 費隱通容(1593~1661) 宗寶道獨(1600~1661) 破山海明(1597~1666) 憨璞性聰(1610~1666) 浮石通賢(1593~1667) 具德弘礼(1600~1667) 無可大智(1611~1671) 繼起弘儲(1605~1672) •隱元隆琦(1592~1673): 　『黃檗清規』, 　『黃檗和尚扶桑語錄』 木陳道忞(1596~1674) 玉林通琇(1614~1675) 木庵性瑫(1611~1684) 俍亭淨挺(1615~1684) 梅谷行悅(1619~1684) •西藏大藏經(北京版, 康熙版) 　간행(1684) 天然函是(1608~1685) 丈雪通醉(1610~1695)	詠月淸學(1570~1654) 春坡雙彦(1591~1658): 　『通百論』 •碧巖覺性(1575~1660): 　『禪源集圖中決疑』, 　『禪門喪儀抄』등 虛白明照(1593~1661): 　『僧家禮儀文』 楓潭義諶(1592~1665) 翠微守初(1590~1668) 悔隱應俊(1587~1672) 白谷處能(1617~1680): 　『大覺登階集』 虛谷懶白(1604~1681) 栢庵性聰(1631~1700): 　『四經持驗記』등	•隱元隆琦, 明에서 　도래(1654). 黃檗宗전래 鈴木正三(1579~1655): 　『盲安杖』,『萬民德用』 雲居希膺(1582~1659) 愚堂東寔(1577~1661) •隱元隆琦, 萬福寺 　창건(1661) 龍溪宗潛(1602~1670) 至道無難(1603~1676) •卍元師蠻: 　『延寶傳燈錄』간행(1678) •鐵眼道光(1630~1682): 　黃檗判大藏經 　간행(1681) 桃水雲溪(1612~1683) 盤珪永琢(1622~1693): 　『盤珪語錄』 月舟宗胡(1618~1696) 東皐心越(1642~1696) 獨庵玄光(1630~1698)

	心越興儔(1639~1696)		
1701 ~1750	聖可德玉(1628~1701) 爲霖道霈(1615~1702): 『還山錄』,『餐香錄』 柏山德楷(1629~1702) 天岳本晝(1621~1705) 夢庵超格(1639~1708) •康熙字典 완성(1716) 伯亭成法(1641~1728): 『華嚴宗佛祖傳』 •清, 龍藏 개판(1735~1738), 7838권	暮雲震言(1622~1703) 月潭雪霽(1632~1704) 雪巖秋鵬(1651~1706) 霜峰淨源(1627~1709) 月渚道安(1638~1715): 『佛祖宗派圖』 無用秀演(1651~1719) •喚惺志安(1664~1729): 『禪門五宗綱要』 晦雇定慧(1685~1741) 雪松演初(1676~1750)	•卍山道白(1636~1715) 등 宗統復古를 幕府에 호소, 허용받다(1703) 梅峰竺信(1633~1707) •嶺南秀如: 『日本洞上聯燈錄』 간행(1727) 天桂傳尊(1648~1735): 『正法眼藏弁註』, 『海水一滴』, 『驢耳彈琴』 定山良光(?~1736) •無着道忠(1653~1744): 『禪林象器箋』 등
1751 ~1800	昭月了貞(1729~1785) •대장경의 滿洲語譯(1773~1790) 완성 彭紹升(1740~1796)	霜月璽封(1687~1766) 獅巖采永(생몰년미상): 『西域中華海東佛祖源流』 •蓮潭有一(1720~1799): 『都序私記』,『書狀私記』 등 •李朝實錄 편찬(1800),1709권	古月禪材(1667~1751) •白隱慧鶴(1685~1768): 『遠羅天釜』, 『夜船閑話』, 『槐安國語』,『坐禪和讚』 등 面山瑞方(1683~1769) •東嶺圓慈(1721~1792): 『宗門無盡燈論』 峨山慈棹(1727~1797)
1801 ~1850	•白蓮教徒의 난 평정(1803) •불교와 회교배척(1832) •아편전쟁 발발(1840~1842)	華嶽知濯(1750~1839): 『三峰集』 華潭敬和(1786~1848) 月荷戒悟(1773~1849)	全苗月湛(1728~1803): 『五位顯訣元字脚』 玄透即中(1729~1807) •永平寺版『正法眼藏』 開版(1811) 隱山惟琰(1754~1817) 誠拙周樗(1745~1820) 大愚良寬(1758~1831) 仙厓義梵(1750~1837)
1851 ~1900	•洋務運動 일어나다(1862) •太平天國의 난 진압(1864) 曾國藩(1810~1872) 鄭學川(1825~1880)	•선논쟁발생 •白坡亘璇(1767~1852): 『禪文手鏡』 金正喜(1786~1856)	•神佛分離令공포(1868) 임제종·조동종·황벽종 이 통합되어 선종으로 됨(1872)

	•譚嗣同(1865~1898) •돈황문서발견(1900년)	•草衣意恂(1786~1866): 『禪門四辨漫語』 金大鉉(?~1870): 『禪學入門』 優曇洪基(1822~1881): 『禪門證正錄』 雪竇有炯(1824~1887): 『禪源溯流』 梵海覺岸(1820~1896): 『東師列傳』 등	•승려의 肉食帶妻蓄髮 등이 公許(1872) 임제종과 조동종이 분리(1874) 임제종에서 황벽종이 독립(1876) 伊達自得(1802~1877) 山岡鐵舟(1836~1888) 尊皇奉佛大同團을 조직(1889) 原坦山(1819~1892) 今北洪川(1816~1892) •釋宗演, 시카코만국종교회의 출석(1893)
1901 ~1950	楊文會(1837~1911) •中華民國 수립(1912) 敬安(1851~1912) •胡適, 런던과 파리에서 『신회어록』 등 발견(1926) 康有爲(1858~1927) 梁啓超(1873~1929) 諦閑(1858~1932) •『宋藏遺珍』간행(1935) 印光(1862~1940) 歐陽漸(1872~1944) •太虛(1889~1947) •中華人民共和國 수립(1949)	•일본에 병합(1910) •鏡虛惺牛(1846~1912): 『鏡虛集』 •權相老: 『조선불교사』간행(1917) 震河竺源(1866?~1926): 『禪門再正錄』 水月音觀(1855~1928) 鶴鳴啓宗(1867~1929) •조선불교선종 창설(1935) •조계종, 조선불교조계종으로 됨(1941) •李能和(1869~1943): 『朝鮮佛敎通史』 •韓龍雲(1879~1944): 『朝鮮佛敎維新論』 등 滿空月面(1871~1946) •해방(1945) 建國(1947) 朴漢永(1870~1948)	鳥尾得庵(1847~1905) 西有穆山(1821~1910) 松本文三郎:『達磨의 研究』(1911) 武田範之(1863~1911) •矢吹慶輝, 런던의 돈황문헌조사를 시작(1916) 大內靑巒(1845~1918) 釋宗演(1859~1919) 忽滑谷快天(1867~1934) •대정신수대장경 전100권 완성(1909~1934) 杉本五郎(1900~1937) 佐佐木指月(1882~1944) •西田幾多郎(1870~1945) 橋田邦彦(1882~1945) 江口慧海(1866~1945)
1951 ~2000	•중국불교협회결성, 圓瑛이 회장이 됨(1953)	漢巖重遠(1876~1951): 『一鉢錄』	釋宗活(1870~1954) 宇井伯壽(1882~1963)

來果(1881~1953)	東山慧日(1890~1965)	澤木興道(1880~1965)
虛雲(1840~1962)	九河天輔(1872~1965)	*鈴木大拙(1870~1966)
*胡適(1891~1962):	曉峰學訥(1888~1966)	柴山全慶(1894~1974)
『神會和尙遺集』등	青潭淳浩(1902~1971)	朝比奈宗源(1891~1979)
熊十力(1882~1968)	鏡峰靖錫(1892~1982)	久松眞一(1889~1980)
陣坦(1880~1971)	九山秀蓮(1909~1983)	中川宗淵(1907~1984)
憑友蘭(1895~1990)	古庵祥彥(1899~1988)	關口眞大(1907~1986)
趙模初(1907~2000)	退翁性徹(1912~1993): 『百日法問』,『禪門正路』 등	山田無文(1900~1988)
		入矢義高(1910~1998)
		柳田聖山(1922~2006)

부록3. 중·한·일 선 관계 지도

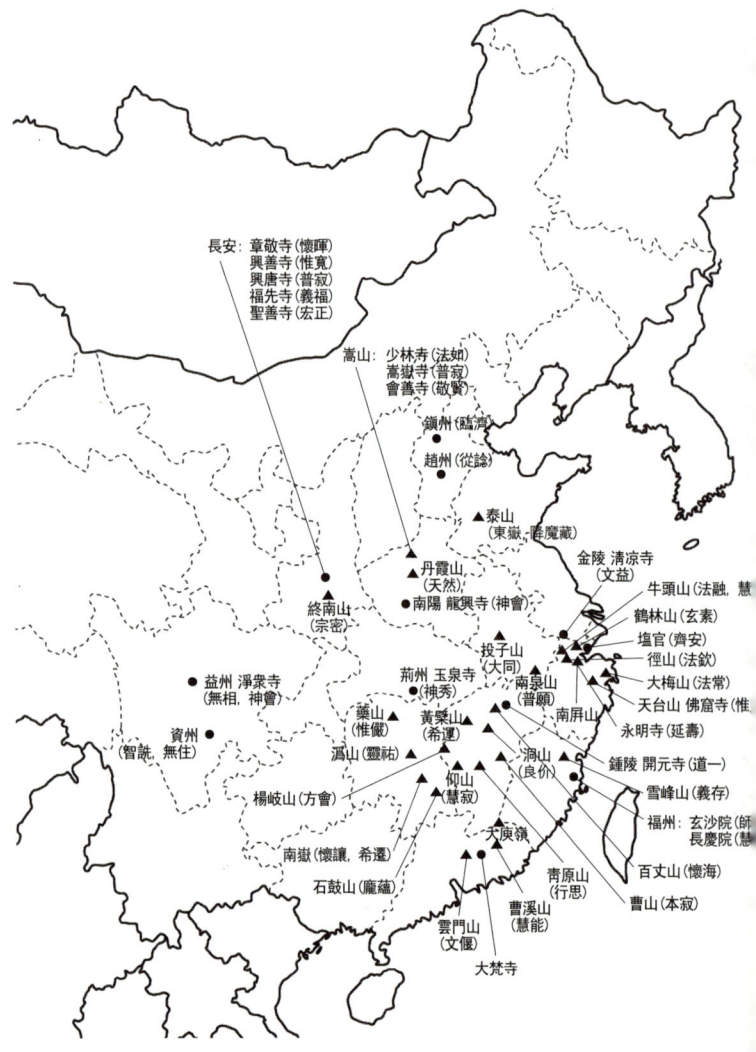

〈당唐~오대五代 時代〉

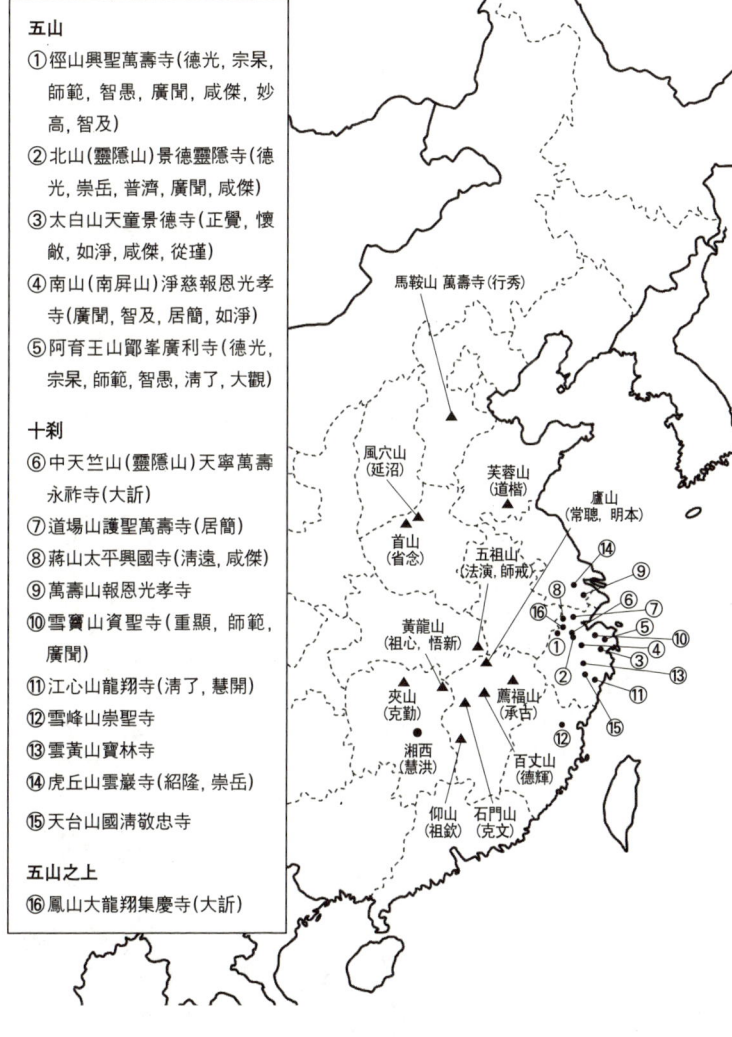

〈송宋~원대元代 時代〉

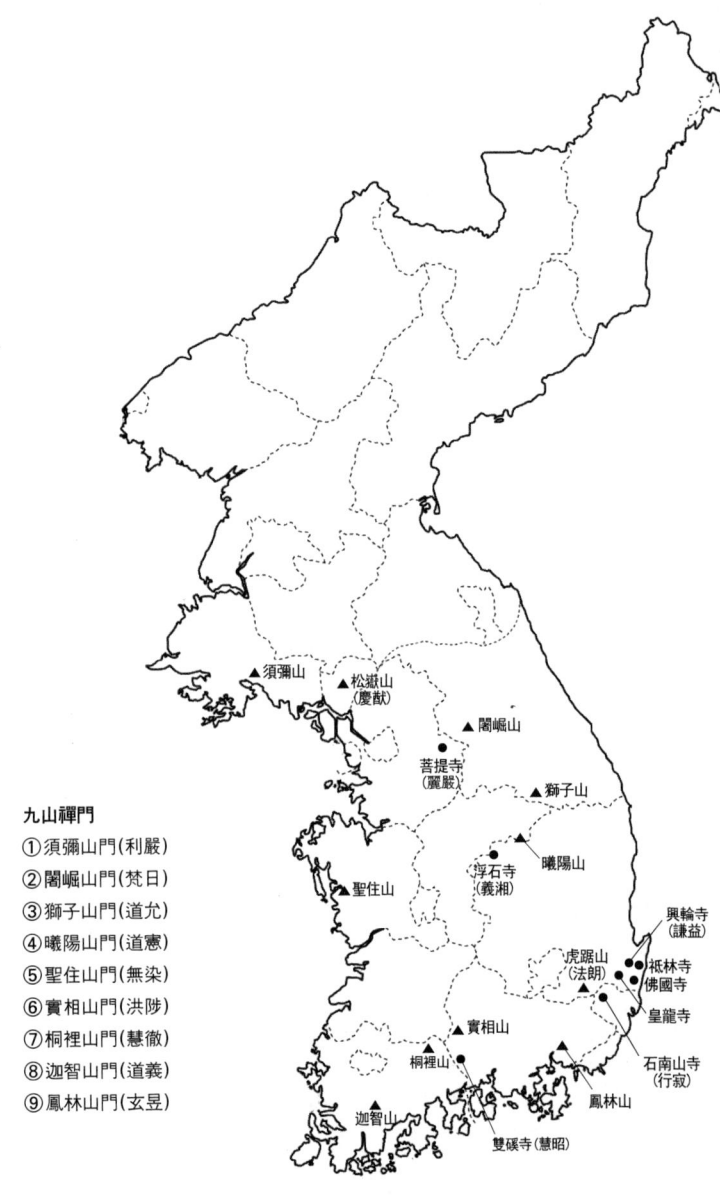

九山禪門

① 須彌山門(利嚴)
② 闍崛山門(梵日)
③ 獅子山門(道允)
④ 曦陽山門(道憲)
⑤ 聖住山門(無染)
⑥ 實相山門(洪陟)
⑦ 桐裡山門(慧徹)
⑧ 迦智山門(道義)
⑨ 鳳林山門(玄昱)

〈삼국~통일신라시대〉

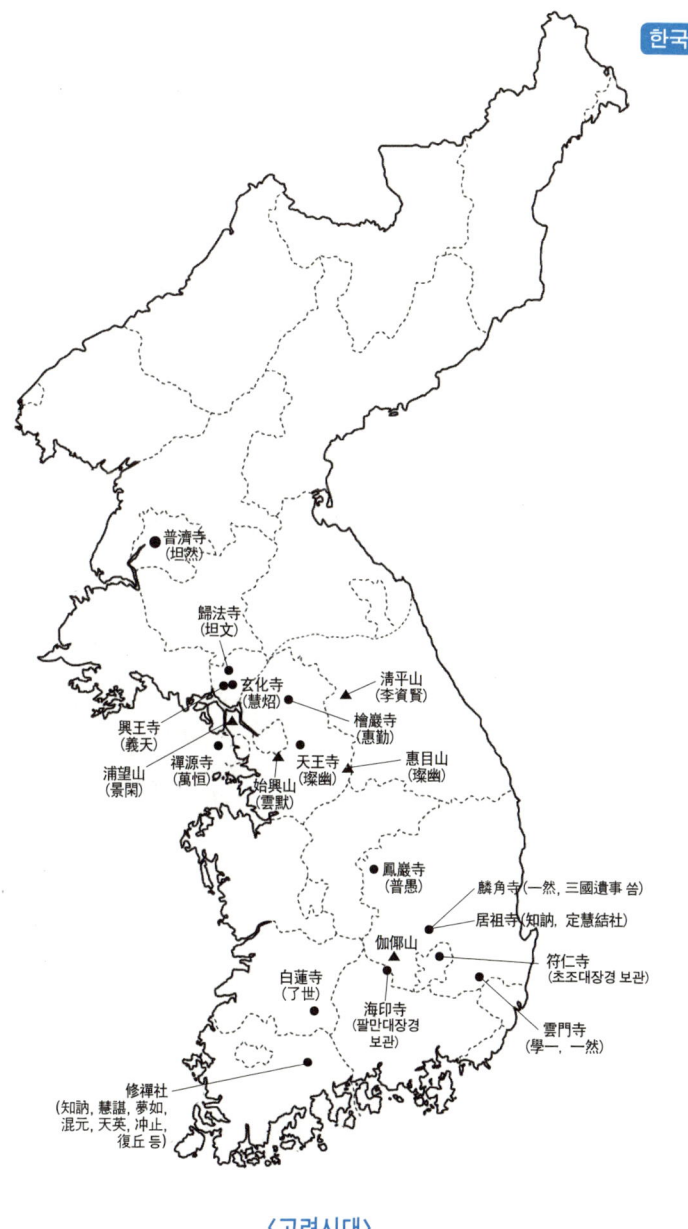

〈고려시대〉

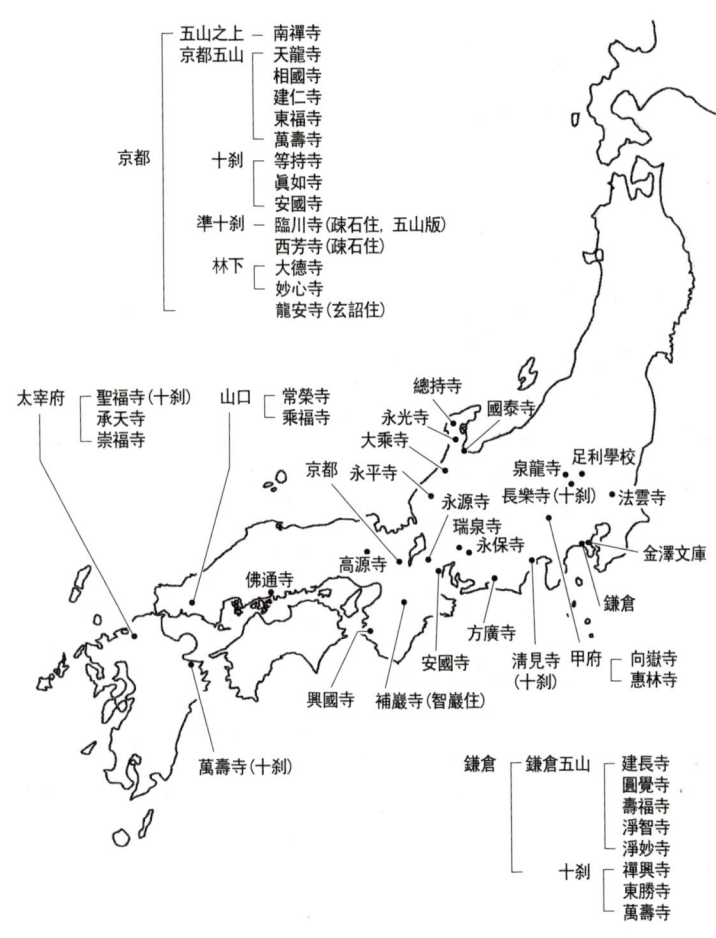

〈무로마치(室町, 1392~1573)시대〉

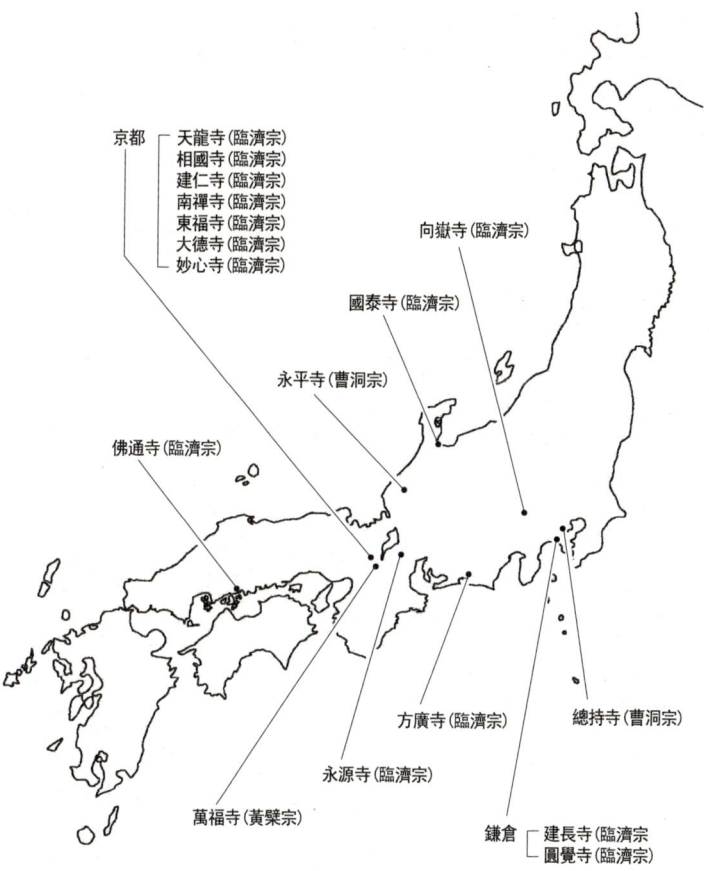

〈선종각파 본산의 소재지〉

부록 4. 선종 법계도 *본 사전에서 주로 언급된 범위에서의 중국 선의 계보

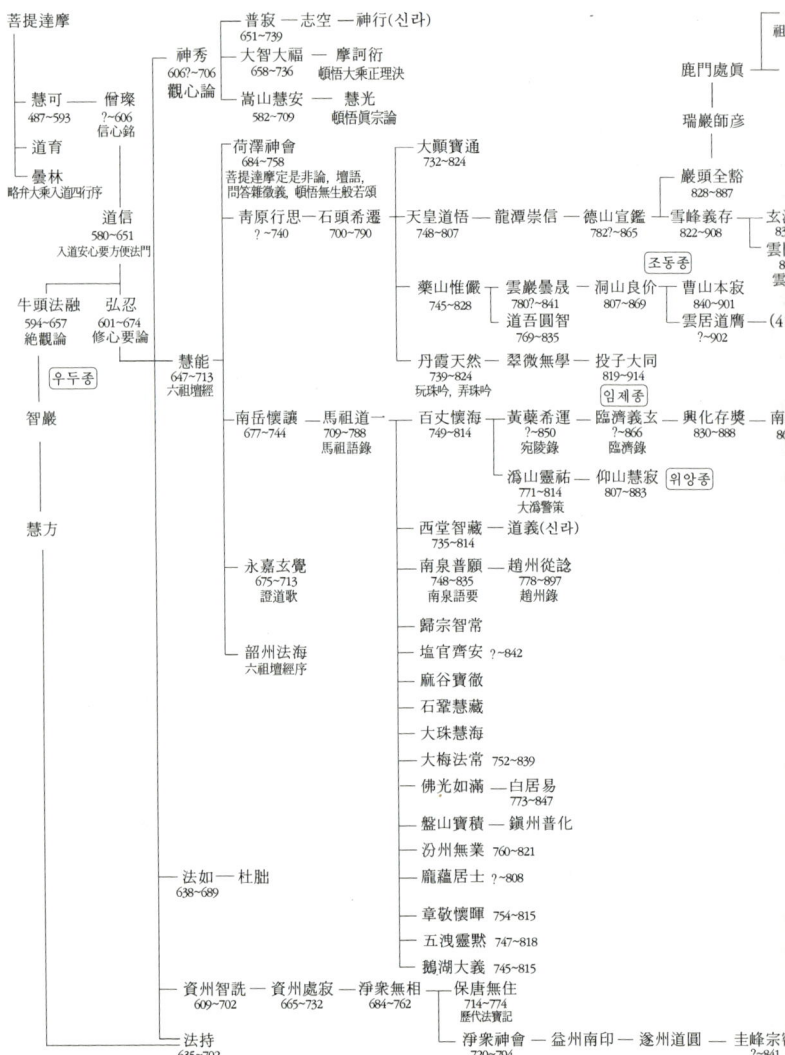

```
                                          ┌─ 永安道原
                                          │  904~975
                                          │  景德傳燈錄
           ┌법안종┐                        │
羅漢桂琛 ─ 法眼文益 ─ 天台德韶 ────────────┤
867~928    885~958    891~972             │
                                          └─ 永明延壽
                                             904~975
                                             宗鏡錄

香林澄遠 ─ 智門光祚 ─ 雪竇重顯 ─ (2대) ─ 長蘆崇信
908~987    ?~1031    980~1052
                     雪竇頌古
                                 └ (3대) ─ 長蘆應夫 ─ 長蘆宗賾
```

```
                                      ┌─ 眞歇淸了 ─ (2대) ─ 天童如淨 ─ 永平道元(일본)
子義青 ─ 芙蓉道楷 ─ 丹霞子淳 ─────────┤       1098~1151        1163~1228   1200~1253
032~1083   1043~1118   ?~1119          │
                                      └─ 宏智正覺
                                         1091~1157
                                         宏智語錄
```

```
                                                ┌─ 晦堂祖心
                                                │  1025~1100
                                                │
                                                ├─ 東林常聰 ─ 蘇軾
                                                │  1025~1091
召 ─ 首山省念 ─ 汾陽善昭 ─ 石霜楚圓 ─ 黃龍慧南 ─┤
     926~993    942~1024    986~1039   1002~1069 │
                                                └─ 眞淨克文 ─ 覺範慧洪
                                                   1025~1102   1071~1128
                                                   禪林僧寶傳, 林間錄

                                    ┌─ 南堂元靜 ─ 郭庵師遠
                                    │  1065~1135   十牛圖
                                    │
                                    ├─ 圜悟克勤 ─ 大慧宗杲
                                    │  1064~1136   1089~1163
                       ┌ 楊岐方會 ─ 白雲守端 ─ 五祖法演 ─┤  碧巖錄      大慧書
                       │ 992~1049   1025~1072   ?~1104  │
                                    ├─ 開福道寧 ─ 無門慧開
                                    │             1183~1260
                                    │             無門關
                                    │
                                    └─ 佛鑑慧懃 ─ 虎丘紹隆
                                       1059~1117   1077~1136
```

```
                                                                              拙庵德光
        ┌─ (4대) ─ 虛堂智愚                                                      │
        │          1185~1269                                                   (3대)
        │          虛堂錄                                                        │
        │                                                                   東陽德輝
        └─ (3대) ─ 無準師範 ─ 雲嚴祖欽 ─ 高峰原妙 ─ 中峰明本 ─ (8대) ─ 雲棲袾宏
                   1177~1249   ?~1287    1238~1295   1263~1323           1535~1615
                                                                         禪關策進
                                                           │
                                                           └ (11대) ─ 隱元隆琦(渡日)
                                                                      1591~1673
```

489

찾아보기

ㄱ

『가태보등록』 427
가풍 13
가행 13
각근착지 14
각근하방대광명 14
간심 14
간운락지재기중 15
간저즉할 15
『간화결의론』 427
간화선 15
갈등 16
갈등선 16
감대모운귀말합 원산무한벽층층 17
강국춘풍취불기 자고제재심화리 17
강벽조유백 산청화욕연 17
강월조송풍취 18
강호회 18
개경대가빈 18
개구견단 19

개납수미 19
개문다낙엽 20
개사구명 20
개중소식 20
개천개지 21
개화낙지문무성 21
거각상량 21
거일전수 22
거체전진 22
건(간)시궐 23
검거각주 23
검도상행 빙능상주 24
격죽오도 24
견문각지 24
견성 25
견성선 25
견성성불 25
『경덕전등록』 428
경분금전촉 26
경운종월 26
경중상 27

경책 28
경행 28
계교복도 28
계성변시광장설 산색기비청정신 28
계심작병장 29
계한상수 압한하수 30
고경 30
고교조심 30
고명력력 31
고목리용음 촉루리안정 31
고목사회선 32
고불 32
고송담반야 유조농진여 32
고인각고 광명필성대야 33
『고존숙어록』 428
고칙공안 33
곡종인불견 강상수봉청 34
공겁이전지면목 34
공리일편석 35
공안 35
공화 37
관 37
관목리당안 38
관심 38
『관심론』 428
팔골지언 39

광경민절 40
광음여시 40
『괴안국어』 429
『굉지선사어록』 429
교류수불류 40
교선일치 41
교외별전 41
구두선 41
구모토각 42
구지수지 42
구참 43
국수월재수 농화향만의 43
군간백상이삼월 나수지두불대춘 44
군자천리동풍 44
귀가담자양두탈 시자청혜화자홍 44
귀가온좌 45
귀굴리활계 45
근진적이 45
『금강반야바라밀경』 430
『금강삼매경』 430
금강안정 46
금구목설한 46
금모사자변성구 47
금상갱첨화 47
금설수귀 낙안성예 47

금오급옥토속 48
금침옥선 48
금풍취옥관 49
기도 49
기봉 50
기불리위 타재독해 50
기사구명 50
기심동념 51
기연 51
기연감회 52
기우구우 52
끽다거 52
끽일립미 첨일립미 53

ㄴ

나개시부정저 54
나일물 55
낙초담 55
낙화수류수 56
낙화유수태망망 55
난풍화화홍 56
남산기운 북산하우 56
『남양화상돈교해탈선문직료성단어』 431
남지죽북지목 56
납설연천백 57
납월화이련 57

냉난자지 57
노능미작마가 58
노서입우각 58
노송서설피 59
노의풍심 59
노파심 59
논겁불론선 60
농교성졸 60
농동진여 61
뇌후발전 61
뇌후일추 61
『능가사자기』 431
능소일여 62
니다불대 62
니불불도수 63
니우입해 63

ㄷ

다례 64
다선일미 64
단좌 65
단하소목불 65
달마선 65
담판한 66
당위즉묘 66
당체분명 66
대기대용 67

대당타고신라무 67
대도무문 68
대도본무생 68
대도투장안 69
『대비심다라니』 431
『대승기신론』 432
『대승무생방편문』 432
대야정금무변색 69
대오 70
대용현전 부존궤칙 70
대원적 70
대해불숙사시 71
『대혜서』 433
『대혜어록』 433
도기불전입등롱 71
도두상야월 임운락전계 72
도득 72
도득야삼십방 도부득야삼십방 72
도량 73
도려도마 73
도리불언 하자성혜 74
도봉타월 74
도착 75
도화사금류여연 75
도화소춘풍 75
도화홍리화백 75
독루생 76

독좌대웅봉 76
『돈오대승정리결』 434
『돈오요문』 434
동도창화 77
동령고송수 77
동사동생 77
동산수상행 78
동중춘색인난견 79
동토육조 79
동풍취산매초설 일야만회천하춘 79
동할서방 80
두두시도 80
두두현로 물물전진 81
두리생형극 81
두상만만 각하만만 81
둔조역풍비 82
둔철경 82
둔치아사 82
득어망전 83
득일법통일법 83

ㅁ

마니보주 84
마삼근 84
『마조대적선사어록』 435
막망 85

막망상 85
만겁계려궐 85
만겁천생 86
만고청풍 86
만기휴파 87
만리무운시 청천수끽방 87
만리무촌초 87
만리무편운 88
만리일조철 88
만목청산 89
만법귀일 일귀하처 89
만법무구 90
만법일여 90
만상지중독로신 91
만인현애 91
말후구 92
말후일착 92
맥연지수화풍일산 92
맹호당로좌 93
먹심료불가득 93
면면불면 행행불행 94
면목 94
면밀 95
면벽구년 95
멸각심두화자량 95
멸멸설설저 96
『명각어록』 435

명경 96
명두래명두타 암두래암두타 97
명력력 97
명명백초두 명명조사의 97
명안악랄 98
명암교호 98
명암쌍쌍 99
명주재장 99
명주재장 농거농래 100
모탄거해 개납수미 100
목불불도화 101
몰교섭 101
몰량 102
몰현금 102
몽 103
묘아타근두 103
묘유삽혈지공 호유기시지덕 104
무가협저안계평 부장추호심지직 105
무각철우 105
무공 106
무공덕 106
무명실성즉불성 107
『무문관』 436
무사 107
무사선 108
무사시귀인 108

무사일월장 109
무상계 109
무상신속 109
무심 110
무심시도 110
무심시아사 110
무운생령상 유월락파심 111
무위 111
무위무사인 112
무위진인 113
무일귀대도 113
무쟁삼매 113
무주처열반 114
무진미래제 114
무진장 115
무한서처 115
묵념정좌 116
묵조 116
문답상량 117
문사수 117
문성오도 118
문신 118
문자교철우 118
문자선 118
문처도득 119
미계미시 119
미모횡안상 119

미묘법문 120
미생적난 오무호오 120
미수타락 121
미중우미 121
밀어 122
밀인 123

ㅂ

반본환원 124
반연여래선 125
반주삼매 125
발무인과 126
발우리주마 126
『방거사어록』 436
방목불입원규 126
방신명처 127
방약무인 127
방일 128
방참 128
방하착 129
방할 129
『배휴습유문』 437
백념적 130
백마입노화 130
백부지백불회 131
백사청송 백천귀해 132
백운기봉정 132

백운만리 132
백운무근 132
백일견귀 막시안화 133
백척간두진일보 133
백화춘옥 134
백화춘지위수개 135
번뇌즉보리 135
번신활명 135
법당 136
법맥 136
법사 136
법신양반병 137
법연용상중 137
법원 138
법이여연 138
벽관 138
『벽암록』 437
변계부증장 139
변도 139
변참 139
변행삼매 140
별시일호천 140
병정동자래구화 141
『보경삼매』 437
『보교편』 438
『보리달마남종정시비론』 438
『보림전』 439

보보시도량 142
보왕삼매 142
보인삼매 143
『보장론』 439
보적삼매 143
보청 144
본래면목 144
본래무일물 145
본래성불 145
본말수귀종 146
본분 146
본색 146
본증묘수 147
부과단교수 반귀무월촌 147
부도작불 148
부법전의 148
북두리장신 149
분골쇄신 149
불립문자 149
불마법마 151
불매인과 151
불맹지상화개 무영수두봉무 152
불성 152
불시심 불시불 불시물 153
불식 153
불심 154
불어심 154

불오염수증 155
불이법문 155
불조 156
불타범성 156
불풍류처야풍류 156
불향상사 157
불허훈주입산문 157
비공 158
비공리인아 158
비공요천 159
비기 159
비사량 159
비심비불 160
비조지적 160
빈주 160
빈주역연 161
빈주호환 161

ㅅ
사념처 163
사량 164
사료간 164
사자굴중 진성사자 165
사자빈신삼매 166
사자상승 166
사자후 166
사자후무외설 167

산가부귀은천수 어부풍류옥일사 167
산기일석가 167
산색청정신 168
산시산 수시수 168
산운해월정 169
산정일장 169
살불살조 170
살인불용도 171
살활자재 171
삼과삼십육대법문 172
삼급랑고어화룡 172
삼동고목화 173
삼라영리장신 173
삼묵당 174
삼종병인 174
삼해탈문 175
삼현삼요 175
상견 176
상견가가소 176
상골복분 176
상담운진모산출 파촉설소춘수래 177
상량 177
상지남 담지북 178
상행일직심 178
생사즉열반 179

생철주취 179
석오구해어 180
석우회태 180
석취미모 180
선 181
『선가귀감』 440
선계 182
선관 183
『선관책진』 440
선기 183
선림 183
『선림승보전』 441
『선림유취』 441
『선문강요집』 441
『선문보장록』 442
『선문사변만어』 442
『선문수경』 443
『선문염송집』 444
『선원제전집도서』 444
『선원청규』 445
선정겸수 184
선정일치 184
선종 184
선풍 185
『설두송고』 446
설부착 186
설심설성 186

섭심 186
섭심내증 187
성력 187
성색외위의 187
성성착 188
성제제일의 188
세법즉불법 189
세존불설설 가섭불문문 190
세행 190
소소영영 190
소식 191
『속고승전』 446
송국만년환 191
송노운한 광연자적 192
송무고금색 192
송풍일종시성무한의유 192
쇄쇄락락 193
쇄탈 193
수가무명월청풍 193
수급불류월 194
수기화유 194
『수능엄경』 446
수류간하태망생, 운재영두한불철 257
수류원입해 월락불리천 194
수상청청취 195
수성축색 195

수심 195
『수심결』 447
『수심요론』 447
수연 196
수일불이 196
수자죽변류출냉 풍종화리과래향 197
수중월 197
수처작주 입처개진 198
승당 198
시선 198
시설 199
시절인연 199
신광조천지 200
신부기려아가견 200
『신심명』 448
신심불이 200
신심일여 201
신심탈락 탈락신심 201
신통 202
신현원월상 202
『신회어록』 449
실상무상 202
실제 203
심기 203
심로 204
심마 204

심불가득 204
심사방도 205
심산송풍유 심지금일사 205
심상다반 205
심상상멸 206
심성대총상 206
심성본정 207
심수만경전 전처실능유 208
심외무별법 209
심전 209
심전물물전심 210
심지 210
십선 210
『십우도』 449

ㅇ

아자득몽 212
악수각 212
안거 213
안면고와대청산 213
안분이양복 214
안상 214
안상삼매 214
안심 214
안심입명 215
안정 215
안처무청금 216

안처문성 216
안하 217
암 217
암중불사인 217
암중한타좌 217
암증 217
암흑두 218
애착 218
앵봉춘가성난 219
야래풍설악 목절고암전 219
야로념화만국춘 219
『야선한화』 449
야야몰저선 219
야정수한어불식 만선공제월명귀 220
야호선 220
약병상치 221
약홍은선 221
양경상조 222
양도 222
양두구절단 일검의천한 223
양매심장약허 223
양재무사갑리 224
양풍입초당 224
어경수혼 224
어니심천인불식 225
어묵섭이미 225
어행수탁 조비모락 226
언단어단 226
언망려절 227
언어도단 227
언전불급 228
업식망망 228
업식망망 나가대정 228
업장본래공 229
여금포척서호리 하재청풍부여수 229
여로역여전 230
여실지견 230
여용득수 사호분산 231
여탈자재 232
『역대법보기』 450
연좌 232
열반 232
열반묘심 234
염롱 234
염불 235
염불기위좌 236
염불선 236
염불수권 237
염 왕면전열철봉 즉금여하면득 238
염일치초 작장육금신 238
염화미소 239

영성 239
영지 240
『영평광록』 451
『영평청규』 451
영해 240
『오가정종찬』 452
오가칠종 240
오경침상무정우 삼월풍정박명화 242
오구굴방 242
오구도상수 243
『오등회원』 452
오료동미오 243
오문선 243
오미선 244
오상어차절 244
오심사추월 벽담청교결 245
오정심관 245
오현노백 246
오후각미 246
옥리주인공 246
올 247
올연무사좌 춘래초자생 247
올올지 247
와룡불감지수 248
와월면운 248
와해빙소 249

요로설선 249
용사이변 납자난만 249
용타치성인 담설공전정 250
우과야당추수심 251
우다끽다 251
우두선 252
우적성 253
우주무쌍일 건곤지일인 253
우죽풍송개설선 254
운거산령로 254
운관 254
운무심이출수 255
『운문광록』 453
운소장공소월학 한청입골불성면 255
운수 256
운수반시 256
운염염수만만 257
운유유수잔잔 257
운유평기 257
운재영두한불철 수류간하태망생 257
운재청천수재병 258
운출동중명 259
운토봉 259
운형수제 260
원각 260

『원각경』 453
원간근간 261
원관산리색 261
원돈지관 261
원동대허 무결무여 262
원산무한벽층층 262
원상 262
『원오심요』 455
원적 263
원포자귀청장후 조함화락벽암전 263
월백풍청 264
월축주행 264
위음이전 264
위음이전사 265
유록화홍 265
유루선 266
유마일묵 266
유산완수 267
유희삼매 267
육불수 268
『육조단경』 455
융통무애 268
은완리성설 269
음양부도처 일편호풍광 269
음풍일양송 269
응심 270

응착즉차 270
의마심원 270
이노백고각지유 271
『이입사행론』 456
이화겸접도 매석득운요 271
인인구족 개개원성 271
인인분상부증흠 272
인적위자 272
인지 273
『인천안목』 456
인평불어 수평불류 273
일 273
일갈여뢰 274
일격망소지 274
일구합두어 275
일구흡진서강수 275
일기수사일기 276
일기일회 276
일념 277
일대사 277
일대사인연 278
일립속중장세계 반승당내자산천 278
일묵여뢰 278
일물불장래 279
일미 279
일미선 280

일미진중입삼매 280
일봉운편편 쌍간수잔잔 280
일산행진일산청 281
일성뇌진청풍기 281
일성입산월 281
일수춘풍유양반 남지향난북지한 282
일신여운수 282
일심 282
일심불생 만법무구 283
일엽낙지천하추 283
일예재안 공화난추 284
일우윤천산 284
일원상 284
일월성신심 285
일월재천영인중수 285
일이삼 285
일일부작 일일불식 286
일일천진 일일명묘 286
일자관 286
일자불설 287
일자선 288
일자출가 구족생천 288
일전과서천 288
일조불명산갱유 289
일척안 289
일천추 290

일초직입여래지 290
일촉파삼관 290
일출해천청 291
일합상 291
일행삼매 291
일호천중혈 292
일화개오엽 292
일화개천하춘 293
일회일체회 293
임운 294
『임제록』 457
임종정념 294
입실 295

ㅈ

자가당착 296
자결 296
자기면목 297
자안시중생 복취해무량 297
자정기의 297
작가 298
작무 298
잠행밀용 298
장안일편월 만호도의성 299
장자장법신 단자단법신 299
재장보단 300
저개 300

저리 300
저변 301
적골역지 301
적면당기 301
적멸 302
적시소인 지과군자 302
적심 303
적육단 303
적적상승 304
적체 304
전경전심 305
전광삼매 305
전광석화 305
전구색학 306
전기 306
전미개오 307
전범입성 307
『전법보기』 457
『전법정종기』 458
전삼삼후삼삼 307
전신독로 308
『전심법요』 458
전전상주 309
전죄성불 309
전주일경 310
전차후옹 310
전후제단 310

절골환부 311
『절관론』 459
절단중류 311
절차탁마 312
절후재생 312
점심 312
점즉부도 313
정당임마 313
정라라적쇄쇄 314
정법안장 314
『정법안장』 459
정심 315
정전백수자 315
정정 315
제일의 316
『조계대사전』 460
조고각하 317
조고렬비목 317
『조당집』 461
조도 317
조복 318
조사선 318
조사심인 319
조용 319
조원일적수 319
『조주록』 461
조지등시화 반숙이다시 320

조차심시도 320
졸객무졸주 321
『종경록』 462
종교 321
『종문십규론』 462
『종문연등회요』 462
『종문원상집』 463
종문입자불시가진 322
『종용록』 463
종지 322
종풍 322
좌간운기시 323
좌구성로 323
좌석운생납 첨천월입병 324
『좌선의』 464
좌수월도량 수공화만행 324
좌일주칠 325
좌정규천 325
좌탈입망 325
죄성불가득 326
주산고안산저 326
주인공 327
죽밀불방류수과 산고기애백운비 327
죽영소계진부동 327
줄탁동시 328
『중봉화상어록』 464

즉무심무진장 328
즉사이진 328
즉심시불 329
즉심즉불 330
즉처개진 331
증계즉통 331
『증도가』 465
증오 331
지념정려 332
지도무난 유혐간택 332
지목행족 332
지불시도 333
지월 333
지재목전심무처 333
지족 334
직심시도량 334
직약제법즉사이진 335
직지단전 335
직지인심 335
직투만중관 부주청소리 336
직하승당 336
진금포 336
진루선 337
진미래제 337
진산 338
『진심직설』 465
진옥니중이 338

진중 338
집마 338
집마물임마래 339

ㅊ

차야일류만 청광하처무 340
차좌끽다 340
차화 341
착어 341
찰간 342
찰찰상설 343
『참동계』 466
참선변도 343
창천 343
창하유청풍 344
척리달마 344
척수음성 344
천각비공 345
천강동일월 만호진봉춘 345
천과촉루 346
천리동풍 346
천리만리동풍 346
천봉세도악변지 만파성귀해상소 347
천성도이청 347
천성부전 347
천연 348

천제일상월하 348
천지미분이전 348
천지여아동근 만물여아일체 349
천진무작 349
천진이묘 349
철두철미 350
철사횡고로 350
철선수상부 351
철수환가 351
철우생석란 352
청규 352
청산백운중 353
청산상운보 353
청산원부동 백운자거래 353
청송뢰 354
청요요백적적 354
청천굉벽력 354
청천백일 355
청청취죽 355
청풍명월 356
청풍불명월 356
체용불이 357
체전지기 357
초고초금 358
초목무정본래합도 358
초목성불 358
초목황엽안귀남 358

초발심시 변성정각 359
초종초격 359
촉루이안정 359
총지 360
최상승선 360
추상이율기 360
축착개착 361
춘래초자청 361
춘색무고하 362
춘입처처화 362
춘재일지중 362
춘풍춘수일시래 363
출무문입무호 363
출신활로 363
취모용료급수마 363
취상존견지류 364
측량 364
치생산업시불도 365
치인유호야당수 365
치초좌 365
『칙수백장청규』 466

ㅋ

쾌마일편 366
쾌재 367

ㅌ

타개 368
타니체수 368
타성일편 369
타장소 369
타초경사 369
탁발 370
탄지 370
탈저통 371
탈체 371
통신시수안 371
통자하래 372
투관파절 373
투기 373
투체탈락 373
투탈 374
특우생아 374

ㅍ

파경부중조 376
파란삼리포청풍 377
파목표 377
파상삼매 377
파수동귀 378
파자소암 378
파초혜 379
팔각마반공리주 379

팔풍취부동 379
평상심시도 380
포석투하 381
포장규굴 381
표전 381
풍광일일신 382
풍광형추초 우취작경지 382
풍류 382
풍번 383
풍성상주 383
풍송단운귀령거 월화류수과교래 384
풍전한 384
풍취부동천변월 설압난최간저송 385
피모대각 385
피부탈락 385

ㅎ

하어 387
한도인 387
한면고와대청산 388
『한산시』 467
한선포고목 388
한송일색천년별 야노염화만국춘 388
한수담여람 388
한시한살사려 열시열살사려 389
한운포유석 상월조청지 389
한좌 390
한좌청송성 390
한화일장 391
한회고목 391
할 391
함개상응 392
함원전리문장안 392
함전산심수한 392
함호지기 393
해고불견저 인사불유심 393
해신지귀부지가 393
해월징무영 393
해인삼매 394
행각 394
행다 394
행리 395
행발 395
행역선좌역선 어묵동정체안연 395
행운유수 396
행자 396
향남견북두 396
허공가철선 397
허공리정궐 397
허공소점두 398

『허당록』 467
허명자조 398
허위반연사 398
현관 399
현덕심 399
현성공안 400
현애철수 400
혈맥 400
형연독탈 불여물구 401
혜업 401
호구리횡신 401
호란 402
호란좌 402
호래호현 한래한현 403
호리유차 천지현격 403
호사불여무 404
호설편편 불락별처 404
호수적 적수호 405
호중일월장 406
혹종지식 혹종경권 407
혼신 407
혼신니수 407
홀연염기 408
홀이 408
홍로상일점설 408
화개접자래 409
화경청적 410

화광동진 410
화니합수 410
화두 411
화로두무빈주 411
화리동지두 411
화리연화 412
화목과종초 412
화병 412
화사수무영 413
화상 413
화지자단장 414
화하반일객 414
화홍개우주 414
확연무성 415
환단일립 점철성금 415
환아불성래 416
환화공신즉법신 416
활계 417
활발발지 417
활연대오 417
활인검 418
활작략 418
황초리횡신 418
회광반조 419
회득 419
회통 419
회하 420

회호불회호 420
횡설수설 421
효운유수 421
후백후흑 421
훈풍자남래 전각생미량 421
휴헐 422
흑백미분 422
흑칠통 423
흠치노호 423

혜원 慧諼

동국대학교 불교학과를 졸업하고,
일본 東京 駒澤大學 선학과 박사과정을 수료하였으며,
동국대학교 대학원에서 박사학위를 취득하였다.
현재 동국대학교 불교학부(선학전공) 교수이며,
동국대 불교대학장, 불교대학원장,
불교문화연구원장 등을 역임하였다.
저서로 『북종선』, 『유마경 이야기』,
역서로 『무문관으로 배우는 선종어록 읽는 방법』, 『연기와 공』,
『바웃드하 불교』 등이 있으며,
『한국불교문화사전』 편찬위원장을 맡기도 하였다.

선어사전

초판 1쇄 인쇄 2011년 8월 8일 | 초판 1쇄 발행 2011년 8월 18일
편저자 혜원 | 펴낸이 김시열
펴낸곳 운주사 (136-036) 서울 성북구 동소문동 4가 270번지 성심빌딩 3층
전화 (02) 926-8361 | 팩스 0505-115-8361
ISBN 978-89-5746-282-9 03220 값 23,000원
http://cafe.daum.net/unjubooks (다음카페: 도서출판 운주사)